Strukturanalyse des arbeitsgerichtlichen Rechtsschutzes
Konfliktlösung durch eine Betriebliche Einigungsstelle (BEST)

Europäische Hochschulschriften
Publications Universitaires Européennes
European University Studies

Reihe II

Rechtswissenschaft

Série II   Series II
Droit
Law

Bd./Vol. 1827

PETER LANG
Frankfurt am Main · Berlin · Bern · New York · Paris · Wien

Günter Grotmann-Höfling

Strukturanalyse des arbeitsgerichtlichen Rechtsschutzes

Konfliktlösung durch eine Betriebliche Einigungsstelle (BEST)

PETER LANG

Europäischer Verlag der Wissenschaften

Die Deutsche Bibliothek - CIP-Einheitsaufnahme

Grotmann-Höfling, Günter:

Strukturanalyse des arbeitsgerichtlichen Rechtsschutzes :
Konfliktlösung durch eine Betriebliche Einigungsstelle (BEST) /
Günter Grotmann-Höfling. - Frankfurt am Main ; Berlin ; Bern ;
New York ; Paris ; Wien : Lang, 1995
 (Europäische Hochschulschriften : Reihe 2, Rechts-
 wissenschaft ; Bd. 1827)
 Zugl.: Kassel, Univ., Diss., 1995
 ISBN 3-631-49366-5

NE: Europäische Hochschulschriften / 02

D 34
ISSN 0531-7312
ISBN 3-631-49366-5

© Peter Lang GmbH
Europäischer Verlag der Wissenschaften
Frankfurt am Main 1995
Alle Rechte vorbehalten.

Printed in Germany 1 2 4 5 6 7

Persönliche Anmerkung

Die vorliegende Arbeit kommt aus der Praxis. Die Entwicklung der Arbeitsgerichtsbarkeit konnte ich während des Studiums und des Referendariats erfahren und in 25 Jahren beruflicher Praxis begleiten, als Verbandsvertreter, anwaltlicher Parteibevollmächtigter sowie ehrenamtlicher Beisitzer des Arbeitsgerichts Kassel. Gerade das Erlebnis der rasanten Entwicklung der Prozeßzahlen und die Bewältigung der Praxis haben mich fasziniert und zum Nachdenken angeregt, daß die Lösung nicht nur in der Bereitstellung von mehr Personal (mehr Richter, mehr Geschäftsstellenbeamte und mehr Prozeßvertreter der beiden Parteien) bestehen kann.

Vielmehr gilt es, dringende Reformen zur Vereinfachung und Beschleunigung mit spürbarer Wirkung für die Tagesarbeit anzumahnen. Bei den Lösungsansätzen ist im Auge zu behalten, den Zugang zum Recht nicht bzw. nur geringfügig, verantwortbar und sozialverträglich einzuschränken. Auch für Innovationen müssen Gesetzgeber, Wissenschaft und die betriebliche Praxis offen sein.

Mein Dank gilt allen, die für mein Interesse an Informationen Verständnis hatten, allen, die mir mit Rat und Auskunft bereitwillig Hilfe und Unterstützung gewährt haben. Mein besonderer Dank gebührt Herrn Univ. - Prof. Dr. iur. Karl Linnenkohl für seine Anregung, eine empirische Arbeit zu fördern.

Meiner Familie danke ich für das große Verständnis und die immerwährende Geduld, die sie für meine "neben"beruflichen Interessen aufgebracht hat. Meiner Frau sind die nachstehenden Gedanken gewidmet.

Vellmar/Kassel, im September 1995

Inhaltsverzeichnis

13

Einleitung

Die Arbeitsgerichtsbarkeit hat seit einiger Zeit wieder "Hochkonjunktur". Während 1978 die Prozeßeingänge als "Nachkriegshoch" lebhafte Reaktionen der beteiligten Kreise hervorriefen und den Gesetzgeber zum Handeln zwangen, wurde die spätere und jetzige Entwicklung hingenommen, obwohl sie als Mengenproblem mit ihrer absoluten Größenordnung ebenso dramatisch und auf höherem Niveau verlief. Nahm der Gesetzgeber damals - Mitte der 70er Jahre - insbesondere wegen der Steigerung der Prozeßzahlen [1] die damit verbundene längere Dauer der Verfahren als ausreichend und zwingend für eine Gesetzesänderung an, so fand sich kurze Zeit [2] danach nicht einmal mehr eine einzige Stimme in der Fachliteratur. Inzwischen wurde mit über 402.000 eingereichten Klagen in 1992 der absolute Höchststand erreicht.

Die Ursachen für die überproportionale Vermehrung sind weitgehend unerforscht. Demgemäß fehlt es auch an ausreichenden und überzeugenden Vorschlägen, wie der "Prozeßflut" Einhalt geboten werden könnte. Es reicht inzwischen nicht mehr aus, durch mehr Personal die anfallende Arbeit rechtsstaatsgemäß zu bewältigen, sondern es ist zu prüfen, ob neben verfahrensvereinfachenden ggf. auch verfahrensmindernde Maßnahmen entwickelt werden können.

Zunächst soll die statistische Entwicklung dargestellt, sodann untersucht werden, ob und welche Regelhaftigkeiten im Zusammenhang mit der Inanspruchnahme des arbeitsgerichtlichen Rechtsschutzes bestehen. Dabei bietet es sich an, den Prozeß gewissermaßen wie den Materialstrom in einem Produktionsverfahren zu begleiten, also die am Gerichtsprozeß Beteiligten einzubeziehen, nachdem vorab auf eine wichtige Rahmenbedingung hingewiesen wurde: Die gesetzliche Vorschrift als Rechtsgrundlage ("ohne Recht kein Prozeß"). Neben den Parteien als unmittelbar Beteiligten sind in einem weiteren Sinne auch die Verfahrensbevollmächtigten einzubeziehen sowie darüber hinaus die Institutionen, die den Zugang zum Recht durch Übernahme der Verfahrenskosten erleichtern.

Weiter soll der Versuch unternommen werden zu prüfen, ob es klagefördernde Anreize für die Parteien gibt, die im Verfahren selbst sowie der Art seiner Erledigung liegen.

Darüberhinaus ist zu fragen, ob von den Sozialpartnern als gesellschaftlich relevante Gruppen Signale für streitmehrende Entwicklungen ausgehen.

---

[1] 1973 - 1975 : 54.000 Neuzugänge in I. Instanz auf 301.000
[2] 1980 - 1982 : 84.000 Neuzugänge in I. Instanz auf 386.000

Schließlich gilt es, die weitverbreitete Behauptung zu hinterfragen, ob konjunkturelle Einflüsse zum überwiegenden Teil dazu beitragen, Klagen anhängig zu machen.

Im letzten Teil werden Überlegungen angestellt, Lösungsansätze zur Vereinfachung des arbeitsgerichtlichen Verfahrens und der Förderung der außergerichtlichen Einigung zu entwickeln sowie Hinweise zur Deregulierung von Vorschriften zu geben.

Die vorliegende Untersuchung bezieht sich ausschließlich auf das frühere Bundesgebiet und wurde mit den für 1992 vorliegenden Zahlen abgeschlossen. Die seitherige Entwicklung zeigt keine qualitative Veränderung, sondern bestätigt den aufgezeigten Trend.

I. Teil

Abschnitt 1: Geschäftsanfall bei den Gerichten der Arbeitsgerichtsbarkeit

Kapitel I: Einführung

Vor einigen Jahren ist der Gesetzgeber mehrfach in verschiedener Hinsicht tätig geworden, um die Rechtsstellung des Bürgers zu verbessern. Gemeint sind einerseits Gesetzesänderungen, die dem Rechtsuchenden schneller zu seinem Recht verhelfen sollen, andererseits Gesetze zur Prozeßkostenhilfe und zur Beratungshilfe, um es Bürgern mit geringerem Einkommen zu erleichtern, sich an die Gerichte oder an Rechtsanwälte zu wenden. Zielsetzung war also einmal, das zivilprozessuale Verfahren zu vereinfachen und zu beschleunigen [3] bzw. wegen der erheblich zugenommenen Eingänge bei den Gerichten für Arbeitssachen (Höchststand 1978 : 327.271 eingereichte Klagen in I. Instanz) eine Beschleunigung des arbeitsgerichtlichen Verfahrens herbeizuführen. [4] Andererseits sollte für einkommensschwächere Bürger durch eine verbesserte Prozeßkostenhilfe [5] sowie ein Beratungshilfegesetz für den außergerichtlichen Bereich für Zivil-, Verwaltungs- und Verfassungssachen [6] mehr "Chancengleichheit" beim Zugang zu den Gerichten erreicht werden. Die Tatsache, daß die arbeitsrechtliche Beratung ausgespart war, veranlaßte die Bundesländer Bayern, Niedersachsen, Rheinland - Pfalz und Saarland, u.a. auch wegen verfassungsrechtlicher Bedenken, entsprechende Landesgesetze zu erlassen. [7] Inzwischen hat das BVerfG mit Beschluß vom 2.12.1992 [8] festgestellt, daß der Ausschluß der Beratungshilfe in arbeitsrechtlichen Angelegenheiten gegen Art.3 Abs.1 GG verstößt. Der Gesetzgeber ist verpflichtet, die Rechtslage alsbald mit der Verfassung in Einklang zu bringen, wie das BVerfG ausführt. Dies könnte dadurch geschehen, daß die Beratungshilfe unverändert auf das Arbeitsrecht erstreckt oder das bei den Verbänden vorhandene Fachwissen genutzt wird durch Einbeziehung der Gewerkschaften und Arbeitgeberverbände. [9]

---

[3] Gesetz zur Vereinfachung und Beschleunigung gerichtlicher Verfahren vom 3.12.1976, in Kraft ab 1.7.1977, BGBl I 1976. 3281

[4] Gesetz zur Beschleunigung und Bereinigung des arbeitsgerichtlichen Verfahrens vom 21. 5. 1979, in Kraft ab 1.7.1979. BGBl I 1979, 545

[5] Gesetz über die Prozeßkostenhilfe vom 13.6.1980. BGBl 1980 I, 677

[6] Gesetz über Rechtsberatung und Vertretung für Bürger mit geringem Einkommen vom 18.6.1980 BGBl 1980 I. 689

[7] Grunsky. a.a.O. § 11a, Anm. 4, 4a

[8] 1 BvR 296/88. BRAK-Mitt. 1/1993, S.57 ff

[9] Die Rechtsanwaltschaft hatte bereits in der schriftlichen Anhörung im Verfahren (Schreiben vom 24.2.1992 an das BMJ) die Gesetzesänderung durch Ausweitung auch auf das Arbeits- und Sozialrecht angemahnt, BRAK-Mitt. 1/1993 S. 22

Es wird zu untersuchen sein, ob die Prozeßkosten- und Beratungshilfe zwangsläufig zu einer vermehrten Inanspruchnahme der Gerichte durch diejenigen rechtsuchenden Bürger geführt hat, von denen man wegen ihrer Einkommensverhältnisse angenommen hatte, daß sie bisher ihr Recht aus Kostengründen nicht suchen und durchsetzen konnten.

Jedes Gesetzeswerk für sich gesehen mag eine innere Logik haben und von den betroffenen Kreisen (Richter, Prozeßvertreter, Parteien) mit Beifall aufgenommen werden, der nicht betroffene Beobachter fragt sich allerdings, ob in dieser Vorgehensweise des Gesetzgebers nicht ein Widerspruch liegt, wenn wegen der spektakulären Zahl der Neuzugänge bei Gerichten das Verfahren u.a. durch weniger Instanzmöglichkeiten und eine Erhöhung der Streitwertsummen beschleunigt werden soll, andererseits Neuzugänge zum "Nulltarif" gefördert werden, selbst wenn Politiker die Gesetze als einen wichtigen Schritt in dem Bemühen bezeichnen, die formale Rechtsgleichheit in die Rechtspraxis umzusetzen. So erwecken die Vereinfachungs- und Beschleunigungsnovellen den Eindruck, vor allem Symptome eines Mengenproblems zu kurieren, ohne aber die Ursachen der unübersehbaren Arbeitsüberlastung der Gerichte zu behandeln. Daß wir es mit einer anhaltenden "Prozeßflut" in allen Zweigen der Gerichtsbarkeit zu tun haben, ist hinlänglich bekannt und soll nur durch wenige Beispiele verdeutlicht werden.

In den einzelnen Bundesländern und in den unteren Instanzen der verschiedenen Gerichtszweige ist der Geschäftsanfall erstaunlich angestiegen. [10]

Beim BVerfG lag bis etwa 1957 der jährliche Eingang bei unter 1.000 Sachen. Danach war bis 1975 ein Anstieg auf 1.588 Verfahren festzustellen, in 1980 waren es schon 3.274 Verfahren. 1990 weist die Statistik sodann 4.121 Erledigungen aus.[11] Von 1960 bis 1990 stieg die Zahl der Erledigungen in Zivilsachen beim BGH von 1.745 auf 4.632, beim BVG von 2.069 (in 1970) auf 3.154. Die Neuzugänge beim BAG werden an anderer Stelle dargestellt. [12] Als einziges Obergericht hat das BSG keinen Anstieg der Verfahren zu verzeichnen, sondern sogar einen Rückgang.

Die wachsende Prozeßflut bedeutet mit zunehmender Überlastung der Gerichte eine längere Prozeßdauer, die unerledigten Verfahren häufen sich. [13] Die klagenden Parteien oder Angeklagten / Untersuchungshäftlinge bekommen das Recht nicht mehr in der Zeit, in der sie

---

[10] Tabelle 1: Geschäftsanfall bei den Gerichten - I. und letzte Instanz
[11] Tabelle 1: Geschäftsanfall bei den Gerichten - I. und letzte Instanz
[12] s.S. 28
[13] Nach Auffassung von Kühnert (Die Zeit vom 3. April 1980) bedeutet diese Entwicklung bei den Richtern Hast, Hetze und Druck, abnehmende Entscheidungsqualität und ruft mißmutige Reaktionen hervor, wenn er berichtet, daß der Lörracher Arbeitsrichter Bernd Klees sein Amt der Regierung in Stuttgart 1975 mit großem Aufsehen aufkündigte, weil ihm wegen noch steigender Arbeitsüberlastung keine sorgfältige Arbeit mehr möglich sei. Zuvor soll der Kammervorsitzende Wolfgang Klinghardt aus Offenburg seinen Unmut wegen doppelten Geschäftsanfalls in der Weise ausgedrückt haben, daß er es ablehnte, in einer Sache einen Termin anzuberaumen, solange kein weiterer Richter der Kammer zugewiesen sei.
Siehe auch Ide RdA 1979, S.228, 229, 231 zur Frage der Justizverweigerung und Verfassungsmäßigkeit der erforderlichen Zahl von Richtern (§§ 16, 35, 41 ArbGG)

es nutzbringend und kostensparend gebrauchen könnten. Die Folge kann sein, daß ein Angeklagter die eingelegte Revision in einem Strafverfahren zurücknimmt, weil die bisherige Haftdauer einschließlich des Revisionsverfahrens vor dem Bundesgerichtshof länger als die 2/3 - Frist der Haft dauern würde, nach der Strafgefangene bei guter Führung üblicherweise entlassen werden.[14] Auch wird es niemand dem Kläger, der gegen die fristlose Kündigung seines Arbeitsverhältnisses gerichtlich vorgeht, verübeln, nicht mehr an seine alte Arbeitsstelle zurückzukehren, wenn ihm erst nach Jahren "Recht widerfährt"; er selbst wird allerdings diesen Vorgang nicht als gerecht empfinden.[15] Wenn sich diese individuelle Unzufriedenheit wegen des vielfachen Betroffenseins einer großen Zahl von Bürgern kumuliert, kann es zu Folgen kommen, die man als "Stillstand der Rechtspflege" bezeichnen kann und die zur Bürgerverdrossenheit und Unzufriedenheit mit der Politik schlechthin führt. Ein eindringliches Beispiel bietet sich im Planfeststellungsverfahren für den Flughafen München II, in welchem 26.332 Einsprüche von Privatleuten, 30 Einsprüche von Gemeinden und 120 Stellungnahmen von Trägern öffentlicher Belange geprüft werden mußten.[16] Überproportional lange Bearbeitungszeiten sind meist ein Zeichen von Überlastung der Richter: Die Praxis nimmt inzwischen eine Verfahrensdauer von drei bis fünf Jahren im 3 - instanzlichen Weg mehr fatalistisch als beruhigt und zufrieden hin.[17] Eine längere Zeitspanne, gar von rund zehn Jahren, kann - bei allem Verständnis für Arbeitsbelastung und Prioritätensetzung bei der Bearbeitung - nur als unerträglich bezeichnet werden.[18] [19] [20]

---

[14] Hessisch-Niedersächsische Allgemeine vom 19.8.80 zum sogenannten Stumm-Prozeß; die Situation hat sich offenbar bis heute nicht geändert, wenn der Titelbericht der Wochenzeitschrift DER SPIEGEL, Nr. 38 vom 20.9.1993 S. 72 ff, "Am Rande des Infarkts", nur halbwegs richtig ist.

[15] ähnlich Ide RdA 1979, 228, 229

[16] Die Regierung von Oberbayern mußte zu diesem Zweck 242 Erörterungstermine abhalten, 8.000 Seiten mit Niederschriften füllen und 920.000 ,- DM allein an Auslagen aufwenden (Schmöller in Stuttgarter Zeitung vom l. 8. 1978). Durch die Zurücknahme von Einwendungen und andere Erledigungen reduzierte sich die Gegnerschaft des Planfeststellungsbeschlusses auf 5.724 Klagen. Um ein Gerichtsspektakel einzigartigen Ausmaß es zu vermeiden und eine korrekte verfahrensrechtliche Durchführung zu gewährleisten, (und nicht nur, weil eine Gerichtsverhandlung unter einem Dach von 5.724 Klägern und der gleichen Anzahl von Rechtsbeiständen fast jede technische Möglichkeit überstiegen hätte) hat das für diese Streitsache zuständige Verwaltungsgericht München mit dem "Segen" des BVerfG (vom 27.3.1980 - 2 BvR 316/80, DB 1980, 926) nur 40 Kläger (12 Gemeinden und 28 Privatpersonen) zugelassen, die gewissermaßen stellvertretend für die übrigen Rechtssuchenden sämtliche Beschwerden artikulieren sollten (FAZ vom 30. 4. 1980). Eine ähnlich beispiellose Protestaktion bahnte sich anläßlich des geplanten Baues der 3. Startbahn beim Flughafen Frankfurt / Rhein - Main an, wo Einzelbürger, der Kreis Groß - Gerau und Kommunen, wie Raunheim, Flörsheim und Mörfelden-Walldorf mit fast 36.000 Protestunterschriften im Rücken gegen die "Startbahn West" aufbegehrten (HNA vom 11.8.1980).

[17] Blankenburg/Schönholz a.a.O. S. 101 unter Berufung auf andere Quellen: 4 Jahre

[18] So wurde z.B. die in 1984 gegen das hessische Gesetz zur Änderung des Gesetzes über Sonderurlaub für Mitarbeiter in der Jugendarbeit vom 28.6. 1983 (GVBl I, Nr. 11 vom 5. Juli 1983, S. 102) eingelegte Verfassungsbeschwerde durch Beschluß vom 11. Februar 1992 erledigt (1 BvR 890/84) und die Entscheidungsformel im Bundesgesetzblatt veröffentlicht (Teil I, Nr. 23 vom 8.5. 1992, S. 981).

[19] Ebenfalls im Jahr 1984 wurde seitens der IG Metall Klage gegen den Runderlaß des Präsidenten der Bundesanstalt für Arbeit vom 18.5.1984 erhoben (Schnellbrief vom 18.5.1984 - III a 4-7116 - betreffend § 116 AFG, wonach der Anspruch während des Arbeitskampfes ruht, damit die Neutralitätspflicht der Bundesanstalt gewahrt bleibt: Anordnung in bezug auf die Fernwirkungen des Streiks in Baden- Württemberg- Nordbaden

Mit einem in 1980 höchst aktuellem Thema könnte ein neues Kapitel als Beispiel für "Massenverfahren" im Verwaltungsrechtsbereich aufgeschlagen worden sein. Während die Ausländeraufnahmebehörden in der Bundesrepublik Deutschland 1978 noch rund 25.000 Asylanträge pro Jahr bearbeiten mußten, waren es 438.191 Asylbewerber in 1992. Die Anerkennungsquote lag im Jahresdurchschnitt nur bei 4.3 %. Insgesamt wurden über 90 % aller Anträge auf Asyl durch die deutschen Behörden abgelehnt oder die Anträge zurückgenommen, jedoch beschreiten von 100 abgewiesenen Asylbegehrenden 70 bis 80 den Verwaltungsrechtsweg. [21] Auf Grund der alarmierenden Zahlen von Asylverfahren schränkte der Gesetzgeber den Spielraum für Vergünstigungen der Asylanten erheblich ein. [22] Innenpolitisch versuchte man administrativen Sachverstand in einer Zentralstelle, dem Bundesamt für die Anerkennung ausländischer Flüchtlinge, zu bündeln; außerdem folgten seit 1978 in etwa zweijährigem Turnus die Beschleunigungsgesetze zum Asylrecht. [23] Allein mit der Neufassung des Asylverfahrensgesetzes vom 18. April 1991 [24] wurden acht frühere Gesetze berücksichtigt. Die vorläufig letzte Änderung des Asylrechts ergänzte das Grundgesetz durch Einfügung des Art. 16a GG [25] und ließ zum 1.7.1993 das Gesetz zur Änderung asylverfahrens-, ausländer- und staatsangehörigkeitsrechtlicher Vorschriften [26] sowie das Gesetz zur Neuregelung der Leistungen an Asylbewerber [27] in Kraft treten.

Nach allem wird deutlich, daß die Qualität des Rechts auch eine quantitative Perspektive hat, die je nach Intensität die "Güte" des Richterspruchs beeinträchtigen, Gerechtigkeit auf ein Minimum herabsetzen kann. Dies ist insbesondere der Fall, wo die Parteien - unter Umständen aus lebensnotwendigen Gründen - an einer raschen Gerichtsentscheidung interessiert sind. Weder kann es der Beschuldigte in einem Strafverfahren verkraften, Monate auf seine mündliche Verhandlung zu warten noch der Arbeitnehmer, wenn es um den Fortbestand des Vertragsverhältnisses geht. [28] In manchen Fällen geht es nämlich um die Existenzgrundlage

---

und Hessen, die Leistung von Arbeitslosengeld und Kurzarbeitergeld zu versagen. Später wurde der § 116 AFG wegen Verfassungswidrigkeit neu gefaßt; dazu Gagel, a.a.O. Vor § 116 sowie § 116 Anm.1 ff, 64,107) durch das BSG aber erst am 10. Juni 1990 entschieden.

[20] Bis zur Entscheidung des BVerfG am 5.10.1993 (1 BvL 34/81 und 1 BvL 35/81), daß die öffentlich-rechtlichen Rundfunkanstalten ARD und ZDF nicht Konkurs machen können, waren zwölf Jahre vergangen (Die Zeit vom 19.11.1993).

[21] Dies teilte der Präsident des Verwaltungsgerichts Ansbach, Schmitt, anläßlich des Verwaltungsrichtertages mit (FAZ vom 10. 5. 1980); zu den erledigten Verwaltungsgerichtsverfahren im Asylrecht für die Jahre 1983-1987 vgl. Speyerer FB Nr. 88 Bd. 2 Anhang B a.a.O. S. 5

[22] Gesetz zur Beschleunigung der Asylverfahren vom 25.7.1978, BGBl. I S. 1108; 2. Gesetz zur Beschleunigung des Asylverfahrens vom 16.8.1980, BGBl. I S.1437

[23] Schenk, ZRP 1992, S.102

[24] BGBl. 1991 I, S.869; die Neufassung des Asylverfahrensgesetzes vom 27.7.1993 - BGBl I S. 1361 ff- berücksichtigt die inzwischen eingetretenen Änderungen.

[25] vom 28. 6.1993, BGBl. I S. 1002; in Kraft ab 29.6.1993

[26] vom 30.6.1993, BGBl. I S. 1062

[27] vom 30.6.1993, BGBl. I S. 1074

[28] Der rechtssuchenden Partei in angemessener Zeit zur Verwirklichung ihres Rechtsbegehrens zu verhelfen,

eines Arbeitnehmers und seiner Familie, wenn das Bestehen oder Nichtbestehen seines Arbeitsverhältnisses festgestellt werden soll. Gerade weil auf dem Gebiet des Arbeitsrechts ein ungewöhnlich hoher Prozeßzugang in den 70er und 80er Jahren bis heute zu verzeichnen gewesen ist, soll sich die Untersuchung mit den Ursachen für diese Entwicklung befassen.

Kapitel II. : Übersicht über die Entwicklung seit 1951

l. Entwicklung bei den Arbeitsgerichten

1.1 Geschichtlicher Rückblick

Die Arbeitsgerichtsbarkeit war im Frühjahr 1945 durch die bedingungslose Kapitulation am 8. Mai 1945 zum Erliegen gekommen. Durch die Kontrollratsproklamation vom 20. 10. 1945 wurden außerdem alle Sondergerichte aufgehoben. Im Kontrollratsgesetz (KRG) Nr. 21 vom 30. 3. 1946 ("Deutsches ArbGG") wurde ein Rahmengesetz geschaffen, welches die Grundsätze und wesentlichen Unterschiede gegenüber dem ArbGG von 1926 darstellte. Zur Beilegung von Streitigkeiten in Arbeitssachen waren danach "örtliche und Berufsarbeitsgerichte" zu errichten. Der überwiegende Teil der Länder nahm das KRG Nr. 21 in Verbindung mit dem ArbGG 1926 zur Grundlage für das arbeitsgerichtliche Verfahren. Erst das Grundgesetz vom 23. 5. 1949 schuf die Voraussetzungen für eine Vereinheitlichung des arbeitsgerichtlichen Verfassungs- und Verfahrensrechts. Das neue ArbGG datiert vom 3. 9. 1953 und trat am l. 10. 1953 in Kraft. [29]

1.2 Statistische Hinweise

1.2.1 Aufbau des Zahlenwerks

Umso erstaunlicher ist es, daß statistisches Material für 9 Bundesländer [30] zur Verfügung steht. [31] Die Jahre 1951 - 1954 wurden in Fachzeitschriften [32] beleuchtet, aufgeschlüsselt nach Gesamtzahlen, anhängigen Verfahren und Erledigungen sowie nach Bundesländern. Der

---

war u.a. das Anliegen der Vereinfachungs- und Beschleunigungsnovelle von 1979, wie Wlotzke, BArbBl 1989, S. 5. 10 , ausführt.

[29] dazu: Brill, Arbeitsrechtsblattei - Arbeitsgerichtsbarkeit III - Allgemeine Einleitung; Hueck-Nipperdey, a.a.O. Bd. I, S. 883 ff, 889 ff; umfangreiche Literaturangaben bei Germelmann a.a.O. Einleitung Rdz. 22 - 30; zuletzt : Leinemann NZA 1991, S. 961 ff mit weiteren Hinweisen; Neumann NZA 1993, S.342 ff

[30] von 1951 bis 1954 ohne Berlin(West), ab 1955 einschließlich Berlin (West) und ab 1957 auch einschließlich Saarland

[31] u.a. Statistisches Jahrbuch für die Bundesrepublik Deutschland

[32] Göttel . Die Gerichte für Arbeitssachen im Jahre 1951, RdA 1952, S. 385 und AuR 1953 S.21; ders. für 1952 in RdA 1953 S. 284; ders. für 1953 in RdA 1954, S. 284; ders. für 1954 in RdA 1955, S. 182;

Belastung der Richter waren besondere Kapitel gewidmet. [33] Die folgenden Jahre von 1955 - 1968 wurden in ähnlicher Form aufbereitet.[34]

1.2.2 Besonderheiten

Auf zwei Besonderheiten ist an dieser Stelle aufmerksam zu machen:

1.2.2.1 Sozialkassen der Bauwirtschaft

Bei den Arbeitsgerichten Wiesbaden und Berlin fallen in nicht unerheblichem Umfang Klagen der Lohnausgleichskasse (LAK) und der Zusatzversorgungskasse (ZVK) der Bauwirtschaft an, [35] und zwar geht es um Rechtsstreitigkeiten zwischen der Einzugsstelle und Arbeitgebern. [36] Bei den genannten Kassen der Bauwirtschaft handelt es sich um durch Tarifvertrag geschaffene gemeinsame Einrichtungen der Sozialpartner, [37] die über eine Gerichtsstandvereinbarung, [38] kraft Tarifvertrag oder Satzung das Arbeitsgericht Wiesbaden oder (für Klagen gegen Bauunternehmer in Berlin) das Arbeitsgericht Berlin als örtlich zuständig bestimmen. [39] In der amtlichen Statistik werden für das Bundesland Hessen die Fallzahlen für LAK und ZVK gesondert ausgewiesen, nicht dagegen für Berlin. [40]

---

[33] z.B. wie Fußn. 21; dazu etwa Gäde RdA 1953, S. 143, Rüstig AuR 1954, S. 279, Joachim AdG Band 3, S.64 ff, 69 ff

[34] Rüstig, Die Gerichte für Arbeitssachen 1955, AuR 1956, S. 207; ders. stets in AuR für 1956 in 1957, S. 204; für 1957 in 1958, S. 205; für 1958 in 1959, S.207; für 1959 in 1960, S. 199; für 1960 in 1961, S. 175; für 1961 in 1962, S. 201; für 1962 in 1963, S. 203; für 1963 in 1964, S. 202; für 1964 in 1965, S. 204; für 1965 in 1966, S.202; für 1966 in 1967, S. 297; für 1967 in 1968 S. 328; für 1968 in 1969 S. 294;

[35] In den letzten zehn Jahren waren es stets zwischen rund 20.000 und 53.000 Rechtsstreitigkeiten, mithin etwa 35 % bis 65 % aller in Hessen eingereichten Klagen.

[36] beispielsweise sind dies Verpflichtungen des Arbeitgebers zur Meldung der Brutto- Lohn- und/oder Gehaltssumme und des abzuführenden Beitrages.

[37] z.B. Tarifvertrag über eine zusätzliche Alters- und Invalidenbeihilfe im Baugewerbe (TVA) vom 28.12.1979, in der Fassung vom 19.12.1983, 26.9.1984, 20.6.1986, 14.12.1988, 22.12.1989 und 6.3.1992; Gerichtsstand nach § 15 für Ansprüche der Kasse gegen Arbeitgeber und Arbeitnehmer sowie umgekehrt gegen die Kasse ist der Sitz der Kasse (= Wiesbaden), für Beitragsansprüche der Kasse gegen Arbeitgeber des Berliner Betonsteingewerbe ist Berlin.

[38] gemäß § 48 Abs. II S.1 Ziff. 2 ArbGG

[39] § 32 des Tarifvertrages über das Sozialkassenverfahren im Baugewerbe vom 12.11.1986

[40] Vehement hat sich Joachim (AuR 1965, S. 339; zuvor bereits in AdG 1965 S. 64, 75) dafür eingesetzt, diese "Massensachen", inzwischen EDV - unterstützt veranlaßt und gedruckt, waschkörbeweise als Klagen zum Arbeitsgericht getragen und teilweise so auch wieder zurückgenommen (RdA 1971, S. 117, 118), aus bundesdurchschnittlichen Berechnungen zu eliminieren, weil sie das Bild verfälschten. Diesem Hinweis hat Rüstig (AuR 1966, S.47) allerdings zu Recht entgegengehalten, daß die LAK- und ZVK-Klagen im ganzen Bundesgebiet anfallen und deshalb auch bei der Errechnung bundesdurchschnittlicher Werte berücksichtigt werden müssen, auch wenn sie wegen ihrer Vielzahl aus dem Rahmen der sonst bei den Arbeitsgerichten anhängigen Klagen fallen. Dagegen ist bei länderbezogenen Vergleichen oder zur Errechnung der Belastungswirkung des einzelnen Richters auf den beschriebenen Tatbestand zu achten.

1.2.2.2 "Massenklagen"

Suspendierende Aussperrungen in der metallverarbeitenden und in der Druckindustrie im Jahre 1978 führten zu Reaktionen bei den zuständigen Gewerkschaften, indem sie ihren Mitgliedern empfahlen, Lohnklagen zu erheben. Die Vielzahl der durch die IG Metall und die IG Druck organisierten Rechtsstreite führte dazu, daß die Statistik und wissenschaftliche Literatur den Begriff der "Massenklagen" prägte. [41]

In Baden - Württemberg wurden 1978 im Urteilsverfahren 6.110 Klagen erledigt. 29.711 Klagen blieben unerledigt und wurden in der Statistik für 1979 vorgetragen.

1.2.3 Mängel der Statistik

Trotz Verfeinerung des Zahlenwerks durch die Arbeitsministerkonferenz oder die Konferenz der Landesarbeitsgerichtspräsidenten gab und gibt es nach wie vor "Mängel". [42] So werden z.B. heute immer noch nicht die Widerklagen erfaßt, ebensowenig die subjektiven Klagehäufungen, auch nicht die Zahl der Vergleiche, die vor oder im Gütetermin zustande kommen sowie die vor dem ersten Termin erklärten Klagerücknahmen. Es fehlt die Feststellung, wieviel betriebsbedingte, personenbedingte oder verhaltensbedingte Kündigungen verhandelt werden. Die "sonstigen" Streitgegenstände und die "auf andere Weise" erledigten Streitfälle sollten differenziert erfaßt werden, damit daraus Schlüsse gezogen werden können. Insbesondere bleibt natürlich die Schwierigkeit der einzelnen Sache, die eingesetzte Arbeitskraft des Richters als auch des Verwaltungspersonals ungezählt und unbewertet, was dazu dienen könnte, die tatsächliche Belastung der Gerichte festzustellen. [43] Eine reine Zählstatistik ist unzureichend. Es fehlen in ausreichendem Maße rechtstatsächliche

---

[41] BArbBl 1979, Heft 4, Tab. 90. Stürner, JZ 1978, S. 499; Kittner/Breinlinger ZfRSoz 1981, S. 53, 75; Reifner ZfRSoz 1981, S. 88, 106

[42] Kaum ein anderer hat so intensiv und engagiert in der Fachliteratur für Veränderungen geworben wie Joachim, RdA 1971, S. 117, insb. unter III; bereits früher ders. AdG Bd. 3 S. 64 ff; AuR 1965, S. 339 f

[43] Diese Antwort wäre zwar von allgemein interessierender Bedeutung, weil der Personalbedarf in der Arbeitsgerichtsbarkeit vom Geschäftsanfall abhängt, spielt aber für den vorliegenden Untersuchungsgegenstand nur eine untergeordnete Rolle. Bei der Verabschiedung des Gesetzes zur Beschleunigung und Bereinigung des arbeitsgerichtlichen Verfahrens hat der Bundestag an die Länder appelliert, die erforderlichen Beschlüsse zur personellen und sachlichen Verstärkung der Arbeitsgerichte und Landesarbeitsgerichte zu fassen (BT- Drucks. 8/ 2535). Daraufhin hat eine Arbeitsgruppe bundeseinheitliche Maßstäbe zur Ermittlung des Personalbedarfs in der Arbeitsgerichtsbarkeit erarbeitet. Dabei hat man sich wegen des richterlichen und nichtrichterlichen Personalbedarfs der "statistischen Methode" (Erledigungsstatistiken) bedient und auf eine Zerlegung der Geschäftstätigkeit in Teiltätigkeiten und deren zeitliche Bewertung (sog. analytische Methode) verzichtet. Bei dem nichtrichterlichen Personal konnte auf statistische Erkenntnisse zurückgegriffen werden, die u.a. aufgrund von Stellenbeschreibungen, Interviews, täglichen Arbeitsaufzeichnungen, Laufzettelverfahren, Akten- und Belegauswertungen sowie Posteingangszählungen die durchschnittlichen Bearbeitungszeiten und Fallzahlen ermittelten. Die 46. Konferenz der Präsidenten der Landesarbeitsgerichte 1984 nahm den Bericht der Arbeitsgruppe zur Kenntnis. Seit dieser Zeit wird nach diesen Pensenschlüsseln gearbeitet.

Informationen, aus denen sozial- und rechtspolitische Schlußfolgerungen zu ziehen sind, [44] wie dies mit der vorliegenden Arbeit versucht wird.

1.2.4 Ist - Stand

Im Laufe der Zeit stellte die amtliche Statistik ein immer genaueres Zahlenwerk zur Verfügung. [45] Zur Feststellung der personellen und sachlichen Belastung der Arbeits- und Landesarbeitsgerichte werden monatliche Erhebungen durchgeführt.[46] Die Statistik ist sehr ausführlich und gibt die wichtigsten Bestandszahlen wieder, erfüllt natürlich nicht alle Wünsche, die im Rahmen der vorliegenden Untersuchung benötigt werden (wie z.B. eingereichte Klagen, unterschieden nach Streitgegenstand oder Wert des Streitgegenstandes nach § 61 Abs. I ArbGG bzw. Wert des Beschwerdegegenstandes nach § 64 Abs. II ArbGG oder Art der Prozeßvertretung). Die zusammengefaßten Ergebnisse für jedes Kalender jahr werden bundesweit veröffentlicht. Die Tätigkeit der Arbeitsgerichte ab 1951 zeigt die Tabelle. [47]

1.3 Geschäftsanfall 1951-1992

Die Zahl der eingereichten Klagen bei den Arbeitsgerichten im Bundesgebiet lag 1951 bei insgesamt 145.318 und stieg in den kommenden Jahren nach einem höheren Ausschlag 1957 (189.786) auf 160.394 im Jahre 1960. Die Steigerungsrate beträgt in diesem 10 - Jahreszeitraum 15.076 = 10,3 %.

Die 60er Jahre begannen in etwa mit dem Jahresdurchschnitt des abgelaufenen Jahrzehnts. 1964 war als Start für einen neuen Anstieg anzusehen, der sich von 176.947 (= + 10 %) auf 205.664 im Jahr 1967 hinaufschraubte, also um 28 % gegenüber 1960, mithin der vorläufige Höchststand nach Kriegsende. Der Klageeingang ging dann wieder erheblich zurück und lag im Jahre 1969 mit 172.615 Eingängen so hoch wie zehn Jahre zuvor, aber immer noch um rund 11.000 = 7 % höher als der Durchschnitt der 60er Jahre.

---

[44] übereinstimmend Weichsel a.a.O. S. 523, 528 ff: Erst die Summe der Erkenntnisse über Arbeitsvolumen, Personal- und Kostenvolumen läßt Schlußfolgerungen für gesellschaftspolitische Überlegungen zu und gibt Gestaltungsspielräume, die Konfliktursachen zu beseitigen und die volkswirtschaftlich relevanten Kosten zu minimieren.
[45] Neben dem Statistischen Jahrbuch für die Bundesrepublik ist hier insbesondere das Bundesarbeitsblatt zu nennen.
[46] vgl. Anhang Abschnitt 3 : Statistische Meldung, Formulare AG 1 (für die Arbeitsgerichte) und AG 2 (für die Landesarbeitsgerichte); die Ausfüllung erfolgt nach der vom Bundesministerium für Arbeit erlassenen, ab 1.1.1990 gültigen "Anweisung für die statistischen Erhebungen über die Tätigkeit der Arbeitsgerichte und Landesarbeitsgerichte"
[47] Tabelle 2a - 2d und Graphik 1: Tätigkeit der Arbeitsgerichte 1951 - 1992

In den Jahren ab 1970 bis heute lagen die pro Jahr eingereichten Klagen stets über der Grenze von 200.000. Bereits der Einstieg im Jahre 1970 brachte eine Steigerung von gut 28.000 Klagen = + 16 % gegenüber dem Vorjahr mit sich, eine kontinuierliche Steigerung um rund 15.000 pro Jahr zeigte dann für das Jahr 1973 bereits knapp 250.000. 1974 wies einen ungewöhnlichen Anstieg von 20 % auf knapp 300.000 auf, eine Zahl, die im Jahre 1975 ein wenig überschritten wurde. Nach einem geringfügigen Rückgang in den beiden Folgejahren ermittelte man für das Jahr 1978 die bis dahin höchste Nachkriegsjahreszahl mit 327.271 eingereichten Klagen bei den Gerichten der Arbeitsgerichtsbarkeit 1. Instanz.

Geradezu einen Einbruch erlebte das Jahr 1979 mit 273.978 Klageeingängen (diese Zahl entspricht in etwa der Durchschnittsjahreszahl der 70er Jahre), um sogleich wieder in 1980 auf rund 302.000 anzusteigen. Ab diesem Zeitpunkt bis heute liegen die Klageneuzugänge stets darüber. Eine weitere Spitze zeigte sich in 1982 mit 386.789 Prozessen in Urteilsverfahren. In den folgenden Jahren bis 1988 lagen die Zugangszahlen in einer Bandbreite von 357.000 bis 367.000, also im Niveau um 124 % über den 50er Jahren, um 109 % über den 70er Jahren. Die letzten vier statistisch verfügbaren Jahreszahlen weisen wieder eine Aufwärtsentwicklung von 336.816 in 1989 bis 402.013 in 1992 auf.

2. Die Entwicklung bei den Landesarbeitsgerichten

2.1 Statistische Hinweise

Das statistische Zahlenmaterial bezüglich der Tätigkeit der Landesarbeitsgerichte für die Jahre 1951 bis 1956 ist lückenhaft. Von 1959 bis 1966 einschließlich zeigt die Tabelle die "anhängigen" Verfahren, während vorher und ab 1967 auch die Neuzugänge an Berufungen gesondert ausgewiesen sind. Die Erledigungen der Bestandsstreitigkeiten werden offenbar erst seit 1980 erfaßt. Um zu einer Vergleichbarkeit aller Jahre zu kommen, wurde der Neuzugang an Verfahren in der 2. Instanz in den Jahren 1959 bis 1966 geschätzt: es wurde angenommen, daß 73 % aller anhängigen Verfahren bei den Landesarbeitsgerichten Neuzugänge waren. Dies entspricht auch der Jahresdurchschnittsquote der Jahre 1967 bis 1972. [48]

2.2 Geschäftsanfall 1951-1992

Das vorliegende Material zeigt, daß bei den Landesarbeitsgerichten eine mit geringen Schwankungen versehene, aber von 1954 bis heute stetige Aufwärtsentwicklung stattgefunden hat. Bis 1973 hatten sich die Berufungen zwar um 50 % erhöht, blieben aber stets unter 10.000 Verfahren. Es brauchte 20 Jahre, bis die Zahlen der eingereichten Berufungen in 1975 mehr als

---

[48] Tabelle 3a - 3d: Tätigkeit der Landesarbeitsgerichte 1951 - 1992

verdopppelt waren. Auf hohem Niveau verzeichnet die Statistik Spitzenwerte in 1983 mit 19.228 und 1984 sowie 1986 über 18.000 Neufälle. Das entspricht einer Verdreifachung in 3 Dekaden. Nach langsamer Abnahme lag der Jahreswert 1992 bei 17.075 neuen Berufungsfällen. [49]

3. Die Entwicklung beim BAG

3.1 Statistische Hinweise

Das statistische Material der ersten Jahre nach Gründung des BAG 1954 in Kassel ist eher als fragmenthaft zu bezeichnen. Das Bundesarbeitsblatt, das offizielle Organ für Veröffentlichungen des Bundesarbeitsministeriums, erwähnte die Tätigkeit des BAG unter der Rubrik "Kurzberichte". [50] Bezüglich der BAG - Neuzugänge für die Jahre 1959 - 1966 hat er Verfasser den Prozentsatz auf 66 % festgesetzt, was dem Durchschnitt der Jahre 1967 bis 1972 dort entspricht. [51]

3.2 Geschäftsanfall 1954-1992

Beim BAG nahmen die Neuzugänge bei den Revisionen einen bemerkenswert anderen Verlauf: nach knapp 1.000 Revisionen im Jahre 1959 ging die Zahl der Neuzugänge wieder stetig zurück und pendelte in den Jahren 1963 bis 1971 um 500. Erst in den Folgejahren war wieder ein stärkerer Zugang festzustellen, der in den Jahren 1977 bis 1979 über 1.100 (Nachkriegshöhepunkt 1979 : 1282) neu eingelegten Revisionen lag.
Das bei den Landesarbeitsgerichten und beim BAG später als bei den Arbeitsgerichten einsetzende, heftige Anwachsen der Neuzugänge ist durch den natürlichen zeitlichen Ablauf zu verstehen, den eine Klage beim Weg durch die Instanzen braucht. Die mit dem Gesetz zur Beschleunigung und Bereinigung des arbeitsgerichtlichen Verfahrens in Kraft getretene Beseitigung der Streitwertrevision führte spürbar zu einer Entlastung bei den Revisionsverfahren, setzte jedoch bei den Prozeßparteien Aktivitäten frei, um das neu geschaffene Instrument der Nichtzulassungsbeschwerde zu erproben (1979 : 155) und ab 1980 fest zu installieren (durchschnittlich von 1980 - 1992 : 650). Rechnet man Revisionen und

---

[49] Die Berufungsquoten nach Streitgegenständen (Schadensersatz nach Verkehrsunfall, Schuldbeitreibung, Bausachen, Ehescheidung, Mietsachen, Kündigung des Arbeitsverhältnisses) im Vergleich von Amtsgerichten und Arbeitsgerichten hat Blankenburg, Rechtsmittel a.a.O. S. 25, 27 mit Tabelle untersucht. Danach wurden 8 % aller Arbeitsgerichtsverfahren erster Instanz bis in eine Berufungsinstanz fortgeführt; bezieht man die Berufungsquote auf die streitigen Urteile, dann liegt sie mit 50 % am höchsten.
[50] bis Ende 1954 : BArbBl 1955, S. 157; für die folgenden Jahre : BArbBl 1957, S. 305, 1958, S. 300, 1959, S.233; danach Statistische Jahrbücher und BArbBl
[51] Tabelle 4a - 4c: Tätigkeit des Bundesarbeitsgerichts 1953 - 1992

Nichtzulassungsbeschwerden zusammen, [52] so muß an dieser Stelle festgestellt werden , daß das erwähnte Beschleunigungsgesetz für die III. Instanz keine quantitative [53] Erleichterung gebracht hat. Die durchschnittliche Fallzahl pro Jahr im Zeitraum von 1980 bis 1992 errechnet sich mit über 1300, mit einem Höhepunkt in 1985 von 1492 eingelegten Revisionen und Nichtzulassungsbeschwerden. [54] Dabei sind die oben genannten Zahlenangaben sämtlich ohne die sonstigen, vom BAG zu erledigenden Bearbeitungsfälle zu sehen. [55] Insgesamt verdeutlichen die Gesamtzahlen nach größeren Zeitabschnitten, nämlich 1951 bis 1959 und den darauf folgenden drei Dekaden, soweit es die Neuzugänge von Klagen bei den Arbeitsgerichten angeht - ohne Wertung irgendwelcher, insbesondere konjunktureller Einflüsse - das Anwachsen der Prozeßeingänge in der Arbeitsgerichtsbarkeit. [56] Im 1. Jahrzehnt lag die durchschnittliche Jahreszahl bei rund 160.000. Sie veränderte sich in den 60er Jahren auf über 170.000, um in den Jahren von 1971 bis 1980 auf etwa 270.000 zu steigen. Die zurückliegende Dekade zeigt mit knapp 360.000 die enorme Ausweitung der Klagehäufigkeit.

Schließlich werden die Globalzahlen der Nachkriegszeit gezeigt, wobei die Neuzugänge an Klagen, Berufungen und Revisionen für diese Zeiträume zusammengefaßt sind. [57] Die Steigerung von 1.8 Mio Verfahrenszugängen in den Jahren 1961 bis 1970 auf 2.9 Mio für die Jahre 1971 bis 1980 und schließlich auf 3.7 Mio (1981 bis 1990) entspricht einer Zuwachsquote von rund 1 Mio Verfahren pro Jahrzehnt.

Kapitel III: Unterscheidung nach Klageverursachern

1. Rollenverteilung

Es liegt in der Natur der Sache, daß das Gebiet des Arbeitsrechts als ein Schutzrecht für Arbeitnehmer diese in die Rolle derjenigen drängt, die Ansprüche geltend machen, während der Arbeitgeber derjenige ist, an den die Forderungen gerichtet sind. [58] Der Arbeitgeber verfügt

---

[52] Tabelle 5: Revisionen und Nichtzulassungsbeschwerden ab 1979
[53] wohl aber einen qualitativen Entlastungeeffekt, was Bichler, AuR 1984, S. 176, 178 näher begründet.
[54] Revision gegen Urteile des Landesarbeitsgerichts nach § 72 ArbGG sowie Sprungrevision nach § 76 ArbGG und Nichtzulassungsbeschwerden bzgl. Revision nach § 72 a ArbGG sowie bzgl. Rechtsbeschwerden nach § 92 a ArbGG
[55] das sind Rechtsbeschwerden nach §§ 92,96 a ArbGG; Revisionsbeschwerden nach § 77 ArbGG i.V.m. § 519 b ZPO als sofortige Beschwerde und nach §§ 70, 78 Abs. II ArbGG als weitere Beschwerde; Bestimmung des zuständigen Gerichts analog § 36 Nr. 6 ZPO; Anträge auf Bewilligung von Prozeßkostenhilfe nach § 11 a III ArbGG i.V.m. § 114 ZPO; Entscheidungen über Anträge auf Einstellung der Zwangsvollstreckung nach § 72 Abs. V ArbGG i.V.m. § 719 Abs. II ZPO; Anrufungen des Großen Senats nach § 45 ArbGG; in das allgemeine Register eingetragene Anträge und Anfragen. Insgesamt waren es in 1992 zusätzlich über 770 Aktenvorgänge.
[56] Tabelle 6 und Graphik 2: Eingereichte Klagen Arbeitsgerichte nach Jahrzehnten
[57] Tabelle 7: Eingereichte Urteilsverfahren aller Instanzen der Arbeitsgerichtsbarkeit nach Jahrzehnten
[58] Kittner/Breinlinger ZfRSoz 1981, S. 53, 73. Die verschiedenen Stufen des Konfliktprozesses in den Sozialbeziehungen der Arbeitsvertragsparteien beschreibt Blankenburg ZfRSoz 1980, S. 33, 39

über ausreichende innerbetriebliche Durchsetzungsmöglichkeiten (z.B. Einbehaltung von Lohn, Änderung der Arbeitsbedingungen, Kündigung) und kann in diesem Sinne durchaus als "Veranlasser" bezeichnet werden, [59] während der Arbeitnehmer seine Ansprüche durch reaktive gerichtliche Geltendmachung durchsetzen muß. Er mobilisiert erst durch die Klageerhebung im Nachhinein eine Rechtmäßigkeitskontrolle. [60] Es ist deshalb nicht verwunderlich, daß der Anteil der durch Arbeitgeber und ihre Organisationen in der 1. Instanz eingereichten Klagen seit 1951 in keinem Jahr einen Anteil an der Gesamtzahl von 10 % erreichte, hingegen der Anteil der durch Arbeitnehmer, Gewerkschaften und Betriebsräte eingereichten Urteilsverfahren einen Anteil von häufig weit über 90 % hatte. Weitere denkbare Kläger (Länder § 25 HAG und § 14 MindarbG - oder sonstige) bleiben im Rahmen der Untersuchung wegen ihres geringen Anteils (stets unter 1000 Verfahren/Jahr) unberücksichtigt.

2. Übersicht in Zahlen

Die Jahreszahlen der bei den Arbeitsgerichten eingereichten Klagen getrennt nach Arbeitnehmern und Arbeitgebern ergeben sich aus der Tabelle. [61]
Bemerkenswert ist hieran nicht die bereits erklärte vorgegebene Rollenverteilung, sondern das absolute und prozentuale Anwachsen der Neuzugänge durch die Arbeitnehmerseite, insbesondere in den 70er und 80er Jahren bis 1992 im Vergleich zu vorherigen Zeiträumen. Demgegenüber haben die Arbeitgeber ihr Verhalten in keiner Weise verändert, wenn sie im Zeitraum von 42 Jahren innerhalb einer Bandbreite pro Kalenderjahr von 3015 (in 1951) bis 15.580 (in 1972) verharren. Sie traten mit gut 138.000 Klageeingängen in den Jahren 1971 bis 1980 genauso oft als Klägerpartei auf wie in den 10 Jahren zuvor (142.000). In den 80er Jahren sank die Gesamtzahl auf knapp 106.000.
Auffallend bei den Arbeitnehmerklagen ist der ständig steigende, absolute und prozentuale Anteil nach Jahreszahlen, der im Jahre 1986 mit 97,3 % (= 356.181) erstaunlich nahe an die 100 % herangekommen ist. Dagegen sind die Klageeingänge durch die Arbeitgeber nach einem "Höhepunkt" mit über 15.000 pro Jahr (jeweils von 1971 bis 1975) wieder auf gut 10.000 zwischen 1986 und 1991 zurückfallen (1992: 12.699). Der Anteil an allen Klagen zeigte in 1986 mit 2,6 % den geringsten Wert überhaupt.

---

[59] In der Abfolge der Rechtsschritte ist z.B. die Kündigung nicht immer betrieblich oder ökonomisch begründet und deshalb häufig die Reaktion des Arbeitgebers auf das Nichteinhalten des Arbeitsvertrages. Wenn auch die Darlegungs- und Beweislast für die Kündigung dem Arbeitgeber obliegt, ist die "Klagezumutung" auf der Seite des Arbeitnehmers, weshalb Blankenburg (ZfRSoz 1980, S. 33, 40) aufgrund der hohen Klagerate seitens der Arbeitnehmer von "faktisch asymmetrischer Parteikonstellation" spricht.
[60] vgl. FB Kündigungspraxis a.a.O. II S. 527 mit weiteren Hinweisen zum vorstehenden Fragenkreis
[61] Tabelle 8: Eingreichte Klagen der Arbeitnehmer und Arbeitgeber (1951 - 1992)

Kapitel IV: Unterscheidung nach Streitgegenstand

1. Streitgegenstände

Nach dem Streitgegenstand der Klage unterscheidet die Statistik die folgenden Sparten:
- Arbeitsentgelt
- Urlaub, Urlaubsentgelt
- Bestandsstreitigkeiten (§ 61 a ArbGG), davon Kündigungen
- Zeugniserteilung und Berichtigung
- Schadensersatz
- Tarifliche Einstufungen
- Arbeitszeit
- Herausgabe von Arbeitspapieren
- Sonstige Klagen. [62]

2. Schwerpunkte

Die Klagen wegen Herausgabe von Arbeitspapieren, Zeugnisstreite, Schadensersatz und tarifliche Einstufung sind von der Menge her unbedeutend. Sie machen z.B. im Jahr 1989 [63] nur insgesamt 31.993 Verfahren aus, das ist ein Anteil von knapp 10 % aller erledigten Klagen. Die "sonstigen" Streitgegenstände haben sich von etwa 27.000 in 1957 auf rund 120.000 in 1988 entwickelt.

Da die Klagen wegen Arbeitsentgelt und Kündigungen den weitaus größten Anteil ausmachen und diese Unterscheidung nach noch näher zu erläuternden Gründen für die vorliegende Untersuchung erheblich sein wird, soll im Schwerpunkt auf diese beiden Streitgegenstände bzw. ihre zahlenmäßige Entwicklung näher eingegangen werden. Einen Überblick der Klageeingänge bei den Gerichten 1. Instanz seit 1951 zeigt die Tabelle, unterteilt nach den Streitgegenständen "Arbeitsentgelt" und "Kündigungen". Neben der absoluten Zahlenentwicklung enthält eine weitere Spalte den prozentualen Anteil.[64]

Bezüglich der Klagen wegen Arbeitsentgelt ist ein Durchschnittsprozentsatz von 60 % in den 50er Jahren, weiter rückläufig auf 53 % in den 70er Jahren und schließlich weiter abfallend auf 31 % im Jahr 1992 zu errechnen.

---

[62] Enthält eine Klage mehrere Ansprüche, so sind diese getrennt bei den einzelnen Positionen gezählt; die Gesamtzahl der erledigten Fälle objektiver Klagehäufung wird auch noch gesondert erfaßt.

[63] ab 1990 weist die Statistik keine Zahlen wegen "Herausgabe der Arbeitspapiere" mehr aus.

[64] Tabelle 9 und Graphik 3: Tätigkeit der Arbeitsgerichte 1951-1992, erledigte Klagen, davon 1. Kündigungen, 2. Arbeitsentgelt

Demgegenüber beträgt der Durchschnittsanteil der Klagen gegen Kündigungen an der Gesamtzahl der Klagen in den 50er Jahren 26 %, in den 70er Jahren im Schnitt 33 %. Bei Betrachtung der einzelnen Jahre fällt auf, daß nur einmal im Jahre 1954 der Anteil der Klagen gegen Kündigung bei knapp über 30 % lag, während alle übrigen Jahre von 1951 bis 1973 der Anteil zwischen 20 und knapp 28 % pendelte. Ab 1969 ist eine laufende Steigerung des Anteils erkennbar, ab 1974 machten die Klagen wegen Kündigungen stets mehr als 1/3 aller Klagen bei den Arbeitsgerichten aus. In den 80er Jahren bis 1992 beträgt der Anteil fast 50 %.

Kapitel V: Unterscheidung nach Verfahrensart

1. Allgemeines

Neben den Urteilsverfahren schlagen auch noch "sonstige Verfahren" (Arreste und einstweilige Verfügungen, Mahnverfahren) sowie Beschlußverfahren in der Statistik zu Buche. Die sonstigen Verfahren nehmen einen gewissen Umfang ein, z. B. waren dies 1982 mit einem Höchststand immerhin 91.569 Aktenvorgänge, davon allein 85.992 eingegangene Mahnverfahren (1992: 78.955, davon 74.644 Mahnverfahren). Da eine weitere Unterscheidung nach Streitgegenstand, Antragstellern, Antragsgegnern usw. nicht erfolgt, kann auf eine differenzierte Betrachtungsweise bei diesen Verfahren nicht eingegangen werden.

2. Beschlußverfahren

Allerdings ist dies eingeschränkt möglich im Rahmen der Beschlußverfahren, wobei im folgenden nur der Zugang bei den Arbeitsgerichten (hingegen wegen der zahlenmäßig relativ niedrigen Werte nicht bei LAG und BAG) betrachtet werden soll. Die Zugangszahlen im Laufe der Jahre zeigen, [65] daß das Instrument bis einschließlich 1971 rein zahlenmäßig nur eine untergeordnete Rolle gespielt hat (von 1965-1971 durchschnittlich pro Jahr nur 543 Fälle). [66] Ab 1972 ist allerdings auch in dieser Verfahrensart ein stetiger Aufwärtstrend festzustellen. Von 3.174 im Jahre 1972 bis 4711 in 1980 erfolgte bereits ein beträchtlicher Anstieg, der sich jedoch zum Ende des nächsten 10 - Jahreszeitraumes ungefähr verdoppelte. Das Jahr 1991 verzeichnet mit 8.704 eingereichten Anträgen die höchste Anzahl Beschlußverfahren. 1992 liegt mit 8.503 neuen Anträgen knapp darunter.

---

[65] Tabelle 10: Eingereichte Beschlußverfahren der Arbeitnehmer und Arbeitgeber 1965 - 1992
[66] Detailliertes Material für die Zeit von 1965 bis 1984 findet sich in der Tabelle 2 der Antwort der Bundesregierung vom 19.12.1985 auf die Große Anfrage der SPD-Fraktion; Blankenburg/Schönholz a.a.O. S.121 FN. 6: "1970 und 1971 lag der Anteil der Beschlußverfahren an allen Eingängen ohne Mahnverfahren bei 0,1 %. Seit 1972 hat er sich bei 1,5 % eingependelt."

Im übrigen zeigt die Statistik [67] die Beschlußverfahren bei den Arbeitsgerichten mit der Unterteilung, wer die Anträge eingereicht hat. Der Arbeitnehmerseite kommt dabei jeweils ein Gewicht von 2/3 bis 3/4 aller eingereichten Anträge zu, die Arbeitgeberseite hält den Rest (die obersten Arbeitsbehörden als Antragsteller kommen nur vereinzelt vor).

Abschnitt 2: Einflußfaktoren

Kapitel I: Gesetzgebung

Es soll in diesem Kapitel untersucht werden, ob und inwieweit die Gesetzgebung im allgemeinen oder im Einzelfall beteiligt ist an dem Anwachsen der Rechtsstreitigkeiten.

l. Die "Normenflut"

Von manchen wird die anonyme Institution "Gesetzgeber" für zu "viele" und zu "schlechte" Rechtsvorschriften verantwortlich gemacht. [68] Der Gesetzgeber soll schuld sein an der Bürokratisierung und an Hemmnissen im Verwaltungsablauf. [69] Wenn es zuträfe, daß die Gesetzesmaschinerie auf Dauer zuviel und zu kompliziert produziert, läge der Schluß nahe, daß durch mehr Gesetze auch mehr Konflikte geschaffen werden, die einer Streitentscheidung bedürfen, sei es im Verhältnis des Bürgers zum Staat oder der Bürger untereinander. Gern wird in diesem Zusammenhang auf den Umfang des Bundesgesetzblattes hingewiesen, [70] um den Umfang des wachsenden Rechts anschaulich zu machen: so hatte das Bundesgesetzblatt (ohne Sachverzeichnis und sonstige Übersichten) im Jahre 1955 erst 896 Seiten, im Jahre 1965 bereits 2176 Seiten und 1975 dann 3186 Seiten. [71] Eine solche Betrachtungsweise ist sicherlich nicht geeignet, eine schlüssige Antwort auf die gestellte Frage zu geben, zumal die Anzahl der Gesetze und der Umfang eines einzelnen Gesetzes noch keinerlei Hinweis darauf geben, ob das verabschiedete Gesetz überflüssig war oder nicht. Dennoch können einem Zweifel an der Notwendigkeit kommen angesichts der unbestreitbar angewachsenen Gesetzes- und Verordnungsflut. In den fünf Jahren von 1878 bis 1882 umfaßte das Gesetzblatt des

---

[67] Tabelle 10 : Eingereichte Beschlußverfahren der Arbeitnehmer und Arbeitgeber 1965 - 1992
[68] Maassen 53. DJT II, a.a.O., Q 7; Kissel FAZ vom 28.1.1981; HNA vom 22.1.1993 (BSG-Präsident Reiter über Probleme durch Gesetzesflut) und FAZ vom 22.1.1993; Blankenburg (ZRP 1992, S. 96, 97) nennt als Hauptursachen der "Prozeßflut" neben der gesteigerten Komplexität der Gesetze noch das Wirtschaftswachstum und die zunehmende Mobilität der Bevölkerung - allerdings hauptsächlich in Verbindung mit Mietkonflikten und Verkehrsunfällen sowie Inkasso von Schuldforderungen.
[69] Manche suchen einen Sündenbock, um dem Bürger die Gründe zu erklären, warum er sich zum Beispiel in dem Gestrüpp der Steuervorschriften nicht mehr zurechtfindet, um seine Steuererklärung selbst fertigen, oder er wegen der Kompliziertheit der gesetzlichen Bestimmungen seine eigene Rente nicht mehr errechnen kann.
[70] z.B. Starck ZRP 1979, S. 209; Vogel JZ 1979, S. 321, 322
[71] Tabelle 11: Gesetzblätter des Bundes und des Landes Hessen (Anzahl Seiten)

Deutschen Reiches 1328 Seiten, das Reich erließ 81 Gesetze und 69 Verordnungen.[72][73] Von 1949 bis 1982 verabschiedete der Bund genau 3534 Gesetze.[74] In der 6. Legislaturperiode des Deutschen Bundestages z. B. traten seit 1969 bis Januar 1978 allein 889 Bundesgesetze und 3.550 Rechtsverordnungen in Kraft.[75] In der 7. Legislaturperiode waren es 516 Gesetze, in der 8. Periode schließlich wurden in 230 Sitzungen 354 Gesetze verabschiedet.[76] Nach einer im Bundesjustizministerium durchgeführten Zählung waren zu Beginn des Jahres 1977 als Bundesrecht 1.480 Gesetze und 2.280 Rechtsverordnungen in Kraft.[77]

Daneben laufen auch die Gesetzgebungsverfahren in den einzelnen Bundesländern.[78] In Hessen beispielsweise stieg der Umfang des Gesetz - und Verordnungsblattes von 63 Seiten in 1955 bis auf 814 Seiten in 1990.[79][80]

Darüberhinaus sind hessische Verwaltungsvorschriften (einschließlich verschiedener Nachrichten aus allen Verwaltungsbereichen) veröffentlicht und zu beachten.[81] Jährliche Übersichten der in Kraft befindlichen Gesetze und Rechtsverordnungen erleichtern die Suche auch des Rechtskundigen.[82]

Damit noch nicht genug: auch Städte und Gemeinden, Bundesinstitute und Verwaltungen arbeiten an der Rechtssetzung mit.[83] Dieses Kapitel kann keinerlei Anspruch auf

---

[72] Ellwein in Handelsblatt vom 16./17.12. 1983

[73] zitiert nach Schmöller in Stuttgarter Zeitung vom 1. 8. 1978

[74] Es soll weiterhin Berechnungen geben (Ellwein in Handelsblatt vom 16./17.12.1983), wonach 1910 insgesamt nur 22 Reichsgesetze erlassen wurden, 1930 sollen es 99 gewesen sein und 1960 schließlich 112 Bundesgesetze.

[75] Schmöller in Stuttgarter Zeitung vom 1. 8. 1978

[76] Hessisch-Niedersächsische Allgemeine vom 10. 7. 1980

[77] Bülow 53. DJT II, a.a.O., Q 19; IHK Koblenz, Dokumentation Teil I, Seite 2. Bestätigt werden die letzten Zahlenangaben durch den damaligen Bundesjustizminister Vogel, der in der Eröffnungsveranstaltung des 53. Deutschen Juristentages bekanntgab, daß in der Bundesrepublik Deutschland rund 1.500 Gesetze und 2.500 Rechtsverordnungen mit 90.000 Paragraphen gelten.

[78] Das Arbeitsrecht gehört nach Art. 74 Nr.12 GG zur konkurrierenden Gesetzgebung, so daß die Länder von ihrem Gesetzgebungsrecht nach Art. 72 GG Gebrauch machen können, solange und soweit der Bund von seinem Recht keinen Gebrauch macht.

[79] Tabelle 11: Gesetzblätter des Bundes und der Landes Hessen (Anzahl Seiten)

[80] Eine "Rekordbilanz" zur Halbzeit der 13. Wahlperiode des hessischen Parlaments (1991-1993) zog der Landtagspräsident am 18.8.1993: Der hessische Landtag habe 53 Gesetze verabschiedet - eine seit 30 Jahren nicht mehr erreichte Zahl. Damit sei der Landtag fleißig gewesen. Der Präsident konnte einen weiteren Spitzenwert melden: Seit Beginn der Wahlperiode seien in der Hausdruckerei rund 18 Millionen Blatt Papier gedruckt worden, fast so viel wie in der 7. und 8. Legislaturperiode zusammen; dies sei allerdings nicht als Teil einer Erfolgsbilanz zu sehen (HNA vom 19.8.1993).

[81] Tabelle 11: Gesetzblätter des Bundes und der Landes Hessen (Anzahl Seiten)

[82] z.B. für Bundesrecht im BGBl Teil I, Fundstellennachweis A vom 19.3.1992, abgeschlossen am 31.12.1992; das Arbeitsrecht hat in der sachgebietlichen Gliederung die Kennziffer 8. Für Hessen : Amtliches Verzeichnis hessischer Verwaltungsvorschriften - Gültigkeitsverzeichnis - jährliche Erscheinungsweise

[83] So erläßt z.B. die Bundesanstalt für Arbeit jährlich fortlaufend pro Jahr ziemlich genau 350 Dienstblatterlasse, die allerdings "nur für den Dienstgebrauch" herausgegeben, aber immerhin gedruckt und teilweise veröffentlicht werden. Daneben gibt es hunderte von weiteren internen Erlassen pro Jahr, die sich an die Mitarbeiter innerhalb der Verwaltung richten. Ungezählt sind darüber hinaus die Ausführungsbestimmungen, die in den einzelnen Bundesländern für die nachgeordneten Dienstbehörden erarbeitet werden, um Bundes- und Landesgesetze, Verordnungen und Anweisungen zur Anwendung bringen zu können.

Vollständigkeit erheben, sondern will nur durch einige Beispiele den Rahmen aufhellen, daß Gesetzgebung und Verwaltung zunehmend in den letzten Jahren in einem für den rechtssuchenden Bürger unübersehbaren Umfang tätig geworden sind. Es soll hierzu vermerkt werden, daß nicht jeder Bürger von der Gesamtheit der Normen betroffen ist, geschweige denn sie kennen müßte, um sein Recht durchzusetzen.[84][85]

2. Ursachen für die Gesetzesdichte

Die verstärkt Ende 1979/Anfang 1980 geführte Diskussion um die "Regelungshäufigkeit" und "Regelungsdichte" [86] zeigte eine weitgehende Übereinstimmung dahin, daß die "Verrechtlichung" [87] mit der Gefahr für die Freiheit des Menschen, [88] der Rechtswirksamkeit [89] und der Gerechtigkeit [90] soweit fortgeschritten war, daß fast alle Lebensbereiche kodifiziert waren und sind. Ein erheblicher Teil der Regelungsdichte ist rechtsstaatlich vorgegeben, weil der Rechtsstaat (Art. 20 Abs. III GG) mit der verfassungsmäßigen Justizgewährungspflicht (Art. 92 ff GG), so wie man ihn in Deutschland versteht, nun einmal ein Gesetzes- und Rechtswegstaat mit der Rechtsweggarantie aus Art. 19 Abs. IV GG ist. [91] Darüber hinaus ist auch der soziale Gesetzesstaat des Grundgesetzes notwendigerweise in hohem Maße Gesetzgebungsstaat. [92]

Der föderalistische Aufbau der Bundesrepublik, die Integration in die Europäische Gemeinschaft, die technisch- wirtschaftlichen Verhältnisse einer modernen, fortschrittlichen Industriegesellschaft, erzeugen einen erhöhten Normierungs-bedarf. [93] Blankenburg [94] beobachtet zwischen 1970 und 1984 schubartige Tendenzen der Expansion von modernen Regelungsgebieten aufgrund vielfältiger Steigerungen sozialer Mobilität, und zwar bei der Zunahme des Autoverkehrs, der Lösbarkeit von Familienbanden oder den zunehmenden

---

[84] Bülow 53. DJT II, a.a.O., Q 19

[85] Es sind wohl nur böse Zungen, die behaupten, daß Gesetze (auch) gemacht werden, weil die vorhandene Gesetzesmaschinerie nun einmal da ist, und damit das Gesetzgebungsverfahren in Gang halten, so daß in einer undefinierbaren Art und Weise jeder einzelne Bürger mehr oder weniger doch von mehr Rechten und Pflichten tangiert wird.

[86] vgl. die Schlußveranstaltung zum 53. Deutschen Juristentag am 19.09.1980, "Gesetzesflut - Gesetzesperfektionismus"

[87] dazu Weiß DÖV 1978, S. 601 ff ; Blankenburg/Schönholz a.a.O. S. 19, 117; Berger/Strempel a.a.O. S. 107, 108 ff; Kittner/Breinlinger ZfRSoz 1981, 53 ff

[88] Weiß DÖV 1978, S. 601, 604

[89] ders. S 607

[90] ders. S.608

[91] Bülow 53. DJT II. a.a.O., Q 21, 22; Starck ZRP 1979, S. 209, 210, 211

[92] Simon. H. 53. DJT II, a.a.O., Q 29; Pestalozza NJW 1981, S. 2081

[93] übereinstimmend: Maassen, 53. DJT II, a.a.O., Q 9; Simitis 53. DJT II, a.a.O., Q 39; Bülow 53. DJT II, a.a.O., Q 21 mit weiteren Literaturhinweisen.

[94] Prozeßflut a.a.O. S. 17-19

Entlassungen. In einem Modell von Angebot und Nachfrage heißt dies, daß neue Rechtsgebiete stets eine Zunahme von Nachfragen nach gerichtlichen Dienstleistungen auf bestimmten Rechtsgebieten auslösen.

Hinzu kommen die Wünsche von Bürgern, Gruppen und Verbänden mit einem überzogenen Anspruchsdenken, [95] der "Normhunger unserer hochindustriellen anspruchsorientierten Massengesellschaft", [96] häufig erheblich unterstützt durch die druckerzeugenden Medien.[97] Die Rechtsstreitigkeiten der Bürger decken vermehrt Regelungsdefizite auf, die dann Gesetzgebungsaktivitäten auslösen. Nach Olson [98] erhöht Lobby - Tätigkeit die Komplexität der Regulierung und den Wirkungskreis der Regierung, indem sie Sonderbestimmungen und Ausnahmen schafft. Seien Regulierungen auf diese Weise entstanden, bestehe - so Olson weiter - ein Anreiz für einfallsreiche Rechtsanwälte darin, Mittel und Wege zu suchen, die Regulierungen zu umgehen oder in unerwarteter Weise Vorteile aus ihnen zu ziehen. Je mehr die Regulierung entwickelt sei, desto größer sei der Bedarf an Spezialisten, wie Rechtsanwälte, um diese Regulierungen zu handhaben.

Politik, Gesellschaftsordnung und Zeitgeist erforderten die Regelungspflicht des Gesetzgebers im Strafvollzug und im Schulrecht, im Ausländerrecht und zur Beachtung des Gleichheitssatzes, zur Arbeitssicherheit, dem Umweltschutz, zum Atomrecht und zur Gentechnologie, zur Produkthaftung, zu den Neuen Medien und zum Datenschutz - nur um einige Lebensbereiche der letzten Jahre zu nennen.

Weil es kaum mehr rechtsfreie Räume gibt, [99] sind die meisten Gesetze von Bund und Ländern Änderungs- und Ergänzungsgesetze.[100] [101] Weiß [102] nennt dies die "Dynamisierung unseres

---

[95] Sendler ZRP 1979, S. 227. Die jüngste Rechtstatsachenforschung nimmt die gesellschaftlichen Ursachen (u.a. Wertewandel, Selbstentfaltung, Selbstverwirklichung, Komplexität der Lebensbedingungen, wirtschaftliche Bedingungen, demographische und soziokulturelle Entwicklung) mit auf, um "Mögliche Entwicklungen im Zusammenspiel von außer- und innergerichtlicher Konfliktregelungen" zu ergründen, siehe dazu Speyerer FB Nr. 88; warum und wie es dazu kam: Strempel KritV 1986, S.242, 258; s.a. Strempel ZRP 1989, S. 133, 134

[96] Simon, H. 53. DJT II, a.a.O., Q 31

[97] Bülow 53. DJT II, a.a.O. Q 22

[98] a.a.O. S.92, 93. Wenn von einer Lobby eine Steuerermäßigung durchgesetzt werde, mache dies das Steuergesetz länger und komplizierter. Werde eine Zollerhöhung für die Produzenten eines bestimmten Gutes durchgesetzt, mache dies die Regulierung des Handels komplizierter, als wenn es einen einheitlichen Zoll für alle Importe gäbe, und sehr viel komplexer, als wenn es überhaupt keinen Zoll gäbe.

[99] Bülow 53. DJT II, a.a.O. Q 19

[100] Bülow 53. DJT II, a.a.O. Q 19,20

[101] Obwohl das Arbeitsrecht nicht tangiert ist, sei auf wenige Beispiele der Gesetzgebung aus neuerer Zeit aufmerksam gemacht:
- Das Einkommensteuergesetz ist seit dem 1.1.1988 durch 29 Gesetze geändert worden, Mundorf HB vom 17./18.9.1993
- Das AFG hat es durch häufige Änderungen in seinem § 242 auf so viele Übergangsvorschriften gebracht, daß die §§ 242 a - c inzwischen wieder aufgehoben wurden und die Buchstabenreihe nach Inkrafttreten des 1. SKWPG bis § 242 r geht. § 249 AFG behandelt außer Kraft tretende Vorschriften; in Kraft sind aber noch §§ 249 b - h.

Rechts". Die Änderungen tragen den sich rasch wandelnden Verhältnissen Rechnung (Kosten, Gebühren, Renten, Regelunterhaltssätze usw.), wodurch die wirtschaftlichen und sozialen Rechte der Bürger gewahrt werden. Deshalb sind nicht der Umfang des Rechts und die Regelungsdichte als solche bedenklich, sondern allenfalls die Änderungsdynamik mit ihrer Anfälligkeit zur Detailregelung. Mit dem Grade der Feineinstellung wächst dann die Änderungshäufigkeit und "so wird der Gesetzgeber zum Sklaven des Details." [103]

Seit der 6. Bundestagswahl im Jahre 1969 hat insbesondere das Gebiet des Arbeits- und Sozialrechts eine zuvor nicht gekannte Gesetzesreformierung erfahren. Abgesehen von den direkten Kostenerhöhungen und bei dem in der Wirtschaft anfallenden Administrationsaufwand ist damit auch eine zunehmende Bürokratisierung aller Lebensbereiche einhergegangen. Die Auswirkungen insbesondere auf die Unternehmen sind mit umfangreichen Beispielen in einer Dokumentation der Industrie- und Handelskammer zu Koblenz [104] zusammengestellt. Teil II bringt eine Übersicht der Gesetze und Verordnungen, denen sich die Wirtschaft ausgesetzt sieht; hierbei wurde das Arbeits- und Sozialrecht nicht ausgespart. [105] Unter der laufenden Nr. 76 bis 114 sind die wichtigsten Gesetzeswerke - meist der 6. und 7. Legislaturperiode - aufgeführt.

Auch wenn Ellwein [106] nachgewiesen hat, daß von den 325 in den Jahren 1978 bis 1982 erlassenen Bundesgesetzen nur 33 inhaltlich " neu " waren, mithin die Gesetzesproduktion wegen der völligen Veränderung der Lebensverhältnisse (im Vergleich zu den 64 neuen von insgesamt 81 Reichsgesetzen) nicht die frühere "Gesetzestiefe" hatte, bleibt als Faktum doch die wesentlich größere Gesetzesflut festzuhalten.

Im Rahmen der angestellten Überlegungen kommt es nicht darauf an, ob Gesetze für die "Kunden" kostenträchtig sind oder Lebenssachverhalte neu regeln oder nur ändern. Entscheidend ist, daß Gesetze und Gesetzesänderungen potentiell einen Auslöseeffekt für Streitigkeiten in sich tragen. Insoweit darf auf die "Zersplitterung" [107] des Rechtsgebietes hingewiesen werden, das im Vordergrund der Untersuchung steht. Das Arbeitsrecht ist wie kaum ein anderes Rechtsgebiet" atomisiert ", das heißt in viele Einzelgesetze und Rechtsverordnungen aufgeteilt. [108] Eine gut sortierte Sammlung [109] umfaßt rund 70 Gesetze, bedient damit aber nur den Betriebspraktiker mit den wichtigsten Vorschriften.

- Das Gesetz zur Verbesserung der steuerlichen Bedingungen zur Sicherung des Wirtschaftsstandorts Deutschland im Europäischen Binnenmarkt (Standortsicherungsgesetz-StandOG) führt in einem sog. Artikelgesetz 20 Gesetzesänderungen mit mehr als 100 §§ auf.

[102] DÖV 1978, S. 601

[103] Bülow 53. DJT II, A.a.O. Q 21

[104] a.a.O.

[105] IHK Koblenz a.a.O. II Seite 8 bis 13

[106] Handelsblatt vom 16./17.12.1983

[107] ebenso Hueck-Nipperdey a.a.O. S.33; Schaub a.a.O., S. 18; MünchArbR/Richardi a.a.O., § 9 Rdz. 26;

[108] Eine Übersicht über die Rechtsquellen zeigt das Schaubild bei Linnenkohl a.a.O. S. 8; s.a. Däubler AIB 1993 S. 695 ff

[109] vgl. z.B. Etzel a.a.O. und Kittner a.a.O.

Die bekannte "Sammlung aller wichtigen in der Bundesrepublik und den Landern geltenden arbeitsrechtlichen Vorschriften" von Nipperdey [110] enthält rund 280 Gesetze und Verordnungen. Es kommt hinzu, daß "die Geschichte des Arbeitsrechts .....von einer ununterbrochenen Kette von Neuerungen durchzogen" ist. [111]

Manche Materien (aus dem Gebiet des kollektiven Arbeitsvertragsrechts ist das Arbeitkampfrecht zu nennen) sind aus einer einzigen Rechtsnorm (Artikel 9 Abs. III GG) von der Rechtsprechung über Jahrzehnte entwickelt worden. Wenn man nach Sachgebieten aufgliedert, kann es vorkommen, daß man zu einem Stichwort (z.B. Dienstverhinderung) in mehr als 100 Gesetzen Hinweise auf die Fragen der Freistellung und ihre Bezahlung findet. [112] Es liegt also nahe zu behaupten, daß ein überschaubares, geschlossenes Rechtsgebiet weniger streitauslösend ist als eine Rechtsmaterie, die in eine Vielzahl von Einzelnormen aufgeteilt ist und damit dem Laien die Übersicht, dem Sachkundigen zusätzlich die Anwendung erschwert.

3. Zur Qualität von Gesetzen

Konfliktsfälle entstehen aber darüber hinaus auch dadurch, daß die Gesetze selbst nicht die erforderliche Qualität besitzen, um für die Beteiligten Rechtsklarheit zu schaffen. Je mehr unbestimmte Rechtsbegriffe, Generalklauseln und sonstige auslegungsfähige oder - bedürftige Worte ein Gesetz enthält, je mehr (bewußte oder unbewußte) Gesetzeslücken zur Ausfüllung durch die Rechtsprechung per Gesetz geschaffen werden, desto mehr Bedarf entsteht zur Klärung dieser Begriffe. [113] Die Behauptung, daß die Gesetze der letzten zwei Jahrzehnte von minderer Qualität als in den früheren Jahren gewesen sind, läßt sich wohl kaum beweisen. Aber es ist schon ein Unterschied, ob in jahrzehntelanger Expertenarbeit ein "Jahrhundertwerk" entsteht, oder in einem Bruchteil dieser Zeitspanne die Reform eines Gesetzes betrieben wird, das sich in 25 - jähriger Praxis bewährt hatte. Im ersten Fall ist das Bürgerliche Gesetzbuch und im zweiten das BetrVG gemeint. [114]

---

[110] Stand 1.1.1993, Loseblattwerk, 3100 Seiten, Verlag Beck
[111] Herschel RdA 1968, S. 402
[112] Grotmann-Höfling a.a.O.
[113] Zur Frage der Auslegung von Gesetzen einschließlich der richterlichen Rechtsfortbildung als Fortsetzung der Auslegung siehe grundlegend Larenz a.a.O. S. 312 ff und 366 ff
[114] Für den 1. Entwurf wurde bald nach der Änderung der Reichsverfassung 1873 eine Kommission bedeutender Juristen gebildet, die in jahrelanger Arbeit den Entwurf im Jahre 1888 zusammen mit den "Motiven" veröffentlichten, um ihn zunächst der allgemeinen Kritik zu öffnen. Nach Überarbeitung durch eine zweite Kommission wurde der 2. Entwurf 1895 geschaffen und nach weiterer Umarbeitung als 3. Entwurf oder Reichstagvorlage 1896 entwickelt. Nach seiner Verabschiedung wurde das "Bürgerliche Gesetzbuch" am 18. 8. 1896 verkündet und trat am 1. 1. 1900 in Kraft. In der Folgezeit ist das BGB den politischen und wirtschaftlichen Verhältnissen in Deutschland angepaßt worden, die grundlegenden Rechtssätze haben sich aber in bereits 90 Jahren erhalten (zur Entstehungsgeschichte des BGB vergleiche z. B. Palandt-Heinrichs, a.a.O., Einleitung Anm. 3 ff).

4. Das Betriebsverfassungsgesetz 1972

4.1 Entstehungsgeschichte

Demgegenüber wurde das Betriebsverfassungsgesetz vom 11. Oktober 1952 - in zweijähriger Beratungszeit des Gesetzgebers entstanden und seitdem im wesentlichen unverändert geblieben - durch eine "grundlegende Neugestaltung" [115] abgelöst. Für dieses gesellschaftspolitisch wichtige und umstrittene Gesetz von 1972, zu dem es außerdem noch einen Gesetzesentwurf der Oppositionsfraktion gab, [116] wurde nur die Dauer eines Jahres zur Diskussion der gesetzgebenden Körperschaften und der betroffenen Kreise sowie zu seiner Verabschiedung in Anspruch genommen. Die erste Lesung im Bundestag fand schon am 11.2.1971 statt, bereits am 24./25.2.1971 folgte das Hearing vor dem Bundestagsausschuß für Arbeit und Sozialordnung. Die weiteren Beratungen und Lesungen wurden zeitlich so vorangetrieben, daß das Gesetz am 18.1.1972 im Bundesgesetzblatt verkündet wurde [117] und am Tag nach seiner Verkündung in Kraft trat. [118] [119]

Das Betriebsverfassungsrecht und die Arbeitsgerichtsbarkeit gehören zu den Gesetzesmaterien, die vom "Grundkonflikt" zwischen Arbeit und Kapital besonders geprägt sind. [120] Denn Betriebsräte sind nicht "neutrale Sachwalter in inner-betrieblichen Auseinandersetzungen", [121] vielmehr sollen sie konsequent und wirksam die Interessen der Arbeitnehmer schützen und vertreten. Demgegenüber versuchen Arbeitgeber und deren Verbände prinzipiell einer Ausweitung der Mitbestimmung entgegenzuwirken, was sich bereits im Gesetzgebungsverfahren für das BetrVG 1972 zeigte. Der seinerzeit federführende Bundesarbeitsminister Arendt machte darauf aufmerksam, daß das neue Betriebsverfassungsgesetz nicht alle Vorstellungen und Wünsche erfüllen konnte. Angesichts " kontroverser Standorte und Interessen " habe man nichts anderes erwarten können. In vielen Fällen "galt es, zwischen den Notwendigkeiten der Produktion und der Wirtschaft sowie den Forderungen der Arbeitnehmer ausgewogene Lösungen zu finden." Und weiter: "In dieser Notwendigkeit liegt die Wurzel mancher Kompromißformel" [122]

---

[115] Regierungsentwurf zum Betriebsverfassungsgesetz vom 29.1.1971 - Bundestagsdrucksache VI/1786
[116] vom 8. 2. 1971 Bundestagsdrucksache VI/1806
[117] BGBl I Seite 13
[118] vergl. zur Entstehungsgeschichte des BetrVG 1972 z. B. Wiese AdG Bd. 9 S. 55, 56 f; Wiese, GK- BetrVG a.a.O. Einl. Rdz. 21-25; Hess/Schlochauer/Glaubitz, a.a.O. Einleitung I ; Wisskirchen BArbBl 1972, S. 288
[119] Bereits zwei Jahre später wurde auf Grund streitiger Einzelfälle in der betrieblichen Praxis ein § 78 a eingefügt durch das Gesetz zum Schutze in Ausbildung befindlicher Mitglieder von Betriebsverfassungsorganen, vom 18. 1. 1974, BGBl I Seite 85
[120] Kittner a.a.O. Einl. zum Arbeitsgerichtsgesetz S. 288 und Einl. zum Betriebsverfassungsgesetz S. 602; s. S. 153 f
[121] 13. ordentlicher DGB Bundeskongreß, zit. nach Kittner a.a.O. Einl. zum Betriebsverfassungsgesetz S. 602 f
[122] BArbBl 1972, S. 273, 274; vgl. auch
Das neue BetrVG aus der Sicht der Arbeitgeber, Wisskirchen, BArbBl 1972, S. 288 ff.

2. Umgestaltung des Beschlußverfahrens

Das BetrVG, das bereits in den Parlamentarischen Beratungen sehr umstritten war, [123] beinhaltet eine Reihe von konfliktträchtigen [124] Gesetzesbestimmungen mit unzureichender gesetzestechnischer Qualität [125] und mit der teilweisen Notwendigkeit, die Entscheidung über betriebliche Streitigkeiten im gerichtlichen Beschlußverfahren suchen zu müssen.

Hierzu ist anzumerken: die Zuständigkeit der Arbeitsgerichte im Beschlußverfahren war im ArbGG von 1953 in § 2 Abs. I Nr. 4 und 5 durch abschließende Aufzählung geregelt. [126]

Durch § 124 BetrVG (1972) wurde der Katalog ersetzt, indem § 2 a ArbGG general klauselartig die sachliche Zuständigkeit für (alle) " Angelegenheiten aus dem Betriebsverfassungsgesetz " festlegte. Eine sachliche Änderung war damit zwar nicht bezweckt; [127] es sollte aber erreicht werden, lückenlos alle betriebsverfassungsrechtlichen Streitfälle zu erfassen.

Allerdings kam eine entscheidende politische Neuerung hinzu: eine erhebliche Ausweitung der betrieblichen Mitbestimmung sowie die Neuregelung des Instituts der Einigungsstelle. [128]

Vor 1972 konnte die Einigungsstelle nur aufgrund weniger gesetzlicher Tatbestände [129] eine bindende Entscheidung treffen. [130]

Demgegenüber enthält das geltende BetrVG eine Erweiterung auf 30 Fälle. [131]

Darüber hinaus kann die Einigungsstelle auch zur Entscheidung von Rechtsstreitigkeiten - neben den bisher üblichen Regelungsstreitigkeiten - angerufen werden, § 37 Abs. VI, § 38 Abs. II, § 87 Abs. I Nr.5, § 109 BetrVG. [132] Soweit die Einigungsstelle Rechtsfragen vorzuentscheiden hat, ist die volle Nachprüfbarkeit der Sprüche durch den Rechtsweg vor die Arbeitsgerichten gegeben. [133] [134]

Das neue BetrVG aus der Sicht des DGB, Schneider, BArbBl 1972, S. 292 ff,

Das neue BetrVG aus der Sicht des DAG, Anders, BArbBl 1972, S. 299 ff,

Eine kritische Zehn-Jahres-Bilanz zog Hacker, FAZ vom 29.1.1982

[123] Vom Hearing vor dem Bundestagsausschuß für Arbeit berichtet Kettner, Der Arbeitgeber 1971, S. 178.

[124] so auch Müller, Der Arbeitgeber 1972, S. 419,420

[125] Bichler, RdA 1976, S. 211

[126] Einzelheiten bei Dersch-Volkmar, a.a.O. § 2 Rdz. 158 ff

[127] Grunsky, a.a.O. § 2 a Anm. 3; Germelmann, a.a.O. § 2 a Anm. 5,6

[128] Hess/Schlochauer/Glaubitz § 76 Rdz. 3-5; Wiese AdG Bd. 9 S. 55, 80 mit Fußnote 152, in der sich Fundstellenhinweise auf die parlamentarischen Debatten finden, wonach heftige Auseinandersetzungen erwartet wurden.

[129] - § 47 Abs. IV BVG 1952 : Streitigkeiten über Mitgliederzahl und Zusammensetzung des Gesamtbetriebsrates

- § 56 Abs. II BVG 1952: Erzwingbare Betriebsvereinbarung in sozialen Angelegenheiten

- § 70 Abs. II BVG 1952: Beilegung von Meinungsverschiedenheiten bei Auskunft über wirtschaftliche Angelegenheiten

[130] vgl. etwa dazu Dietz a.a.O. § 50 Anm. 1 ff, 26

[131] Fitting, BArbBl. 1972, S.276, 286; BVG/VHU a.a.O., Seite 233, 234; Hess/Schlochauer/Glaubitz a.a.O. § 76 Rdz. 7; siehe auch die Aufstellung bei Fitting-Auffarth, a.a.O. § 76, Rdz.30

[132] GK-Kreutz, a.a.O. § 76 Rdz. 11, 20 ff; Dietz-Richardi, a.a.O. § 76 Rdz. 24; Fitting-Auffarth, a.a.O. § 76, Rdz.34

[133] Galperin/Löwisch a.a.O. § 76 Rdz. 4; Dietz-Richardi a.a.O. § 76 Rdz. 24

In diesem Zusammenhang ist auch auf die in § 76 Abs. V S. 3 BetrVG statuierte Möglichkeit einer gerichtlichen Anfechtbarkeit des Beschlusses der Einigungsstelle bei Überschreitung der Ermessensgrenzen hinzuweisen. Ob hierin der wichtigste Grund für das Anwachsen der Beschlußverfahren gegenüber früheren Jahren unter der Geltung des BVG 1952 liegt, ist zumindest für die ersten Jahre zweifelhaft. [135] Statistische Daten aus den 80er Jahren sind nicht bekannt.

Monokausale Ursachen für die zahlenmäßige Ausdehnung der Beschlußverfahren (fast viermal soviel) sind nicht auszumachen. Die Neubewertung des Instituts "Einigungsstelle" mit der umfassenden Zuständigkeit in allen betriebsverfassungsrechtlichen Fragen ist ein wichtiger Grund. Darüberhinaus spielt natürlich der gewerkschaftliche Organisationsgrad, die Institutionalisierung gewerkschaftlicher Vertrauensleute sowie die Zufriedenheit mit der gewerkschaftlichen Betriebsarbeit eine Rolle. [136] Blankenburg/Schönholz [137] nennen unter Berufung auf andere Untersuchungen folgende Kenngrößen, unter welchen Bedingungen die größte Chance gegeben ist, das Betriebsverfassungsgesetz auszuschöpfen:

- Betriebsgröße: mehr als 500 Beschäftigte
- Organisationsgrad der Belegschaft zwischen 60 % und 100 %
- Wirtschaftsausschuß oder Aufsichtsrat mit Arbeitnehmermitbestimmung.

Bis heute übrigens hat es der Gesetzgeber nicht geschafft, einen Streitpunkt mit Dauercharakter zu lösen: eine von der Praxis akzeptierte Vergütungsordnung für die Einigungsstellen. Zwar wurde 1988 ein § 76 a BetrVG eingefügt, der die gröbsten Auswüchse im Kostenbereich begrenzen soll, [138] jedoch ist die in § 76 a Abs. IV S. 1 BetrVG vorgesehene Rechtsverordnung für eine Vergütungsregelung noch nicht erlassen, obwohl bereits ein Entwurf vom 30.6.1990 vorliegt. Dies hat zu zahlreichen Prozessen geführt. [139]

---

[134] Eine amtliche Statistik über Anzahl und Streitgegenständen vor der Einigungsstelle gibt es nicht. Einige Hinweise gibt Dütz (RdA 1978, S. 29, 299) unter Berufung auf eine Umfrage des Bundesministeriums für Arbeit in 1976: Danach wurden allein vom DGB im Zeitraum von 1972-1976 etwa 700 Verfahren vor den Einigungsstellen gemeldet.

[135] Ein Forschungsbericht zu den praktischen Erfahrungen mit Einigungsstellen hat für die Jahre 1972 bis 1979 bei 468 befragten Betrieben herausgefunden, daß nur 56 von ihnen einschlägige Erfahrungen in insgesamt 70 Verfahren hatten. (FB Betriebsvereinbarungen und Einigungsstellen a.a.O. S. 264). Wieviel Sprüche der Einigungsstellen gerichtlich angegriffen wurden, wurde nicht erfragt. Knuth BArbBl H.9/1983, S. 8 ff

[136] Blankenburg/Schönholz a.a.O. S. 38

[137] a.a.O. S. 38

[138] Fallbeispiele von ausufernden Kosten bei Glaubitz DB 1983, S. 555 ff; weitere Hinweise bei Hess/Schlochauer/Glaubitz a.a.O. § 76 a Rdz. 1; Weiss a.a.O. S. 37 ff, 50: Der Gesetzgeber ist nach wie vor gefordert!

[139] vgl. die zahlreichen Hinweise bei DKKS a.a.O. § 76 a Rdz. 8 ff (Verfahrenskosten), Rdz. 14 ff (Entgeltfortzahlung für die Beisitzer), Rdz. 17 ff (Vergütungsansprüche für den Vorsitzenden und außerbetriebliche Beisitzer)

4.3 Beispiele

Symptomatisch für das konfliktträchtige Gesetz mag auf wenige Bestimmungen hingewiesen werden, die seit Inkrafttreten des Gesetzes bis zum heutigen Tage eine Vielzahl von Verfahren erforderlich gemacht haben. [140] Es handelt sich um § 5 Abs. III BetrVG und § 37 Abs. VI u. VII in Verbindung mit § 40 BetrVG.

4.3.1 Der leitende Angestellte im Sinne des § 5 Abs. III BetrVG

Die Abgrenzung des Begriffs "Leitender Angestellter" war unter der Geltung des BVG 1952 (dort § 4) wenig umstritten. [141] Es ist bemerkenswert, daß es in einem Vierteljahrhundert der Anwendung des Gesetzes nur eine bundesarbeitsgerichtliche Entscheidung gegeben hat. [142] Völlig kontrovers wurde dann aber die rechtspolitische Diskussion geführt, als es um die Begriffsbestimmung des leitenden Angestellten für das BetrVG 1972 ging. [143] Die Arbeitgeberverbände und die Union der Leitenden Angestellten (ULA) wollten möglichst viele dieser Personen als Teil der Unternehmensführung nicht vom Betriebsrat vertreten sehen, [144] während die Gewerkschaften für eine enge Begriffsabgrenzung plädierten, weil sonst zu viele Belegschaftsmitglieder "außerhalb des kollektiven Schutzsystems des BetrVG" stünden. [145] Im wesentlichen als ein "Ausgrenzungsbegriff" [146] im Gesetz konzipiert, wurden schon damals organisationspolitische Machtfragen deutlich. [147]

Unter der Geltung des neuen Betriebsverfassungsgesetzes gelangte schon im Frühjahr 1974 das erste Grundsatzverfahren zur Definition der Leitenden Angestellten zur Entscheidung beim BAG [148]. Bereits in der grundlegenden Entscheidung vom 5. 3. 1974 ging es um nicht

---

[140] Die Bundesregierung bezeichnete allerdings in ihrer Antwort auf die Große Anfrage der SPD-Fraktion die Erfahrungen insgesamt als positiv, " weil den Beteiligten eine größere Verfügungsmöglichkeit über das Verfahren eingeräumt wurde," vgl. BT- Drucks. 10/4593 vom 19.12.1985, S. 12 zu Frage B V 1

[141] Das lag daran, daß eine der drei Fallgruppen (neben der Einstellungs/-Entlassungsbefugnis sowie den Generalbevollmächtigten/Prokuristen) sich an der Angestelltenversicherungspflichtgrenze orientierte, die erst zum 1.1.1968 gestrichen wurde (vgl. dazu Dietz a.a.O. § 4 Rdz. 62 und Fitting/Kraegeloh/Auffarth a.a.O. § 4 Rdz. 17).

[142] BAG AP Nr. 4 zu § 4 BVG 1952; zitiert nach BAG DB 1980, S. 1545

[143] D/R a.a.O. § 5 Rdz. 120 mit Hinweisen auf die Parlamentsberatungen; s.a. die Nachweise bei DKKS a.a.O. § 5 Rdz. 172

[144] Erdmann/Jürging/Kammann a.a.O. § 5 Rdz. 1

[145] DKKS a.a.O. § 5 Rdz. 175

[146] Kittner a.a.O. Einl. zum SprecherausschußG S. 680

[147] vgl die Darstellung der Position der Union der Leitenden Angestellten (ULA) zur Entwicklung und zur "Gefechtslage" von Borgwardt a.a.O. S. 85 ff sowie ders. Dokumentation a.a.O. S. 8 ff; innerhalb des Arbeitgeberlagers gab es 1977 eine Kontroverse um die IW-Schrift von Niedenhoff, Der leitende Angestellte, a.a.O., die von der BDA und dem Arbeitsring Chemie, dem Spitzenverband der chemischen Industrie angegriffen wurde.

[148] Beschluß vom 5.3.1974, AP Nr. 1 zu § 5 BVG 1972

weniger als 27 Einzelfälle. In dem Beschluß wird die Schwierigkeit der Abgrenzung deutlich, wenn versucht wird, die einzelnen Tatbestandsmerkmale des § 5 Abs. III BetrVG rechtlich handhabbar zu machen. Das BAG sparte nicht damit, eine deutliche Adresse an den Gesetzgeber zu richten, wenn die im Gesetz verwandten Begriffe als insgesamt so unscharf bezeichnet werden, daß damit allein "keine justitiable Abgrenzung" ermöglicht werde.[149] In Wahrheit - so das BAG - enthalte das Gesetz, insbesondere wegen des Rückgriffs auf den im Gesetz selbst nicht definierten und auch nicht eindeutig bestimmbaren Begriff des Leitenden Angestellten, eine sogenannte "verdeckte Regelungslücke". Diese hätte vermieden werden müssen und können, zumal auch die beteiligten Kreise auf die Problematik im Gesetzgebungsverfahren hingewiesen hatten.[150][151]

Seit dieser Zeit wurde eine Vielzahl von Einzelfällen an das BAG herangetragen.[152]

Wenn auch das BAG schließlich mit Beschluß vom 29.1. 1980 [153] entgegen der bis dahin vertretenen Auffassung nicht mehr von einem vorgegebenen allgemeinen Begriff des Leitenden Angestellten (Oberbegriff) ausgehen wollte, sondern die Abgrenzung der Leitenden Angestellten in § 5 Abs. III BetrVG als justitiabel bezeichnete und ausdrücklich erklärte, daß die Regelung nicht gegen das rechtsstaatliche Gebot der Normklarheit verstößt, [154] wurden doch mit dieser neuen Grundsatzentscheidung [155] die Schwierigkeiten deutlich, sich immer wieder grundlegend mit derselben Materie beschäftigen zu müssen. Bei dem vom Gesetzgeber vorgenommenen Ansatz der Abgrenzung der Leitenden Angestellten von den übrigen Arbeitnehmern sollte die nähere Konkretisierung und Fallgruppenbildung [156] der Rechtsprechung überlassen bleiben. Dies kann als Vorwurf an den Gesetzgeber verstanden

---

[149] Entscheidungsgründe III 1. c und III 3. b

[150] für die DAG: Anders BArbBl. 1972, S.299, 301; für den DGB: Schneider BArbBl. 1972, S. 292, 298; für die Arbeitgeber: Erdmann BlStSozArbR 1971, S. 241 ff; "Vorschlag für ein Betriebsverfassungsgesetz", BDA 1971 in Synopse BetrVG a.a.O.; arbeitgeber a.a.O. 1971, S. 31 ff; Wisskirchen BArbBl. 1972, S. 288, 289; auch der zuständige Beamte aus dem federführenden Arbeitsministerium sah ein: " Es (das Gesetz) löst nicht das Problem einer angemessenen Integration der Gruppe der leitenden Angestellten in die Betriebsverfassung", Fitting, BArbBl. 1972, S. 276, 277

[151] Die grundsätzlich unterschiedlichen Positionen sind auch aus den Gesetzentwürfen der Sozialpartner abzulesen. vgl. Synopse BetrVG a.a.O. (hier: DGB und BDA)

[152] Allein im Nachschlagewerk "Arbeitsrechtliche Praxis" sind nahezu 20 Entscheidungen des BAG in einem Zeitraum von knapp 5 Jahren veröffentlicht. Bis 1989 waren es rund 31 Entscheidungen, die sich neben dem Begriff des " leitenden Angestellten " mit Fragen des Rechtsschutzinteresses, der Bildung von Sprecherausschüssen usw., teilweise als Vorfrage, beschäftigten. Die Union der Leitenden Angestellten - ULA - zitierte seinerzeit in Verfahren vor dem Bundesverfassungsgericht eine Zahl von 5.000 bekannten Abgrenzungsverfahren.

[153] DB 1980, S. 1545

[154] Inzwischen war auch das Bundesverfassungsgericht bemüht worden, das entschied, der in dieser Bestimmung enthaltene Umschreibung des Personenkreises genüge dem rechtsstaatlichen Bestimmtheitsgebot, BVerfG vom 24.11.1981, BB 1982, S.738 = DB 1982, S. 703

[155] nach BAG AP Nr. 1 und Nr. 16 zu § 5 BVG 1972

[156] Eine empirische Felduntersuchung stellte die Differenzierung nach Wirtschaftsbereichen, Positionsbildern nach Leitungsebenen, aufgeteilt nach den vom Gesetz vorgegeben Fallgruppen fest (Witte/Bronner DB 1974, S. 1233, 1235, 1236).

werden und erklärt die Ursachen für die starke Inanspruchnahme der Arbeitsgerichte. Neben dieser Ursache sollen die Auseinandersetzungen um die Begriffsbestimmung zu einem nicht unerheblichen Teil auch auf Gründen beruht haben, die den verbandspolitischen Interessen der Arbeitnehmer und Gewerkschaften, der Verbände der Leitenden Angestellten sowie der Arbeitgeber entsprachen. [157]

Mit solchen Bemerkungen wird angespielt auf die Anzahl der Verfahren um das Thema Leitende Angestellte an sich, aber auch auf spektakuläre "Massenverfahren", wie sie das LAG Düsseldorf [158] zu entscheiden hatte: ein Unternehmen der Automobilindustrie in Deutschland mit 6 Werken und ca. 53.000 Arbeitnehmern, davon ca. 11.000 Angestellte, war der Ansicht, daß von dem Bereich der 4.000 sogenannten außertariflichen Angestellten ca. 1.300 sogenannte Leitende Angestellte im Sinne des § 5 Abs. 3 BetrVG 1972 seien. Der Betriebsrat dagegen war der Meinung, diese Zahl sei für das beteiligte Unternehmen viel zu hoch, es könnten nur wenige Angestellte zu diesem Personenkreis gezählt werden. Aus diesem Grunde kam es zum Streit, den der Betriebsrat dadurch zu lösen versuchte, daß er über 1.000 Beschlußverfahren beim Arbeitsgericht Köln anhängig machte. [159]

Nicht das rechtliche Ergebnis dieser Verfahren soll hier erörtert werden, vielmehr steht im Mittelpunkt der Kritik die Vorgehensweise, die das Wort "Musterprozeß" offenbar nicht mehr kennt. [160] Denn schließlich einigten sich die Betriebspartner auf 700 - 800 Personen, die als Leitende Angestellte angesehen wurden. Das Ergebnis zeigt, wie problematisch die Einleitung von "Massenverfahren" sein können.

Durch das am 1.1.1989 in Kraft getretene Gesetz zur Änderung des BetrVG über Sprecherausschüsse der Leitenden Angestellten und zur Sicherung der Montanmitbestimmung [161] wurde der Wortlaut des bisher geltenden § 5 Abs. III in § 5 Abs. III und IV neu formuliert. Damit wurde die Zuordnung der Leitenden Angestellten neu geregelt und der Begriff näher präzisiert, um die Abgrenzung für die Praxis leichter handhabbar zu machen. [162] Die vom Gesetzgeber beabsichtigten Änderungen wurden von den Gewerkschaften bekämpft, [163] auch von den Arbeitgebern in Zweifel gezogen, [164] die ULA rang nochmals um eine

---

[157] Müller, BArbBl 1975 S. 387, 390. Nach Überzeugung der Arbeitgeber und der leitenden Angestellten war der eigentliche Kern der Auseinandersetzung darin zu suchen, ob diese Personengruppe der Jurisdiktion des Betriebsrats unterstellt werden und in sozialen sowie personellen Angelegenheiten von diesem abhängig sein sollte (so: arbeitgeber 1971 a.a.O. S. 35).

[158] Beschluß vom 27.8.1974, DB 1974 S. 2308 = EzA § 83 ArbGG Nr. 10; vgl. auch LAG Düsseldorf vom 24.1.1975, DB 1975 S. 745

[159] Das Arbeitsgericht Köln hielt dieses Vorgehen für mißbräuchlich und verneinte das Rechtsschutzinteresse an der Durchführung der Beschlußverfahren ; das LAG Düsseldorf/Köln hob die Entscheidung auf und bejahte das Rechtsschutzinteresse.

[160] Im Steinkohlenbergbau ging es noch 1981 in über 200 Verfahren um Fahrsteiger, Obersteiger und Betriebsführer (arbeitgeber a.a.O. 1981, S. 18)

[161] vom 20.12.1988, BGBl.I S. 2312

[162] BT- Drucks. 11/2503 vom 16.6.1988, S. 24 f; Wlotzke DB 1989, S. 173 ff unter Hinweis auf die Argumentenführer in FN 137; Buchner, NZA Beilage Nr.1/89, S. 2, 6

[163] Kittner a.a.O. Einl. zum Betriebsverfassungsgesetz S. 600 mit weiteren Nachweisen; Hromadka DB 1986,

Ausweitung.[165] Es ist jedoch festzustellen, daß seit 1989 so gut wie keine Verfahren um den Status anhängig gemacht wurden. Einerseits liegt das an der inzwischen erfolgten Klärung in vielen juristischen Detailfragen,[166] andererseits mag im Laufe der Zeit eine Gewöhnung der erreichten Situation eingetreten sein;[167] Kittner[168] spricht von aufgeklärtem Management. Ebenso kann die Aufgabe des "Gegnerbezuges" in der Rechtsprechung des BAG[169] dazu beigetragen haben, die Gerichte nur vereinzelt einzuschalten. Inzwischen stellen die leitenden Angestellten einen Anteil von rund 2 % der Belegschaft.[170]

4.3.2 Betriebsratsschulung im Sinne des § 37 Abs. VI und VII BetrVG

Auch die "Logistik" der Betriebsratsarbeit, d.h. die Ausstattung der Betriebsräte mit Zeit, Mitteln und Kenntnissen, standen innerhalb der "operativen Betriebsratsrechte"[171] im Mittelpunkt des Interesses der Betriebsparteien und der dahinter stehenden Interessengruppen. Der einen Seite konnten die Vorschriften bzw. ihre Auslegung nicht weit genug gehen, um die "Bewegungsfreiheit und die Durchsetzungschancen eines Betriebsrates festzulegen",[172] die andere Seite sah neben einer Ausweitung der Mitwirkungsrechte[173] auch Kosten auf die Betriebe zukommen.[174]

Das BVG 1952 regelte in § 37 die ehrenamtliche Tätigkeit des Betriebsrats, insbesondere auch Fragen der Arbeitsversäumnis der Betriebsratsmitglieder von der Arbeit. Im BVG 1952 gab es keine eigene Kodifizierung für die Frage der Teilnahme an Schulungs- und Bildungsveranstaltungen, die Kostentragung war durch § 39 (heute § 40) dem Arbeitgeber auferlegt. Die Rechtsprechung hatte daher im Laufe der Zeit den Katalog von Streitfragen "erschöpfend" durch Entscheidungen erstellt.[175]

S. 857 ff
[164] Weinrich, Arbeitgeber 1989, S. 454
[165] Martens RdA 1989, S. 73, 74 in einem für die ULA erstellten Gutachten; Borgwardt Dokumetation a.a.O. S. 33
[166] siehe die Übersicht NZA 1986, S. 460 ff
[167] Die Tarfparteien der chemischen Industrie vereinbarten 1989 Grundsätze für die Abgrenzung der leitenden Angestellten.
[168] a.a.O. Einl. zum Betriebsverfassungsgesetz S. 603
[169] vom 29.1.1980, AP Nr. 24 zu § 5 BetrVG 1972=BB 1980, S. 1374
[170] Kittner a.a.O. Einl. zum Betriebsverfassungsgesetz S. 611; GdM Leitende Angestellte a.a.O. S. 8; Unterschiede ergeben sich je nach Branche und Betriebsgröße, DKKS a.a.O. § 5 Rdz. 178 mit weiteren Nachweisen; Auswirkungen hat dies immer, wenn Belegschaftsrechte von der Anzahl der beschäftigten Arbeitnehmer abhängen, dazu Grotmann-Höfling NZA 1990, S. 648 ff
[171] Breinlinger/Kittner BB 1982, S. 1933 ff
[172] Breinlinger/Kittner BB 1982, S. 1933
[173] Erdmann BlStSozArbR 1971, S. 241 ff
[174] Inzwischen gibt es Erfahrungswerte: Niedenhoff, Kosten, a.a.O. S. 10, 20 f: im Zeitraum 1992/93 entstanden den deutschen Unternehmen aus der Umsetzung des BetrVG rund 13 Milliarden DM Kosten; pro Mitarbeiter und Jahr 305, 60 DM.; s.a. Wauschkuhn a.a.O.
[175] Davon sind 12 der wichtigsten im Nachschlagewerk Arbeitsrechtliche Praxis (AP) abgedruckt.

Bereits in den parlamentarischen Beratungen für das BetrVG 1972 kam es nicht nur wegen der Ausdehnung des Tatbestandes zwischen den betroffenen Kreisen zu unterschiedlichen Auffassungen, [176] vielmehr wurde auch von den Betroffenen darauf hingewiesen, daß das neue Gesetz, insbesondere in seinen Absätzen VI und VII, zuviel unbestimmte Rechtsbegriffe aufführte, die zwangsläufig der Klärung durch die Gerichte bedurften. Die weitere Entwicklung gab den Kritikern Recht: in den folgenden Jahren nach Inkrafttreten des Gesetzes wurden die Arbeitsgerichte mit einer unüberschaubaren Anzahl von Verfahren belastet, die sich entweder mit der Frage der Freistellung nach § 37 Abs. VI und VII oder mit der Kostentragung nach § 40 [177] befaßten. [178] Einer mehr restriktiven Auffassung der Arbeitgeber stand die der Arbeitnehmerseite gegenüber, die eine weite Auslegung der Bestimmungen forderte. [179] Es sind also zwei Ursachen für eine Vielzahl von Verfahren in diesem Bereich festzumachen: einerseits kommt es in diesem Zusammenhang auf die Frage der die Prozesse auslösenden Partei an, ob also die Ursache für die Verfahren durch die anspruchsabwehrende Haltung der Arbeitgeber herbeigeführt wurde oder ob sie auf einer Forderungspolitik der Arbeitnehmer und ihrer Gewerkschaftsorganisationen beruhte. Andererseits hat auch der Gesetzgeber die Ursachen gelegt, die zu einer vermehrten Inanspruchnahme der Arbeitsgerichte in allen Instanzen auf diesem Gebiet geführt haben. Durch klare Formulierungen der Tatbestandsmerkmale hätte es gelingen können, eine größere Befriedung der Betriebsparteien herbeizuführen als durch ungezählte gerichtliche Auseinandersetzungen im Urteils- und Beschlußverfahren eine Ersatzkodifizierung stattfinden zu lassen. Hierin wird die grundsätzliche Problematik deutlich, nämlich eine dilatorische Konfliktlösung durch Verlagerung der Entscheidungskompetenz auf die Arbeitsgerichtsbarkeit, wofür nicht nur fachliches Unvermögen, sondern auch "kompromißlerisches" Verhalten der politischen Parteien in den gesetzgebenden Organen der Grund sein mag.

---

[176] für die DAG: Anders BArbBl. 1972, S.299, 303, 304; für den DGB: Schneider BArbBl. 1972, S. 292, 297; für die Arbeitgeber: Erdmann BlStSozArbR 1971, S. 241, 243
[177] Zur aktuellen Problematik kurze Zeit nach Inkrafttreten des Gesetzes: Rohling, Der Arbeitgeber 1972, S. 425. Es ging hauptsächlich um die Tragung der Teilnahmegebühren, Reise- und Verpflegungskosten durch den Arbeitgeber (arbeitgeber 1972, a.a.O. S. 38).
[178] Die Zahl der in der AP abgedruckten Entscheidungen kann aber vielleicht doch als "Beweis" herangezogen werden; es ist immerhin bemerkenswert, daß zu § 37 nicht weniger als 75 Entscheidungen und zu § 40 nochmal 32 Entscheidungen (bis 1992) im Nachschlagewerk enthalten sind. Insbesondere die unbestimmten Rechtsbegriffe "erforderlich" und "geeignet" haben zu der reichhaltiger Judikatur geführt, vgl. Hess/Schlochauer/Glaubitz a.a.O. § 37 Rdz. 126, 127 sowie 152 ff; Blanke in DKKS a.a.O. § 37 Rdz. 93 ff, 108 sowie 139 ff, 143; Wiese, GK-BetrVG a.a.O. § 37 Rdz. 142 ff sowie 191 ff; Stege-Weinspach a.a.O. § 37 Rdz. 46 ff sowie 63 ff
[179] Nach Kittner (a.a.O. Einl. zum Betriebsverfassungsgesetz S. 604) mußte die IG Metall allein in ihrem Zuständigkeitsbereich rund 7.000 Gerichtsverfahren zur Durchsetzung von Betriebsratsrechten führen.

5. Erstattungspflicht des Arbeitgebers gemäß § 128 AFG

Mit der Schaffung des § 128 AFG erfuhr der Gesetzgeber herbe Kritik. Inhaltlich handelt es sich bei dieser Norm um die Erstattungspflicht des Arbeitgebers, um die Versichertengemeinschaft von den Folgekosten der Frühpensionierungen zu befreien und dadurch die Sozialversicherungsträger, insbesondere den Haushalt der Bundesanstalt für Arbeit zu entlasten. Erstmals geschah dies 1981 durch das Arbeitsförderungskonsolidierungsgesetz vom 22.12.1981 [180] mit einer wenig überzeugenden Formulierung. [181] Auch die jetzige Regelung des § 128 AFG - eingefügt durch das Gesetz zur Änderung von Förderungsvoraussetzungen im Arbeitsförderungsgesetz und in anderen Gesetzen vom 18.12.1992 [182] - ist für die Praxis zu kompliziert, weil das Gesetz " mit zu heißer Nadel genäht" worden ist. [183] [184] Auch konstruktive Problemanalysen und Auslegungshinweise [185] - als Hilfestellung für die betroffenen Arbeitgeber - werden nicht verhindern können, daß es voraussichtlich, wie bei den vorherigen Fassungen des § 128 AFG, zu einer " Flut von Sozialgerichtsprozessen " [186] kommen wird. [187]

6. Bildungurlaubsgesetze NRW und Hessen

In Berlin, Bremen, Hamburg, Hessen, Niedersachsen, Nordrhein-Westfalen, Saarland und Schleswig-Holstein gibt es Gesetze über Bildungsurlaub. Geregelt wird die Arbeitsfreistellung

---

[180] BGBl. I S.1504

[181] Eine Änderung der Systematik der Erstattungspflicht erfolgte im Jahr 1984 (BGBl. I S.610). Das BSG qualifizierte die Regelung in seinem Vorlagebeschluß vom 21. 5 1986 als verfassungswidrig (NZA 1986, S. 579 = BB 1986, S.1510). Das BVerfG bestätigte die Vorschrift als im Kern verfassungsgemäß, jedoch für nichtig hinsichtlich der Erstattungspflicht für den Fall, daß der Arbeitslose Anspruch auf andere Sozialleistungen hatte; darüberhinaus schrieb es wesentliche Korrekturen der im Gesetz vorgesehenen Ausnahmeregelungen vor (NZA 1990, S. 161 = BB 1990, S. 286). Das nun völlig unpraktikabel gewordene Gesetz mußte mit Wirkung ab 1.7.1991 aufgehoben werden. (Gesetz vom 21.6.1991, BGBl. I S. 1306). Erleichtert wurde dies durch einen Vergleich zwischen dem Bundesarbeitsministerium und rund 1900 beteiligten Unternehmen durch Zahlung einer pauschalen " Abfindung " in Höhe von mehr als 500 Mio DM an die Bundesanstalt für Arbeit, um die Anfang 1991 noch anstehenden rund 200.000 Fälle - überwiegend mit mehrstufigem Klageverfahren - zu erledigen (zur geschichtlichen Entwicklung des § 128 AFG vgl. z.B. Reß NZA 1992, S. 913; Bauer-Diller BB 1992, S. 2283; Hanau DB 1992, S. 2625).

[182] Bauer-Diller BB 1992, S. 2044

[183] Bauer-Diller BB 1992, S. 2283, 2287

[184] Vielfach sollen die Vorgaben des BVerfG nicht in das Gesetz eingeflossen sein, weshalb auch gegen die jetzige Fassung mehr für eine verfassungswidrige als für eine verfassungskonforme Vorschrift spricht (Reß NZA 1992. S. 913 ff; Hanau DB 1992, S. 2625, 2633).

[185] BDA. Der neue § 128 AFG; Wissing NZA 1993, S. 385 ff

[186] Bauer-Diller a.a.O.

[187] Ob es trotz oder gerade wegen der von der Bundesanstalt für Arbeit am 3.2.1993 herausgegebenen Durchführungsanweisungen im Dienstblatt-Runderlaß 11/93 (33 Seiten DIN A 4 nebst 10 Anlagen) oder wegen der Beteiligung als Widerspruchsstelle/ Beklagte in Sozialgerichtsverfahren zu einem " Kollaps der Arbeitsverwaltung" (Bauer-Diller a.a.O.) kommen wird, bleibt abzuwarten.

unter Fortzahlung der Arbeitsvergütung zum Besuch staats- und / oder berufsfortbildender Veranstaltungen. Das HBUG vom 16.10.1984 [188] z.B. gewährt jedem in Hessen beschäftigten Arbeitnehmer und jedem Auszubildenden gegenüber dem Arbeitgeber einen Anspruch auf bezahlten Bildungsurlaub von jährlich 5 Arbeitstagen (§§ 1 Abs. I, 2).

Der Bildungsurlaub dient der politischen Bildung oder der beruflichen Weiterbildung (für Auszubildende allein der politischen Bildung). Die politische Bildung soll den Arbeitnehmer in die Lage versetzen, seinen eigenen Standort in Betrieb und Gesellschaft sowie gesellschaftliche Zusammenhänge zu erkennen und ihn befähigen, staatsbürgerliche Rechte und Aufgaben wahrzunehmen, § 1 Abs. II und III HBUG.

Berufliche Weiterbildung soll dem Arbeitnehmer ermöglichen, seine berufliche Qualifikation zu erhalten, zu verbessern oder zu erweitern, und ihm zugleich die Kenntnis gesellschaftlicher Zusammenhänge vermitteln, damit er seinen Standort in Betrieb und Gesellschaft erkennt, § 1 Abs. IV HBUG. [189]

Das BVerfG [190] hat die Bildungsurlaubsgesetze von NRW und Hessen im wesentlichen für verfassungskonform erklärt, [191] dagegen keine festumrissenen Kriterien hinsichtlich der einzelnen Anspruchsvoraussetzungen und oftmals sehr unbestimmten Begriffe [192] - etwa "berufliche und politische Weiterbildung" - aufgestellt.

Um Streitigkeiten in den Betrieben und gerichtliche Auseinandersetzungen zu vermeiden, hatten DGB, DAG und die Landesvereinigung der Arbeitgeberverbände in NRW eine Vereinbarung vom 20.09.1990 getroffen über Grundsätze bei der Freistellung von der Arbeit. [193]

Trotz dieser Auslegungshilfe wurden die Gerichte in einem überraschend großen Ausmaß bemüht, [194] nicht zuletzt auch wegen der Gesetzeslücken und die durch das BVerfG gegebenen Hinweise zur verfassungskonformen Auslegung. [195] Es ging also nicht nur um Auslegungsstreitigkeiten der Sozialpartner bzw. der von ihnen vertretenen Mitglieder. Die Arbeitsgerichtsverfahren hatten folgende Streitfragen zum Gegenstand:

---

[188] GVBl Hessen 1984 I Seite 261 ff.
[189] Eine Übersicht über die Ländergesetze und ihre Einzelheiten bei Halbach u.a. a.a.O. Kap.2 Nr.387 ff
[190] vom 15.12.1987 - 1 BvR 563/85 u.a. - DB 1988, 709= AP Nr. 62 zu Art. 12 GG
[191] für verfassungswidrig wurde der Zusatzurlaub für pädagogische Mitarbeiter (§ 3 Abs. I HBUG) erklärt.
[192] ebenso Stege/Schiefer DB Beil. 12/90 S. 3; Schiefer DB 1992, S. 643
[193] Die wichtigsten Kriterien sind als Kurzfassung nachlesbar im Anhang Abschnitt 3.
[194] Allein zum AWbG NRW finden sich für die Jahre 1989/90 bei Stege/Schiefer DB Beil. 12/90 rund 30 Entscheidungen, meistens II.Instanz. Schiefer (DB 1992, S. 943 ff) zitiert nur für den Zeitraum 1990 bis Anfang 1992 mehr als 60 Entscheidungen. s.a. Stege/Schiefer NZA 1992, S. 1061 ff; und schon zur arbeitsrechtlichen Problematik Stege/Färber DB Beil. 2/85; Vossen RdA 1988, S. 346; Stege/Sowka DB Beil.14/88. Zum HBUG und AnwbGNRW hat das BAG in 1993 eine Reihe von Grundsatzentscheidungen gefällt.
[195] Darauf weist Schiefer (DB 1992, S, 943) weiter zu Recht hin.

- Begriff der beruflichen und politischen Bildung [196]
- Übertragung des Anspruchs und Zusammenfassung von Ansprüchen zweier Kalenderjahre
- Verfahrensfragen [197]
- Gerichtliche Prüfungskompetenz [198]
- Nachträgliche Umwidmung von Erholungsurlaub.

7. Anpassungsprüfung für Rentenleistungen nach § 16 BetrAVG

Mit harschen Angriffen wurde der Gesetzgeber attackiert, weil er nach Auffassung der Kritiker mit Begriffen wie " Belange des Versorgungsempfängers " und " wirtschaftliche Lage des Arbeitgebers " zu unklare Begriffe verankerte. Nachdem die Rechtsprechung von BAG und BGH nicht unwesentlich die Entstehungsgeschichte der Vorschrift zur Anpassung von Betriebsrenten beeinflußt hatte, [199] und der " Zeitmangel während der Gesetzes vorbereitungen" eine "gründliche Untersuchung der Geldwertproblematik nicht zuließ" [200], lagen die Zweifel der Erfüllung des Rechtsstaatsprinzips und des Bestimmtheitsgebotes auf der Hand. [201] "Deutlicher kann der Gesetzgeber der Gegenwart seine Unfähigkeit zur Rechtsetzung kaum noch dokumentieren", [202] formulierte Schwerdtner. In der Folgezeit mußten die Gerichte wegen der "vagen Formulierung" und der daraus entstandenen "mitverschuldeten Rechtsunsicherheit" [203] auch weiterhin zur Konkretisierung des Inhalts beitragen, so daß dem BAG wieder einmal "die Aufgabe der Fortsetzung der Gesetzgebung mit anderen Mitteln" zukommen mußte. [204] Dies geschah ausgiebig. [205]

---

[196] Dazu gehören die Fragen, ob Veranstaltungen arbeitnehmerbezogen sein müssen, nur für Funktionsträger von Gewerkschaften stattfinden dürfen oder für jedermann zugänglich sein müssen, die Vermittlung von Schlüsselqualifikationen einschließen, Prüfungsveranstaltungen ausgeschlossen sind, um nur die häufigsten Themen zu nennen.

[197] z.B. ob und was der Arbeitnehmer im Rahmen seiner Mitteilungspflicht dem Arbeitgeber im einzelnen anzuzeigen hat, wenn er seinen Anspruch geltend macht, ob und inwieweit dem Arbeitgeber ein inhaltliches Prüfungsrecht zusteht, schließlich auch Fragen der Darlegungs- und Beweislast.

[198] Gemeint ist damit, daß die Gerichte für Arbeitssachen ein eigenständiges materielles Prüfungsrecht hinsichtlich der Anspruchsvoraussetzungen haben und nicht an die Anerkennung durch die Verwaltungsbehörde gebunden sind.

[199] Blomeyer/Otto a.a.O. § 16, Rdz. 4; Höfer/Reiners/ Wüst a.a.O. § 16, Rdz. 3381, 3382; Matthießen/ Rößler/ Rühmann a.a.O. S.4

[200] Blomeyer/Otto a.a.O. § 16 Rdz. 6

[201] Höfer/ Reiners/ Wüst a.a.O. § 16 Rdz. 3386, 3377, 3378; das Bundesverfassungsgericht hat allerdings am 30.1.1978 - 2 BvR 1057/75 - AP Nr. 1 zu § 1 BetrAVG = DB 1978, 403 festgestellt, daß Art. 14 GG durch das BetrAVG nicht verletzt ist.

[202] Schwerdtner, ZfA 1978, S. 553, 554

[203] Höfer/Reiners/Wüst a.a.O. § 16 Rdz. 3377, 3378

[204] Schwerdtner ZFA 1978, S. 553, 554

[205] vgl. z.B. die Zusammenstellung der Entscheidungen anhand der Sachthemen bei Matthießen/ Rößler/Rühmann , Beilage Nr.5/93

8. Tarifvertrag

Die Koalitionsfreiheit des Art. 9 Abs. III GG überläßt es den Gewerkschaften und Arbeitgebern bzw. Arbeitgeberverbänden, die Tarifpolitik zu gestalten. Im einzelnen bestimmt das Tarifvertragsgesetz Inhalt und Form der Tarifverträge. Die speziellen Gruppeninteressen bringen es mit sich, daß - bei aller Unterschiedlichkeit in der Sache - beide Partner genau wissen, auf einen Kompromiß hinsteuern zu müssen. Keine Tarifvertragspartei kann erwarten, vom Gegner ein volles Zugeständnis zu erhalten. In den meisten Fällen [206] ist es ein friedlich erreichter Kompromiß; auch am Ende eines Arbeitskampfes [207] steht der Kompromiß.[208] Einer der bekanntesten und am nachhaltigsten wirkenden Kompromisse wurde als "Leber-Kompromiß" bezeichnet. [209] Dieser sah, und zwar erstmalig in der Geschichte der tariflichen Arbeitszeitgestaltung, verschiedene Flexibilisierungsmöglichkeiten durch Entkopplung der persönlichen Arbeitszeit von der Betriebsnutzungszeit vor:

1. die differenzierte Arbeitszeit

2. die gleichmäßige oder ungleichmäßige Verteilung der Wochenarbeitszeit

3. das Freischichten-Modell.

Nicht geregelt waren zahlreiche arbeitsrechtliche Einzelfragen in den Fällen, in denen die Arbeitszeitverkürzung durch das Freischichtenmodell [210] realisiert wurde.

Vielleicht liegt es in der Natur von Kompromissen dieser Art oder im speziellen Fall daran, daß sich die Tarifvertragsparteien nicht auf gemeinsame Auslegungshinweise einigen konnten. Jedenfalls kam es zum Streit, der in zahlreichen Verfahren in den verschiedenen Tarifgebieten vor den Arbeitsgerichten und Landesarbeitsgerichten, schließlich auch vor dem BAG ausgetragen wurde. Dabei standen im Mittelpunkt die Prozesse , die sich aus den Tarifverträgen der metallverarbeitenden Industrie ergaben. [211]

---

[206] Jährlich werden in der Bundesrepublik rund 7000 Tarifverträge abgeschlossen, hinzukommen über 500 für allgemeinverbindlich erklärte Tarifverträge.

[207] Die " Arbeitskampfbilanz " (Zahlen 1993: Tabelle 157) zeigt die Bundesrepublik im internationalen Vergleich am unteren Ende der Skala; weniger Streiktage haben nur die Schweiz, Österreich und Japan aufzuweisen. vgl. auch Niedenhoff mit den Aufstellungen über betroffene Betriebe, beteiligte Arbeitnehmer, verlorene Arbeitstage (auch im internationalen Vergleich) a.a.O. S. 427-429

[208] Grundzüge der Tarifpolitik, S. 19, 33

[209] Am 26.6.1984 verkündete der ehemalige Bundesminister Georg Leber als stimmberechtigter Vorsitzender der "Besonderen Schlichtungsstelle" nach mehrwöchigem Arbeitskampf in der Metallindustrie von Baden-Württemberg (und anderen Tarifbezirken) das zusammen mit seinem Mit-Schlichter Professor Bernd Rüthers entwickelte Kompromiß-Modell zur Lösung des Tarifkonflikts.

[210] Freischichtenmodell heißt, daß bei Beibehaltung der 40-Stunden-Woche die Differenz zur verkürzten Arbeitszeit (von damals 38,5 Stunden) angesammelt dadurch herbeigeführt wird, daß arbeitsfreie Ausgleichstage entstehen.

[211] Konkret ging es

a) um, ob die Vergütung von Urlaubstagen mit 8 oder 7,7 Stunden (das ist die durchschnittliche tägliche Arbeitszeit bei einer Verteilung der 38,5-Stunden-Woche auf 5 Tage/Woche): BAG NZA 1989, S. 345 zum GMTV Metall Hessen; BAG NZA 1989, S. 65 zum MTV Metall Niedersachsen; BAG NZA 1989, S. 347 zum MTV Metall NRW; BAG NZA 1989, S. 68 zum MTV Metall Schleswig-Holstein

51

Da die Flexibilisierung auch in anderen Wirtschaftsbereichen einzog, mußten auch dort gerichtliche Klärungen erfolgen. [212] Mittlerweile ist das Thema der Flexibilisierung allgegenwärtig: aus Anregungen für Modelle [213] ist in vielen Fällen Wirklichkeit geworden.[214] Man beobachtet inzwischen Regelhaftigkeiten im Arbeitsalltag. [215]

9. Zwischenergebnis

Nach diesen Ausführungen kann festgestellt werden, daß die Gesetzgebung, hauptsächlich durch eine Änderungsdynamik, ausgeweitet worden ist. Speziell das Arbeitsrecht ist für viele unübersichtlich, weil es nicht in einem geschlossenen Gesetzeswerk zu finden ist. In der Gesetzesmaterie ist der soziale Konflikt vorprogrammiert, der in dem Gegensatz von Kapital und Arbeit deutlich wird. Die Arbeitsgerichtsbarkeit rückt in den Mittelpunkt (sozial)politischer Auseinandersetzung, erst recht dann, wenn sie rechtsschöpferisch, wie im Arbeitskampfrecht, tätig werden muß. [216] Hinzu kommt, daß Vorschriften deshalb häufig Anlaß zu Streit geben, weil mit Rücksicht auf Gruppeninteressen im Gesetz zu viele Kompromisse eingegangen wurden. Daraus folgen gesetzestechnisch unklare Formulierungen oder unbestimmte Rechtsbegriffe. Allein die numerische Fülle der gerichtlichen Entscheidungen macht eine abschließende Bilanz unmöglich. Gab es bei Inkrafttreten des BetrVG 1972 ein Implementationsproblem, so haben Betriebsratsarbeit und die Mitbestimmungsgesetze augenscheinlich eine befriedende Wirkung mit sich gebracht.

b) um die Vergütung von Krankheitstagen: BAG DB 1988, S. 1224 zum MTV Metall Niedersachsen; BAG NZA 1989, S. 350 zum MTV Metall NRW;
c) um die Vergütung von Wochenfeiertagen: BAG DB 1988, S. 1224 zum MTV Metall Niedersachsen; BAG BB 1988. S. 1252 sowie DB 1988, S. 1227 zum MTV Metall NRW
d) um die Frage, ob der Arbeitnehmer während der Krankheit/ des Urlaubs/ des Wochenfeiertags zusätzlich Zeitausgleichsanteile erhält: BAG BB 1988. S. 1254 zum MTV Metall Niedersachen; BAG NZA 1989, S. 65 zum MTV Metall Niedersachsen; BAG ARBl. (D) Arbeitszeit I, I Allgemeines, Entscheidungen 11 zum GMTV Metall Hessen sowie 5 zum MTV Metall Niedersachsen
e) um die Frage, wie zu verfahren ist, wenn im Bezugszeitraum unbezahlte Freischichten anfallen: BAG NZA 1989 S. 350 zum Metall NRW; BAG ARBl. Arbeitszeit I, I Allgemeines, Entscheidungen 14 zum MTV Metall Hamburg
[212] z. B. für den Einzelhandel: BAG ARBl. (D) Arbeitszeit I, I Allgemeines, Entscheidungen 9 und 15
[213] Siebel. a.a.O.; Leitfaden IfaA, a.a.O.
[214] Hegner/Bittelmeyer/van Bruggen/Heim/Kramer a.a.O.; Seifert, Hartmut a.a.O.; Rauschenberg a.a.O.; die umfangreichste Sammlung konkreter Unternehmensbeispiele finden sich bei Linnenkohl/Kilz/Rauschenberg/Reh, a.a.O. - jeweils mit weiteren Hinweisen
[215] Reh/Kilz. a.a.O.; Linnenkohl/Kilz/Rauschenberg/Reh, a.a.O.; Kilz/Reh, BB 1993, S. 1209
[216] Kittner a.a.O. Einl. zum Arbeitsgerichtsgesetz S. 288

Kapitel II: Das arbeitsgerichtliche Verfahren

1. Überlegungen zu gerichtlichen und außergerichtlichen Kosten

Die Möglichkeit, sich als Arbeitnehmer Recht zu verschaffen, ist - abgesehen vom sozialgerichtlichen Verfahren - [217] am kostengünstigsten im Arbeitsgerichtsverfahren zu erreichen. Nach §§ 12, 12 a ArbGG [218] kann man zusammengefaßt und verkürzt sagen: es gibt keine Vorschußpflicht, [219] die Verfahrensgebühren sind im Vergleich zu anderen Gerichtszweigen gering, [220] werden erst nach Beendigung des jeweiligen Rechtszuges fällig [221] oder überhaupt nicht erhoben. [222] Kostenfreiheit gilt grundsätzlich nur für die Gerichtsgebühren, also nicht für die baren Auslagen des Gerichts wie Postgebühren, Zeugen- und Sachverständigenauslagen. Das ergibt sich aus § 11 Abs. I GKG i.V.m. Anlage 1 (Kostenverzeichnis). [223] Nach Nr. 1902 ist vorgesehen, Postgebühren für Zustellungen durch die Post mit Zustellungsurkunden in Höhe der Postgebühren zu erheben. Die Regelung wird aber praktisch aufgehoben durch Erlasse der zuständigen Länderminister. So sieht etwa der Erlaß des Hessischen Sozialministers zur 'Behandlung von kleinen Kostenbeträgen' [224] u.a. vor, daß Kostenbeträge bis zu zehn DM für sich allein nicht schriftlich angefordert werden. Das bedeutet, daß z.B. bei einem <u>Vergleich</u> mit Teilung der baren Auslagen die Parteien ohne jede finanzielle Belastung einen Prozeß geführt haben, weil selbst die Gebühren für die Zustellung der Klage wegen Geringfügigkeit nicht erhoben werden.

Für eine "arme" Partei ist nach § 11 a ArbGG die Beiordnung eines Rechtsanwalts zur Vertretung seiner Interessen vorgesehen, wenn die Partei nicht von einer Gewerkschaft oder einem Arbeitgeberverband vertreten werden kann, und die Gegenpartei durch einen Rechtsanwalt vertreten ist. Im übrigen gelten die Vorschriften der §§ 114 ZPO über die Prozeßkostenhilfe entsprechend. Die Prozeßkostenhilfe soll nach der Zielsetzung des Gesetzes

---

[217] Der Grundsatz der Kostenfreiheit ergibt sich aus § 183 SGG.
[218] vgl. insbesondere die Kommentare von Germelmann a.a.O. zu § 12; GK-ArbGG a.a.O. zu § 12; Tschischgale/Satzky a.a.O. S.71 ff
[219] § 12 Abs. IV S.2 ArbGG
[220] Einmalige Gebühr, abhängig vom Streitwert, mindestens 3,--DM und höchstens 500,--DM (also ab 16.600,--DM Streitwert), vgl. § 12 Abs. II ArbGG i.V.m. Anlage 2 (Gebührentabelle) abgedruckt z.B. bei Germelmann a.a.O. Anhang II., S. 1243 ff.
[221] § 12 Abs. IV Satz 1 ArbGG
[222] Soweit es Vorschriften über Kostenerhebung nicht gibt, besteht grundsätzlich im Arbeitsgerichtsverfahren Kostenfreiheit (Tschischgale/Satzky, a.a.O. S.75). Sonderregelungen über Kostenfreiheit finden sich in § 12 Abs. V und V a ArbGG (Beschlußverfahren; Dolmetscher und Übersetzer, wenn ein Ausländer Partei ist). Weitere Kostenprivilegierungen gibt es bei Verfahrensbeendigung durch Klagerücknahme, Anerkenntnis- oder Verzichtsurteil, Vergleich (Gebührenverzeichnis Anlage 1 zum ArbGG Nr. 2112 und 2113, abgedruckt z.B. bei Germelmann a.a.O. Anhang I., S.1238 ff).
[223] abgedruckt z.B. bei Germelmann a.a.O. Anhang III., S. 1247 ff (Auszug)
[224] vom 11.4. 1994, StAnz. Nr.15, S 1062. Postzustellungsgebühr heute: DM 9,--

die "Kostenbarriere" beim Zugang zu den Gerichten abbauen. Sie will den Bürger mit geringem Einkommen in die Lage versetzen, vor Gericht seine Rechte in gleicher Weise zu verfolgen, wie dies einer Partei möglich ist, die selbst über die finanziellen Mittel für die Führung eines Prozesses verfügt. Wenn also die bisher so gesehene "Rechtswegsperre durch Prozeß kosten" [225] mit der Gesetzesänderung in 1980 beseitigt worden ist, so liegt es in der Natur der Sache, daß hierdurch ein Ansteigen der Prozeßzahlen zu erwarten war. Davon ging auch die Bundesregierung selbst aus, wenn es in ihrem Gesetzesentwurf u. a. heißt, daß damit gerechnet werden muß, daß die Erleichterung des Zugangs zu den Gerichten die Zahl der Zivilprozesse ansteigen läßt. [226] Bundesjustizminister Vogel soll auf die Frage, ob denn nicht die verbesserten Zugangschancen zu den Gerichten das Steigen der Prozeßflut begünstigen würde, geantwortet haben, daß es zu einer Prozeßflut nicht kommen werde, "er sehe allenfalls einen Anstieg der Zivilprozesse um ein bis zwei Prozent". [227]

Da nach § 12 a Absatz 1 Satz 1 ArbGG die unterlegene Partei dem Gegner nicht einmal eine Entschädigung wegen Zeitversäumnis oder Erstattung der Kosten für die Zuziehung eines Prozeßbevollmächtigten oder Beistandes gewähren muß, und in den meisten Verfahren keine Gebühren anfallen, erleichtert diese Ausgangslage bei Unentschlossenen die Entscheidung <u>für</u> eine Klage.

2. Der Vergleich als Beendigungsmittel

Das arbeitsgerichtliche Verfahren ist wie kaum ein anderes von einer friedensstiftenden Regelung zwischen den Parteien geleitet. Das ergibt sich zunächst aus § 54 ArbGG, wonach die mündliche Verhandlung mit einer Verhandlung vor dem Vorsitzenden zum Zwecke der gütlichen Einigung der Parteien (Güteverhandlung) beginnt. Dieser Gedanke der gütlichen Einigung zieht sich durch das gesamte Verfahren. Aus demselben Grundgedanken wie in § 279 ZPO geht es um die Friedensherstellung zwischen den Parteien, [228] um Rechtssicherheit und durch die Rechtskraft einer Entscheidung, [229] die gestörte Ordnung wieder herzustellen. [230] Auch in der streitigen Verhandlung vor dem Vorsitzenden und den beiden ehrenamtlichen Richtern soll gemäß § 57 Absatz 2 ArbGG während des ganzen Verfahrens eine gütliche Erledigung des Rechtsstreits angestrebt werden. Für die II. Instanz gilt dieser Grundsatz gemäß §§ 64 Abs. VII, 57 ArbGG ebenso wie für das Verfahren vor dem BAG (§§ 72 Abs. VI, 57 ArbGG).

---

[225] vgl. Bundesratsdrucksache 187/79 Begründung Seite 17
[226] Bundesratsdrucksache 187/79 Seite 2 unter D. Kosten
[227] zitiert nach Kühnert, Die Zeit vom 3.4.1980
[228] Gründe und Vorteile, die Sozialbeziehungen zwischen Arbeitnehmer und Arbeitgeber gerade durch Vergleich zu beenden, beschreiben Blankenburg/Schönholz a.a.O. S. 105/106
[229] Das kann auch ein gerichtlicher Vergleich sein.
[230] Stein-Jonas-Schumann a.a.O. Einl. Rdz. 11 ff

Von dieser gesetzlichen Grundlage her ist es nicht verwunderlich, daß die Richter diese friedensstiftende (nebenbei auch arbeits- und zeitsparende) [231] Lösung des Rechtsstreits gern anstreben, was ihnen - offenbar auch im Interesse der Parteien - in den letzten zwanzig Jahren in zunehmendem Maße gelungen ist.

Aus der Übersicht [232] ist deutlich zu erkennen, daß in den 60er Jahren im Schnitt 30 % aller erledigten Klagen durch Vergleich beendet wurden. In den 70er Jahren dagegen ist eine deutliche Zunahme zu verzeichnen, die sich bei über 35 % eingependelt hat. In den weiteren Jahren ist eine Zunahme festzustellen bis zu einer Vergleichsquote von über 43 % in 1992. [233]

2.1 Vergleichsquoten in Bund und Ländern

Naturgemäß wird von Arbeitsgericht zu Arbeitsgericht und von Bundesland zu Bundesland eine andere Vergleichsquote erzielt. Für das Jahr 1979 - als herausgegriffenes Zufallsjahr - zeigt die Tabelle [234] mit dem Anteil der Vergleiche an erledigten Klagen in den verschiedenen Bundesländern. Hessen ist das Bundesland mit der höchsten Vergleichserledigung, wenn fast die Hälfte aller erledigten Verfahren auf diese Weise beendet werden. [235] Die hessischen Arbeitsgerichte kommen damit der Intention des ArbGG offenbar am nächsten. [236]

---

[231] Arbeitsrichter haben ein handfestes Interesse an einer Beendigung des Verfahrens in der Güteverhandlung, weil dann für einen Fall durchschnittlich 26 Minuten aufgewendet wurden, während bei einer Fortsetzung im Kammertermin noch rund 60 Minuten Vorbereitungszeit und 47 Minuten Verhandlungszeit hinzukommen. Für das Konzipieren, Absetzen und Durchsehen eines Urteils sind gar 3 Stunden zu veranschlagen, FB Kündigungspraxis a.a.O. II S. 832

[232] Tabelle 12: Erledigte Klagen nach Art der Erledigung

[233] Die Steigerung der Vergleichsquote ist bedingt durch einen Rückgang der "sonstigen Urteile" (echte Versäumnisurteile nach §§ 330, 331 Abs.II, 1.Teilsatz ZPO sowie Anerkenntnis- und Verzichtsurteile gem. §§ 306 und 307 ZPO) und "anderweitigen Erledigungen" (Klagerücknahmen nach § 269 ZPO und Verweisungen an das zuständige Gericht nach § 281 ZPO), vgl. Anweisung für die Durchführung der statistischen Erhebungen über die Tätigkeit der Arbeitsgerichte und Landesarbeitsgerichte: § 3, Inhalt des Formblatt AG 1: zu Ziffer 3.4

[234] Tabelle 13: Vergleichserledigungen der Länder 1979

[235] 1992 lag Hessen zusammen mit Schleswig-Holstein und Baden-Württemberg mit 52 % an der Spitze der Bundesländer.

[236] *Exkurs: Einfluß von LAK- und ZVK-Sachen*
Es ist notwendig anzumerken, daß in der Gesamtzahl der erledigten Klagen auch die Rechtsstreitigkeiten in Angelegenheiten der Lohnausgleichskasse für das Baugewerbe (LAK) und der Zusatzversorgungskasse für das Baugewerbe (ZVK) enthalten sind, die für das ganze Bundesgebiet nur vor dem Arbeitsgericht Wiesbaden ausgetragen werden. Jahrelang sind dies zwischen 35.000 (1964) und 50.000 (1989) mit einer Höchstzahl von 69.787 in 1988 gewesen. Im Jahre 1979 wurden 36.101 neue LAK- und ZVK-Klagen eingereicht; 36.742 wurden erledigt. Da der Anteil der Vergleiche in diesen Klageangelegenheiten mit 233 denkbar gering war, ist die in diesem Punkt "bereinigte" Vergleichsquote höher: reduziert man die Gesamtzahl der erledigten Klagen um die LAK- und ZVK-Klagen und tut dies ebenso im Bereich der Vergleiche, so würde sich für das Jahr 1979 ein Verhältnis von 244.136 erledigten Klagen zu 102.952 Vergleichen ergeben, so daß sich eine Vergleichsquote von 42,16 % (statt 36,17 %) ermittelt.

2.2 Motivation und sonstige Einflüsse für einen Vergleich

2.2.1 Rechtsanwälte

In einem anderen Zusammenhang wird darauf hingewiesen, [237] daß Rechtsanwälte in den durch streitiges Urteil beendeten Verfahren in zunehmendem Maße beteiligt sind. Ob eine mangelnde Vergleichsfreudigkeit insgesamt auch der Anwaltschaft unterstellt werden kann, muß bezweifelt werden. Die Zahl der Rechtsanwälte hatte in der Zeit von 1965 bis 1979 eine Steigerung von 79 %, die Klageeingänge einen solchen von 53 %. Es ist also eher zu vermuten, daß an dem steigenden Anteil der Vergleiche auch die Rechtsanwälte beteiligt sind, während es für die gegenteilige Behauptung einer mangelnden Vergleichsbereitschaft der Rechtsanwälte keine Anhaltspunkte gibt.

2.2.2 Parteien

Arbeitnehmer wie Arbeitgeber machen gleichermaßen von der Möglichkeit des Vergleichs aus den verschiedensten Gesichtspunkten Gebrauch: die Unsicherheit des Prozeßausgangs, verbunden mit dem Aufwand der Durchführung, Beweisaufnahmen, die Unwägbarkeiten der weiteren Rechtsverfolgung in den nächsten Instanzen und schließlich das Zeitmoment, das für das Arbeitsverhältnis von entscheidender Bedeutung ist, spielen dabei eine Hauptrolle. Jeder zweite bis dritte Prozeß im arbeitsgerichtlichen Urteilsverfahren 1. Instanz wird durch einen Vergleich beendet. Hieraus läßt sich unschwer die These entwickeln, daß ein ohne größeres Kostenrisiko verbundenes Verfahren begonnen und durchgeführt werden kann, weil es ohne Schwierigkeiten jederzeit mit Unterstützung des Gerichts vergleichsweise - und damit ohne Gerichtskosten - endet. Dies trifft sowohl für die Fälle eines aussichtsreichen Rechtsbegehrens zu als auch für weniger erfolgversprechende Klagen, bei denen der Kläger mehr "versuchsweise" probieren will, ob nicht doch etwas "herauszuholen" ist.

2.3 Die besondere Rolle des Kündigungsschutzprozeßes

Eine besondere Rolle spielt in diesem Zusammenhang der Kündigungsschutzprozeß. Das gegen eine Kündigung gerichtete Verfahren führt vielfach nicht dazu, die Wiedereinstellung im Betrieb zu durchzusetzen. [238] Zwar stellt der Arbeitnehmer mit diesem Ziel seinen Hauptantrag, er kann jedoch auch hilfsweise oder im Wege der Antragsumstellung versuchen, gem. §§ 9, 10 Kündigungsschutzgesetz eine Abfindung durch Zahlung eines Geldbetrages zu

---

[237] s.S. 73
[238] Nach Blankenburg/Verwoerd DRiZ 1987. S. 169, 174 erreicht nur ein Anteil von 4 % tatsächlich die Wiedereingliederung.

erreichen. Joachim [239] hat zu Recht darauf hingewiesen, daß solche Verfahren von der Natur der Sache, aber auch von Gesetzes wegen eigentlich als "Eilsachen" zu behandeln wären. Die gerichtliche Wirklichkeit dagegen sieht so aus, daß die Kündigungsverfahren im Grunde mit einer nicht der Sache gerecht werdenden Verfahrensdauer belastet sind, [240] so daß der Arbeitnehmer schon aus Schadensminderungsgründen verpflichtet [241] und aus Gründen der Existenzsicherung darauf angewiesen ist, sich einen anderen Arbeitsplatz zu suchen mit der Folge, daß er später eher an der aufgebauten Bindung zum neuen Betrieb festhalten möchte, als in den beklagten Betrieb zurückzugehen. Hieraus wird verständlich, daß die Abwicklung dieser Fälle in der Praxis entweder darauf angelegt ist oder aber sich so entwickelt, eine vergleichsweise Lösung des Arbeitsverhältnisses durch Zahlung einer Abfindung anzustreben. [242] Die Tatsache, daß die Arbeitgeber diese Handhabung mittragen, spricht offenbar für die Richtigkeit der Aussage, daß eine Wiedereingliederung in den seltensten Fällen als optimale Lösung eines Kündigungsrechtsstreites angesehen wird. Gerade die Häufigkeit des sogenannten Abfindungsvergleichs könnte einen Anreiz für die Arbeitnehmer darstellen, den Klageweg zu beschreiten, wenn es um Fragen des Bestehens oder Nichtbestehens eines Arbeitsverhältnisses durch Kündigung geht. Es ist also zweifelhaft, wenn davon die Rede ist, daß neben den Fällen der Kündigung weitere 30 % der Fälle Forderungen von Arbeitnehmern gegen Arbeitgeber sind, die im Zusammenhang mit der Abwicklung von Kündigungen vor Gericht gebracht werden. [243]

Als Zwischenergebnis kann festgehalten werden, daß die hohe Vergleichsquote im arbeitsgerichtlichen Verfahren von inzwischen über 43 % aller erledigten Fälle, insbesondere aber die Vergleichspraxis im Kündigungsschutzverfahren eher den Anreiz bietet, ohne größeres Kostenrisiko selbst wenig aussichtsreiche Klagen anzustrengen.

---

[239] DB 1972, S. 1067, 1070
[240] Däubler a.a.O., Arbeitsrecht 2, 8.8.7. : 3-4 Jahre
[241] § 615 S. 2 BGB
[242] Die betroffenen Arbeitnehmer selbst gaben an (67,4 %), daß sie mit ihrer Kündigungsschutzklage nicht vorrangig den Erhalt des Arbeitsplatzes sichern wollten (FB Kündigungspraxis a.a.O. II S. 451, 452 mit Tab. III/86), sondern weil sie dem Arbeitgeber "zeigen wollen, daß er nicht machen kann, was er will" oder weil sie eine Abfindung bekommen wollen (s.a. FB Kündigungspraxis a.a.O. I S. 399). Kittner/Trittin a.a.O., Einl. Rdz. 94 weisen zusammen mit anderen darauf hin, daß das KSchG in der Realität weitgehend als "Abfindungsgesetz" wirkt; ebenso Bobke a.a.O. S. 393
[243] Der Auffassung von Blankenburg (DRiZ 1979, S. 197, 198) daß es sich in 2/3 aller Fälle um Fragen der Abwicklung von Kündigungen handelt, kann nicht gefolgt werden. Er ordnet auch alle Klagen wegen Urlaubs- und Arbeitsentgelt als Folgeproblem von Kündigungen ein. Richtig ist zwar, daß eine Reihe von Fragen im Zusammenhang mit der Lösung eines Arbeitsverhältnisses auftreten können - wie z. B. Zeugnis, Herausgabe der Arbeitspapiere, Restlohn. Hingegen sind eine Vielzahl von Ansprüchen denkbar, die nicht in diese Verfahrenskategorie hineinpassen. Allein der Anspruch auf Arbeitsentgelt umfaßt so differenzierte Fälle wie eine Klage auf Weihnachtsgratifikation, eine Feststellungsklage auf tarifliche Eingruppierung, den Anspruch des Arbeitnehmers auf Auszahlung von Arbeitgeberanteilen zur Ersatzkrankenkasse, die Freihaltung des Arbeitnehmers von Schadensersatzansprüchen dritter Personen sowie die Zahlung von Mehrarbeitszuschlägen usw. (Joachim, Das AdG Bd. 3, Seite 64,78).

3. Dichte des Arbeitsgerichtsnetzes

Es ist bereits früher von Joachim [244] behauptet worden, daß mit der Dichte des Arbeitsgerichtsnetzes auch die relative Klagehäufigkeit steigt. Die von ihm angeführten Zahlen beruhen auf Daten Anfang der 60er Jahre. [245] Sie sind auf das Jahr 1979 - wiederum als Zufallsjahr - aktualisiert worden. [246] Das Ergebnis ist - allerdings auf höherem Niveau - in etwa gleich geblieben. Die bundesdurchschnittliche Klagehäufigkeit lag 1979 bei 10,31 Klagen auf 1.000 abhängig Beschäftigte (im Jahre 1963 noch bei 6,77). Berlin hatte mit 21,06 Klagen doppelt so viel wie der Bundesdurchschnitt. Auch die Stadtstaaten Bremen und Hamburg sind in der Rangreihe weit über dem Durchschnitt zu finden. Dagegen sind die Bundesstaaten Bayern und Niedersachsen, Gebiete, in denen das Gerichtsnetz am wenigsten dicht gespannt ist, mit der niedrigsten Klagehäufigkeit auf 1.000 Beschäftigte am Schluß des Feldes. Hessen, das mit 10,46 Klagen je 1.000 abhängig Beschäftigte dem Bundesdurchschnitt am nächsten kommt, scheint auf der "Ideallinie" zu liegen.

Nach Meinung des Präsidenten des Landesarbeitsgerichtes Hessen, Joachim, war in Hessen mit 12 Arbeitsgerichten ein hinreichend dichtes Netz von Arbeitsgerichten ausgebreitet. Hessen hat nach wie vor 12 Arbeitsgerichte. [247] Einige von Ihnen haben Gerichtstagsorte; das bedeutet, daß bei einem Zirkelschlag von 30 km um jedes hessische Arbeitsgericht und um jeden Gerichtstagsort praktisch jeder Teil des Landes Hessen (bis auf drei Gemeinden) abgedeckt ist. Es ist zuzustimmen, daß man kaum sagen kann, die Einwohner Berlins oder Bremens würden aus landsmannschaftlicher Eigenart das Gericht mehr in Anspruch nehmen. Dagegen kann die höhere Klagehäufigkeit in den Stadtstaaten durchaus mit größerer Aufgeklärtheit, der Emanzipation der großstädtischen Arbeitnehmerschaft [248] als auch mit der Frage zusammenhängen, ob es sich um größere Betriebe mit eigenen Personalabteilungen und Betriebsratsvertretungen handelt. Damit allein ist aber noch nicht gesagt, ob eine höhere Klageanfälligkeit in kleinen oder größeren Betrieben besteht. In diesen kann durch den Beratungseinfluß der Gewerkschaft u. U. mehr Konfliktstoff aufgedeckt werden, andererseits wird eher der Ausgleich durch innerbetriebliche Regelungen geschaffen, so daß gar keine Umsetzung in Gerichtsverfahren erfolgt. [249] In einem kleineren Betrieb ist die Kenntnis der

---

[244] AdG 3, S. 64, 68 ff
[245] derselbe S. 64, 80, Spalte 1-3
[246] Tabelle 14: Dichte des Arbeitsgerichtsnetzes
[247] Geschäftsverteilungsplan des Hessischen Landesarbeitsgerichts und der Hessischen Arbeitsgerichte 1994
[248] Joachim, AdG Bd. 3, S. 69 sowie DB 1972,S. 1067, 1068
[249] Blankenburg/Schönholz/Rogowski a.a.O. S. 63. Jedenfalls bei arbeitgeberseitigen Kündigungen hat die Befragung 1978 präzisiert, daß bei höherer Formalisierung der Konfliktbehandlung innerhalb der Unternehmen bezogen auf die Anzahl der Mitarbeiter seltener gekündigt wird, FB Kündigungspraxis a.a.O. II S. 610

Rechtslage nicht so ausgeprägt. Hat sich aber dort ein Arbeitnehmer entschlossen, so wird er den Rechtsstreit durchführen. [250] Abschließend muß darauf hingewiesen werden, daß sich die Anzahl der Arbeitsgerichte in der Bundesrepublik Deutschland seit der Untersuchung von Joachim im Jahre 1971 gegenüber 1991 nur leicht verändert hat, [251] so daß zwar die Klagehäufigkeit mit der Zahl der Gerichte zusammenhängen kann und bei noch größerer Dichte auch entsprechend steigen würde. [252] Andererseits muß das Phänomen des Prozeßanstiegs der 70er Jahre speziell nicht mit der Gerichtsdichte zusammenhängen. Auch ist nicht zwingend, wenn aus dem Verhältnis der Anzahl der Arbeitsgerichte und Beschäftigte zur Fläche des einzelnen Landes auf die Klagehäufigkeit geschlossen wird. Im Flächenstaat Bayern gehören zum Bezirk des Arbeitsgerichts München etwa 3 Mio Menschen (von 10.5 Mio in Bayern). Nimmt man die bayrischen Gemeinden, in denen es Arbeitsgerichte und Zweigstellen gibt, hinzu, so lebt allein in diesen Städten knapp 45% der gesamten Bevölkerung. Es ist daher nicht zutreffend, daß in Flächenstaaten "Rechtsnot" herrsche, [253] nur weil ein geringer Teil der Betroffenen zu weit vom nächsten Ort des Arbeitsgerichts entfernt wohnt.

Die allgemeine Behauptung, mit einer größeren Gerichtsdichte steige die Verfahrenszahl, ist nicht belegbar. Im Lauf der Jahrzehnte hat es nur wenig Veränderung gegeben. Die Anzahl der Arbeitsgerichte ist in etwa gleichgeblieben, so daß sich keine neue Aussagen treffen lassen.

4. Bekanntheitsgrad und Arbeitsgerichtsbarkeit

Nicht ohne Einfluß auf den Geschäftsanfall der Arbeitsgerichte scheinen auch die Maßnahmen gewesen zu sein, die man ganz allgemein als "Aufklärung der Bevölkerung" und "rechtliche Bewußtseinsstärkung" der Arbeitnehmer bezeichnen kann. Bereits 1952 konstatierte Nennstiel [254], daß " dem Recht der Vorrang in den soziologischen Bereichen des öffentlichen Lebens nur gesichert werden kann, wenn das Volk in breiteren Schichten an dem Bestreben teilnimmt." Dem Arbeitsrecht und der Arbeitsgerichtsbarkeit falle die schwere Aufgabe zu, die gesellschaftspolitischen Kämpfe in turbulenter Zeit, die regelmäßig ein gesellschaftspolitisches Kräfteringen darstellten, an die Grundsätze des Rechts zu binden. In Erkenntnis dieser Notwendigkeit müsse man entsprechende Schlußfolgerungen ziehen: Rechtsunterricht in der Schule, Vortragsreihen, Aufklärung durch die Universitäten, die Technischen Hochschulen, Volkshochschulen und durch die Volksbüchereien. Ein Zusammenwirken von Arbeits

---

[250] Das liegt auch an der Betriebsgröße, vgl. S. 54 und S. 156 f
[251] I.Instanz: 95 Arbeitsgerichte (ohne Gerichtstage, Außenstellen etc.) in 1991 gegenüber 104 in 1971; II.Instanz: 156 gegenüber 69 Kammern in 1971
[252] Joachim, DB 1972, S. 1067, 1068
[253] so aber Joachim, DB 1972, S.1067, 1068
[254] RdA 1952, S.50 ff

gerichtsbarkeit und Presse könne aufgrund der persönlichen Initiative der Präsidenten der Landesarbeitsgerichte mit den am Sitz oder im ganzen Landesbezirk erscheinenden Tages- und Wochenzeitungen erfolgen, [255] um auf diese Weise das Interesse und das Verständnis nicht nur einzelner Berufsschichten, sondern aller Berufsstände und Bevölkerungskreise zu wecken. Wie der Zeitungsleser feststellen konnte und kann, haben vielfältige Bemühungen vieler Aufsichtführender Richter mehrerer Arbeitsgerichte in den letzten Jahren dazu geführt, Berichte über durchgeführte Arbeitsgerichtsprozesse in die Tageszeitungen, in den Rundfunk und das Fernsehen einzubringen.

Die so bezeichneten Maßnahmen der informativen Arbeitsrechtspflege können sich aber kaum prozeßmindernd in der Statistik niedergeschlagen haben. Der Erfolg, der dazu beiträgt, daß das Bewußtsein für rechtliches Handeln im Arbeitsleben der Bevölkerung vertieft und verstärkt wird, [256] kann wohl nur Ansporn gewesen sein, dieses Rechtsbewußtsein [257] nicht nur zu verinnerlichen, sondern auch in Form einer Klägerrolle zu praktizieren. Die Einstellungsänderungen zur Arbeitsethik sind dokumentiert und bei jüngeren Menschen ausgeprägter. [258] Der Umgang der Gerichte mit der Presse ist inzwischen Normalität. Die Bundesgerichte veröffentlichen nicht nur Jahresberichte, [259] sondern veranstalten Pressegespräche [260] und laden die Medienvertreter zur Eröffnung von "Richterwochen" und Tagungen ein. [261] An den beiden Bundesgerichten in Kassel, dem BAG und BSG, sind journalistische Vertreter der bedeutenden Fachzeitschriften und "Gerichtsberichterstatter akkreditiert".

---

[255] Nennstiel RdA 1952, S.50, 51, 53

[256] Der Vorsitzende Richter am LAG Hamm, Wenzel, wies auf den Zusammenhang steigender Geschäftszahlen und zunehmendem Rechtsbewußtsein - allerdings ohne nähere Begründung - hin, AuR 1979, S. 225.

[257] Wie schwierig es ist, Rechtsbewußtsein der Bevölkerung zu messen, Veränderungen zu interpretieren, etwa den "Verfall" festzustellen, schildert der Beitrag von Lucke/Schwenk ZfRSoz 1992, S. 185 ff.

[258] siehe die Literaturhinweise bei Blankenburg RdJB 1984, S.281, 290. An die Stelle von Einkommensmaximierung und Statussicherung sind erträgliche Arbeitsbedingungen und "Selbstverwirklichung" auch in der Arbeit getreten. Das Rechtsbewußtsein der Jugend stellt sich dar in Anspruchserwartungen in Situationen, in denen Recht zur Wahrung der eigenen Interessen mobilisiert werden kann. Jüngere haben ein höheres Anspruchsniveau als ältere Kollegen und Vorgesetzte: für die Älteren erscheint manches als unvermeidbarer Umstand des Arbeitslebens, Jüngere haben ein anderes Konsum- und Erwartungsniveau; daraus resultieren die Problemerfahrungen im Arbeitsleben: Konflikte mit Kollegen, Vorgesetzten, über Arbeitsbedingungen und "falsche" Lohnabrechnungen liegen um 20 %-Punkte höher als bei Älteren, die mehr Nennungen bzgl. ordentlicher Kündigung und Arbeitsplatzverlust wegen Krankheit angeben (ders. a.a.O. S. 287 mit Tabelle 3). Die Inanspruchnahme verschiedener Angebote der Rechtsberatung ist viel höher bei den 25-jährigen Arbeitnehmern ausgeprägt (53 %), während mit zunehmendem Alter (46 bis 65 jährige Arbeitnehmer: 16 %) auf Rechtsberatung verzichtet wird (Blankenburg/Reifner a.a.O. S. 139 mit Tabelle 3.7. und S. 240 mit Schaubild 4.16.) Auch der höhere Bildungsstand (dazu dieselben a.a.O. S. 237 mit Tabelle 4.14.; diese Gruppe zeichnet sich auch durch hohe gewerkschaftliche Aktivitäten aus, a.a.O. S. 246) setzt die jüngere Generation besser in die Lage, das Anspruchsbewußtsein in Bereitschaft zur Mobilisierung von Rechtsschritten umzusetzen.

[259] für das BAG z.B. der Rückblick des Präsidenten Kissel in BArbBl seit 1985

[260] seit vielen Jahren der Präsident des BSG

[261] z.B.: Jährliche Richterwoche der Richter in der Sozialgerichtsbarkeit; jährliches Treffen der Richter der hessischen Arbeitsgerichtsbarkeit

Manche Gerichte haben eigene Formen öffentlichkeitswirksamer Informationen entwickelt: Am Sitz des Arbeitsgerichts Marburg z.B. wurde 1990 ein "Arbeitsgerichtsverein Marburg e.V." gegründet. [262]

Die Medien haben längst den Unterhaltungswert der Behandlung von rechtlichen Lebenssachverhalten erkannt. [263] Das Fernsehen spielt Gerichtsfälle nach.[264] Regelmäßig wiederkehrende Kolumnen im Printbereich informieren z.B. über "aktuelles Arbeitsrecht" [265], "Recht und Steuern", [266] " Arbeits- und Sozialrecht". [267]

Von den genannten Maßnahmen dürfte auch eine Werbewirkung ausgehen, von seinem Recht Gebrauch zu machen und den Gang zum Arbeitsgericht nicht zu scheuen.

Kapitel III: Die Verfahrensbeteiligten

1. Persönliche Klageerhebung durch Arbeitnehmer

Der klagewillige Bürger hat die Möglichkeit, eine Klage persönlich zu erheben oder zu Protokoll der Geschäftsstelle zu erklären. [268]

Obwohl diese sogenannten Rechtsantragstellen nicht die Funktion haben, von einer Klage abzuraten oder den noch nicht entschlossenen Kläger zur Klageerhebung zu bewegen, hilft diese Einrichtung dennoch sachunkundigen Arbeitnehmern, [269] die mögliche Scheu zu überwinden und eine Klage in der rechten Form einzureichen. [270]

Statistische Auswertungen sind flächendeckend nicht vorhanden. Joachim [271] glaubte, eine

---

[262] Geschäftsführer ist der Direktor des Arbeitsgerichts ist. Arbeitsrechtliche Vorträge und Diskussionen, eine Ausstellung von Bildern eines Hobbymalers anläßlich der Eröffnung des Arbeitsgerichts in neuen Räumen und andere Aktivitäten, vermitteln den Fachkundigen, aber auch der Öffentlichkeit ein anschauliches Bild von der Tätigkeit am Arbeitsgericht.

[263] Die Strukturanalyse der Rechtspflege (SAR) hat die Überlegungen des Deutschen Richtertages 1983 - Medienwirkung der Justiz - aufgegriffen und wird die Frage untersuchen, "ob der Normwirklichkeit von Justiz, wie sie sich in den Gesetzen befindet, und ihrer sozialen Wirklichkeit, die mit Hilfe soziologischer Methoden erforscht wird, eine Medienwirklichkeit von Justiz gegenübersteht, die mit den beiden Ebenen nicht kongruent ist." Strempel/van Raden NJ 1991, S. 138, 142

[264] Neben "Perry Mason" oder "Matlock" oder "Liebling Kreuzberg", "Verkehrsgericht" u.a. und auch unterhaltende fachliche Informationen "pro und contra - Rechtsfälle" erfreuen sich großer Beliebtheit.

[265] seit vielen Jahren in der "Oberhessische Presse", Marburg, Tageszeitung für den mittelhessischen Raum

[266] Blick durch die Wirtschaft, Frankfurter Zeitung; Handelsblatt;

[267] Deutsche Handwerks Zeitung

[268] vgl. § 46 ArbGG in Verbindung mit §§ 129 a, 496 ZPO

[269] ebenso der deutschen Sprache nicht mächtigen Ausländern

[270] Ramm (KJ 1970, S. 175, 181) weist darauf hin, daß etwa 80 % der gewerkschaftlich organisierten Arbeitnehmer aus Furcht vor Repressalien seitens ihres Arbeitgebers Arbeitsgerichtsklagen erst nach Beendigung des Arbeitsverhältnisses erheben; ebenso Gamillscheg, AR II 301; Kittner a.a.O. Einl. zum Arbeitsgerichtsgesetz, S. 287. Das mag aber auch an den kurzen Kündigungsfristen liegen: bis zur Vereinheitlichung der Kündigungsfristen für Arbeiter und Angestellte im Oktober 1993 galt für Arbeiter eine Regelkündigungsfrist von zwei Wochen gem. § 622 BGB, in vielen Tarifverträgen noch kürzere, z.B. im Baugewerbe.

[271] DB 1972, S.1067, 1071

Quote von 44 % nachweisen zu können. In Kündigungsstreiten des Jahres 1978 hatten 36, 8 % der Arbeitnehmer ihre Klage selbst erhoben, und zwar 31,4 % persönlich zu Protokoll der Geschäftsstelle und 5,4 % durch Schriftsatz. [272] Eine vom Verfasser vor kurzem bei den Präsidenten der Landesarbeitsgerichte durchgeführte Umfrage zur Tätigkeit der Rechtsantragsstellen in 1992 ergab folgendes Bild: Im Gerichtssprengel Hamburg und Nürnberg lag der Anteil der zu Protokoll gegebenen Klagen bei unter 20 %, im Saarland betrug er 29 %. In Berlin wurden 5.031 Gespräche mit den potentiellen Klägern (insgesamt 10.694) geführt, die aber aus Erfahrung bzw. entsprechend ausdrücklicher Auskünfte der LAG-Präsidenten nicht sämtlich zu Klagen führten. In Bremen wurden in den Jahren 1989 und 1990 rund 16 %, in 1991 23,5 % der neu eingegangenen Klagen von den Rechtsantragstellen aufgenommen.

Die empirischen Befunde scheinen auf den Trend hinzudeuten, daß im Zeitverlauf ein Rückgang des Anteils am gesamten Klageeingang auszumachen ist. Darüberhinaus lassen die gewonnenen Ergebnisse keinerlei Aussage derart zu, daß durch eine (nicht vorgesehene und deshalb rechtlich unzulässige) Rechtsberatung der Antragsstellen insgesamt eine höhere Verfahrenszahl erreicht wird. Gelegentliche Erfahrungen in der Praxis, daß vom Rechtspfleger nicht nur der Prozeßantrag und die Klagebegründung entgegengenommen, sondern nach Darlegung des Sachverhalts erst zur Klage geraten wird, lassen sich nicht verallgemeinern.

Die weitere Frage, ob es auch ohne mögliche Inanspruchnahme der Rechtsantragsstellen zur Klageerhebung gekommen wäre, ließe sich nur mittels einer aufwendigen empirischen Untersuchung klären, weil bisher irgendwelche Daten nicht bekannt sind.

2. Klageerhebung durch Arbeitgeber, Rechtsschutz durch Arbeitgeberverbände

Auch die Arbeitgeber haben die Möglichkeit, sich vor Gericht vertreten zu lassen und nutzen dies über ihre Arbeitgeberverbände, die ebenfalls kraft Gesetzes befugt sind, die Mitglieder vor den Arbeitsgerichten 1. und 2. Instanz zu vertreten (vgl. § 11 ArbGG). Es wurde bereits an anderer Stelle [273] darauf hingewiesen, daß der Anteil der Klageneuzugänge in den vorangegangenen Jahrzehnten bei der Prozeßpartei Arbeitgeber stets erheblich unter 10 % an der Gesamtzahl gelegen hat. Eine weitere Differenzierung derart, ob die Partei "Arbeitgeber" selbst die Klage erhoben hat oder dies durch einen Rechtsanwalt oder durch einen Arbeitgeberverband geschehen ist, scheint angesichts des geringen Anteils nicht sinnvoll zu sein, [274] und zwar auch nicht im Bereich der Beschlußverfahren, wo der Anteil der durch Arbeitgeber und ihre Organisationen eingereichten Fälle mit einem Drittel höher als bei den

---

[272] FB Kündigungspraxis a.a.O. II S. 627 f
[273] s.S. 30
[274] Tabelle 15: Prozeßvertretung I.Instanz

Urteilsverfahren, absolut gesehen aber eine zu vernachlässigende Größe ist. Diese Betrachtungsweise wird der besonderen Rolle des Kündigungsschutzverfahrens nicht ganz gerecht. Kündigungen, die die Arbeitgeber aussprechen, werden nicht immer mit Gründen versehen. Eine Befragung der von Kündigungen Betroffenen hat ergeben, daß 88 % der befragten Arbeitnehmer mindestens einen Grund nennen konnten, der ihnen mitgeteilt worden war. [275] Von den Arbeitgeberkündigungen entfiel der weitaus größte Teil auf ordentliche Kündigungen, während in 15 % der Fälle außerordentlich und in 5 % hilfsweise ordentlich gekündigt wurde. [276] Rund ein Drittel der Kündigungsgründe betrafen den betriebsbedingten Bereich, [277] zwei Drittel den Bereich der verhaltens- und personenbedingten [278] Kündigungen. [279] Über die Hälfte der Arbeitnehmer (57 %) beurteilen aus ihrer subjektiven Wahrnehmung, daß die vom Arbeitgeber mitgeteilten Gründe nicht notwendig mit den eigentlichen Kündigungsgründen übereinstimmen. [280] Wahrscheinlich ist davon auszugehen, daß weder die von den Arbeitnehmern vermuteten (anderen) Ursachen, noch in jedem Fall die vom Arbeitgeber angegebenen Gründe sämtlich richtig sind (in manchem Fall durchaus zum Wohl des Betroffenen). [281]

Die Art der Kündigung sowie der Anlaß indizieren das Konfliktpotential. Die 1978 erhobenen Daten geben darüber Aufschluß. [282] Gegen betriebsbedingte Kündigungen wird am wenigsten geklagt (Klagequote bei 4 %), gegen Kündigungen aus personen- oder verhaltensbedingten Gründen wird in rund 10 % der Fälle eine Klage erhoben. [283] Objektive Notwendigkeiten sind einsehbar und werden akzeptiert, sie erzeugen viel weniger Spannungsverhältnisse; eine zustimmende Haltung des Betriebsrats kann dies unterstützen. [284] Persönlichkeitsherabsetzende, leistungsmindernde oder verhaltensbedingte Vorwürfe [285] hingegen setzen die Reizschwelle für die Entscheidung gerichtlicher Abwehr herab. [286]

---

[275] FB Kündigungspraxis a.a.O. I S. 323 sowie zu den Kündigungsbegründungen der Arbeitgeber S. 324 mit Tabelle III/41
[276] FB Kündigungspraxis a.a.O. I S. 61.
[277] zu den Begründungen im einzelnen und Häufigkeitsverteilung vgl. FB Kündigungspraxis a.a.O. I S. 105
[278] zu den Begründungen im einzelnen und Häufigkeitsverteilung vgl. FB Kündigungspraxis a.a.O. I S. 101
[279] FB Kündigungspraxis a.a.O. I S.63 ff (auch Tabelle I/15 auf S.64), 324; II S. 962
[280] FB Kündigungspraxis a.a.O. I S. 327; fast ein Viertel der Gekündigten betrachten den vom Arbeitgeber benannten Kündigungsgrund nur als Vorwand, 38 % betrachten die nicht ausgesprochenen Gründe als die ausschlaggebenden, während weitere 19 % glauben, daß die nicht mitgeteilten Gründe zusätzlich eine Rolle gespielt haben, S. 328, 329 .
[281] FB Kündigungspraxis a.a.O. I S. 327/328
[282] FB Kündigungspraxis a.a.O. II S. 965 ff faßt die in der Studie belegten Befragungsergebnisse zusammen.
[283] FB Kündigungspraxis a.a.O. I S. 293 und II S. 965
[284] FB Kündigungspraxis a.a.O. I S. 394 mit Tabelle III/55
[285] Insbesondere bei krankheitsbedingten Fehlzeiten steht der Erhalt des Arbeitsplatzes bei der Klagemotivation an erster Stelle, FB Kündigungspraxis a.a.O. I S. 389 und II S. 967
[286] zur Klagebereitschaft FB Kündigungspraxis a.a.O. I S. 367 ff; neben den Motivationen der Arbeitnehmer, nicht gegen eine Kündigung zu klagen, I S. 375 mit Tabelle III/51, sind die Gründe, die zu einer höheren Klagebereitschaft führen, I S. 387 ff untersucht worden.

Somit verursachen die Arbeitgeber letztlich auch Klagen bei den Arbeitsgerichten. Ihnen kommt jedoch in der Parteirolle als Kläger aus quantitativen Überlegungen keine besondere Bedeutung zu. "Veranlasser" [287] hingegen sind sie in einem doppelten Sinn: Sie setzen häufig den Grund, die die Arbeitnehmer für eine Klage motivieren und sie sprechen die Kündigungen aus, gegen die nach unserem geltenden Rechtssystem die Arbeitnehmer gerichtlich vorzugehen haben; schließlich obliegt den Arbeitgebern auch im Kündigungsschutzprozeß die Darlegungs- und Beweislast.

3. Rechtsschutz durch Gewerkschaften

3.1 These

Die Gewerkschaften erfüllen als nach Art. 9 III GG geschützte Koalition unserer pluralistischen Demokratie einen vielseitigen Aufgabenkatalog. Sie sind integrierter Bestandteil der Wirtschafts- und Sozialpolitik unserer Bundesrepublik. Als Tarifvertragspartei schließen sie Tarifverträge, führen Arbeitskämpfe durch. Sie sind beteiligt in der Unternehmens- und betrieblichen Mitbestimmung. [288] Sie üben Anhörungs- und Antragsrechte gegenüber der Gesetzgebung, Verwaltung und Rechtsprechung aus. [289] Sie haben zahlreiche Benennungs- und Entsendungsrechte gegenüber der staatlichen Gerichtsbarkeit und Verwaltung. [290] Es liegt die Vermutung nahe, daß viele Arbeitnehmer nicht nur wegen der Schutzwirkung der Tarifbindung Mitglied einer Gewerkschaft werden, sondern auch oder vorwiegend wegen weiterer Serviceleistungen, wie es Rechtsberatung und -vertretung durch "Rechtssekretäre" sind. [291] Aus diesem Grunde folgt die entsprechende Beteiligung als "Verursacher" von Rechtsstreiten. [292] Es ist davon auszugehen, daß mit steigendem Organisationsgrad und Erfolg in der Prozeßvertretung der "Einschaltungsgrad" zunimmt und damit auch zum Anwachsen der Verfahren insgesamt beiträgt.

---

[287] s.S. 30

[288] z.B. Bildung und Zusammensetzung des Aufsichtsrats nach dem Mitbestimmungsgesetz; Beratungs-, Mitwirkungs- und Mitbestimmungsrechte nach dem BetrVG

[289] z.B. bei der Beantragung der Allgemeinverbindlichkeit nach dem TVG; Anhörung der Berufung von Richtern in der Arbeitsgerichtsbarkeit nach dem ArbGG

[290] z.B. Mitwirkung als ehrenamtliche Richter in der Arbeits- und Sozialgerichtsbarkeit nach dem ArbGG und SozGG; Mitwirkung in den Gremien der sozialen Selbstverwaltung nach dem SGB, dem AFG usw.

[291] Die Gewerkschaften sind in Prozessen vor Arbeitsgerichten nach § 10 ArbGG aktiv und passiv parteifähig, ihre Vertreter vor den Arbeits- und Landesarbeitsgerichten nach § 11 ArbGG postulationsfähig.

[292] Der DGB gliedert sich in 1000 Ortskartelle, 200 Kreisverwaltungen, 13 Landesbezirke und die Bundesvorstandsverwaltung. Von den über 2600 Mitarbeiterinnen und Mitarbeitern des DGB ist ein Drittel - mithin rund 900 - damit beschäftigt, Gewerkschaftsmitgliedern "kostenlosen" Rechtsschutz zu gewähren (DGB Info-Blatt, Hrsg. DGB, Abt. Öffentlichkeitsarbeit, 1993). Offenbar hat sich die Zahl der Rechtsschutzsekretäre nicht verändert, die schon 1979 bei 926 lag, Uni-Magazin der Bundesanstalt für Arbeit, 1979, Heft 10, zitiert bei Blankenburg/Reifner a.a.O. S. 232 mit Fußn. 155 auf S. 292

3.2 Legitimation

Den Gewerkschaften ist es als berufsständischen Vereinigungen nach § 7 Rechtsbe ratungsgesetz erlaubt, im Rahmen des Aufgabengebietes ihren Mitgliedern Rat und Hilfe in Rechtsangelegenheiten zu gewähren. Dies geschieht dadurch, daß mit der Zahlung des Gewerkschaftsbeitrages die Gewährung von Rechtsschutz als eine Leistung der Organisation abgegolten ist. Konkretisiert ist die Frage der Prozeßvertretung für das arbeitsgerichtliche Verfahren ausdrücklich in § 11 ArbGG. [293]

3.3 Sonstige Rechtsschutz-Leistungen

Über diesen arbeits- und sozialrechtlichen Rechtsschutz hinaus bieten einige Gewerkschaften (z. B. IG Textil, NGG, Teile der GEW) ihren Mitgliedern Rechtsschutz im Bereich des Verkehrs, des Vertragsrechts, der Strafverfolgung, in Erbschafts- und Versorgungsfragen usw. an, worauf das Mitglied des Hauptvorstandes der Gewerkschaft Textil - Bekleidung, Hans Pfister, bereits vor Jahren hingewiesen hat. Dabei verstehen sich die Gewerkschaften als Konkurrenz zu den privaten Versicherungsgesellschaften, die durch die "generelle Einbeziehung des Arbeits- und Sozialrechtsschutzes in ihre Leistungen einen Generalangriff auf die Gewerkschaften gestartet haben". [294]

3.4 Inanspruchnahme

Einige Beispiele der zunehmenden Inanspruchnahme gewerkschaftlichen Rechtsschutzes mögen das Gewicht der Gewerkschaften im Rahmen der Rechtsschutztätigkeit verdeutlichen. Der DGB gab für 1973 folgende erledigte Streitsachen an: [295]

1. Instanz Arbeitsrecht	33.637
2. Instanz Arbeitsrecht	1.182
1. Instanz Sozialrecht	12.195
2. Instanz Sozialrecht	1.098
insgesamt	48.112

Im Jahre 1975 waren es 82.757 Prozesse 1. und 2. Instanz in der Arbeits- und Sozialgerichtsbarkeit, der Anteil der Arbeitsgerichtsfälle betrug inzwischen nicht weniger

---

[293] Innerverbandlich sehen die einzelnen Satzungen der Gewerkschaften entsprechende Bestimmungen für die Ausgestaltung des Rechtsschutzes für die Mitglieder vor. siehe Anhang Abschnitt 3 (Satzung der IG Metall)
[294] Die Quelle 1977, S.86 f
[295] DGB -Info-Blatt, herausgegeben vom DGB, Bundesvorstand - Abt. Arbeitsrecht

als 67.154. [296] Das sind bereits 32.335 erledigte Fälle pro Jahr mehr als 2 Jahre zuvor und bedeutet fast eine Verdoppelung. In den Jahren 1974 bis 1976 hatten die Rechtssekretäre des Deutschen Gewerkschaftsbundes knapp 200.000 Verfahren in den beiden ersten Instanzen der Arbeits- und Sozialgerichtsbarkeit für Gewerkschaftsmitglieder vertreten. [297] Der DGB sagt von dieser Entwicklung selbst im Geschäftsbericht, daß hiermit nicht nur die Bedeutung des gewerkschaftlichen Rechtsschutzes bestätigt, sondern gezeigt wird, "daß er ein Stück Sozialpolitik schlechthin ist". [298] Auch die Deutsche Angestellten-Gewerkschaft tritt gelegentlich mit Zahlen aus diesem Bereich an die Öffentlichkeit: [299] Im Jahre 1976 wurden rund 202.000 Rechtsauskünfte erteilt. Rechtsvertretung wurde in 5.885 Fällen bewilligt, davon wurden 3.997 Klagen vor den Arbeitsgerichten erhoben. Hinzu kamen 171 eingeleitete betriebsverfassungsrechtliche Beschlußverfahren. In diesem Zusammenhang wird nicht nur auf die durch die Rechtsverfolgung erzielten Erfolge, sondern auch auf die Klagenmehrung hingewiesen.

Die Landesbezirke des Deutschen Gewerkschaftsbundes weisen ebenfalls auf ihre Rechtsschutztätigkeit hin. So meldete der DGB Landesbezirk Hessen für 1977 über 5.800 Streitigkeiten vor den hessischen Arbeitsgerichten, 1978 noch etwa 4.100 Verfahren. [300] Im Jahr 1991 erledigte der DGB Hessen im Auftrag der Mitgliedsgewerkschaften 4.340 arbeitsrechtliche Verfahren. [301] Oder: der DGB Landesbezirk Nordmark veröffentlichte in seiner Rechtsschutzbilanz Zahlen für 1979 : über 8.000 Klagen vor den Arbeits- und Sozialgerichten in Hamburg, Niedersachsen und Schleswig-Holstein.

Auch die regionalen Gliederungen melden, daß Rechtsschutz der Gewerkschaften immer häufiger in Anspruch genommen worden sei. [302]

3.5 Einfluß der Gewerkschaften auf das Klagegeschehen

Mit diesen wenigen Zahlenangaben kann nicht annähernd der Anteil des gewerkschaftlichen Rechtsschutzes an dem Gesamtvolumen arbeitsgerichtlicher Klageerhebungen dargestellt werden; bundesstatistische Werte liegen nicht vor. Deshalb soll zusätzlich auf andere Aussagen und Erhebungen zurückgegriffen werden.

---

[296] Koerner, Angestellten-Magazin 1977 Seite 3,4
[297] FAZ, Blick durch die Wirtschaft vom 12.5.1978. Nach den Recherchen des FB Kündigungspraxis a.a.O. II S. 512 mit Tabelle IV/13 betrafen allein die arbeitsrechtlichen Vertretungen 155.980 Fälle.
[298] FAZ, Blick durch die Wirtschaft vom 12.5.1978
[299] Dittmar, a.a.O., S. 118; Der Angestellte , Nr. 318 vom 23.5.1977
[300] HNA vom 6.3.1979
[301] DGB-Pressedienst vom 2.11.1992
[302] So verzeichnete der DGB Kreis Kassel "permanent steigende Zahlen". Im Berichtsjahr 1976 wurden 788 Klagen beim Arbeitsgericht Kassel eingereicht. 1978 waren es 831 Klagen, die sich im Jahre 1979 auf 1.009 erhöhten - dreimal so viel wie 1966 (HNA vom 28.2.1980).

3.5.1 Erkenntnisse über den "Einschaltungsgrad"

Es lassen sich für den Bereich des DGB folgende Anteile der Prozeßvertretung errechnen:

1973 I. Instanz : 14.2 %

II. Instanz : 13.7 %

1975   : 21.5 %

1974-1976   : 21.6 %

Hierbei ist zu berücksichtigen, daß die oben beschriebene Prozeßtätigkeit der DGB - Landesbezirke nur diejenigen Zahlen erfaßt, die nicht von den Einzelgewerkschaften selbst wahrgenommen werden. In vielen Fällen, hauptsächlich bei den großen Einzelgewerkschaften, sind eigene Rechtssekretäre tätig. [303] Die von diesen vertretenen Verfahren sind hinzuzuzählen. Eine Bestätigung finden die bisherigen Ergebnisse und Aussagen durch die von Joachim durchgeführte Erhebung. [304]

Da es keine zusammengefaßten statistischen Ergebnisse gibt, ist man auf weitere, sporadisch durchgeführte empirische Untersuchungen angewiesen.

Eine vom Verfasser für die Jahre 1984-1992 vorgenommene Auswertung von 1.592 Prozeßakten nordhessischer Arbeitgeber- und Wirtschaftsverbände (Bauwirtschaft, Chemie, Kunststoff, Metall, Verkehr u.a.) ergab einen "Einschaltungsgrad" von weit über 50 %, mit Spitzenwerten von 70 %. [305] Die angegebenen Prozentwerte entsprechen etwa dem Organisationsgrad der größten Industriegewerkschaften. [306] Um zu einer allgemein gültigen Aussage für alle Wirtschaftsbranchen zu kommen, ist auf jeden Fall ein Abschlag vorzunehmen. Denn es liegt auf der Hand, daß im Verhältnis zweier Fachorganisation (wie z.B. zwischen IG Metall und AGV Metall) die Prozeßvertretung der Mitglieder wesentlich höher ist, als wenn man dies im Verhältnis der nichtorganisierten Arbeitgeber zu nicht der Gewerkschaft angehörenden Arbeitnehmern bewertet. [307]

---

[303] Im Zuge der Organisationsreform des DGB - dazu etwa: Die Quelle 7-8/92 S.10; Uellenberg-van Dawen, Gewerkschaftsjahrbuch 1993 a.a.O. S. 111 ff, 123 ff; Göbel, FAZ vom 18.6.1993 (es handelt sich um die Modernisierung und Erprobung neuer Arbeitsformen, u.a. aufgrund Mitgliederschwund und Kosteneinsparungsüberlegungen) - entwickelte sich ein Richtungsstreit, ob der Rechtsschutz auch weiter beim DGB bleiben (so die NGG) oder der Übertragung auf die Einzelgewerkschaften (so die IG Chemie) erfolgen soll, vgl. Handelsblatt vom 27.5.1993.
Zwickel, GMH 12/93 S. 726, aus der Sicht der IG Metall zum Rechtsschutz:" Ohne Tabus ...Lösungen finden, ... die eine hohe Leistung des Rechtsschutzes mit einer Begrenzung seiner Kosten und wirtschaftlichen Effizienz verbindet".
Im Ergebnis hat der DGB beschlossen, das Personal um 13 % = 300 Personen ohne Entlassungen abzubauen. Zur Kernaufgabe soll nach wie vor der Rechtsschutz gehören, HB vom 19.1.1994; FAZ vom 20.1.1994
[304] Tabelle 15: Prozeßvertretung 1. Instanz
[305] Tabelle 16: Prozeßvertretung 1984-1992 in Nordhessen
[306] IG Metall, IG Chemie- Papier- Keramik, IG Bau-Steine-Erden, vgl. Gewerkschaftsjahrbuch 1993 a.a.O.
[307] Vermutlich kommt man der Realität am nächsten, den "Einschaltungsgrad" von gewerkschaftlichen Prozeßvertretern mit dem auf Bundesebene bekannten Organisationsgrad von rund 40 % gleichzusetzen.

3.5.1.1 Kündigungsfälle

Nach einer empirischen Untersuchung zur Kündigungspraxis aus dem Jahre 1978 [308] vertraten Gewerkschaftssekretäre die Kläger in der Güteverhandlung in 29,2 % der Fälle, im Kammertermin sogar zu 32,6 %.

Damit entsteht der Eindruck, daß sich der Anteil der gekündigten Arbeitnehmer, die sich gewerkschaftlich vertreten lassen, hinter dem gewerkschaftlichen Organisationsgrad zurückbleibt. Wenn man mangels sonstiger Anhaltspunkte davon ausgehen kann, daß diese nicht allein wegen ihrer Gewerkschaftszugehörigkeit besonders häufig oder selten von Kündigungen betroffen sind, dürfte die Klagebereitschaft von organisierten Arbeitnehmern bei unterstellter gleicher Kündigungshäufigkeit nicht geringer sein als die von nichtorganisierten Arbeitnehmern; denn sie tragen im Unterschied zu den Nichtorganisierten, die keine Rechtsschutzversicherung abgeschlossen haben, kein Prozeßkostenrisiko. [309] Was den Bereich der Kündigungen angeht, gibt darüber die Studie von 1978 Auskunft. [310] Der Frauenanteil ist höher als der Organisationsgrad. Arbeiter und Männer sind deutlich öfter organisiert, als ihrem Anteil an der gerichtlichen Vertretung entspricht. Der Angestelltenanteil, der sich gewerkschaftlich vertreten läßt, entspricht in etwa dem gewerkschaftlichen Organisationsgrad. Insgesamt differieren die Zahlen stark innerhalb der Wirtschaftszweige: In Branchen mit hohem Organisationsgrad (mehr als 50 % bei den Industriegewerkschaften Metall, Chemie-Papier-Keramik, Holz und Kunststoff, Medien) fallen weniger Klagen in Kündigungssachen an als in Wirtschaftszweigen mit niedrigem Organisationsgrad (weniger als 30 % bei den Gewerkschaften Gartenbau, Land- und Forstwirtschaft; Handel, Banken Versicherungen; Nahrung, Genuß und Gaststätten und IG Bau). [311]

Auch die Betriebsgrößenklasse spielt eine wichtige Rolle. In Betrieben mit bis zu 100 Beschäftigten fallen mehr Kündigungklagen an als in den größeren Betrieben. Die im Rahmen der Forschungsarbeit befragten Personen (Arbeitnehmer, Arbeitgeber, Betriebsräte, Richter, Prozeßvertreter) gaben wie folgt Auskunft: In Großunternehmen liege die Kündigungsschwelle höher, was durch die Vorklärung mit dem Betriebsrat zu deuten sei; die Prozeßvorbereitung sei sorgfältiger, die Prozeßvertretung und - führung erfolge sach- und rechtskundiger. In großen Unternehmen sei man eher zum Vergleichsabschluß bereit, ebenso zu Abfindungszahlungen. Größere Unternehmen seien objektiver, sachlicher, distanzierter. Es sei eher eine Rückkehr auf den Arbeitsplatz möglich. Rechtsstreite würden prinzipieller ausgetragen und zielten auf Musterentscheidungen. Dagegen würde in Kleinbetrieben oft aufgrund geringerer arbeitsrechtlicher Kenntnisse unbegründet gekündigt, Rechtsstreite

---

[308] FB Kündigungspraxis a.a.O. I S. 423
[309] ebenso FB Kündigungspraxis a.a.O. II S. 639
[310] Tabelle 17: Gewerkschaftliche Vertretung in Kündigungssachen
[311] FB Kündigungspraxis a.a.O. II S. 644/645

würden emotionsgeladener geführt, eine Rückkehr auf den alten Arbeitsplatz komme so gut wie nie in Betracht. [312]

Da Betriebsgröße, Wirtschaftszweig und Organisationsgrad zusammengreifen, ergibt sich: Der Anteil der Arbeitnehmer, die sich in Kündigungssachen durch Rechtssekretäre vertreten lassen, liegt erkennbar unterhalb des Organisationsgrades, weil in den Wirtschaftszweigen und Betriebsgrößenklassen mit hohem gewerkschaftlichen Organisationsgrad im Verhältnis zur Zahl der Beschäftigten weniger Klagen gegen Kündigungen erhoben werden als in den Wirtschaftszweigen und Betriebsgrößenklassen mit niedrigerem Organisationsgrad. [313]

3.5.1.2 Sonstige Verfahren

Es sprechen keine plausiblen Gesichtspunkte dafür, daß sich das Verhalten der gewerkschaftlich organisierten Arbeitnehmer im Falle von Leistungsklagen, Feststellungs- klagen, Beschlußverfahren und allen übrigen Verfahren anders darstellen sollte als bei Kündigungsfällen.

3.6 Die Entwicklung der letzten Jahre

Zumindest für das Jahr 1978 kann festgestellt werden, daß sich die gewerkschaftliche Rechtsvertretung geringer darstellt als der gewerkschaftliche Organisationsgrad. Es spricht einiges dafür, daß der gerichtliche Einschaltungsgrad zugenommen hat. Immerhin sind dem Deutschen Gewerkschaftsbund insgesamt 7,94 Mio. Mitglieder in 16 Industriegewerkschaften angeschlossen (Stand 31.12.1990, alte Bundesländer).[314] Hinzu kommen mit rund 509.000 Mitgliedern die DAG, mit 799.000 Mitgliedern der Deutsche Beamtenbund. Der Christliche Gewerkschaftsbund hat über 1/4 Mio. Mitglieder. [315] D.h. rund 37 % der Erwerbs- bevölkerung sind Arbeitnehmerorganisationen angeschlossen, die von sich selbst behaupten, daß von Jahr zu Jahr die Zahl der Rechtsschutzfälle zunehme. Diesescheint glaubhaft, weil der steigende Mitgliederbestand (1968: 7.8 Mio - 1975: 8.91 Mio - 1990: 9.55 Mio) - auch bei steigender Zahl der Erwerbspersonen (1970: 26,67 Mio, 1975: 25,81 Mio - 1990: 28,43 Mio) [316] - eher zu einem Anwachsen als zu einem Rückgang der Rechtsschutzfälle geführt

---

[312] FB Kündigungspraxis a.a.O. II S. 625
[313] FB Kündigungspraxis a.a.O. II S. 646
[314] Zahlen 1992: Tabelle 139
[315] Zahlen 1992: Tabelle 139; ab 1991 werden hauptsächlich gesamtdeutsche Zahlen ausgeworfen, deshalb wurde auf neueres Zahlenmaterial des DGB verzichtet (zum Stichtag 31.12.1991 siehe Löhrlein, a.a.O. S. 100 ff); zur Entwicklung der Mitgliederzahlen und des Brutto-Organisationsgrades der vier deutschen Gewerkschaftsverbände vgl. Niedenhoff-Pege a.a.O. S.265
[316] Zahlen 1992: Tabelle 151

haben dürfte, zumal der Organisationsgrad von rund 29 % Anfang 1970 auf rund 37 % Anfang 1990 angewachsen ist. [317]

Es bleibt an dieser Stelle festzuhalten, daß die Gewerkschaften durch die Erteilung von Rechtsschutz nicht unerheblich an der Erhebung von Klagen vor den Arbeitsgerichten beteiligt sind. Der gewerkschaftliche Vertretungsgrad ist mit höheren Mitgliederzahlen in den letzten Jahren gestiegen und entspricht heute etwa dem Organisationsgrad. Gewerkschaften sind somit nicht überdurchschnittlich am Entstehen von Arbeitsrechtsstreiten ursächlich beteiligt.

3.7 Gewerkschaftswerbung mit Rechtsschutz

3.7.1 These

Werbewirksame Darstellungen und Medieninformationen tragen zum Bekanntsheitsgrad der gewerkschaftlichen Dienstleistung bei, weshalb deren Mitglieder zunehmend von dieser Dienstleistung Gebrauch machen. Neben die "Kampforganisation" ist die "Bargaining-organisation" getreten, die Dienstleistungen wie z.B. Versicherungen verschiedenster Art, Bildungsangebote, Bücherverkauf etc. als "Werbemittel" für die Organisation einsetzt. [318] Die folgenden Ausführungen befassen sich hauptsächlich mit der Werbung für Rechts-schutz. [319]

3.7.2 Beispiele

Im Gegensatz zu den Rechtsanwälten, die keine eigene Werbung betreiben dürfen, weisen die Gewerkschaften Jahr für Jahr auf ihre Erfolge in den Prozessen vor den Arbeits- und Sozialgerichten hin. Sogenannte Rechtsschutzbilanzen dienen einerseits zur Mitglieder-werbung, [320] sind andererseits aber sicher auch geeignet, das Vertrauen der Mitglieder in die hervorragende Rechtsschutzarbeit ihrer Gewerkschaft zu stärken und zu gegebener Zeit auch am Erfolg persönlich teilzunehmen. Die Hinweise auf erstrittene Geldbeträge finden sich einerseits in gewerkschaftlichen Publikationen, aber auch in der jedermann zugänglichen Presse.

---

[317] Über Rückgänge und Zuwächse in den einzelnen dem DGB angeschlossenen Gewerkschaften und der übrigen Organisationen berichtet für 1992 der iw-gewerkschaftsreport a.a.O. 1/93 S. 89, 100 mit Tabelle 3
[318] Blankenburg/Reifner a.a.O. S. 215; eines der wirksamsten Mittel, so Koerner Soziale Sicherheit, 1990, S. 155
[319] Die Entwicklung des gewerkschaftlichen Rechtsschutzes von den Arbeitersekretariaten um 1891 bis in unsere Zeit beschreiben Blankenburg/Reifner a.a.O. S. 217 - 219, 224 -233
[320] Der Angestellte Nr. 318 vom 23.5.1977: "Rechtsschutz erhalten nur DAG-Mitglieder! Benutzen Sie diese Rechtsschutzbilanz als Argument gegenüber ihren unorganisierten Kollegen! Eine Beitrittserklärung finden Sie auf der rechten Seite."

Einige Zitate sollen beispielhaft für jährlich sich wiederholende Informationen stehen, um an der Art der Darstellung den Werbeeffekt aufzeigen zu können. [321]

- Ergebnisse der Rechtsschutztätigkeit des DGB 1973: [322]

"Rechtsschutz - das sind 16.000 Mark Gehaltsnachzahlung"

"Rechtsschutz - das ist eine erstrittene Rentenzahlung"

"Rechtsschutz - das ist die weitere Zahlung einer Leistungszulage"

"Rechtsschutz - das sind vier Wochen Gehalt bei Arbeitsunfähigkeit"

"Erledigte Streitsachen: 48.112 - Erstrittene Beträge: 270.349.395,--DM "

- "Allein im Jahr 1991 hat der DGB Hessen...430 arbeits- und 2144 sozialrechtliche Verfahren erledigt und dabei eine Erfolgssumme von DM 23.891.501 bzw. DM 71.668.720 erstritten. Diese Zahlen belegen die erhebliche Bedeutung der Rechtsschutzarbeit auch für die Mitgliedsgewerkschaften. Ein gewonnener Prozeß und eine gute Rechtsvertretung sind die beste Werbung....Die Effizienz und damit auch die Werbewirksamkeit ließen sich darüber hinaus durch einen Ausbau des Rechtsschutzes steigern,...". [323]

- "Ergebnisse des arbeitsrechtlichen Rechtsschutzes 1992: Gesamterfolg DM 56.709.715,--

An Rechtsauskünften wurden erteilt: 213.442

An Rechtsvertretungen (ausgenommen Beschlußverfahren) wurden übernommen: 11.700

Zahl der Beschlußverfahren: 252

Die 1992 erhobenen Klagen betrugen: 6.138

Wahrgenommene Termine: 10.287". [324]

- "ÖTV erstritt 270 Millionen DM"

"...im vergangenen Jahr "die Rekordsumme" von 270 Millionen DM erstritten...

1992 sind rund 38.000 Prozesse rechtskräftig abgeschlossen worden, knapp 50 % mehr als im Vorjahr.

20.000 ...mit Erfolg, Teilerfolg oder Vergleich

Die meisten Prozesse sind im Arbeitsrecht (33.000) und Sozialrecht (4.000) geführt worden." [325]

---

[321] Weitere Beispiele aus Landesbezirken und regionalen Verwaltungsstellen finden sich im Anhang Abschnitt 3 ("Gewerkschaftlicher Rechtsschutz erfolgreich").

[322] (Info-Blatt des DGB zum Thema Rechtsschutz).

[323] DGB Pressedienst Hessen Nr.58/92 vom 2.11.1992

[324] BV-Info, DAG Hamburg nr.2/1993 vom 23.3.1993

[325] das ötv - magazin 9/1993, S. 21

Die eingangs aufgestellt These, durch die Erfolgsbilanzen könnten Mitglieder animiert werden, Rechtsansprüche im Klagewege durchzusetzen, erscheint angesichts der zitierten Veröffentlichungen nicht abwegig. Die Berichte gehen über die reine Information eines Jahresgeschäftsberichtes hinaus, wenn Mehr-Jahreszeiträume die Erfolgssummen beschreiben. Welchem Arbeitnehmer wäre es übel zu nehmen, wenn er sich nicht von den jährlichen Meldungen beeindrucken und anregen ließe, auch unter den "Erfolgreichen" zu sein. [326] Die Annahme ist nicht abwegig, sich seiner Organisation zu bedienen und für die Zahlung des monatlichen Beitrages gelegentlich Rechtsschutz in Anspruch zu nehmen. Bei minimalem Gerichtskostenrisiko, fachlich gut beraten, unter verbandspolitischen Gesichtspunkten "richtig" vertreten und mit ausreichenden Erfolgsaussichten, sind dies eindeutige Pluspunkte, die die Scheu, den Gerichtsweg zu beschreiten, verringern.

4. Rechtsschutz durch Rechtsanwälte

4.1 Rechtsanwalt als Organ der Rechtspflege

Die Entwicklung des Geschäftsanfalls darf nicht ohne einen Blick auf den Berufsstand der Rechtsanwälte geschehen, die bei der Durchsetzung des Rechts als unabhängiges Organ der Rechtspflege (§ 1 BRAO) eine wichtige Funktion ausüben. [327] Mitte der 60er Jahre konnte man sich für die Zusammensetzung des juristischen Berufsstandes als groben Anhaltspunkt eine Dreiteilung merken: 1/3 der Juristen waren als Richter und Staatsanwälte, 1/3 als Rechtsanwälte (ohne Anwaltsnotare und Notare), ein weiteres Drittel als Angestellte im Staatsdienst und in Wirtschaftsunternehmen und sonstigen Bereichen tätig. In den Folgejahren trat eine Verschiebung dieser Richtwerte ein, auf deren Gründe Blankenburg [328] teilweise eingeht. [329]

---

[326] Schließlich zahlt man als Mitglied einen Gewerkschaftsbeitrag (bei der IG Metall 1 % des Monatseinkommens, das machte 1980 im Schnitt pro Arbeitnehmer 17,58 DM, also bei einer Gesamtmitgliederzahl von 2,7 Mio nicht weniger als 566 Mio DM, Metall Pressedienst vom 22.9.1980).

[327] Einen Überblick über die historische Entwicklung gibt Blankenburg AnwBl 1987, S.204 ff: Mitte des letzten Jahrhunderts waren in Preußen rund 4.300 Stellen im Staatsdienst mit juristischer Vorbildung. 1878 erfolgte die Freigabe der Advokatur durch die Rechtsanwaltsordnung. Mit dem Ansturm auf die Hochschulen erfolgte auch die "Juristenschwemme" in den 60er Jahren. Die Zugangskontrolle des Juristennachwuchses wurde nur durch zwei Staatexamen und später im Beruf durch die wettbewerbsbeschränkenden Standesrichtlinien festgelegt.

[328] DRiZ 1979 S. 197, 200

[329] Für 1980 werden folgende Richtgrößen in den verschiedenen Tätigkeitsfeldern genannt: Staat 52 %, Rechtsberatung 38 %, Wirtschaft 10 % (Hommerich/Werle ZfRSoz 1981, S. 1, 3, 4). Zur Zahl der Juristen in der Bundesrepublik und zu den Schwierigkeiten, diese Zahlen zuverlässig einzugrenzen und den verschiedenen Berufsfeldern (insbesondere auch der Wirtschaft) zuzuordnen nimmt Kreizberg (a.a.O. S. 112 ff, 132 ff) Stellung.

4.2 Die Zahl der zugelassenen Rechtsanwälte

Wichtig sind im vorliegenden Zusammenhang die quantitativen Aspekte. Die Zahl der zugelassenen Rechtsanwälte hat sich bis 1993 verfielfacht (von 1950: mal 5; von 1970: mal 2,9). [330] Der Zahl der Studienanfänger für das Fach Jura (1959: 3.900 - 1990: 15.900) folgte die Zahl der Rechtsanwälte. Olson [331] macht darauf aufmerksam, daß es auch auf die Begrenzungen für den Berufseintritt ankomme. In Gesetzessystemen, die geringe Hindernisse für die Eröffnung von Prozessen hätten, könnten zusätzliche Rechtsanwälte die Nachfrage nach ihren Kollegen vergrößern, indem sie die Wahrscheinlichkeit von Rechtsstreitigkeiten erhöhten. [332]

Dem Expansionsdruck folgte die Differenzierung und Spezialisierung der Rechtsanwaltschaft. [333]

In diesem Zusammenhang darf und muß auf die Institution der Rechtsschutzversicherung hingewiesen werden. Über die Anzahl der Rechtsschutzversicherer und deren Geschäftsausweitung wird an anderer Stelle [334] berichtet. Hier machen sich Anzeichen einer erstaunlichen Parallelität bemerkbar. Auch das Geschäft der Rechtsschutzversicherer hat sich in dem von uns in erster Linie untersuchten Zeitraum vervierfacht. [335]

Es ist offen, ob das Anwachsen der Zulassungen die Gründung neuer Rechtsschutzversicherungen geradezu herausgefordert hat, oder ob die Betätigung der Rechtsschutzversicherungen den geprüften Juristen die Überlegung ihrer Berufswahl entscheidend erleichtert hat. [336] Einerseits ist es augenfällig, daß das System der Rechtsschutzversicherung ohne die Rechtsanwaltschaft nicht diesen Aufschwung erlebt hätte; andererseits steht aber auch fest, daß eine Rechtsschutzversicherung in gewisser Weise die Funktion einer "Verweisinstitution" [337] erfüllt, auf die die Anwaltschaft generell angewiesen ist. [338] Rechtsanwälte sind weit überwiegend mehr beratend als "klagend" tätig; [339] 70 % der

---

[330] Tabelle 18: Rechtsanwälte 1959-1993; zur Anwaltsdichte: Tabelle 18 a: Sozialversicherungspflichtig Beschäftigte pro RA 1974-1992, vgl. auch BRAK 3/1993 S. 160

[331] a.a.O. S. 88

[332] Ähnlich äußerte sich der baden-württembergische Justizminister Thomas Schäuble auf dem 14. Triberger Symposion "Ist unser Rechtsstaat noch bezahlbar?", daß mit der Zahl der praktizierenden Anwälte auch die Zahl der Gerichtsverfahren steige, FAZ vom 18.12.1993.

[333] Hommerich/Werle ZfRSoz 1981, S. 1, 2 f, 4 ff, 13 ff

[334] s.S. 76 ff, 78

[335] insbesondere die arbeitsrechtlichen Schäden im Zeitraum von 1970-1991, vgl. Tabelle 19: Rechtsschutzversicherungen

[336] Es spricht einiges dafür, daß die Juraabsolventen wegen der begrenzten Aufnahmemöglichkeit von öffentlichem Dienst und der Wirtschaft gezwungen waren, auf die freiberufliche Perspektive auszuweichen.

[337] Blankenburg/Fiedler a.a.O. S. 115 f

[338] Anwälte unterliegen aus standesrechtlichen Gründen einem Werbeverbot und können insoweit in dieser indirekten Werbung für ihre Dienstleistungen eine erfolgreiche Zuführung von Mandanten sehen.

[339] so schon FB Kündigungspraxis a.a.O. II S. 503

Fälle werden außergerichtlich erledigt. [340] Falls es zum Prozeß kommt, werden die Kündigungsverfahren von Anwälten im Vergleich zu anderen Prozeßvertretern am meisten durch Vergleich (49, 3 %) oder durch streitiges Urteil (57,5 %) beendet. [341] Eine geringe Wahrscheinlichkeit für außergerichtliche Konfliktregelung ist nur dann vorhanden, wenn sich beide Parteien durch Rechtsanwälte vertreten lassen: in diesem Fall gehen 73 % aller Streitigkeiten vor Gericht. [342]

Im Hinblick auf die ansonsten hohe außergerichtliche Streitbeilegung von 70 % weisen die Versicherer aber einen Mißbrauch durch Anwälte und ihre Mandanten - offenbar zu Recht - grundsätzlich von sich. [343]

4.3 Beteiligung am arbeitsgerichtlichen Verfahren

4 3 1 Prozeßvertretung

In welchem Umfang Rechtsanwälte an der Vertretung der Parteien vor Gericht im Verhältnis zu Verbandsvertretern oder den Parteien selbst beteiligt sind, wird statistisch nicht erfaßt. Es gibt hierüber nur vereinzelt Aussagen. So wird z. B. von Joachim [344] auf Grund einer empirischen Untersuchung darauf hingewiesen, daß 44 % der Klagen zu Protokoll der Geschäftsstelle, 17,5 % durch einen Rechtsanwalt, 16,8 % durch einen Verband und 21,7 % durch den Kläger schriftlich erhoben wurden.

Die gefundenen Ergebnisse sind isoliert betrachtet ohne besonderen Wert, zumal der Anteil der durch Rechtsanwälte eingeleiteten Verfahren unter einem Fünftel aller Klagen lag.

Aussagekraft erhält die Untersuchung allerdings durch eine weitere Sondererhebung zur Frage, in welchem Maße sich die Arbeitnehmer- wie auch die Arbeitgeberseite in dem durch streitiges Urteil beendeten Verfahren vertreten ließ. [345] Aus der Aufstellung wird deutlich, daß sich in der Zeit von 1954 bis 1971 die Einschaltung der Anwälte in die Arbeitnehmervertretung um

---

[340] Grundlage dieser Aussagen sind die in der Studie der Anwaltsforschung (herausgegeben vom BMJ und der BRAK) von Wasilewski a.a.O. S. 92 im Jahre 1985 erhobenen Zahlen; so auch schon früher Blankenburg ZfgVersW 1978, S. 25, 30 unter Hinweis auf die von ihm gewonnen empirischen Fakten aus früheren Untersuchungen; dazu auch S.74.
[341] FB Kündigungspraxis a.a.O. II S. 631 mit Tabelle IV/59. Insoweit arbeiten Rechtsanwälte "hartnäckiger" als Gewerkschaftssekretäre (FB Kündigungspraxis a.a.O. II S. 529 mit Fuß. 1).
[342] Strempel ZRP 1989, S. 133, 135 unter Hinweis auf den unveröffentlicher Abschlußbericht von Wasilewski-Keil, Rolle und Funktion der Rechtsanwälte bei der außergerichtlichen Streitbeilegung zivilrechtlicher Streitigkeiten, 1988
[343] Thyben, Leiter der Schadensabteilung der Gerling Rechtsschutzversicherung auf dem 47. Deutschen Anwaltstag 1993, vgl. FAZ vom 24.5.1993. Als unseriös muß dagegen der Hinweis des Kölner Rechtsanwalts van Bühren bei gleicher Gelegenheit bezeichnet werden, wenn er jeglichen Zusammenhang zwischen der Zahl der Rechtsanwälte, des Geschäftserfolges der Versicherungen und der Zahl der Prozeßeingänge damit leugnen will, daß sich die Zahl der Prozeßeingänge hätte vervierfachen müssen, was nicht der Fall war.
[344] DB 1972, S. 1067,1071
[345] Tabelle 15: Prozeßvertretung I.Instanz

54 % und in die Arbeitgebervertretung um 82 % erhöht hat. Die 1978 durchgeführte, durch das Bundesarbeitsministerium veranlaßte Untersuchung des Max-Planck-Instituts bestätigt die Richtung: gekündigte Arbeitnehmer waren bei Einreichung der Klage zu 36,2 %, in der Güteverhandlung zu 41,9 (45,5 %), in der Kammerverhandlung sogar zu 52 % (54,4 %) der Fälle durch einen Anwalt vertreten. [346] Aus der Antwort der Bundesregierung auf die Große Anfrage der SPD zur Geschäftsbelastung der Arbeitsgerichtsbarkeit [347] geht hervor, daß 42,8 % der Parteien im erstinstanzlichen Verfahren nicht anwaltlich vertreten waren. [348]

4.3.2 Materielle Interessen

Nach § 11 Abs. I ArbGG 1953 gab es eine Zulassungsbeschränkung für Rechtsanwälte, und zwar die Bindung an die Streitwertgrenze von 300 DM. [349] Diese Zulassungsgrenze wurde durch die arbeitsgerichtliche Beschleunigungsnovelle von 1979 [350] ersatzlos gestrichen. Die wachsende Beteiligung der Anwälte im arbeitsgerichtlichen Verfahren ist auch verständlich, wenn man als weiteres Indiz einen nicht gern in den Vordergrund geschobenen Aspekt heranzieht, nämlich die Frage, ob sich die Übernahme einer Prozeßvertretung für den Rechtsanwalt "lohnt". Im Jahre 1971 soll nach einer Repräsentativerhebung [351] der festgestellte Durchschnittsstreitwert bei 3.615,80 DM gelegen haben, während er noch 6 Jahre vorher 2.400,-- DM betrug. Wenn man einem Rechtsanwalt zubilligt, nicht nur zu Selbstkosten oder "unter Preis" zu arbeiten, erscheint die Überlegung, wie sie von Joachim ab 1971 angestellt wurde, nicht abwegig, daß die Streitwertgrenze von 3.000,-- DM als Schwelle galt, ob die Übernahme eines Mandats als Zuschußobjekt oder mit Ertragsaussicht gelten konnte. Schon damals wurde nicht unbegründet auf diesen Gesichtspunkt hingewiesen, und möglicherweise liegt hierin auch der Grund, daß Rechtsanwälte weniger als Verbandsvertreter und "Naturparteien" geneigt sind, einen Rechtsstreit durch Vergleich oder Klagerücknahme zu beenden, vielmehr die Beweismittel tiefer ausschöpfen und auch häufiger von Rechtsmitteln Gebrauch machen. [352] Diese Verhaltensweise dürfte sich in den Jahren ab 1971 angesichts einer erstaunlich anwachsenden Streitwertsumme verstärkt haben, die im Jahr 1992 knapp 9.500,-- DM betrug. [353] Als grobe

---

[346] FB Kündigungspraxis a.a.O. II S. 627; Zahlen in Klammern: I S. 423

[347] a.a.O. S. 82

[348] Dem widerspricht auch nicht die in Nordhessen durchgeführte Erhebung (Tabelle 16: Prozeßvertretung Nordhessen 1984 - 1992) wegen der bereits beschriebenen Besonderheit (intensivere Einschaltung der Gewerkschaften im Verhältnis von beiderseits organisierten Arbeitsvertragsparteien).

[349] oder besondere Zulassung, wenn dies für die Wahrung der Rechte der Parteien notwendig erschien

[350] s. FN 4

[351] Joachim, DB 1972, 1067, 1071, Fußnote 32

[352] vgl. hierzu allgemein Blankenburg/Fiedler a.a.O. S. 109 ff

[353] Tabelle 20: Bruttoeinkommen aus unselbständiger Arbeit 1950 - 1992. Das Bruttoeinkommen aus unselbständiger Arbeit je Beschäftigten und Monat betrug im Jahre 1950 243,-- DM, 1970 lag es bei 1.153,-- DM, 2.474,-- DM im Jahre 1980 und 1990 bei 3.500,-- DM. 1992 schließlich verzeichnet das Statistische

Meßzahl kann man annehmen, daß das Dreifache eines Monatseinkommens, [354] versehen mit einem rund 20 % - igen Abschlag [355] den durchschnittlichen Wert des Streitgegenstandes in Arbeitsgerichtsverfahren ziemlich genau ermittelt, ohne auf empirische Untersuchungen angewiesen zu sein. In diesem Zusammenhang darf auch auf die gelegentlichen Änderungen der Gebührenordnung hingewiesen werden, [356] die die Übernahme von arbeitsrechtlichen Mandaten attraktiver werden ließen. Die Führung eines Kündigungsrechtsstreites ergab im Jahr 1970 einen Umsatz von 450,-- DM und in 1992 einen solchen in Höhe von 1.803,-- DM. [357]

4.3.3 Fachanwaltschaft

Ob die Gestattung von Fachanwaltschaften [358]- hier: Fachanwalt für Arbeitsrecht - zu einer zahlenmäßig neutralen "Umschichtung" der Mandate zu diesen Spezialisten geführt hat oder ob dadurch gegebenenfalls ein Zuwachs [359] zu verzeichnen ist, kann nicht nachgewiesen werden. Für eine vermehrte Klagefreudigkeit gibt es keinerlei Anhaltspunkte. Im Gegenteil: die Erfahrung lehrt, daß der Fachkundige die Chancen eines u.U. kostenträchtigen Verfahrens realistisch einschätzt und den Mandanten entsprechend berät, zumal nicht nur über das Prozeß-, sondern auch über das Kostenrisiko aufzuklären ist. Der Forschungsbericht zur Kündigungspraxis teilt für 1978 im Mittel aller befragten Rechtsanwälte eine Verteilung von 70 Rechtsberatungen und 40 Prozeßvertretungen in Kündigungsangelegenheiten mit und die Feststellung, daß dieselben Anwälte in der Mehrzahl bei der Beratung bzw. Vertretung zwischen Arbeitnehmer- und Arbeitgeberseite wechseln. [360]

Nach allem kann man wohl sagen, daß die vermehrte Zulassung von Rechtsanwälten (mindestens in Verbindung mit der Institution Rechtsschutzversicherung) [361] auch dazu geführt hat, den Zugang zum Recht zu erleichtern und auf den Geschäftsanfall der Gerichte Einfluß zu nehmen.

Bundesamt einen Wert von 3.910,-- DM.
[354] Das geschieht in Anlehnung an § 12 Abs. 7 ArbGG, wonach für die Wertberechnung bei Rechtsstreitigkeiten über das Bestehen oder Nichtbestehen oder die Kündigung eines Arbeitsverhältnisses höchstens der Betrag des für die Dauer eines Vierteljahres zu leistenden Arbeitsentgelts maßgebend ist.
[355] Nicht alle Verfahren sind Kündigungsschutzprozesse.
[356] Riedel-Sußbauer a.a.O. Vor § 1 Rdz. 8, 9
[357] Wert des Streitgegenstandes bei einem Kündigungsrechtsstreit 1970: 3.459,- /1992: 11.730,-
3 volle Gebühren (Prozeß-, Verhandlungs- Vergleichsgebühr); nicht preisbereinigt
[358] Gesetz über Fachanwaltsbezeichnungen vom 27.2.1992, BGBl. I S.369
[359] vgl. zur Entwicklung der Zahlen der Fachanwälte für Arbeitsrecht die Tabelle 18: Rechtsanwälte 1950 - 1993
[360] FB Kündigungspraxis a.a.O. II S. 503
[361] Graphik 4: Anzahl der Rechtsanwälte und Rechtsschutzversicherungen 1958 - 1991

5. Rechtsschutz durch Versicherungen [362]

5.1 These

Eine häufig vertretene Auffassung bringt den steigenden Geschäftsanfall der Gerichte mit dem Ausmaß der Tätigkeit und der Wirkung von Rechtsschutzversicherungen in Verbindung. [363] In diesem Zusammenhang wird weiter die Vermutung geäußert, daß auf Grund des verringerten Kostenrisikos [364] unnötige Prozesse angestrengt würden und dadurch eine deutlich überhöhte Inanspruchnahme der Gerichte stattfände.

5.2 Zur Entwicklung des Rechtsschutzes durch Versicherungen

Seit mehr als 50 Jahren gibt es in Deutschland die Möglichkeit, Rechtsschutzversicherungen in Anspruch zu nehmen: 1928 nahm die DAS ihren Geschäftsbetrieb auf, 1935 kam die ARAG als zweite Gesellschaft dieser Art hinzu. [365] Insbesondere mit zunehmender Automobilisierung nach dem Krieg gewann dieser Versicherungszweig an Bedeutung. [366] Nach einer Auskunft des Verbandes der Haftpflichtversicherer, Unfallversicherer, Autoversicherer und Rechts-schutzversicherer e.V., Hamburg (HUK-Verband), gehörten ihm 1960 erst 6 Rechtsschutzversicherer, 1970 bereits 16 Unternehmen und 1980 dann 26 und 1990 33 Versicherungen dieser Art an. [367] Nach dem Statistischen Jahrbuch für die Bundesrepublik Deutschland, das als Quelle das Bundesaufsichtsamt für das Versicherungswesen angibt, berichteten 1957 für Angaben in dieser Versicherungssparte 5 Versicherungsunternehmen, 1970 waren es 22 und 1977 insgesamt 42 Versicherungen. [368] [369] Hieran wird deutlich, daß

---

[362] Die erste größere Untersuchung von Blankenburg/Fiedler a.a.O. liegt schon 13 Jahre zurück. Wegen ihrer methodischen Grenzen und der weiteren Entwicklung insgesamt vergab das BMJ im Rahmen der Strukturanalyse der Justiz einen Forschungsauftrag "Die Bedeutung der Rechtsschutzversicherung für die Inanspruchnahme der Rechtspflege" an Jagodzinski/Raiser/Riehl, ZfRSoz 1991, S. 287; Bericht in BRAK-Mitt. 1994, S. 6 ff

[363] Blankenburg/Schönholz a.a.O. S. 86 : die Barriere der Anwaltskosten entfällt durch Einschaltung der Versicherung. s.a. Bayrisches Staatsministerium für Arbeit, Familie und Sozialordnung, Presseerklärung vom 23.2.1993

[364] Stamm, Bayernkurier vom 5.9.1992

[365] Test 1978 Seite 840 ff. 841

[366] 42 % der Privathaushalte sind rechtsschutzversichert, 60 % der Autofahrer sind rechtsschutzversichert, etwa die Hälfte der Kläger in zivilgerichtlichen Prozessen in Verkehrssachen sind rechtsschutzversichert, Blankenburg/Fiedler a.a.O.

[367] GdV Nr. 14, a.a.O., S. 36

[368] Tabelle 19: Rechtsschutzversicherungen
Der Widerspruch zu den Zahlen des HUK-Verbandes ist nur scheinbar: Im HUK-Verband sind - bis auf die ADAC-Rechtsschutzversicherung AG - alle deutschen Rechtsschutzversicherer Mitglied. Bei den erwähnten 26 Versicherungen handelt es sich um die sog. Spezial-Rechtsschutzversicherer, die wegen des Grundsatzes der Spartentrennung ausschließlich die Rechtsschutzversicherung nach den ARB betreiben. Daneben gibt es eine Reihe von Kompositversicherern, die noch die sog. K-Straf-Rechtsschutzvericherung betreiben; diese Versicherungsform, die 1979 nur noch eine Brutto-Beitragseinnahme von 3,4 Mio DM aufwies, ist im

sich das Geschäft Rechtsschutz in den Nachkriegsjahren sich zu einem wichtigen, das Recht und das Gerichtswesen im weitesten Sinne beeinflussenden Faktor entwickelt hat.

5.3 Die einzelnen Sparten

Grundlage für die von den Rechtsschutzversicherungen angebotenen Sparten sind die vom Bundesaufsichtsamt für das Versicherungswesen genehmigten "Allgemeinen Bedingungen für die Rechtsschutzversicherung" (ARB) von 1969 mit späteren Änderungen. Rechtsschutz ist eine Kostenversicherung, die für die Versicherten Vorschüsse und Kosten für den im Auftrag des Versicherten tätigen Rechtsanwalt vor Gerichten der Bundesrepublik übernimmt, ebenso die Kosten für Gerichte und Gerichtsvollzieher einschließlich der Zeugen- und Sachverständigengebühren, die der Gegenseite zu erstatten sind. [370]

Das Angebot, Rechtsschutz zu gewähren, bezieht sich gemäß ARB auf verschiedene Lebensbereiche des Versicherungsnehmers und hat damit einen entsprechend festgelegten Leistungsumfang. [371]

5.4 Der Arbeits-Rechtsschutz

Der Untertitel **Arbeits-RS** wiederum umfaßt die Wahrnehmung rechtlicher Interessen aus Arbeitsverhältnissen sowie öffentlich-rechtlichen Anstellungsverhältnissen hinsichtlich dienst- und versorgungsrechtlicher Ansprüche. [372]

Auslaufen begriffen.
[369] Der Zulauf von Versicherungsnehmern zu den Rechtsschutzversicherungen wird auch deutlich an den in der Statistik aufgeführten Beitragseinnahmen, die von 32,3 Mio. DM in 1957 bis auf 880 Mio. DM in 1975 und 3.281 Mio DM in 1992 wuchsen. Schließlich zeigen auch die Leistungen für Versicherungsfälle in diesem Geschäftszweig die Bewegung im Laufe der Jahre an: während noch 1957 rund 13 Mio. DM Aufwendungen für Versicherungsfälle erbracht wurden, waren es 1975 521 Mio DM und 1991 schließlich 2.408 Mio DM (jeweils für das Geschäftsjahr ohne Aufwendungen aus der Abwicklung des Vorjahres).
[370] im einzelnen siehe ARB
[371] Die in den §§ 21-29 ARB festgelegten Angebotsformen werden nicht isoliert angeboten, sondern in "Paketform" verkauft (test 1/90, S. 14 ff). So gibt es z. B. den Verkehrsrechtsschutz, den Fahrzeugrechtsschutz oder den Fahrerrechtsschutz. Der Familienrechtsschutz beispielsweise umfaßt Schadenersatz-RS , Straf-RS, **Arbeits-RS**, Sozialgerichts-RS, Beratungs-RS, Allgemeinen Vertrags-RS , Finanzgerichts-RS , Versicherungsvertrags-RS und Rechtsschutz für Grundstückseigentum und Miete.
[372] Er kommt vor in
- § 24 ARB: Rechtsschutz für Gewerbetreibende und freiberuflich Tätige,
- § 25 ARB: Familienrechtsschutz
- § 26 ARB: Familien- und Verkehrsrechtsschutz für Lohn- und Gehaltsempfänger
- § 27 ARB: Landwirtschafts- und Verkehrsrechtsschutz
- § 28 ARB: Rechtsschutz für Vereine.

5.4.1 Der Arbeits-RS in den verschiedenen Risikogruppen

Der Versicherungsnehmer kann gegen einen Jahresbeitrag je nach Wunsch und Angebot der Versicherer unter den verschiedenen "Rechtsschutzpaketen" wählen. [373] Der unterschiedliche Leistungsumfang und die demgemäß vorzunehmende Aufteilung der Versicherungsnehmer auf die einzelnen Rechtsschutzsparten geben den Ansatz einer Differenzierung für die Untersuchung, welchen Einfluß die jeweilige Versicherungsart auf den Geschäftsanfall der Gerichte haben kann. [374]

5.4.2 Verträge und Schäden

Um das Gebiet des Arbeitsrechtsschutzes näher zu beleuchten, soll vorab auf die Gesamtzahl der Verträge eingegangen werden. Nach Auskünften des HUK-Verbandes stieg die Zahl der Verträge von 1962 mit 2.02 Mio auf 1991 mit 16.21 Mio.

Rechtsschutzversicherungsverträge, in denen auch Arbeits-RS nach den §§ 24 bis 28 ARB enthalten ist, machten 1990 ungefähr 46 % (1980: 43 %) aller Rechtsschutzverträge aus. [375] Neben der Zahl der bestehenden Verträge ist für die vorliegende Untersuchung die Zahl der Schadensfälle wichtig. [376] Es gab nach 0.28 Mio Schäden in 1962 und kontinuierlichem Anstieg in 1990: 2.99 Mio Schadensfälle. [377]

Von den Schäden des Jahres 1978 entfielen ca. 125.000 auf den Arbeits-RS (und ca. 25.000 auf den Sozialgerichts-RS). [378] Da die Schadenstatistik nicht zwischen der (heute kaum noch vom Versicherungsschutz erfaßten) Beratung und außergerichtlichen Interessenwahrnehmung einerseits und der Vertretung vor den Arbeitsgerichten andererseits unterscheidet, muß zur Vertiefung der anstehenden Problematik auf anderes Material zurückgegriffen werden. Blankenburg und Fiedler sind in dem Forschungsprojekt über "Die Rechtsschutzversicherungen und der steigende Geschäftsanfall der Gerichte" [379] auch auf Fragen eingegangen, die für die

---

[373] zu den Bausteinen und Kosten nach dem Stand von Anfang 1990 33 verschiedene Versicherungen vergleichend: test 1/90 S. 14, 18 und 19; früher test 1978 S. 840 ff, 844 und 845

[374] Nach der Zeitschrift "test" ist inzwischen der sogenannte Verkehrs-RS der wichtigste Bereich im Rechtsschutzgeschäft : rund 75 % aller Verträge haben die Leistungen nach § 21 ARB zum Inhalt.

[375] Tabelle 21: Rechtsschutzversicherungen, Verteilung der Jahreseinheiten auf die Risikogruppen

[376] Tabelle 19: Rechtsschutzversicherungen

[377] Die Schadenssumme lag bei rund 2 Milliarden DM, wovon etwa 20 % in die Gerichtskassen, 75 % an die Anwaltschaft, der Rest an andere Kostengläubiger fließen, Jagodzinski/Raiser/Riehl ZfRSoz 1991, S. 287, 289; im internationalen Vergleich liegen die Aufwendungen je Bewohner in der Bundesrepublik weit an der Spitze, a.a.O. S. 287/Tabelle 1

[378] Auskunft des HUK-Verbandes vom 23.4.1980

[379] Internationales Institut für Management und Verwaltung, Wissenschaftszentrum Berlin, 1978 und 1979, eine empirische Untersuchung; veröffentlicht in Reform der Justizreform, Bd. 8 ; nach Adams DRiZ 1983, S.353, 360 - gestützt auf seine ökonomischen Analysen des Zivilprozesse - ist nirgendwo ein konsistenter Nachweis geführt, daß die Kostendeckung, die Rechtsschutzversicherungen bieten, nicht zu vermehrten

vorliegende Analyse verwertbar sind. Die erste Auswertung von 3006 Akten von vier Rechtsschutzversicherungen in Berlin bestätigen den hohen Prozentsatz (70) der Schadensfälle, die auf Verkehrsunfällen und sonstigen mit dem Autobesitz zusammenhängenden Rechtskonflikten beruhen. Bei der Auswertung der Akten kommen die Verfasser im Rahmen der Aufschlüsselung nach verschiedenen Rechtsgebieten des weiteren zum Ergebnis, daß das Gebiet des Arbeitsrechts mit 7,6 % vertreten ist. [380] Eine andere in 1979 durchgeführte Befragung zur "Mobilisierung von Recht", die rechtliche und außerrechtliche Lösungsversuche bei Problemen mit Behörden, als Verbraucher, als Mieter und als Arbeitnehmer erkundet hat, erbrachte, daß nur 7 % der Arbeitnehmer einen Gerichtsprozeß geführt hatten. [381] Dieses mikroempirische Ergebnis bestätigt in der Tendenz die Auskunft des HUK-Verbandes, wonach im Jahre 1978 rund 6 % aller Schäden auf den Arbeitsrechtsschutz entfielen. 1977 waren es ebenfalls 6 % (113.986 Arbeitsrechtsfälle von 1.894.027 Rechtsschutzfällen insgesamt). [382]

5.4.3 Streitminderung durch Vorprüfung

Vor weiterer Analyse und Bewertung soll an dieser Stelle die Frage behandelt werden, ob den Rechtsschutzversicherungen nicht auch in der Vorprüfung des Deckungsschutzes eine streitmindernde Funktion zukommt. In den von Blankenburg/Fiedler untersuchten Schadensfällen hatte die Versicherung in 20% keine entsprechende Kostendeckungszusage abgegeben. Dieser auf den ersten Blick hoch erscheinende Teil wird aber sehr schnell dadurch relativiert, daß weit überwiegend die Voraussetzungen gemäß Vertrag bzw. ARB nicht vorlagen; nur in 2 % mangelte es an der erforderlichen Erfolgsaussicht (sowie 2 % sonstiges), so daß dieser Gedanke im folgenden gänzlich vernachlässigt werden kann, zumal die 2 % Ablehnungsfälle fast ausschließlich die rechtsanhängigen zivilrechtlichen Fälle im Zusammenhang mit der Einlegung von Rechtsmitteln betrafen. [383]

5.4.4 Gerichtliche Inanspruchnahme

Wichtig ist die von Blankenburg/Fiedler erfolgte Differenzierung nach Art der Tätigkeit des Rechtsanwalts, die sich entweder im Bereich der Beratung und vorgerichtlichen Tätigkeit abspielt oder die Gerichte in Anspruch nimmt. Während z. B. rund 70 % aller zivilrechtlichen Schadensfälle außergerichtlich erledigt werden, [384] werden im Bereich der Strafprozesse in

---

Prozessen führt.
[380] Blankenburg/Fiedler a.a.O. S. 31, 92
[381] Blankenburg ZfRSoz 1980, S.33; 45 mit Tabelle 2
[382] FB Kündigungspraxis a.a.O. II S. 507
[383] Blankenburg/Fiedler a.a.O. S. 54-58
[384] so bestätigt auf dem 47. Deutschen Anwaltstag 1993, vgl. FAZ vom 24.5.1993

fast gleicher Höhe (68%) Gerichtsverhandlungen abgewickelt. [385] Zwischen diesen beiden Extremen liegen nach den Feststellungen der Studie [386] die arbeitsrechtlichen Fälle: in 60 % der arbeitsrechtlichen Schadensfallakten fand ein Arbeitsgerichtsprozeß statt. Im übrigen wurde lediglich eine Beratung bzw. eine vorgerichtliche Tätigkeit durchgeführt. Der im Vergleich zum Zivilrecht (30%) hohe Anteil gerichtlicher Verfahren ist darauf zurückzuführen, daß der anwaltliche Rechtsschutz zumeist erst nach Beendigung des Arbeitsverhältnisses beginnt, und die vorgerichtliche Beratung und entsprechende Befriedungsversuche durch die Betriebsräte und Gewerkschaftssekretäre durchgeführt wird. Im Zivilrecht dagegen wird der anwaltliche Rechtsschutz häufig für die außergerichtliche Abwicklung von Schadensersatzansprüchen mit Haftpflichtversicherern genutzt.

5.4.5 "Verursachung" durch RSV

Es bietet sich nunmehr die Möglichkeit, aufgrund vorhandener Datenlage eine Berechnung vorzunehmen, um den Anteil der durch Rechtsschutzversicherungen "verursachten" arbeitsgerichtlichen Schadensfälle im Zeitverlauf zu ermitteln. [387] Die Datenauswahl hängt vom vorhandenen Material und der Vergleichbarkeit der Zahlen ab. Es wurden alle arbeitsgerichtlichen Neuzugänge der jeweiligen Jahre aller Instanzen addiert. Die arbeitsrechtlichen Schäden der Versicherer wurden konstant mit 6% angenommen, der Anteil gerichtlicher Abwicklung in Anlehnung an Blankenburg/Fiedler mit 60 %. [388]
Insgesamt ist eine Zunahme von erheblichem Ausmaß, nämlich von 6 % auf 26%, festzustellen. [389] Es zeigt sich, daß die Rechtsschutzversicherungen seit 1977 - also zur Zeit des "1. Booms" - gleichmäßig einen Anteil von 17-20 % an allen eingereichten arbeitsgerichtlichen Streitfällen hatten. Ab 1990 allerdings ist ein Anwachsen von 20 % auf stets mehr als 25 % zu errechnen.

---

[385] Blankenburg/Fiedler a.a.O. S. 96, 75
[386] dieselben S. 93
[387] Tabelle 22: Rechtsschutzversicherungen: Anteil an arbeitsgerichtlichen Schadensfällen im Zeitraum 1962 - 1991
[388] ohne "Bestimmungen des zuständigen Gerichts" und "Entscheidungen über Anträge auf Einstellung der Zwangsvollstreckung" der III. Instanz;
Tabelle 22 und Graphik 5: Rechtsschutzversicherungen - Anteil an arbeitsgerichtlichen Schadenfällen im Zeitraum 1962 - 1991, Spalte 4
[389] Die errechneten Werte für die Zeit von 1962 bis 1976 können aber nur mit einem Vorbehalt herangezogen werden, weil die Statistik für diesen Zeitraum keine Zahlen der "sonstigen Verfahren", der "Beschlußverfahren" und der "Beschwerdeverfahren beim LAG" zur Verfügung stellt.

5.4.6 Einfluß der Parteienkonstellation

Die weitere Aussage zur Parteienkonstellation bei arbeitsrechtlichen Auseinandersetzungen befaßt sich mit der Frage, auf welcher Seite die Rechtsschutzversicherung den Rechtsstreit finanziert hat, d . h . ob Versicherungsnehmer ein Arbeitnehmer oder ein Arbeitgeber war. Bei allen gerichtlichen und außergerichtlichen Verfahren auf dem Gebiet des Arbeitsrechts ergab sich folgende statistische Verteilung : Die Rechtsschutzversicherung war in 75 % der untersuchten Fälle auf der Seite des Arbeitnehmers, und in 25 % der Fälle auf der Seite des Arbeitgebers tätig. [390] Aus dem Konfliktablauf einer arbeitsrechtlichen Auseinandersetzung ergibt sich, daß der Arbeitnehmer auf den voraufgegangenen Rechtsakt des Arbeitgebers (Kündigung, Zeugniserteilung, Herausgabe der Arbeitspapiere etc.) reagiert; der Arbeitgeber tritt demgegenüber als Kläger im wesentlichen nur mit Schadensersatzansprüchen in Erscheinung.

Die zitierte Studie [391] geht auf Grund der geführten Gespräche und Auswertung des Materials davon aus, daß mutwillige, und damit überflüssige und unnötige Klagen kaum eingereicht worden sein dürften. Allerdings scheint Einigkeit darüber zu bestehen, daß etliche arbeitsgerichtliche Prozesse nicht geführt worden wären, wenn nicht die Kosten anwaltlicher Beauftragung von der Rechtsschutzversicherung übernommen würden. Dies hängt ersichtlich mit der arbeitsgerichtlichen Bestimmung des § 12 a ArbGG zusammen, daß auch im Falle eines Obsiegens die Kosten des Rechtsanwalts von der jeweiligen Partei getragen werden müssen. Denn in der Praxis kommt es häufig vor, daß insbesondere bei Kündigungsschutzklagen die erzielte Abfindungszahlung im wesentlichen von den Rechtsanwaltsgebühren "aufgesogen" wird. Da das Prozeßrisiko hinzukommt und auf der anderen Seite der Prozeßausgang die Höhe der Anwaltsgebühren nicht beeinflussen kann, mögen etliche Arbeitnehmer nicht zur anwaltlichen Beauftragung und zum Beschreiten des Klageweges bereit sein, wenn nicht eine Kostenübernahme durch eine Rechtsschutz-versicherung vorliegt. Es geht vorliegend primär auch nicht um "unnötige" Prozesse durch hartnäckige Kunden oder die mißbräuchliche Inanspruchnahme der Rechtsschutzversicherung, auch nicht um den geringen, nicht quantifizierten Anteil im Kulanzbereich, sondern um die Frage, ob den Rechtsschutzversicherungen die Funktion zukommt, rechtliche Ressourcen zu mobilisieren. [392] Ebensowenig wie die Behauptung widerlegbar ist, daß ohne die Existenz von Rechtsschutzversicherungen kein einziger Prozeß weniger geführt worden wäre, kann zweifelsfrei und eindeutig der Nachweis erbracht werden, daß die Rechtsschutzversicherungen

---

[390] Blankenburg/Fiedler a.a.O. S. 94

[391] Blankenburg/Fiedler a.a.O. S. 109

[392] Das geschieht mit Sicherheit durch groß angelegte Werbekampagnen der Versicherungen, womit sie gleichzeitig auch eine Lücke füllen, die durch das Werbeverbot der Rechtsanwälte gegeben ist, Blankenburg ZfgVersW 1978, S.25, 33

für alle Schadensfälle die entscheidenden Verursacher gewesen wären. Blankenburg [393] verweist auf die Interaktion der verschiedenen Elemente der Rechtskultur, die zusammenwirken, u.a. die Rechtsschutzversicherungen, die Rechtsanwälte, die Rechtsmittel- freudigkeit der Deutschen. Das neuere Forschungsprojekt [394] bringt erste Ergebnisse aus der Anwaltsbefragung: Im Arbeitsrecht meinten 60 % der Befragten, daß Rechtsschutzversicherte im Arbeitsrecht häufiger prozessieren (bei Verkehrsordnungswidrigkeiten sogar 80 %). Eine größere Hartnäckigkeit wird ebenfalls von den Anwälten bejaht: Bei Verkehrssachen und im Zivilrecht über 70 %, im Arbeitsrecht immerhin auch 50 %. Auch die Bereitschaft zur Einlegung von Rechtsmitteln ist bei erfahrenen Anwälten größer, wenn eine Rechtsschutzversicherung im Spiel ist. Insgesamt hat sich neuerdings herausgestellt, daß versicherte Arbeitnehmer bei Leistungsansprüchen häufiger, hartnäckiger und weniger erfolgreich als Nichtversicherte klagen. In Kündigungsschutzsachen klagen Versicherte etwas häufiger, jedoch nicht hartnäckiger. Hier überwiegt nach der Studie wohl auch bei Nichtversicherten der Aspekt der Existenzsicherung.

Auf dem arbeitsrechtlichen Sektor ist die Vermutung nicht von der Hand zu weisen, daß man für einen Jahresbeitrag von rund 100,-- DM bis 200,-- DM [395] das Kostenrisiko für viele denkbare Prozeßmöglichkeiten gut abgedeckt sieht, infolgedessen die außergerichtliche Konzessionsbereitschaft sinken und die Neigung bestehen dürfte, einen Rechtsstreit mit ungewissem Ausgang zu betreiben, als wenn man pro Streitfall mit erheblichen Anwalts-und Gerichtskosten rechnen müßte. [396]

Aufgrund empirischer Untersuchungen der Jahre 1978 und 1979 war die Aussage plausibel, daß nur im Bereich des Verkehrsrechts ein Zusammenhang zwischen gestiegenem Geschäfts anfall der Gerichte und der wachsenden Zahl der Rechtsschutzversicherungen erkennbar war, nicht dagegen im Arbeitsrechtsschutz und in allen übrigen Rechtsgebieten. [397]
Nach jüngsten Forschungen hat sich das Bild gewandelt. Am Gesamtaufkommen arbeitsgerichtlicher Verfahren waren die Rechtsschutzversicherungen seit Beginn der 80er Jahre mit rund 20%, seit Beginn der 90er Jahre sind sie mit 25 % beteiligt. Damit trägt die Versicherungswirtschaft nicht unerheblich dazu bei, den Zugang zum Recht - hauptsächlich für Arbeitnehmer - zu erleichtern. Im langfristigen Zeitverlauf von 1977 bis 1991 ist eine Steigerung um 50% eingetreten.

---

[393] ZRP 1986, S. 262, 266
[394] Jagodzinski/Raiser/Riehl ZfRSoz 1991, S. 287, 298 ff; Bericht in BRAK-Mitt. 1994. S. 6 f
[395] vgl. die Kostenübersicht in test 1/90, S.14, 18/19; für eine Firmenrechtsschutzversicherung mit bis zu 10 Beschäftigten liegt der Jahresbeitrag bei rund 1.000,--DM; für Vorstandsmitglieder von Aktiengesellschaften und Geschäftsführer von Gesellschaften kosten Rechtsschutzversicherungen ab 2.500,-- DM.
[396] ähnlich auch Neumann RdA 1974, S.193, 198
[397] Blankenburg/Fiedler a.a.O. S. 128

6. Sonstige Einflüsse

6.1 Prozeßkostenhilfe und Beratungshilfe

Es ist zu prüfen, ob durch den Ausbau der Instrumente "Prozeßkostenhilfe" und "Beratungshilfe" eine größere Inanspruchnahme der Gerichte erreicht wurde.

6.2 Bundesgesetzliche Vorschriften [398]

In diesem Zusammenhang hätte auch das Beratungshilfegesetz vom 18. 6. 1980 genannt werden können, wenn es nicht ausdrücklich in § 2 Abs. 2 Nr. 1 am Ende die Beratungshilfe in Angelegenheiten, die in die Zuständigkeit der Arbeitsgerichte fallen, ausgenommen hätte. Das Gesetz in Angelegenheiten des Zivil-, Straf,- Verwaltungs- und Verfassungsrechts Bürgern mit geringem Einkommen und Vermögen hatte einen Anspruch auf außergerichtlichen, sachkundigen Rechtsrat geschaffen. Eine Regelungsnotwendigkeit ist für den Bereich des Arbeitsrechts nicht gesehen worden, weil hier nur ein begrenztes Bedürfnis nach Rechtsrat angesichts des bereits vorhandenen Angebots an Beratungsmöglichkeiten - auch ohne Einschaltung von Rechtsanwälten - in ausreichendem Maße vorhanden war. [399] [400]

6.3 Ländergesetze

Trotz dieser bundesgesetzlichen Regelung hatten die Länder Bayern, Niedersachsen, Rheinland-Pfalz und Saarland den Anwendungsbereich auf das Arbeitsrecht ausgedehnt. [401] Eine vom Verfasser bei den genannten Bundesländern gemachte Umfrage nach Fallzahlen, Prozeßvermeidung oder Prozeßmehrung und einer allgemeinen Bewertung der Erfahrungen brachte unterschiedliche Ergebnisse:

---

[398] Nach BRAK-Mitt. 2/1993 S. 87 wurden für die Länder Baden-Württemberg, Bayern, Berlin, Hessen, Niedersachsen, Nordrhein-Westfalen, Rheinland-Pfalz, Saarland und Schleswig-Holstein in 1981 insgesamt 148.639 Anträge für Bürger mit geringem Einkommen erfaßt, 1991 dagegen 221.197. Die Kosten der gewährten Rechtsberatung/- vertretung betrugen in 1981 DM 1.565.762.- -, in 1989 inzwischen DM 19.793.594.- -. Eine Evaluation des ersten Beratungsjahres nahm Blankenburg ZRP 1983, S.39 vor, u.a. mit dem Ergebnis, daß kein Grund zur Annahme bestehe, daß Rechtsanwälte im Rahmen der Beratungshilfe häufiger zum Prozessieren raten. Er betrachtet Beratungshilfe nicht in erster Linie als Zugangserleichterung zu den Gerichten, sondern als Zugang zur Rechtsdurchsetzung, auch ohne Gerichte in Anspruch zu nehmen.
[399] Gesetzentwurf der Bundesregierung Bundesratsdrucksache 404/1979 vom 17. 8. 1973, Begründung S. 16
[400] Den in der Literatur vorgetragenen verfassungsrechtlichen Bedenken (Grunsky a.a.O. § 11 a Rdz. 4) hat das BVerfG inzwischen Rechnung getragen, indem es § 2 Abs. II Satz 1 Beratungshilfegesetz insoweit mit Art. 3 Abs. 1 GG für unvereinbar erklärte, als Beratungshilfe nicht in Angelegenheiten gewährt wird, für deren Entscheidung die Gerichte für Arbeitssachen ausschließlich zuständig sind. Der Gesetzgeber wird dem Votum des BVerfG Rechnung zu tragen haben (Beschluß vom 2.12.1992 - 1 BvR 296/88 - NZA 1993, S. 427).
[401] Gesetzesfundstellen bei Grunsky a.a.O. § 11 a Rdz.4 a

In *Bayern* wurde im Jahre 1990 in 95.050 Fällen Beratungshilfe gewährt. [402] Eine nach Rechtsgebieten (Zivilrecht, Strafrecht, Ordnungswidrigkeitenrecht, Verwaltungsrecht, Verfassungsrecht, Arbeits- und Sozialrecht) unterteilte Statistik wird nicht geführt. Nach einer Schätzung aus dem Jahr 1987 entfiel ein Anteil von 9% der Beratungshilfe auf die Gebiete des Arbeits- und Sozialrechts. [403]

Bei den Amtsgerichten in *Niedersachsen* werden Teilregister für Angelegenheiten der Beratungshilfe geführt und über die Beratungshilfe in Angelegenheiten des Arbeitsrechts und des Sozialrechts jährliche Statistiken erstellt. [404] Im Jahr der Einführung 1984 hat das Amtsgericht in 1.494 Fällen wie folgt Beratungshilfe gewährt, 1991 in 2.792 Fällen. [405] Angaben darüber, inwiefern anwaltliche Beratung eine außergerichtliche Konfliktregelung fördert bzw. wie häufig der Weg über die Beratung ins gerichtliche Verfahren führt, konnte das niedersächsische Justizministerium nicht machen.[406]

In *Rheinland-Pfalz* sind seit dem Inkrafttreten des Beratungshilfegesetzes am 1.1.1981 die Beratungshilfestellen in Angelegenheiten des Arbeitsrechts wie folgt frequentiert worden: [407]

1981:   1.008   2.99 %

1989:   1.624   2.83 %

Es gibt keine Feststellung, ob und gegebenenfalls in welchem Ausmaß durch die Gewährung von Beratungshilfe Rechtsstreitigkeiten vermieden werden.

Seit 1974 wurde im *Saarland* ein Rechtshilfemodell einer Rechtsberatung für Bürger/innen mit geringem Einkommen praktiziert. Nach der vorliegenden Gesamtstatistik für den Zeitraum vom 1.12.1975 bis 31.12.1980 beschränkten sich von insgesamt 4.640 ausgestellten Berechtigungsscheinen 176 Fälle, das sind 3,7 %, auf das Arbeitsrecht. Ob es eine Entlastungswirkung für die Arbeitsgerichte mit sich brachte, ist nicht bekannt.

Insgesamt kann bei aller Unvollständigkeit der Statistik jedoch aufgrund des vorhandenen Zahlenmaterials festgestellt werden, daß der Anteil der Beratungsfälle in arbeitsrechtlichen Angelegenheiten gering ist. Jegliche Aussage über eine Belastungs- oder Entlastungswirkung der Arbeitsgerichte wäre Spekulation. Selbst wenn alle Fälle in ein gerichtliches Verfahren eingemündet wären, bliebe der Anteil an allen Neuzugängen eine marginale Größe.

---

[402] Justiz in Bayern a.a.O. S.41

[403] Nach Mitteilungen des Bayrischen Arbeitsministeriums 1988 und 1993 konnte eine meßbare Entlastung der Arbeits- und Sozialgerichtsbarkeit seit Ausdehnung auf diese Gebiete nicht festgestellt werden. Es ist aber auch nicht bekannt, ob die Beratungsfälle in ein gerichtliches Verfahren übergegangen ist.

[404] Allgemeinverfügung des Justizministers vom 5.1.1983 - Nds. Rpfl. S. 6 - i.d.F. der Allgemeinverfügungen vom 28.12.1983 - Nds.Rpfl. 1984 S. 6 - und vom 4.12.1984 - Nds.Rpfl. S. 277; eine Aufteilung nach Angelegenheiten des Arbeitsrechts und des Sozialrechts erfolgt nicht.

[405] Die Verdoppelung der Fallzahlen in den Folgejahren nach dem ersten Jahr des Inkrafttretens verursachte Kosten in Form von Gebühreneinnahmen der Rechtsanwälte in Höhe von 248.123,--DM (1991).

[406] Insgesamt bewertete die Landesregierung die Einrichtungen zur außergerichtlichen Konfliktbereinigung als wichtigen Bereich der Rechtspflege; sie sollen deshalb ausgebaut und stärker genutzt werden.

[407] Seit 1990 werden Gesamtübersichten nicht mehr geführt.

6.4 Verwaltungsbehörden

Die Leistungsträger, ihre Verbände und sonstigen öffentlich-rechtlichen Vereinigungen sind verpflichtet, die Bevölkerung über die Rechte und Pflichten nach dem SGB aufzuklären, um soziale Gerechtigkeit und durch Gewährung von Sozialleistungen soziale Sicherheit zu verwirklichen, §§ 1, 13 SGB I. Es soll nach § 2 Abs. II SGB I sichergestellt werden, daß die sozialen Rechte weitgehend verwirklicht werden. So hat zunächst jeder einen Anspruch auf Beratung durch den zuständigen Leistungsträger (§§ 14, 15 SGB I). Leistungen sind häufig nur subsidiär zu gewähren, das heißt, die Eintrittspflicht erfolgt erst dann, wenn ein vorleistungspflichtiger Dritter - u.a. der Arbeitgeber - aus Rechtsgründen nicht zur Anspruchserfüllung verpflichtet ist oder tatsächlich nicht leistet. [408]

Deshalb werden die betroffenen Arbeitnehmer zunächst zu einer gerichtlichen Klärung ihrer Ansprüche, der Feststellung des Bestehens oder Nichtbestehens ihres Arbeitsverhältnisses veranlaßt. Diese Praxis ist weder zu beanstanden noch zahlenmäßig erfaßt, so daß eine Aussage über "zusätzliche" Rechtsstreite nicht gemacht werden kann.

Kapitel IV: Konjunkturelle Einflüsse

1. These

Gelegentlich wird die Behauptung aufgestellt, daß der Geschäftsanfall der Arbeitsgerichte den gleichen Schwankungen unterworfen sei wie die Vollbeschäftigung und Arbeitslosigkeit. [409] Mit anderen Worten: in konjunkturell rezessiven Phasen, in denen es zu vielen Entlassungen kommt, steige die Anzahl der Arbeitsgerichtsprozesse, in Zeiten konstanter Beschäftigungslage bzw. Vollbeschäftigung, wenn die Zahl der Kündigungen nicht besonders hoch sei, soll auch die Zahl der Arbeitsgerichtsprozesse, insbesondere der Kündigungsschutzklagen, niedrig sein. Das treffe auch bei einem - im Vergleich zur Vollbeschäftigung - höheren Arbeitslosenstand zu, weil dann die Zahl der Kündigungen nicht besonders hoch sei. [410]

---

[408] Beispielhaft sei auf folgende Fälle hingewiesen:
- die Zahlung des Krankengeldes (statt Lohnfortzahlung, die zu erfolgen hat nach einer Kündigung aus Anlaß einer Arbeitsunfähigkeit, § 115 SGB X i.V.m. § 6 LFZG)
- der Anspruch eines Arbeitslosen auf Arbeitslosengeld ruht in vielen Fällen (vgl. §§ 117-119 AFG), wenn es um den Bestand des Arbeitsverhältnisses und damit um den Anspruch auf Arbeitsentgelt geht
- bei der Frage einer schweren Erkrankung bzw. Behinderung taucht die Frage von Schutzrechten für den Betroffenen auf.
[409] so für den untersuchten Zeitraum von 1966 - 1978 Blankenburg/Schönholz a.a.O. S. 54-56 sowie FB Kündigungspraxis a.a.O. II S. 559
[410] z.B. Blankenburg DRiZ 1979, 197,196

Eine andere These beschäftigt sich damit, daß eine kontinuierliche Beschäftigungszunahme zu einem starken Anstieg der Auseinandersetzungen geführt haben soll. [411] Die folgenden Ausführungen dienen der Überprüfung der vorstehenden Thesen.

2. Der Zusammenhang zwischen Prozeßtätigkeit und Arbeitsmarkt

Insgesamt war in den vergangenen 15 Jahren die Klagebereitschaft der abhängig Beschäftigten größer als zuvor. Pro 1.000 sozialversicherungspflichtig Beschäftigte wurden 1978 noch 5,53 Klagen erhoben, ein Wert, der im Laufe der Zeit anstieg und 1992: 7,77 erreichte. [412] Die Gründe für diese Entwicklung sollen untersucht werden.

In der Verkettung der Lebenssachverhalte von Kündigung und Arbeitslosigkeit als mögliche Folge und Erhebung einer Klage, die das Bestehen eines Vertragsverhältnisses feststellen soll, liegt ein logischer und in vielen Fällen auch unmittelbarer Zusammenhang. Er bedarf keiner eingehenden Begründung. Die Einflußgröße des Arbeitsmarktes ist deshalb auch eher als andere Parameter, wie etwa die Entwicklung des Sozialprodukts, des Umsatzes, der Auftragseingänge sowie der Auslastung der Maschinenkapazitäten o.ä. geeignet, die aufgestellte Behauptung zu widerlegen oder zu unterstützen. [413]

2.1 Eingereichte Klagen und Arbeitslosigkeit [414]

2.1.1 Der Zeitraum ab 1950

Auf den ersten Blick scheint die aufgestellte These völlig abwegig zu sein, wenn man die Arbeitslosenzahlen [415] in der Bundesrepublik vergleicht mit den Gesamt-Klageeingängen in der Arbeitsgerichtsbarkeit 1. Instanz. [416] Denn die Jahre 1950 bis 1955 zeigen die höchsten Arbeitslosenzahlen (der ersten drei Jahrzehnte seit Bestehen der Bundesrepublik), während die Statistik der Klageeingänge die niedrigsten Zahlen aufweist. [417] Die dem Jahr 1955 in etwa vergleichbaren Arbeitslosenzahlen der Jahre 1975 bis 1977 (also jeweils über 1 Mio. Arbeitslose im Jahresdurchschnitt) steht nämlich bei den Klageeingängen fast eine Verdoppelung der Jahresneuzugänge an Klagen bei den Arbeitsgerichten gegenüber. Es spricht aber einiges dafür, diesen scheinbaren Widerspruch durch eine einfache Erklärung zu deuten:

[411] Bayrisches Arbeitsministerium, Presseinformation vom 23.2.1993
[412] Tabelle 23: Erledigte Kündigungklagen pro 1000 sozialversicherungspflichtig Beschäftigte
[413] Estermann a.a.O. S. 63 ff, 67-69 untersucht für die Jahre 1955 bis 1981 als sog. unabhängige Variable folgende sozioökonomische Größen: Bruttosozialprodukt, Nettolohnsumme, Arbeitslosenzahl und -quote.
[414] Tabelle 24: Arbeitslose und Klageeingänge 1951-1992
[415] Tabelle 25: Arbeitslose im Bundesgebiet (West) im Jahresdurchschnitt 1951 - 1992
[416] Tabellen 2a - 2d: Tätigkeit der Arbeitsgerichte 1951 - 1992
[417] Dabei wird durchaus gesehen, daß in den Anfangsjahren die Zahlen ohne Berlin West und ohne Saarland festgehalten wurden.

die soziale Lage der Arbeitnehmerschaft war in den Anfangsjahren nach dem Krieg wesentlich schlechter als heutzutage, das soziale Netz war bei weitem nicht so ausgebaut, wie dies heute der Fall ist. Es mag auch daran liegen, daß den Arbeitnehmern nicht in dem Umfang gesetzlich und tariflich oder sonst rechtlich verankerte materielle Ansprüche zur Verfügung standen, um die es sich streiten ließ. Darüberhinaus waren die gesetzlichen Möglichkeiten zur Durchsetzung ihrer Rechte noch nicht so ausgeprägt wie heute. Für den vorliegenden Abschnitt der Untersuchung soll nur beispielhaft darauf hingewiesen werden, daß erst das KSchG vom 10.08.1951 [418] eine wesentliche Verbesserung gegenüber dem vorherigen Rechtszustand brachte, aber insgesamt noch in wichtigen Punkten hinter dem heutigen Rechtszustand zurückblieb. [419]

2.1.2 Die Zeit um 1967 und ab 1975

In diesem Zeitraum fallen bei den Arbeitslosenzahlen zwei Ausschläge besonders auf. Zum einen verzeichnet das Jahr 1967 innerhalb der Zeitspanne von 1960 bis 1973 einen Höchststand mit rund 459.000 (Anstieg gegenüber Vorjahr 1966: + 185 %), zum anderen markiert der Zeitraum von 1975 bis 1977 eine Reihe von Jahren mit einer Arbeitslosenzahl im Jahresdurchschnitt von über 1 Mio.

Ein Blick auf die Statistik der Klageeingänge zeigt, daß auch dort das Jahr 1967 bei den Gesamtzahlen ein besonderes Ansteigen erkennen läßt. Deutlicher wird dieser Zusammenhang aus den späteren Phasen der Entwicklung sichtbar. Während 1975 erstmals die Millionengrenze bei den Arbeitslosen in der Bundesrepublik im Jahresdurchschnitt überschritten wurde, steigen auch die Klageeingänge im selben Jahr erstmals über die 300.000er Grenze. Auffällig ist, daß im Jahr 1974 bereits mit rund 297.000 nach einem außergewöhnlichen Zuwachs von 50.000 neuen Klagen eine Höchstmarke erreicht wurde. Die Erklärung mag darin zu finden sein, daß die Rezession in Wahrheit bereits vor Beginn des Jahres 1975 einsetzte. Dies wird wiederum aus den Arbeitslosenzahlen zum Monatsende aus der Amtlichen Statistik der Bundesanstalt für Arbeit deutlich. Bereits im Dezember 1973 registrierte man rund 485.000 Arbeitslose. Nach entsprechend hohem Niveau im Verlauf des Jahres 1974 (Jahresdurchschnitt 582.000) hatte sich die Zahl im November 1974 auf knapp 800.000 und im Dezember 1974 auf rund 945.000 hochgeschraubt. Die Veränderung der Jahresdurchschnitts-Arbeitslosenzahl von 1974 gegenüber dem Vorjahr spricht mit + 113 % für sich. Bereits Ende Januar 1975 zählte man über 1.150.000 Arbeitslose in der Bundesrepublik. Auch die Jahre nach 1975 bestätigen das

---

[418] vgl. zur Entwicklung, Zielsetzung und Entstehungsgeschichte des Kündigungsschutzgesetzes Hueck - v. Hoyningen-Huene a.a.O. Einleitung

[419] Viele andere wichtige Gesetze wurden erst in den folgenden Jahren geschaffen, z.B. 1952: das Betriebsverfassungsgesetz, das Mutterschutzgesetz, das AVAVG, das Arbeiterkrankheitsgesetz von 1957 oder das Jugendarbeitschutzgesetz von 1960; vgl. zu den Quellen des Arbeitsrechts etwa Nikisch, a.a.O. S.60 ff; Hueck - Nipperdey a.a.O. S.31 ff.

gewonnene Ergebnis: gleich hohes Niveau der Arbeitslosenzahlen und Klageeingänge mit jeweils leicht rückläufiger Tendenz .[420]

2.1.3 Der Zeitraum ab 1981

Mit 1.27 Mio Arbeitslosen im Jahresdurchschnitt startete das Jahr 1982 seit 1955 mit der höchsten Marke. In den Jahren 1983 bis 1988 waren jeweils mehr als 2.2 Mio Menschen arbeitslos. Danach unterschritt nur das Jahr 1991 (1.68 Mio) die Zahl von 1.8 Mio. Bei den eingereichten Klagen I. Instanz ist eine ähnliche Entwicklung zu erkennen. Nach 1975 bis 1980 mit durchschnittlich 300.000 Neueingängen setzte das Jahr 1981 mit einem Anstieg von 47.000 den Beginn für ein insgesamt höheres Niveau, nämlich durchschnittlich pro Jahr fast 360.000 eingereichte Klagen = +20 % im Zeitraum 1981 bis 1992.

Es bleibt festzuhalten, daß die eingangs aufgestellte These, die eine Verbindung zwischen arbeitmarktlichen Gegebenheiten und Klageeingängen bei den Arbeitsgerichten sieht, bestätigt wird: zwar ergibt sich daraus eine gewisse Parallelität, jedoch keine völlige oder zwangsläufige Kongruenz. Jedenfalls haben beginnende Rezessionsphasen und steigende Arbeitslosigkeit einen erhöhten Klageeingang zur Folge. [421] Insoweit besteht eine Interdependenz.

2.2 Erledigte Bestandsstreitigkeiten und Zugang an Arbeitslosen [422]

Jahresdurchschnittszahlen der Arbeitslosen sind zu ungenau, weil aus dem Bestand der Arbeitslosen [423] keine Klagen gegen ihre ehemaligen Arbeitgeber zu erwarten sind. [424] Denn der Arbeitnehmer wird im Normalfall nach Ausspruch der (ordentlichen) Kündigung innerhalb der 3-Wochen-Frist des § 4 KSchG Kündigungsschutzklage erheben und sich zum Ende der Kündigungsfrist arbeitslos melden.

---

[420] Bei den Gesamtzahlen der Klageeingänge im Jahre 1978 ist die Sondersituation der Massenklagen von IG Metall und IG Druck und Papier im Umfang von rund 30.000 zu berücksichtigen.

[421] Graphik 6: Arbeitslose im Jahresdurchschnitt und eingereichte Klagen 1951 - 1992
Zu den Faktoren der Mobilisierung von Arbeitsgerichten aus soziologischer Sicht wird auf die jeweilige Machtposition des Arbeitnehmers hingewiesen, je nachdem, ob er in einem fortlaufenden Arbeitsverhältnis steht oder ob er entlassen wird, ob es um eine allgemeine Verschlechterung der Beschäftigungsmöglichkeiten geht, ob der Arbeitgeber das Vertragsverhältnis beenden will, vgl. Blankenburg/Schönholz a.a.O. S.57

[422] Tabelle 25 a: Zugang Arbeitslose im Bundesgebiet im Jahresdurchschnitt 1982 - 1992

[423] in denen auch z.B. die Langzeitarbeitslosen, "Sozialplan-Ältere" usw. enthalten sind

[424] ausgenommen die Klagen auf Feststellung des Bestehens des Arbeitsverhältnisses nach einer außerordentlichen Kündigung, wenn die Klageerhebung mit der Arbeitslosmeldung zeitlich einhergeht sowie die Klagen mit sonstigen Streitgegenständen wie Restlohnzahlung, Herausgabe von Arbeitspapieren, Erteilung eines Zeugnisses.

Auch die Einbeziehung aller eingereichten Klagen der Urteilsverfahren I. Instanz ist zu allgemein. Eher ist eine Differenzierung nach Streitgegenständen, insbesondere nach Rechtsstreitigkeiten über das Bestehen oder Nichtbestehen von Arbeitsverhältnissen oder die Klagen gegen Kündigungen gemäß § 61 a Abs.1 ArbGG, angebracht. [425] [426] Deshalb soll durch einen Vergleich zwischen den Zugangszahlen in die Arbeitslosigkeit und den erledigten Bestandsstreitigkeiten das gefundene Ergebnis verfeinert werden. [427]

Auffällig sind auch hier drei Jahresspitzen: die Jahre 1967, 1975 und 1982 folgende weisen zu den Klageerledigungen erstaunliche Ähnlichkeiten auf. In den dazwischenliegenden Zeiträumen sind ebenfalls Parallelen zu erkennen.

2.3 Erledigte Bestandsstreitigkeiten und Zugang aus vorheriger Erwerbstätigkeit [428]

Eine weitere Genauigkeit läßt sich eventuell dadurch erreichen, daß nicht die Zugänge an Arbeitslosen insgesamt, sondern nur diejenigen aus vorheriger Erwerbstätigkeit herangezogen werden. Denn von den Arbeitslosen, die vor ihrer Arbeitslosmeldung gar nicht erwerbstätig waren, ist eine Kündigungschutzklage nicht mehr zu erwarten. Auch bei diesem Vergleich läßt sich ein Zusammenhang nicht leugnen. [429]

2.4 Erledigte Bestandsstreitigkeiten und ausgesprochene Kündigungen

Es soll nunmehr geprüft werden, ob es möglich ist, Regelmäßigkeiten im Kündigungsverhalten der Arbeitgeber und im Klageverhalten der Arbeitnehmer zu ermitteln. Ob eine direkte Abhängigkeit zwischen der Auflösung von Arbeitsverhältnissen durch Kündigungen und Verfahrensumfang in diesem Bereich besteht, ist nur dann festzustellen, wenn man die Zahl der Arbeitgeber-Kündigungen und die Klagequote der Arbeitnehmer kennt.

2.4.1 Informationen aus früherer Datenlage:

Notwendig sind dafür zunächst einmal Zahlen bezüglich der Kündigungshäufigkeit. Da jährliche Statistiken und jüngere Daten nicht verfügbar sind, soll versucht werden, die 1978

---

[425] Die Statistik macht allerdings keinen Unterschied bei den erhobenen Klagen, sondern wirft die Werte bei den Erledigungen aus.
[426] Bis einschließlich 1989 nimmt die Statistik "Kündigungen (§ 61 a ArbGG)" auf; erst ab 1990 wird nach "Bestandsstreitigkeiten (§ 61 a ArbGG), davon Kündigungen" differenziert.
[427] Tabelle 26 und Graphik 7: Erledigte Kündigungsrechtsstreite und Zugang an Arbeitslosen 1961 - 1992
[428] Tabelle 27: Zugang Arbeitslose aus vorheriger Beschäftigung und erledigte Kündigungsrechtsstreite 1982 - 1992
[429] Graphik 8: Zugang an Arbeitslosen aus vorheriger Beschäftigung und erledigte Kündigungsrechtsstreite 1982 - 1992

durch den Forschungsbericht zur Kündigungspraxis [430] gewonnenen Erkenntnisse fortzuschreiben.

2.4.1.1 Kündigungen in der Privatwirtschaft

Die damalige Befragung und Hochrechnung ging von den sozialversicherungspflichtig Beschäftigten in der Privatwirtschaft aus und errechnete bei 16,6 Mio Arbeitnehmern insgesamt 1.229.187 Mio Kündigungen. [431] Davon wurden 976.346 (=80 %) ordentliche, 187.828 (=15 %) außerordentliche Kündigungen ausgesprochen und 65.013 (=5 %) fristlose hilfsweise ordentliche Kündigungen. [432]

Als erstes Datum kann festgehalten werden: 7,4 % aller in der Privatwirtschaft beschäftigten Arbeitnehmer erhalten jährlich eine Kündigung, [433] 1978 waren es 97.164. [434]

2.4.1.2 Gerichtliches Vorgehen in Kündigungsangelegenheiten

Aus der Statistik der Arbeitsgerichtsbarkeit lassen sich die eingereichten Klagen ablesen; die erledigten Rechtsstreite schlüsseln nach Streitgegenständen auf, so daß wir auch die erledigten Kündigungsklagen kennen. [435]

1978 wurden insgesamt 111.043 Kündigungsklagen erledigt, davon 97.164 außerhalb des öffentlichen Dienstes. Das heißt, das Verhältnis von Kündigungen zu Klagen betrug 13 : 1, mit anderen Worten: gegen rund 7.6 % aller Kündigungen wurde Klage erhoben. [436]

2.4.1.3 Klagen im öffentlichen Dienst

Weiter wurden 12,5 % = 13.879 Kündigungsklagen erledigt, die aus dem Bereich des Öffentlichen Dienstes stammten. [437] Im folgenden wird davon ausgegangen, daß sich dieser

---

[430] a.a.O.
[431] FB Kündigungspraxis a.a.O. I S. 61 mit Tabelle I/13 sowie II S. 960
[432] FB Kündigungspraxis a.a.O. I S. 61 mit Tabelle I/12
[433] FB Kündigungspraxis a.a.O. I S. 63 sowie II S. 960
[434] Durch Auf- und Abrundungen, Schätzungen, Hochrechnungen usw. im Forschungsbericht entstandene Ungenauigkeiten kann im Rahmen der vorliegenden Untersuchung nicht eingegangen werden.
[435] Ungenauigkeiten durch den Zeitablauf zwischen Klageerhebung und Erledigung müssen hingenommen werden. Dieser Aspekt erscheint auch unerheblich, wenn man weiß, daß Jahr für Jahr rund 3/4 aller eingereichten Klagen auch erledigt werden, Tabelle 28: Erledigungsquote bei den Arbeitsgerichten 1. Instanz 1971 - 1992, so daß der "Verschiebeeffekt" letztlich unerheblich ist.
[436] FB Kündigungspraxis a.a.O. II S. 571, 572
[437] FB Kündigungspraxis a.a.O. II S. 572

Anteil konstant hält, weil sich die Bedingungen im öffentlichen Dienst am wenigsten geändert haben, während der privatwirtschaftliche Sektor konjunkturellen Schwankungen unterliegt.

2.4.2 Klageverhalten 1978-1992

In der Tabelle [438] wird mit den soeben gegebenen Erläuterungen aus der Zahl der sozialversicherungspflichtig Beschäftigten in der Privatwirtschaft, der Klagequote und dem Anteil der Klagen aus dem Öffentlichen Dienst errechnet, ob diese Werte mit den tatsächlichen Erledigungen übereinstimmen. Wenn dies der Fall wäre, könnte der Forschungsbericht Kündigungspraxis als allgemeingültig angenommen werden.

Es zeigt sich, daß die Erledigungen in der Privatwirtschaft und im Öffentlichen Dienst (Spalten 5 und 6) nicht die Gesamtzahl der tatsächlichen Erledigungen (Spalte 7) erreichen, sondern eine Lücke (Spalte 8) bleibt. Diese Differenz stammt demnach aus Kündigungen des privaten Bereichs. Diese Feststellung wiederum sagt aus: die seinerzeit ermittelte 7,4 % - Rate für eine Kündigungshäufigkeit im privatwirtschaftlichen Bereich bzw. die 7,6 % - Quote einer Klagehäufigkeit können nicht als regelhafte Größe angesetzt werden.

Vielmehr bedeuten die Zahlen, daß in den Jahren ab 1979

- entweder mehr Kündigungen in Privatbetrieben ausgesprochen wurden,
- und/oder die Arbeitnehmerschaft in größerem Umfang als 1978 gegen die Auflösung der Arbeitsverhältnisse vorgegangen ist.

2.4.2.1 Modell: mehr Kündigungen

Neben dem erwähnten Anstieg der Beschäftigtenzahlen hat möglicherweise eine gegenläufige Entwicklung, nämlich Wachstumsschwäche mit Arbeitsplatzabbau, dazu geführt, daß mehr Arbeitnehmer gegen ihre betriebsbedingte Kündigung vorzugehen hatten. In einer weiteren Tabelle [439] ist deshalb einmal errechnet, daß die Betriebe mehr Kündigungen ausgesprochen haben. Die Zahl der Kündigungen aus dem öffentlichen Dienst bleibt unverändert. Die Kündigungsquote verändert sich erheblich über die bisher bekannten 7,4 % hinaus auf teilweise bis 12,5 %.

Die Plausibilität dieser Annahme wird aus dem Folgenden deutlich: Der Arbeitslosenzugang aus Erwerbstätigkeit hat sich in dem beschriebenen Zeitraum, wie in der Tabelle [440] dargestellt, entwickelt. Der dramatische Zugang von jährlich zwei bis drei Mio Erwerbstätigen in die Arbeitslosigkeit [441] (im Verhältnis davon "nur" 800.000 bis 1,7 Mio pro Jahr, die zuvor

---

[438] Tabelle 29: Kündigungen und Klageverhalten 1978 - 1992
[439] Tabelle 30: Kündigungen und Klageverhalten 1978-1992 (Änderung der Kündigungsquote)
[440] Tabelle 31: Zugang an Arbeitslosen nach ihrem erwerbswirtschaftlichen Status vor der Arbeitslosmeldung
[441] Dabei sind nicht diejenigen Personen quantifizierbar, die aus der Erwerbstätigkeit kommen, sich arbeitslos

nicht erwerbstätig waren) weist eindeutig auf vermehrte Kündigungen hin. Auch die Zahlen der Arbeitsverwaltung bestätigen den Trend einer erhöhten Kündigungsquote. [442]

2.4.2.2 Modell: höhere Klagequote

Auch ist denkbar, daß die Arbeitnehmer wegen eines geringeren Arbeitsplatzangebotes, das ihrer Qualifikation entsprach, gezwungen waren, "hartnäckiger" als in Zeiten der Hochkonjunktur die Rückkehr auf ihren angestammten Arbeitsplatz durch Erhebung von Kündigungsschutzklagen betreiben mußten.

In einer weiteren Modellrechnung [443] wurde diesmal die Anzahl der Kündigungen konstant mit 7,4 % angenommen, während nur der gerichtliche Einschaltungsgrad verändert wurde. Daraus ergibt sich eine höhere als die bisher bekannte 7,9 % - Klagequote. [444]

Mangels weiterer Anhaltspunkte kann nicht gesagt werden, ob die Klagequote, so wie theoretisch errechnet, angestiegen ist. Jede weitere Differenzierung bezüglich der Kündigungs- oder Klagequote wäre Spekulation. Genaueres wäre nur über breit angelegte Befragungen möglich. Zahlenmaterial liegt indes nicht vor.

2.4.3 Zwischenergebnis

Wenn auch nicht mit zwingender, so doch mit starker Erklärungskraft versehen, kann die geschilderte Beobachtung zur Schlußfolgerung einer Bestätigung der aufgestellten These in dem Sinne führen, daß der starke Anstieg der Kündigungsprozesse nach 1978 auf allen drei Ursachen beruht:

1. einer Zunahme der sozialversicherungspflichtigen Beschäftigten
2. einer vermehrten Anzahl von Kündigungen seitens der Arbeitgeber und
3. einem vermutlich intensiveren Klageverhalten der Arbeitnehmer.

Welche der genannten Ursachen als entscheidender Kausalfaktor zu nennen ist, ist in Ermangelung exakter Zahlen oder anderer Anhaltspunkte nicht aufzuklären.

---

melden, aber wegen der Art der Beendigung des Arbeitsverhältnisses nicht Kündigungklage erheben, weil dies nicht immer zulässig oder erforderlich ist, wie z.B. nach Aufhebungsvertrag, Sozialplan, Konkurs (Tabelle 32: Konkurse und Vergleiche 1982-1990).

[442] Eine Stichprobenerhebung der Bundesanstalt für Arbeit im Mai/Juni für die Jahre 1990 - 1992 beschreibt in Prozentwerten den Zugang der Arbeitslosen, die vorher abhängig beschäftigt oder in betrieblicher Ausbildung waren, nach der Beendigungsart des Arbeits-/Ausbildungsverhältnisses (Tabelle 33: Zugang an Arbeitslosen aus vorheriger Beschäftigung nach Beendigungsart 1990 - 1992). Danach stieg die Beendigung durch Kündigung der Arbeitgeber von 52,1 % in 1990 über 56,1 % in 1991 auf 59,3 % im Jahr 1992.

[443] Tabelle 34: Kündigungen und Klageverhalten 1978-1992 (Änderung der Klagequote)

[444] Auch in diesem Modell bleibt die absolute und relative Zahl der Klagen aus dem öffentlichen Dienst unverändert.

2.5 Wirtschaftswachstum und ansteigende Klagehäufigkeit

Eine Überprüfung der durch das Bundesland Bayern aufgestellten Behauptung [445] eines Zusammenhangs zwischen dem Anstieg der Beschäftigten und größerer Klageeingänge wird sich auf dieses Bundesland beschränken. [446] In Bayern nahm die Zahl der sozialversicherungspflichtig Beschäftigten von 1978 bis 1992 um 763.511 auf 4.319.657 zu.

Wenn das Anwachsen der Zahl der sozialversicherungspflichtig Beschäftigten zu erhöhten Klageeingängen geführt haben sollte, kann dies teils durch vermehrte Kündigungsschutzklagen (aufgrund erhöhter Fluktuation), teils durch mehr Prozesse im Bereich der übrigen Streitgegenstände (hauptsächlich wohl Lohnklagen) erfolgt sein. Die Tabelle [447] weist bei den Beschäftigten eine Steigerung auf 121 % (1992 im Vergleich zu 1978 = 100 %) aus, während die erledigten Kündigungsklagen und Arbeitsentgeltprozesse auf 180 % gestiegen sind. Signifikante Abweichungen in den einzelnen Jahren sind nur gelegentlich auszumachen. [448]

Die Klagenmehrung ist auf breiter Front festzustellen. Schwerpunkte bei den diversen Streitgegenständen sind nicht erkennbar. Die Zuwachsraten bei Beschäftigten und Klagen sind fast identisch. Die Argumentation ist plausibel, von einem Zusammenhang zwischen Anstieg sozialversicherungspflichtiger Beschäftigung und vermehrter Prozesstätigkeit zu sprechen.

3. Zwischenergebnis

Die eingangs aufgestellte These eines Zusammenhangs zwischen Konjunktur und Klageeingang hat sich bestätigt. Für den Bereich der Bestandsstreitigkeiten ist eine unmittelbare Abhängigkeit von wirtschaftlichen Abschwungphasen gegeben: je mehr Entlassungen desto mehr Kündigungsklagen. Darüber hinaus kann auch ein direkter Zusammenhang von sonstigen Prozessen (Entgelt usw.) bei Zunahme von zusätzlichen Arbeitsplätzen durchaus hergestellt werden.

---

[445] s. S. 86 mit FN 411
[446] Im Zeitraum von 1984-1992 ist die Zahl der Beschäftigten bundesweit um 3.5 Mio Personen gestiegen. In dieser Zeit konnte die Arbeitslosigkeit nur um 0.6 Mio abgesenkt werden, weil die Erwerbsbeteiligung der Frauen um 1.5 Mio und die legale Erwerbsbeteiligung um 1.1 Mio zunahm.
[447] Tabelle 35: Erwerbstätige in Bayern 1978 -1992
[448] z. B. als in 1982 im Vergleich zum Vorjahr die Zahl der Entgeltklagen um 3.807 = 14 %, in 1990 die Anzahl um 5.456 = 15.7 % stieg. Ähnliche Sprünge laufen fast parallel auch bei den Kündigungsverfahren in den Jahren 1980/81 (+3.369 = 21 %), 1981/82 (+6.694 = 34 %) sowie 1991/92 (+3.695 = 16.5 %).

Abschnitt 3: Ergebnis und Schlußfolgerungen für die weitere Untersuchung

Die bisherige Untersuchung hat aufgezeigt, daß die Arbeitsgerichtsbarkeit und die meisten anderen Zweige der Justiz eine erhebliche Belastung durch Zunahme des Geschäftsanfalls erfahren haben. In einer Rückschau auf die Nachkriegsentwicklung muß festgestellt werden, daß unserem Gesellschafts- und Rechtssystem die notwendige Klarheit über den gerichtlichen Geschäftsanfall, seine Ursachen, einschließlich der Bewältigung, gefehlt hat. Vordergründig wurde und wird eine kontroverse Diskussion darüber geführt, ob die Steigerung zu einer Überlastung der Justiz geführt hat oder nicht - von Richterseite eher bejaht, von Anwaltsseite eher verneint. [449]

In der rechtspolitischen Diskussion wird darauf hingewiesen, daß sich der Tenor der Alternativendiskussion völlig geändert habe: Während es früher Anliegen gewesen sei, die Qualität und den Zugang zum Recht zu verbessern, gehe es heute unter dem Stichwort "Effizienz" um Überlegungen für eine Erschwerung des Zugangs zur Justiz, um diese zu entlasten. [450] Anders ausgedrückt: Aufgabe der Rechtspolitik der letzten Jahre dieses Jahrtausends sollte es sein, zu einem ausgewogenen Verhältnis von forensischer und außerforensischer Justiz zu gelangen. Es gilt daher, zwischen diesen beiden Bereichen die Schnittstelle neu zu definieren mit dem Ziel, von der gerichtlichen Streitbeilegung in der Bundesrepublik wegzukommen und mehr außergerichtliche, informelle Streitbeilegungsformen schaffen. [451]

Vorab ist es notwendig, auch das Potential für eine Reduzierung der Fallzahlen zu nutzen, das sich aus einer Vereinfachung des Verfahrens ergeben könnte. Dabei wird es um eine Verbesserung des gesetzlichen Bereichs gehen sowie um den Einfluß der Verfahrensbeteiligten auf das gerichtliche und außergerichtliche Geschehen.

---

[449] dazu Strempel/van Raden NJ 1991, S. 138 mit Literaturhinweisen in Fußnote 4
[450] Speyerer FB Nr. 88, Band 2, Anhang F Seite 79
[451] Strempel in Festschrift für Kitagawa a.a.O. S. 789, 793 mit weiteren Hinweisen

II. Teil

Abschnitt 1: Lösungsansätze zur Vereinfachung des arbeitsgerichtlichen Verfahrens

Die Erkenntnis, durch Rechtstatsachenforschung dazu beizutragen, Differenzen zwischen "Recht" und "Wirklichkeit" transparent zu machen und Anpassungsinhalte zu definieren, um sie danach umzusetzen, hat nicht erst heute eingesetzt. In mehreren empirischen Einzelstudien zum Justizsystem der Bundesrepublik Deutschland [452] wurden Anpassungsbedürfnisse offengelegt. Die Zählkartenstatistik der Gerichtsverfahren wurde zu einem EDV-gestützen Justizstatistik-Informationssystem (JUSTIS) weiter entwickelt. [453] Als weiterer Schritt auf dem Weg einer Verbesserung der Datenlage bezeichnet Strempel die Antworten der Bundesregierung auf die großen Anfragen der SPD-Fraktion zur Geschäftsbelastung der ordentlichen Gerichtsbarkeit, der Verwaltungs- und Finanzgerichtsbarkeit, der Sozialgerichtsbarkeit und der Arbeitsgerichtsbarkeit. [454] Die so gewonnenen Erkenntnisse aus der anhaltenden Justizkritik führten - in Würdigung der dreifach gescheiterten Justizreformen des Deutschen Reiches, der Weimarer Republik sowie der Bundesrepublik [455] - zu dem Entschluß, die Chance für eine durchgreifende Verbesserung der Rechtspflege nicht zu verpassen. Dies sollte geschehen durch eine wissenschaftlich exakte Analyse der herkömmlichen Justiz und ihrer wirtschaftlichen, sozialen und gesellschaftlichen Rahmenbedingungen in unserer Gesellschaft. So entstand das vom Bundesministerium der Justiz initiierte und koordinierte übergreifende Forschungsprojekt zur "Strukturanalyse der Rechtspflege" (SAR). [456] Das Forschungskonzept erarbeitete PROGNOS, Basel, 1988. [457] Die drei zentralen Bereiche "Gerichtsorganisation", "das gerichtliche Verfahren" und "die Schnittstelle zwischen gerichtlicher und außergerichtlicher Streitbeilegung" werden unter bestimmten Fragestellungen untersucht. [458]

---

[452] Strempel/van Raden NJ 1991, S. 138, Fußnote 5
[453] Strempel, KritV 1986 S. 242, 252
[454] Strempel KritV 1986 S. 242, 253/254 mit Quellennachweisen zu den Anfragen und den Antworten. Speziell zur Arbeitsgerichtsbarkeit: Die Anfrage in BT-Drucksache 10/2067 vom 3.10.1984, die Antwort in BT-Drucksache 10/4593 vom 19.12.1985. Diese allein umfaßt 83 Seiten mit 36 Tabellen zur Geschäftslage in der Arbeitsgerichtsbarkeit.
[455] dazu ausführlich Strempel KritV 1986, S. 242, 244 ff
[456] Strempel KritV 1986, S. 242 ff; Strempel/van Raden ZRP 1991, S. 91 ff
[457] Das Konzept der SAR orientiert sich bei den grundlegenden Fragestellungen an den legislativen Möglichkeiten, das heißt, es geht um Untersuchungen, an denen der Gesetzgeber ansetzen kann, um die Funktion der Rechtspflege zu optimieren. Sozialwissenschaftliche Untersuchungen zu den Konfliktpotentialen in unserer Gesellschaft sind zunächst nicht vorgesehen. Die Strukturanalyse will wenige Schlüsselfaktoren angehen, die ihrerseits viele Effekte haben.
[458] Dazu Strempel ZRP 1989 S. 133 ff :
1. Die Gerichtsorganisation:
Welche Möglichkeiten der Verbesserung der gerichtlichen Arbeitsabläufe gibt es (unter besonderer Berücksichtigung des EDV-Einsatzes im richterlichen und nichtrichterlichen Bereich)? Zusätzlich sollen Fragen der Verbesserung des Gerichtsmanagements untersucht werden.

Inzwischen wurden 18 einzelne Forschungsprojekte in Angriff genommen, [459] auf deren Berichte und Ergebnisse [460] im Rahmen der vorliegenden Untersuchung eingegangen wird, soweit sie dafür relevante Hinweise ergeben. [461] Diese Einschränkung ist deshalb zu machen, weil sich die Untersuchungen ausdrücklich nur auf Zivilsachen (ohne Familiensachen), Familiensachen, Verwaltungsgerichtssachen sowie Finanzgerichtssachen beziehen. Dies schließt zwar eine Übertragung von Forschungsergebnissen für die Arbeitsgerichtsbarkeit nicht aus, zeigt aber doch die Notwendigkeit, sich mit den Besonderheiten dieses Gerichts-zweiges - unabhängig vom Ergebnis der SAR-Projekte - auseinanderzusetzen. [462]Um so wichtiger ist die Aufgabe, parallel zu Lösungsansätzen in anderen Gerichtszweigen zu unter-suchen, ob es im Verfahrensrecht oder im Bereich der Schnittstelle zwischen gerichtlicher und außergerichtlicher Streitbeilegung Ansätze auf dem Gebiet des Arbeitsrechts gibt.

Kapitel I: Verbesserung der Gesetzgebung, Regulierung des Arbeitsrechts

Jahrzehntelang wurde über die Gesetzesflut und ihre Perfektionierung nachgedacht, was durchaus auch nachteilige Folgen hatte. [463] Deshalb sollen zunächst einige Hinweise gegeben werden zur Verbesserung der Gesetze im allgemeinen und zur Neuordnung im Arbeitsrecht speziell.

---

2. Die gerichtlichen Verfahren:
 Können Änderungen im Verfahrensrecht noch zur Beschleunigung und Effizienzsteigerung führen?
3. Das Zusammenspiel - die Schnittstelle - zwischen gerichtlicher und außergerichtlicher Streitbeilegung:
 Wie stark ist die Filterwirkung von Institutionen und Berufsgruppen im vor- und außergerichtlichen Bereich?
 Gibt es Verfahren, die sinnvollerweise gar nicht erst durch ein Gericht entschieden werden sollten?
[459] Strempel in Festschrift für Kitagawa a.a.O. S. 793. An Forschungsmitteln standen in den Haushalten der Jahre 1988-1994 DM 4.228.000 zur Verfügung (Strempel/Renning ZRP 1994, S. 144, 145).
[460] siehe schon Strempel/van Raden NJ 1991, S. 138, 141 f; ausführlicher: van Raden/Strempel ZfRSoz 1991, S. 188 ff und neuerdings zum aktuellen Stand: Strempel/Renning ZRP 1994, S. 144 ff mit Literaturangaben zu den einzelnen Studien.
Die Untersuchungen der Organisationsstrukturen der Amts-, Finanz- und Verwaltungsgerichte liegen vor, durchgeführt von Kienbaum Unternehmensberatung GmbH, Düsseldorf, und WIBERA Wirtschaftsberatung AG, Düsseldorf. Im Schlußbericht wurden als Schlüsselfaktoren identifiziert: Reduzierung der Arbeitsteilung, Integrierte DV-Nutzung, Verbesserung des Ausstattungsstandards, Hebung der Mitarbeitermotivation sowie Gerichtsorganisation/Management. Bericht in BRAK-Mitt. 1991, S. 22 f
Weiter fertiggestellt sind auch: "Rechtsschutzversicherungen und Rechtsverfolgung" (Jagodzinski/Raiser/Riehl - noch nicht veröffentlicht), Bericht in BRAK-Mitt. 1994 S. 6 ff sowie der Forschungsbericht "Schiedsstellen für die Arbeitsgerichte in den neuen Bundesländern" (FB Schiedsstellen a.a.O.), vgl. Bericht in BRAK-Mitt. 1994, S. 12 ff; Untersuchung zum Einsatz des Einzelrichters (§348 ZPO) von Rottleuthner; Bagatelljustiz von Blankenburg/Leipold;
[461] Nicht näher soll auf die Themen "Einstweiliger Rechtsschutz als Konfliktlösung (dazu: Blankenburg ZfRSoz 1991, S. 274 ff) und "Rechtsmittelreform" (dazu: Gilles ZfRSoz 1991, S. 278 ff) sowie auf die Studien für die neuen Bundesländer eingegangen werden.
Die Literatur- und Forschungsinventur zum Thema "Medien und Strukturen der Rechtspflege" von Wittkämper ist noch nicht veröffentlicht.
[462] Die nicht ausdrückliche Einbeziehung der Arbeitsgerichtsbarkeit ist zu bedauern und entspricht nicht dem Stellenwert gemessen am Geschäftsanfall: er beträgt im Verhältnis zu den Verwaltungssachen das 3- fache, im Verhältnis zu den finanzgerichtlichen Verfahren das 8-fache.
[463] s.S. 33 ff, 51

1. Allgemeine Empfehlungen zur Entbürokratisierung und Verbesserung von Gesetzen

Da die Vervielfachung der Normgebung und der Versuch, jede Lebensphase zu reglementieren, vielerorts auf Unmut gestoßen war, versuchten die Politiker unter dem Stichwort "Bürgernahe Verwaltung" der Gesetzesflut und dem Bürokratismus Einhalt zu gebieten. Die Überzeugung setzte sich mehr und mehr durch, daß Regulierung in der Vergangenheit mit hohen gesamtwirtschaftlichen Nachteilen verbunden waren: Wirtschaftliche Dynamik wurde gebremst, der Strukturwandel behindert und das Wachstum verringert. [464]

Beispielhaft sei auf folgende Vorgänge zur *Entbürokratisierung* hingewiesen: Der Hessische Landtag verabschiedete in der 9. Wahlperiode "Vorschläge für Maßnahmen zur Vereinfachung und Beschleunigung der Baugenehmigungsverfahren." [465] Die nordrhein-westfälische Kommission für Gesetzes- und Verwaltungsvereinfachung übergab am 3.11.1983 dem NRW-Ministerpräsidenten ihren Bericht und ihre Vorschläge. [466] Bereits vor mehr als zehn Jahren wurde die "Gesellschaft zur Förderung der Entbürokratisierung e. V." gegründet. Der Arbeitskreis "Rechtsprechung" hat einzelne Fehlentwicklungen in der Rechtsprechung - insbesondere auch des Arbeitsrechts - dargestellt und zur Vermeidung unerwünschter Einflüsse der Bürokratisierung auf die Effizienz des Rechts 12 Empfehlungen veröffentlicht. [467] Die Unabhängige Kommission für Rechts- und Verwaltungsvereinfachung des Bundes, die hauptsächlich der Bereiche Baurecht, Statistik, Teile des Gewerberechts sowie des Straf- und Sozialrechts in Angriff nehmen sollte, [468] erließ zuletzt im Dezember 1993 einen Aufruf zur Mitarbeit bei der Überprüfung von administrativen Pflichten für Unternehmen. [469] Die Deregulierungskommission, eine von der Bundesregierung 1987 eingesetzte unabhängige Expertenkommission zum Abbau marktwidriger Regulierungen, legte 1990 und 1991 bedeutsame Vorschläge für die Deregulierung u.a. des Marktes für Rechtsberatung und auch des Arbeitsmarktes vor. [470] Das Bundeskabinett beschloß am 24.6.1992, einen Großteil der Vorschläge der Kommission umzusetzen. Ab 1994 gibt ein "Bürgerhandbuch" für Beamte Anleitungen, wie Verwaltungshandeln in bürgernahe Sprache und Handeln umgesetzt werden kann.

---

[464] Deregulierungskommission (a.a.O. Vorwort sowie 1. Kapitel)
[465] Drucksache 9/3951 . zum Zwischenbericht der Kommission " Bürgernahe Verwaltung "
[466] bekannt als "Ellwein-Kommission", benannt nach dem Vorsitzenden der Kommission; Ellwein HB vom 16./17.1983
[467] vgl. dazu die Darstellung in DRiZ 1990, S. 168 ff sowie die Empfehlungen in RdA 1990, S. 358
[468] Handelsblatt vom 28.11.1983, die sog. Waffenschmidt-Kommission, benannt nach ihrem Leiter, dem Staatssekretär im zuständigen Bundesinnenministerium.
[469] Aufruf zur Mitarbeit a.a.O.
[470] Deregulierungskommission (a.a.O. 6. und 8. Kapitel)

Aus der Ursachen- und Folgenanalyse einer ungenauen Erarbeitung von Gesetzestexten, einer zu großen Regelungsdichte und Änderungsdynamik [471] ergeben sich einige Empfehlungen: [472]

- Der Gesetzgeber sollte nicht jeden Einzelfall gesetzlich regeln, sondern generellen Regelungen den Vorzug geben. [473] Ein Regelungsstil der "mittleren Abstraktionsebene" mit der Feinstrukturierung im Sinne der Einzelfallgerechtigkeit durch die Verwaltung und Rechtsprechung wäre wünschenswert. [474]

- Nur eine einwandfreie Gesetzessprache garantiert eine "zukunftssichere" Fassung der Texte. Das setzt größte Sorgfalt bei der sprachlichen Fassung voraus, ebenso eine gründliche Untersuchung der zu regelnden Lebenssachverhalte und der sonstigen möglichen Wirkung der Regelungen. [475] Dazu gehört die Kunst strenger Begriffsbildung, abstrakter Fassung, klare Gliederung und die gleichförmige Gestaltung der Rechtssätze. [476]

---

[471] s.S. 35 ff

[472] Einen rechtspolitischen Forderungskatalog hat z.B. Bülow 53. DJT II, a.a.O. Q 24-Q 27 zusammengestellt:
- Bevor Gesetze hergestellt werden, sollte ein Regelungskonzept aufgestellt werden mit Zielprogramm und Mittelrepertoire (ebenso Simon, D. 53. DJT II, a.a.O., Q 14).
- Der Gesetzgeber sollte kritischer gegenüber Detailregelungen sein mit der Prüfung, ob sie aus Gründen der Gleichbehandlung, der Rechtssicherheit oder wegen internationaler Verpflichtungen wirklich unverzichtbar sind (ebenso grundsätzlich Vogel JZ 1979, S, 321, 324; zur Bedeutung internationaler und europäischer Arbeitsrechtsnormen für die Arbeitsgerichtsbarkeit vgl. Leinemann/Schütz BB 1993, S, 2519 ff).
- Für die Ausarbeitung von Gesetzen sollte das Parlament sich selbst und den betroffenen Kreisen ausreichende Zeit gewähren (so auch Wenzel RdA 1976, S. 220,221).
- Die zuständigen Ministerien sollten mehr Rechtstatsachenforschung betreiben (Zitscher ZFA 1979, S.559, 568 Fußn. 20 und 21.) In der vom Bundesministerium für Arbeit und Sozialordnung veröffentlichten Reihe FORSCHUNGSBERICHTE gibt es seit 1986 bis September 1993 von 65 wissenschaftlichen Untersuchungen und Analysen nur wenige Berichte, die sich am Rande mit dem Thema beschäftigen, das im Rahmen der vorliegenden Arbeit liegt, z.B. " Schiedsstellen für Arbeitsrecht in den neuen Bundesländern" - 3/93; daneben ist auf die verschiedene Projekte im Rahmen der "Strukturanalyse der Rechtspflege (SAR)" hinzuweisen.
- Im parlamentarischen Verfahren sollte man verbesserte Kontrolle walten lassen, gegebenenfalls vor Verabschiedung eine nochmalige Überprüfung auf Erforderlichkeit (Maassen, 53. DJT II, a.a.O., Q 10, Simon, H., 53. DJT II, a.a.O., Q 30; Vogel JZ 1979, 321, 324; Kinkel a.a.O. S. 105 f) und Bestandssicherheit durch Einbeziehung des Vermittlungsausschusses oder eines eigens dafür eingerichteten parlamentarischen Ausschusses vornehmen (so etwa Simitis, 53. DJT II, a.a.O. Q 42). Neben den Kosten eines Gesetzes für den Staat müßten auch die Kosten für Betroffene z.B. Arbeitnehmer oder Arbeitgeber begründet werden.
- Die Gesetzgebungslehre sollte in die juristische Ausbildung einbezogen werden.
[473] Maassen (NJW 1979, S. 1473) weist auf zu Recht auf den Entscheidungskonflikt des Gesetzgebers hin, der durch eine "perfekte Lösung" alle denkbaren Fälle im Gesetz regelt oder im Interesse größerer Praktikabilität und Anpassungsfähigkeit ein gewisses Regelungsdefizit in Kauf nimmt, was bedeutet, daß die Mitverantwortung im Streitfall auf die Gerichte übergeht. Sendler (ZRP 1979, S.227, 231) spricht in diesem Zusammenhang von "kasuistischem Perfektionismus" oder einer "Flucht in die Generalklauseln".
[474] ebenso Simon, H., 53. DJT II, a.a.O., Q 32
[475] Vogel JZ 1979, S. 321, 324; ders. DVBl 1979, S. 897, 899
[476] Schneider (NJW 1962, S. 1273) würdigt damit Savigny und dessen scharfe Gesetzessprache und typische Gesetzestechnik, "die im BGB ihren Triumpf feiern."

- Schließlich geht es um eine generelle "Entfeinerung" ("Entrümpelung", Vereinfachung) der Regelungen. [477]

Ein deutliches Beispiel für die Auswirkungen einer unklaren Begrifflichkeit ist an der Entwicklung der gesetzlichen Definition des "Leitenden Angestellten" aufzuzeigen. [478] Unter der Geltung des § 4 BetrVG 1952 gab es eine Entscheidung des BAG; vermutlich war die Angestelltenversicherungspflicht mit der festen Gehaltsgröße ein sicheres Abgrenzungsmerkmal. Dieses Kriterium fand sich im BetrVG 1972 nicht mehr wieder. Die Folge: Der Begriff des "Leitenden Angestellten" war höchst umstritten, die Arbeitsgerichte wurden stark in Anspruch genommen. Durch die zum 1.1.1989 in Kraft getretene Änderung des § 5 BetrVG [479] wurde der Einleitungssatz geändert sowie in Abs. IV eine Auslegungsregel geschaffen, die in Ziffer 4 wieder an das Jahresarbeitsentgelt [480] anknüpft. Seither wurde dem BAG - soweit ersichtlich - keine Entscheidung nach neuem Recht vorgelegt. [481]

2. Beispiele aus anderen Rechtsgebieten [482]

2.1 EG StGB

Das Einführungsgesetz zum Strafgesetzbuch vom 2.3.1974 [483] wurde durch die Reformarbeiten aus mehr als 300 Vorschriften einschließlich des Nebenstrafrechts zusammengefaßt.

---

[477] Wagener DÖV 1978, S. 802, 804; Vogel JZ 1979, S. 321, 324; kritisch dazu Gester (a.a.O. S. 63, 64) aus der Sicht der organisierten Arbeitnehmerschaft, weil mit einer formal- abstrakten Betrachtung rasch materielle Schutzgüter gefährdet sein können.
[478] s.o. S. 42 ff
[479] BGBl 1988 I S.2312 sog. Sprecherausschußgesetz
[480] das ist im Zweifel das Dreifache der Bezugsgröße nach § 18 SGB IV.
Hätte man den Begriff des leitenden Angestellten aufgrund der Einkommensverhältnisse im Jahr 1974 definiert, hätte ein Betrag von 55.000,--DM, bei absolut sicherer Feststellung über alle Wirtschaftszweige und Unternehmensgrößen nicht unter 60.000,-- DM festgesetzt werden müssen. Dies ergab eine empirische Untersuchung, deren Ergebnisse von Witte/Bronner (DB 1974, S. 1233 ff) veröffentlicht wurden.
[481] Eine Entscheidung ist danach, am 25.10.1989- AP 42 zu § 5 BetrVG = DB 1990, S. 1775 noch zu § 5 Abs. III BetrVG i.d.F.v. 1972 ergangen. Ein weiteres Urteil vom 25.11.1993 bestätigt die BAG-Entscheidung vom 15.6.1961 - AP 7 zu § 253 ZPO.
[482] Die Bundesregierung hat dem Deutschen Bundestag vor kurzem den Bericht über die Deregulierungsmaßnahmen vorgelegt. In der Drucksache 12/7468 sind zahlreiche Hinweise auf Vorschriften-Vereinfachung gegeben.
[483] BGBl. I S. 469 ff und weitere Änderungen, dargestellt bei Dreher-Tröndle a.a.O. Einl. Rdz.9, 10

2.2 Sozialgesetzbuch

Die traditionelle Einteilung des Sozialrechts in die drei Bereiche Sozialversicherung, Sozialversorgung und Fürsorge hatte eine weitaus vielfältigere Gesetzesaufteilung zur Folge. Kranken-, Renten- und Unfallversicherungsrecht hatten sich seit 1880 als selbständige Rechtsgebiete entwickelt, was zu einer erheblichen Gliederung in unterschiedliche Gesetzen führte. [484]

Mit dem Inkrafttreten des Allgemeinen Teils des Sozialgesetzbuches ist das umfangreichste gesetzgeberische Vorhaben auf dem Gebiet des Sozialrechts angelaufen, um das Rechtsverständnis des Bürgers und damit sein Vertrauen in den sozialen Rechtsstaat zu fördern, die Anwendung des Rechts durch die Verwaltung und die Rechtsprechung zu erleichtern sowie die Rechtssicherheit zu gewährleisten. [485] Die Zusammenfassung in einem Gesetz, dem Sozialgesetzbuch, ist nach 100 Jahren Sozialrecht sicher als "Jahrhundertwerk" zu bezeichnen. [486]

3. Empfehlungen auf dem Gebiete des Arbeitsrechts

3.1 Regulierung als Ordnungsinstrument

Auf die Gesetzesvielfalt auf dem Gebiet des Arbeitsrechts wurde bereits hingewiesen; [487] das Rechtsgebiet ist zersplittert. Deshalb kann es sinnvoll sein zu überlegen, ob die Schaffung übersichtlicherer Rechtsgrundlagen zu mehr Rechtsklarheit beiträgt, die ihrerseits weniger Anreize für gerichtliche Auseinandersetzungen nach sich ziehen. Im Sinne der vorliegenden Darstellung kommt es nicht auf den "materiellen" Inhalt der arbeitsrechtlichen Bedeutung des Begriffs der Deregulierung an; [488] denn es geht weder um die Globalstrategie "Mehr Markt im Arbeitsrecht", [489] weil zu viele Schutzvorschriften die Unternehmer in ihren Handlungsspielräumen (gleichzeitig zum Nachteil der Arbeitnehmer ?) einengen, noch um die

---

[484] zur geschichtlichen Entwicklung: Wannagat a.a.O. S.40 ff; Gitter a.a.O. S. 13 ff, 20 ff;
[485] BT-Drucks.7/868
[486] Bisher wurden geschaffen:
- SGB I (Allgemeiner Teil)
- SGB IV (Gemeinsame Vorschriften für die Sozialversicherung)
- SGB V (Gesetzliche Krankenversicherung)
- SGB VI (Gesetzliche Rentenversicherung)
- SGB X (1.-3. Kap.: Verwaltungsverfahren, Schutz der Sozialdaten, Zusammenarbeit der Leistungsträger und ihre Beziehungen zu Dritten)
- SGB XI (Soziale Pflegeversicherung)
[487] s.S. 37
[488] dazu Linnenkohl/Kilz/Reh BB 1990, S. 2038; Linnenkohl AdG Bd. 29 S. 127 ff; Blank a.a.O. S. 25 ff betrachtet die Deregulierungsoffensive der 80er Jahre als Propaganda und spricht sich für die "notwendige Verteidigung erreichter sozialer Schutzstandards aus."
[489] Engels u.a. im Kronberger Kreis a.a.O.; vgl. auch Mann a.a.O. S. 44 ff

Position, ob es durch das Arbeitsrecht keinen Standortnachteil gibt. [490] [491] Vielmehr geht es um die sinnvolle Auflösung einer "erstarrten und ungelenkigen" [492] Regelungslandschaft im Arbeitsrecht. [493]

3.2 Vorschläge für die Zukunft

3.2.1 Arbeitsgesetzbuch

Bereits die Reichsverfassung von Weimar erklärte in Art. 157 Abs. II programmatisch:" Das Reich schafft ein einheitliches Arbeitsrecht." [494] Es geschah nicht. Die nationalsozialistische Zeit hatte mit der Auflösung von Gewerkschaften und Arbeitgeberverbänden und der Einführung des sog. Führerprinzips einen anderen Ansatz und ein Verständnis von individuellem und kollektivem Arbeitsrecht, das hier nicht weiter verarbeitet werden soll. [495] Zur Entwicklung des Arbeitsrechts in der Bundesrepublik Deutschland [496] darf erinnernd darauf hingewiesen werden, daß der Deutsche Bundestag zwar am 2.12.1959 einstimmig beschloß, die Bundesregierung zu beauftragen, mit der Einleitung der Vorarbeiten zum Entwurf eines Arbeitsgesetzbuches zu beginnen. Man war sich allerdings einig, zunächst nur eine Vereinheitlichung und Bereinigung von Teilbereichen herbeizuführen. An anderer Stelle [497] wurde bereits ausgeführt, daß die gesetzlichen Grundlagen des arbeitsrechtlichen Gebietes weit verstreut in hunderten von Einzelgesetzen und Rechtsverordnungen des Bundes und der Länder zu finden waren und sind. Ein Anfangserfolg dieser geplanten Neuordnungen war die Vereinheitlichung des Kündigungsrechts durch das 1.Arbeitsrechtsbereinigungsgesetz. [498] Vom 2. Arbeitsrechtsbereinigungsgesetz gab es nur einen Referentenentwurf. [499] [500] Es hat

---

[490] Diese Position vertritt Däubler DB 1993, S. 781 ff; die gesetzgeberischen Deregulierungsmaßnahmen im Bereich des Sozial- und Arbeitsrechts beschreibt Keller WSI-Mitteilungen 6/1990 S. 366 ff mit der Folge des Abbaus von Arbeitnehmerrechten. Ablehnend auch Gester a.a.O. S. 63, 64 mit Hinweis auf das Beschäftigungsförderungsgesetz, das Arbeitszeitrecht, das Lohnfortzahlungsrecht und den § 116 AFG als Beispiele.

[491] Aus Sicht der Gewerkschaften ist der Bereich des Tarifrechts bei der Frage des Abbaus der Gesetzesflut zu vernachlässigen, weil es eher um eine Erweiterung der Regelungsmacht geht und nicht um eine Reduzierung qualitativer Arbeits- und Wirtschaftsbedingungen (Gester a.a.O. S. 63, 67). Unter quantitativen Gesichtspunkten müßte ein Abbau bedeuten, auf einen Teil der 36.000 Tarifverträge (1985) zu verzichten.

[492] Keller WSI-Mitteilungen 6/1990, S. 366,371, FN 37 unter Hinweis auf Rüthers und andere

[493] Im Sinne der Deregulierungskommission (a.a.O. 1. Kapitel Ziff. 1) handelt es sich auch dann um "Deregulierung", wenn es nicht nur um den Abbau von Rechtsnormen geht, sondern um "jede wohlbegründete Veränderung der Spielregeln, die der wirtschaftlichen Freiheit dient."

[494] Zur Dogmengeschichte näher MünchArbR/Richardi a.a.O. §1 Rdz. 18 und § 3 Rdz. 3

[495] weiterführend Hueck-Nipperdey a.a.O. Bd.1, S. 20 ff; zum Arbeitsverhältnis in der Arbeitsverfassung des Nationalsozialismus MünchArbR/Richardi, a.a.O. § 4 Rdz. 7 ff

[496] MünchArbR/Richardi a.a.O. § 5 Rdz.1-11; Düwall a.a.O. S. 65 f

[497] s.S. 37

[498] vom 14.8.1969, BGBl. I S. 1006

[499] RdA 1971 S. 355 ff

[500] Die Gesetzentwürfe einzelner Parteien zu bestimmten Themen sollen hier nicht untersucht und gewürdigt werden.

auch weiterhin nicht an Versuchen gefehlt, "das unübersichtlich gewordene Arbeitsrecht in einem Arbeitsgesetzbuch zusammenzufassen". [501] [502]

Trotz früherer Fehlschläge bleibt die Notwendigkeit, die Kodifizierung des Arbeitsrechts in einem Gesetzeswerk anzugehen. Gegebenenfalls ist diese Aufgabe in Teilabschnitten zu vollziehen.

3.2.2 Arbeitsvertragsgesetzbuch

Die Kodifikation des Arbeitsvertragsrechts wird nach früheren Anläufen [503] auch in heutiger Zeit für wichtig gehalten. [504] Zunächst ergibt sich die Selbstverpflichtung der Bundesregierung aus Art. 30 des Einigungsvertrages vom 31.8.1990. [505] Aufgrund dieser Vorschrift hat sich der 59. Deutsche Juristentag 1992 damit befaßt und in der Abteilung Arbeitsrecht über das Thema verhandelt "Welche wesentlichen Inhalte sollte ein nach Artikel 30 des Einigungsvertrages zu schaffendes Arbeitsvertragsgesetz haben?" [506] Überwiegend wurde das Grundanliegen des Entwurfs begrüßt. [507]

---

[501] so u.a. in der Abteilung Gesellschaftspolitik in der Regierungserklärung des damaligen Bundeskanzlers Brandt vom 28.10.1969 - zitiert nach Rüthers, FAZ vom 24.10.1981
[502] Der zuständige Bundesarbeitsminister Arendt berief am 3.11.1970 eine Sachverständigen-Kommission für den Entwurf eines Arbeitsgesetzbuches. Der 1977 zunächst auftragsgemäß vorgelegte Entwurf eines Arbeitsverhältnisgesetzes wurde nach einer Sitzung am 19.5.1978 "auf Eis gelegt". Drei Jahre später löste der Bundesminister für Arbeit, Ehrenberg, die Kommission durch ein Schreiben vom 10.6.1981 auf (Weitere Einzelheiten bei Rüthers, FAZ vom 24.10.1981).
[503] Der DGB hatte bereits am 5.4.1977 einen vollständigen Entwurf für ein Arbeitsverhältnisgesetz vorgelegt, RdA 1977, S. 166 ff; eine zusammenfassende Beschreibung findet sich in AuR 1977, S. 245 ff.
[504] Mückenberger, ZRP 1993, S. 457, befürwortet eine Reform, die nicht lediglich die geltende Rechtslage vereinheitlicht, sondern den Anforderungen der gegenwärtigen Umbruchsituation Rechnung trägt; er meint damit vor allem die Tendenz zur Dienstleistungsgesellschaft und zur Individualisierung.
[505] Dort heißt es u.a.:
Abs. I " Es ist Aufgabe des gesamtdeutschen Gesetzgebers,
1. das Arbeitsvertragsrecht sowie das öffentlich-rechtliche Arbeitszeitrecht einschließlich der Zulässigkeit von Sonn- und Feiertagsarbeit und den besonderen Frauenarbeitsschutz möglichst bald einheitlich neu zu kodifizieren,
2. den öffentlich-rechtlichen Arbeitsschutz in Übereinstimmung mit dem Recht der Europäischen Gemeinschaften und dem damit konformen Teil des Arbeitsschutzrechts der Deutschen Demokratischen Republik zeitgemäß neu zu regeln. "
[506] vgl. Sitzungsbericht P über die Verhandlungen der Abteilung Arbeitsrecht am 16. und 17. 9.1992 mit Referaten von Weiss a.a.O. P 8 ff, Köbl a.a.O. P 30 ff, Neumann a.a.O. P 59 ff; Diskussion a.a.O. P 71 ff , Beschlußfassung über die Empfehlungen a.a.O. P 194 ff, Beschlüsse a.a.O. P 201 ff = DB 1992, S.2033; einen Bericht über die arbeitsrechtliche Abteilung gibt auch Düwall a.a.O. S. 65 ff;
zum Professorenentwurf aus Arbeitgebersicht: Wisskirchen/Worzalla, Der Arbeitgeber 1992, S. 755 ff; DGB-Thesen für ein Arbeitsverhältnisgesetz AuR 1992, S.267 ff; vgl. auch Weber BB 1992, S. 1345 ff; Wank DB 1992, S. 1826 ff; Richardi NZA 1992, S.769 ff; Stellungnahme des Deutschen Richterbundes; Beschluß der Konferenz der Präsidenten der Landesarbeitsgerichte vom 27.5.1992; Steinmeyer/Jürging NZA 1992, S. 777 ff;
[507] Die allgemeine Empfehlung, die Kodifizierung des Arbeitsvertragsrechts sollte sich auf wenige einfache und ausgewogene Regelungen - möglichst innerhalb des BGB - beschränken, wurde nicht angenommen, vgl. 59. DJT Sitzungsbericht P 194, 201

Auf eine Kleine Anfrage hat die Bundesregierung erwidert, [508] daß vorläufig eine baldige Kodifikation des Arbeitsvertragsrechts nicht in Betracht komme, ein Referentenentwurf liege noch nicht vor. Eine umfassende und zeitraubende Vorbereitung schließe die kurzfristige Erstellung des Entwurfs aus. [509] Vordringlich müßten einzelne gesetzliche Regelungen aufgrund von Entscheidungen des BVerfG und des Europäischen Gerichtshofes sowie aufgrund EU - rechtlicher Vorhaben behandelt werden. [510] Die Rechtslage erfordert zum Arbeitsvertragsrecht eine gesetzliche Regelung. Wie zeitnah dies geschieht, hängt von der politischen Entscheidungslage ab. Hinsichtlich des öffentlich-rechtlichen Arbeitszeitrechts darf auf das Gesetz zur Vereinheitlichung und Flexibilisierung des Arbeitszeitrechts (Arbeits- zeitrechtsgesetz) hingewiesen werden. [511]

3.2.3 Arbeitsschutzgesetzbuch

Am 9.12.1992 hat der Ausschuß des Bundestages für Arbeit und Sozialordnung zu dem Antrag der SPD zur Schaffung eines Arbeitsschutzgesetzbuches [512] eine öffentliche Anhörung durchgeführt. Es wurden Einzelsachverständige, Arbeitnehmer- und Arbeitgebervertreter, Vertreter der Unfall- und Krankenversicherungsträger, Sicherheitsexperten und Arbeitsmediziner gehört. Über den Nutzen war man sich durchweg einig. [513] Streitig blieb, ob der Arbeitsschutz in einem eigenen Gesetzbuch verankert werden müsse (so z.B. SPD und DGB), oder ob die bisherigen Gesetze lediglich transparenter gestaltet werden müßten (so etwa die BDA und Verband Deutscher Betriebs- und Werksärzte). Es liegt in der Natur der

---

[508] BT-Drucksache 12/3592 vom 2.11.1992 auf Frage des Abgeordneten Hein und der Gruppe der PDS/Linke Liste

[509] Mittlerweile appelliert die 55. Konferenz der LAG-Präsidenten (Rheinsberg) dringend an den Gesetzgeber, den Verfassungsauftrag zur Kodifizierung eines Arbeitsvertragsgesetzes zu erfüllen, vgl. AuR 1993, S. 398

[510] Dazu gehören:
- die Angleichung der Kündigungsfristen von Arbeitern und Angestellten (Gesetz zur Vereinheitlichung der Kündigungsfristen von Arbeitern und Angestellten, Kündigungsfristengesetz - KündFG vom 7.10.1993, BGBl. I S. 1668 ff in Kraft ab 15.10.1993. Das Gesetz war notwendig geworden, nachdem das BVerfG - v.16.11.1982 = AP Nr. 16 zu § 622 BGB - die Unvereinbarkeit der ungleichen Kündigungsfristen mit Art.3 Abs. I GG festgestellt hatte. DGB-Stellungnahme zum Entwurf in AuR 1993, S. 329 f; zum Gesetz: Preis/Kramer DB 1993, S. 2125 ff; Wank NZA 1993, S. 961 ff).
- Gleichbehandlung von Frauen und Männern am Arbeitsplatz (dazu Regierungsentwurf eines Gesetzes zur Durchsetzung der Gleichberechtigung von Frauen und Männern, Zweites Gleichberechtigungsgesetz - 2. GleiBG vom 7.5.1993 BR Drs. 301/93)
- die Umsetzung der EG-Richtlinie 92/56 EWG zur Angleichung der Vorschriften über Massenentlassungen und der Richtlinie 91/533 EWG über den Nachweis für Arbeitsverhältnisse.

[511] BGBl 1994 I S. 1170 ff; zur geplanten Neuregelung Sondermann DB 1993, S. 1922 ff; Zmarzlik BB 1993, S. 2009 ff; kritisch zur Deregulierung die IG Metall, Der Gewerkschafter 9/93, S. 32

[512] BT-Drucksache 12/2412; vgl. auch den Entwurf eines Arbeitsschutzrahmengesetzes des BAM

[513] vgl. den Bericht über die Notwendigkeit eines Arbeitszeitschutzgesetzbuches in RdA 1993, S. 107

Sache, daß widerstreitende Interessen in Zeiten angespannter Wirtschaftsphasen weniger zum Erfolg führen, wenn mit einer Gesetzesänderung Kostenbelastungen verbunden sind.

Unter dem Gesichtspunkt der hier angestellten Überlegungen eines konzentrierten, übersichtlichen Regelwerkes ist eine Zusammenfassung auf einem kleinsten gemeinsamen Nenner zu empfehlen. Dadurch sollten tunlichst keine neuen finanziellen Belastungen, jedenfalls aber Transparenz für alle betroffenen Arbeitnehmer, Arbeitgeber und Aufsichtsbehörden geschaffen werden. Schließlich gilt es, europäische Normen umzusetzen.

3.2.4 Arbeitskampfgesetz

Würde man dem Votum von rund 2500 Teilnehmern des Deutschen Juristentages 1992 und vieler Sachkundiger im Arbeitsrecht folgen, dann müßte der Gesetzgeber auch die Kodifikation des Arbeitskampfrechts in Angriff nehmen.[514]

Das Arbeitskampfrecht ist aus der Koalitionsfreiheit und Arbeitskampfgarantie des Art. 9 Abs. III GG entwickeltes Richterrecht.[515] Es hat die Tarifvertragsparteien über Jahrzehnte beschäftigt und eine Vielzahl von Rechtsfragen vor die Arbeitsgerichte und das BVerfG [516] gebracht. Bereits 1971 hielt das BAG [517] "Vereinbarungen zwischen den Tarifvertragsparteien über die Austragung der Interessengegensätze erforderlich". Derartige "autonome Arbeitskampfklauseln" [518] sind, wie das BAG ausführt, grundsätzlich anzuerkennen." [519] Über die Vereinbarungen von Schlichtungs- und Schiedsvereinbarungen [520] hinaus haben die Tarifvertragsparteien - offenbar wegen der unterschiedlichen Interessenlage [521] - keine Arbeitskampfregeln realisiert.

---

[514] dafür auch Kronberger Kreis a.a.O., S.23
[515] Wichtige Grundsatzentscheidungen: BAG GS AP 1, 43; 51, 64-66, 81, 108 zu Art. 9 GG Arbeitskampf; s.a. Brox-Rüthers a.a.O. S. 30 ff, 64 ff; Schaub a.a.O. S. 1445 ff, Fußn. 1a, b mit zahlreichen Literaturhinweisen.
[516] Das BVerfG bestätigt am 26.6.1991 das BAG, indem es ausführt, daß zu den geschützten Mitteln der Tarifparteien zur Erreichung ihrer Ziele auch Arbeitskampfmaßnahmen gehören, AP Nr. 117 zu Art. 9 GG Arbeitskampf.
[517] GS AP Nr. 43 zu Art. 9 GG Arbeitskampf (unter Teil III A. I. 3)
[518] Hagemeier/Kempen/Zachert/Zilius a.a.O. § 1 Rdz. 204
[519] BAG vom 21.4.1971, AP Nr. 43 zu Art. 9 GG Arbeitskampf. Damit ist das problematische Verhältnis von Gesetzgebung und Tarifautonomie angesprochen. Zum Verhältnis von gesetzesvertretendem Richterrecht zum Tarifvertrag vgl. z.B. Hagemeier/Kempen/Zachert/Zilius a.a.O. Einl. Rdz. 185, 188, so ebenso wie Löwisch/Rieble a.a.O. Grundl. Rdz. 47, der Meinung sind, daß einem Arbeitskampftarifvertrag kein "Vorrang" vor einer staatlichen Regelung zukäme; dies stellte das BAG auch in einer späteren Entscheidung vom 10.6.1980, AP Nr. 64 zu Art. 9 GG Arbeitskampf, klar.
[520] vgl. z.B. die Schlichtungs- und Schiedsvereinbarung für die Metallindustrie vom 1.1.1980 zwischen dem Gesamtverband der metallindustriellen Arbeitgeberverbände einschließlich seinen Mitgliedsverbänden und der IG Metall oder Schlichtungsregelung vom 28.10.1981 i.d.F. vom 24.6.1992 zwischen BAVC und IG Chemie-Papier-Keramik
[521] weiterführende Hinweise bei Hagemeier/Kempen/Zachert/Zilius a.a.O. § 1 Rdz. 206

Der Zustand, daß weder der Gesetzgeber noch die unmittelbar betroffenen Tarifparteien ein Regelwerk erstellt haben, hat die Kreativität der Rechtswissenschaft herausgefordert. Eine Professorengruppe legte 1988 den "Entwurf eines Gesetzes zur Regelung kollektiver Arbeitskonflikte" vor. [522] Fast zeitgleich schlug Heinze in einem Entwurf für eine Arbeitskampfordnung die Änderung des Tarifvertragsgesetzes vor. [523] Wenn der Gesetzgeber sich nicht länger auf das BAG als "Ersatzgesetzgeber" verlassen möchte, [524] wäre er aufgerufen, die Vorarbeiten der Wissenschaft zu beachten und das Arbeitskampfrecht zu regeln. Dabei könnte nicht von einer Übernahme der obigen Vorschläge ausgegangen werden. Abgesehen vom Schwierigkeitsgrad der zu regelnden Materie, darf darauf hingewiesen werden, daß es auch dem Professorenentwurf nicht gelungen ist, die Formulierungen des Gesetzentwurfes so eindeutig zu fassen, damit Rechtsstreite wegen notwendiger Begriffsklärungen tunlichst unterbleiben. Den "Entwurf eines Gesetzes zur Regelung kollektiver Arbeitskonflikte" durchziehen so viele unbestimmte Rechtsbegriffe und Generalklauseln, daß der Streit um Definition, Auslegung und Lückenausfüllung geradezu vorprogrammiert wäre. Beispielsweise ist der Begriff "Arbeitskampf" nicht definiert, sondern nur in der Entwurfsbegründung mit zahlreichen weiteren unbestimmten Rechtsbegriffen umschrieben. Die Erwartungen an neue Gesetze sollten allerdings nicht übertrieben sein. Es kommt darauf an, eine mittlere Ebene zwischen Konkretisierungsperfektion und dem erforderlichen Maß an Generalklauseln zu erreichen. Der Normgeber ist nicht gezwungen, jede Einzelheit vorweg zu regeln, er darf darauf vertrauen, daß eine erfahrene Richterschaft in der Lage ist, genereller gehaltene Vorschriften zu konkretisieren und fortzuentwickeln. [525] Ohnehin wird sich ein gewisses Maß an Klärungsbedarf durch die Rechtsprechung nicht vermeiden lassen. [526] Eine (nahezu vollkommene) Vermeidung von Prozessen kann es nicht geben.

4. Zwischenergebnis:

Gerade im Gebiet des Arbeitsrechts liegt ein dringender Bedarf vor, ordnende Maßnahmen seitens des Gesetzgebers vorzunehmen. Arbeitsvertragsrecht und Arbeitsschutzrecht sowie andere Sonderschutzthemen sind baldmöglichst einheitlich regeln. Dabei ist darauf zu achten, daß notwendige Gesetze Konflikte nicht vorprogrammieren, indem sie klar formuliert werden. Dies könnte dazu beitragen, gerichtliche Auseinandersetzungen zu vermeiden.

---

[522] Birk/Konzen/Löwisch/Seiter a.a.O. - dazu Müller DB 1989, S. 42 ff; Hromadka NZA 1989, S. 379 f
[523] Festschrift für Molitor a.a.O. S. 159 ff
[524] s. die Anmerkung in FN 519
[525] Simon. H. 53. DJT II, a.a.O., Q 32; Kittner, Arbeitsmarkt a.a.O. S. 11, 85 ff. Zur richterlichen Rechtsfortbildung BVerfGE 74, 129; 152; Benda/Maihofer/Vogel a.a.O. § 33 Rdz. 96
[526] z.B. wenn der Norminhalt eines Gesetzes so abstrakt ist wie in § 36 Nr. 3 AFG ("was ist zweckmäßig?"), daß eine Konkretisierung erst durch das Gericht möglich wird, Beispiel von Kittner, Arbeitsmarkt a.a.O. S. 11, 85 FN 252.

Kapitel II: Novellierung des ArbGG und anderer Vorschriften

1. Notwendigkeit einer Reform des ArbGG

Ein kurzer internationaler Rechtsvergleich zeigt, daß Umfang und Geschäftsanfall der bundesdeutschen Justiz über dem vergleichbarer Länder liegt: In der Bundesrepublik gibt es heute 17.600 Richter, das sind 28 Richter pro 100.000 Einwohner. Dagegen liegt die Relation in Frankreich bei 10, in den Niederlanden bei 6, in den anglo-amerikanischen Ländern bei 5 Richtern pro Maßeinheit. Auch die Einschaltung der Zivilgerichte gab ein ähnliches Bild: Anfang der 80er Jahre rund 3.500 Prozesse in I. Instanz pro 100.000 Einwohner, dagegen in Belgien rund 2.700, in Frankreich rund 1.600 und in den Niederlanden nur 1.400. [527]

In der Arbeitsgerichtsbarkeit sind die Richterstellen von 1961 mit 327 Berufsrichtern auf 786 im Jahre 1991 (ebenso 1992) angewachsen. [528] Das ist ein Faktor von 2,5 x. Man könnte diese Vorgehensweise als "ein Kurieren an den Symptomen" bezeichnen, während eigentlich ein Bekämpfen der Ursachen der richtige Weg wäre. Nebenbei ist zu beobachten, daß die zahlenmäßige Bearbeitungsleistung rückläufig ist. Während z.B. 1961 pro Richter und Jahr noch mehr als 500, [529] in 1971 dann 572 Rechtsstreite pro Jahr erledigt wurden, waren es 1991 nur noch 430 Fälle pro (nach Planstellen verfügbaren) Richter am Arbeitsgericht. [530] Anders ausgedrückt: Bei gleicher Arbeitsleistung wie 1971 hätten 577 Richter alle Fälle des Jahres 1991 erledigt, oder: die 786 Richter des Jahres 1991 hätten bei gleicher Schwierigkeit der Fälle des Jahres 1971 insgesamt 449.592 Fälle erledigen müssen. Nicht ganz so krass sieht die Rechnung aus, wenn man bei der Zahl der Richterstellen die nicht besetzten Stellen (= minus 4,2 %) und die mit Verwaltungsaufgaben betrauten Richterstellen (= minus 6,17 %) [531] von der Planzahl abzieht; es bleibt dennoch ein Erklärungsbedarf für das "Erledigungsdefizit" in 1991 gegenüber früheren Jahren. [532] Die mathematische Betrachtung trägt dem Sachverhalt nicht genügend Rechnung. Im Sinne der geschilderten Entwicklung in der Gesetzgebung haben es die Berufsrichter der Arbeitsgerichtsbarkeit zunehmend mit einer

---

[527] Speyerer FB Nr. 88 Bd. 2 (Anhang D) a.a.O. S.1; Simsa/Stock ZfRSoz 1991, S. 302, 303; Blankenburg/Verwoerd DRiZ 1987, S.169, 170 f, dieselben DRiZ 1986, S.207 f, weisen darauf hin, daß nirgendwo in der Welt so viele Richter je eine Million Bevölkerung so niedrige Geschäftsbelastungen wie in der Bundesrepublik haben; allerdings ist auch die jeweilige Prozeßdauer nirgends so kurz.
[528] Tabelle 36: Gerichte und Richter 1961 - 1991
[529] 500 Erledigungen gesteht auch der Arbeitsrichter Klees, DuR 1975, S. 26, 28, zu, der später wegen Arbeitsüberlastung sein Amt aufgab.
[530] Tabelle 37: Erledigte Klagen pro Richter 1961 - 1991.
[531] Beschluß der 46. Konferenz der Präsidenten der Landesarbeitsgerichte 1984 aufgrund des Berichtes der Arbeitsgruppe "Personalbedarf in der Arbeitsgerichtsbarkeit"- Richter, als Grundlage der Berechnung für die Jahre 1981 und 1991 in der Tabelle 38: Erledigte Klagen pro tätige Richter 1961 - 1992
[532] Mit einer Erledigungszahl von 479 Fällen pro Richter kommt man dem von der LAG-Präsidenten-Konferenz 1984 aufgestellten Beschluß, eine Begrenzung der jährlichen Neuzugänge je Richterstelle auf 500 Klagen und Anträgen im Beschlußverfahren für unverzichtbar zu erklären, nahe.

komplexeren Rechtsmaterie zu tun, was sich auf die Bearbeitungsintensität der einzelnen Rechtsfälle auswirkt. Forensische Praxis lehrt, daß sich die Abwicklung eines Beschlußverfahrens ungleich schwieriger darstellt, als der Durchschnittsfall im Urteilsver fahren. Die Bearbeitung von Beschlußverfahren, spielte vor 1972 nur eine zu vernach lässigende Rolle. Statistisch erledigte ein Richter am Arbeitsgericht im Jahr 1971 durchschnitt lich 0,87 Verfahren, [533] dagegen hatte jeder tätige Richter I. Instanz in 1991 11,3 Beschlußver fahren zu bewältigen. [534 535]

In den 70er Jahren bis zu Beginn der 80er Jahre ist durch die Politik versucht worden, den steigenden Prozeßanfall im wesentlichen durch Personalmehrung zu bewältigen. In Zeiten knapper Mittel wurde eher an eine Begrenzung des Zustroms zu den Gerichten, an eine Verfahrensvereinfachung und an eine Eindämmung der Rechtsmittelinstanzen gedacht. Inzwischen überwiegt wohl die Einsicht, mit einer bloßen Vermehrung von Personal- und Mitteleinsatz, die gesamt-gesellschaftliche Leistung der Justiz bei steigendem Arbeitsanfall nicht verbessern zu können.[536 537] Für die Rechtspolitik bedeutet dies: die Steuerung des Geschäftsanfalls der Gerichte soll nicht mehr durch Wertgrenzen oder Kostenregelungen wie Prozeßkosten, Kosten- und Beratungshilfe, sondern durch "Umfang und Güte außerforensischer Konfliktregelung" erfolgen. [538]

Seit den Vereinfachungs- und Beschleunigungsnovellen 1976 und 1979 [539] ist es trotz dringenden Bedarfs weder zu außerforensischen Neugestaltungen noch zu einer grundlegenden Änderung im Bereich des arbeitsgerichtlichen Rechtsschutzes gekommen, die neben einer breiten Bereinigung zugleich einer Verbesserung des Rechtsschutzes, der Vereinfachung und Beschleunigung des Verfahrens und damit der Entlastung der Arbeitsgerichte gedient hätte. [540] War schon im Zusammenhang mit der sog. Beschleunigungsnovelle von 1979 Kritik an unzureichenden Maßnahmen ("verzettelte Reform") geäußert worden, [541] so konnten auch

---

[533] Tabellen 10 und 38: 324 : 371
[534] Tabellen 10 und 38: 8.704 : 706
[535] Daneben spielt gegebenenfalls auch eine Rolle, daß Arbeitsrichter seit 1972 zunehmend als Vorsitzende von Einigungsstellen tätig sind und sich auch als Ausbilder für juristische Referendare und für Studenten der Jurisprudenz zu betätigen haben.
[536] so Strempel/van Raden ZRP 1991, S. 91.
[537] Der Vorsitzende des Deutschen Richterbundes, Rainer Voss, plädierte jüngst nicht für neue Richterstellen, sondern für eine Aufgabenentlastung der Justiz, FAZ vom 8.10.1993. Demgegenüber fordert der DGB Hessen wegen der 16 % - Steigerung der Verfahren bei den hessischen Arbeitsgerichten (1992: 36 178 Fälle) 25 neue Richterstellen und 40 nichtrichterliche Stellen, DGB Pressedienst 57/93 vom 1.11.1993 = HNA vom 3.11.1993
[538] Strempel ZRP 1989, S.133, 134
[539] siehe Fußnoten 3 und 4
[540] ebenso Berscheid ZFA 1989, S.47, 49
[541] vor Inkrafttreten z.B. Wenzel, ZRP 1978, S. 206; nach Inkrafttreten: Zitscher, ZFA 1979, S. 559, 561, 564 errechnet eine erhebliche Verlängerung der Prozeßdauer, in der I.Instanz von bisher 39,3 Tagen auf 52 Tage und für die II.Instanz von früher 78 Tagen auf 114 Tage; von den Erfahrungen nach 4 Jahren berichten Barwasser, AuR 1984, S. 171 ff aus der Sicht der I. und II. Instanz und Bichler, AuR 1984, S. 176 aus der Sicht der III. Instanz;

110

spätere ArbGG - Änderungen [542] die Erwartungen und Notwendigkeiten nicht erfüllen. Das Gesetz zur Entlastung der Rechtspflege vom 11.1.1993 [543] änderte hauptsächlich die Zivil- und Strafprozeßordnung, sah aber auch Maßnahmen für die Sozial- und Verwaltungs gerichtsbarkeit vor. Unberührt blieb dagegen weiterhin die Arbeitsgerichtsbarkeit. [544] Es ist daher nach wir vor dringend geboten, auch durch geeignete Änderungen des ArbGG Maßnahmen zur Entlastung der Arbeitsgerichte herbeizuführen.

2. Vorschläge

Diejenigen Vorschläge, die zu einer Vereinfachung und Beschleunigung des Verfahrens beitragen könnten, sollen an dieser Stelle nicht wiederholt werden. [545] Vielmehr gilt die Konzentration ausschließlich solchen Vorschlägen, die zu einer spürbaren, nachweisbaren Entlastung der Arbeitsgerichte im Sinne einer besseren Nutzung richterlicher Personalkapazität oder Reduzierung der Verfahrenseingänge führen könnten.

2.1 § 55 ArbGG Alleinentscheidung des Vorsitzenden in Bagatellsachen

Dem Vorsitzenden sollte bei Bagatellfällen im Gütetermin die Alleinentscheidungsbefugnis - auch ohne Rücksicht auf das Einverständnis der Parteien - eingeräumt werden. [546] Es kann

---

[542] Gesetz zur Änderung des Arbeitsgerichtsgesetzes und anderer arbeitsrechtlicher Vorschriften vom 26.6.1990, BGBl.I S.1206, in Kraft ab 1.7.1990: behandelt hauptsächlich die Neuressortierung bei den obersten Landesbehörden der Länder und einige rechtstechnische Änderungen; Gesetz zur Neuregelung des verwaltungsgerichtlichen Verfahrens vom 17.12.1990, BGBl.I S. 2809, in Kraft ab 1.1.1991: behandelt Rechtsweg- und Zuständigkeitsfragen ; Rechtspflege-Vereinfachungsgesetz vom 17.12.1990, BGBl. 1990 I S.2847, in Kraft ab 1.1. bzw. 1.4.1991 : im wesentlichen handelt es sich um die Besetzung des Großen Senats beim BAG. Nach Art.3 des 5. Gesetzes zur Änderung des Gesetzes über das Bundesverfassungsgerichts vom 2.8.1993 -BGBl.I, S.1442 - ist § 72 Abs.II ArbGG geändert worden: die Instanzgerichte müssen die Revision auch dann zulassen, wenn das Gericht von einer Entscheidung des BVerfG abweicht und seine Entscheidung auf dieser Entscheidung beruht.
[543] BGBl. I S. 50 ff
[544] Es hätte nahegelegen, die Arbeitsgerichtsbarkeit mit einzubeziehen, weil es darum ging, mit den Änderungen Ressourcen freizusetzen, um die Möglichkeiten der alten Länder zu verbessern, Aufbauhilfe für die Justiz in den neuen Ländern - vorrangig durch Personaltransfer - zu leisten und die Fortsetzung der bereits eingeleiteten Maßnahmen zu gewährleisten; siehe näher die Begründung zum Entwurf, BT-Drucks. 12/1217 S. 17 f sowie Rieß, AnwBl 1993, S. 51
[545] vgl. etwa Zitscher ZFA 1979, S 559 ff; Barwasser AuR 1984, S. 171 ff; Bichler AuR 1984, S. 176 ff; van Venrooy ZFA 1984, S 337 ff; Berscheid ZFA 1989, S 47, 123 ff formuliert Gesetzesvorschläge in einer synoptischen Gegenüberstellung mit demArbGG 1979. Dabei ist es interessant, daß trotz der beklagten Überlastung überwiegend Änderungsvorschläge gemacht werden, die alles in allem eine quantitative Erhöhung der Fallzahlen bei der Arbeitsgerichtsbarkeit nach sich ziehen würde, z.B. durch Ausdehnung der Zuständigkeit in verbandsrechtlichen Angelegenheiten (etwa: Geltendmachung eines Aufnahmerechts in einen Wirtschaftsverband oder eine Gewerkschaft, Überprüfung der satzungsrechtlichen Kündigungsfristen bei Austritt aus einem AGV), Entscheidungen bei Sonderkündigungsschutz (Zustimmungsverfahren zur Kündigung), Beitragsstreitigkeiten zwischen PSV und einzelnen Arbeitgebern (ders. 56 f, 72 f). Berscheid erklärt dies mit dem Kampf um die "Besitzstände" der einzelnen Gerichtsbarkeiten (S. 120).
[546] Barwasser AuR 1984, S. 171, 173; Berscheid ZFA 1989, S.47, 92 führt die Diskussion in Anlehnung an §

nicht sinnvoll sein, ohne daß rechtliche Grundsatzfragen zur Entscheidung stehen, ein Verfahren durch alle Instanzen zu führen, wenn die Kosten einer Beweisaufnahme so hoch wie oder höher als der Streitwert liegen. [547] Ob ein Wert von 300 DM [548] oder angesichts der noch zu erörternden Beschwergrenze von 800 DM ein höherer Wert von z.B. 500 DM richtig wäre, kann diskutiert werden. [549] Man kann auch überlegen, ob eine Anlehnung an die Wertgrenze von 1200 DM des § 495 a ZPO (Verfahren nach billigem Ermessen) in Betracht kommt. [550] [551]

Folgende Überlegung mag für die materielle Größenordnung eine Hilfestellung geben: Die Zuständigkeit des Einzelrichters am Amtsgericht liegt bei vermögensrechtlichen Streitigkeiten gemäß §§ 22, 23 Satz 1 Ziffer 1 GVG bei 10.000 DM. [552] Der Einzelrichter am Landgericht kann ohne Rücksicht auf den Wert des Streitgegenstandes mit dem Rechtsstreit betraut werden (§§ 71 GVG, 348 ZPO), wenn die Sache keine besonderen Schwierigkeiten tatsächlicher oder rechtlicher Art aufweist und der Rechtssache keine grundsätzliche Bedeutung zukommt. Angesichts dieser Zuständigkeitsregeln erscheint es eine Überbewertung des Prinzips der Mitwirkung von ehrenamtlichen Richtern, [553] die erst im Kammertermin mit der Sache befaßt werden (§ 54 ArbGG), oder - überspitzt ausgedrückt - grenzt es an Diskriminierung der hauptamtlichen Arbeitsrichter, wenn die Behandlung der Bagatellfällen im arbeitsgerichtlichen Verfahren ausgeschlossen ist. [554]

---

495 a ZPO (Verfahren nach billigem Ermessen); vgl auch früher das vereinfachte Verfahren nach § 510 c ZPO.

[547] Zitscher ZFA 1979.S. 559, 568

[548] so Barwasser AuR 1984. S. 171, 173; Feller RdA 1965, S. 441, 442 spricht schon damals davon, daß Streitwerte bis 300 DM "in die Sphäre der Geringfügigkeit" gehören.

[549] Die konsequente Einführung des Einzelrichters als Eingangsinstanz in der Zivilgerichtsbarkeit, und zwar ohne Streitwertbegrenzung, fordert Asbrock ZRP 1993. S. 11, 12

[550] Diese Vorschrift wurde durch Gesetz vom 17.12.1990, BGBl.I S. 2847 eingeführt und beruht letzlich auf den Überlegungen im Rahmen der übergeordneten Ziele der Strukturanalyse der Rechtspflege (SAR), ob nämlich neue oder veränderte Methoden im Zivilprozeß geeignet sind, zu einer Entlastung der Gerichte beizutragen; dazu Strempel/van Raden ZRP 1991, S. 91, 92. Die Anhebung des Streitwertes um 200 DM auf den jetzigen Wert geschah durch das Gesetz zur Entlastung der Rechtspflege vom 11.1.1993, BGBl. I S.50.

[551] Wollschläger ZfRSoz 1991, S. 248, 272 weist darauf hin, daß es im Zivilprozeß nach ersten Untersuchungen wohl nur geringe Entlastungseffekte geben wird, die die Belastungsprobleme der gesamten Ziviljustiz nicht lösen werden.

[552] von 6.000 DM heraufgesetzt durch das Rechtspflegeentlastungsgesetz, in Kraft ab 1.3.1993;

[553] so noch -allerdings ohne nähere Begründung- die Antwort der Bundesregierung auf die Große Anfrage der SPD-Fraktion. BT-Drucks. 10/4593 vom 19.12.1985 S. 12 zur Frage B V 1

[554] Rechtstatsächliche Untersuchungen (Rottleuthner DRiZ 1989, S. 164 ff; ders. ZfRSoz 1991, S.232 ff) haben ergeben, daß im Bereich der Zivilgerichtsbarkeit die Vergleichsquote des Einzelrichters um fast die Hälfte höher liegt als die der Kammer und die Berufungsquote nur halb so hoch, vgl. auch BRAK-Mitt.3/1990 S. 153.
In arbeitsgerichtlichen Kündigungssachen wurden 1978 in I.Instanz 60 % erledigt, vgl. FB Kündigungspraxis a.a.O. II S.484 mit Tabelle IV/4. Mit Blick auf den Vergleichsinhalt "Beendigung" wurden im Gütetermin, also ohne Beisitzer, bzw. im Kammertermin, also mit Beisitzern, in gleichem Umfang Fälle erledigt; mit Blick auf den Vergleichsinhalt "Zahlung einer Abfindung" lagen die Erledigungen im Gütetermin bei 50,2 %, im Kammertermin höher, nämlich bei 64,5 %, vgl. FB Kündigungspraxis a.a.O. II S. 774/775 mit Tabellen.

2.2 § 4 Satz 1 KSchG entsprechend: Klagefrist für Feststellungsklagen

Berscheid hat, gestützt auf die Vorarbeiten der Fachkommission Arbeitsgerichtsbarkeit des Deutschen Richterbundes nachgewiesen, daß es geboten ist, eine allgemeine Klagefrist für die wichtigsten Beendigungstatbestände des Arbeitsverhältnisses - das sind: Kündigung, Befristung, Bedingung, Anfechtung - zu schaffen. [555] Das BAG [556] sieht beim befristeten Arbeitsvertrag keine Regelungslücke und hält deshalb eine Rechtsfortbildung für unzulässig. Jedenfalls ist die Rechtsstellung des Arbeitnehmers mit befristetem Arbeitsvertrag besser, als sie ihm das Kündigungsschutzgesetz bei Kündigungen einräumt. [557] Darüber hinaus ist es sachgerecht, den Arbeitnehmern eine Klagefrist aufzuerlegen, die wegen § 1 Abs. I KSchG noch keinen Kündigungsschutz genießen, [558] deren Arbeitsverhältnis also noch keine sechs Monate bestanden hat oder die in Kleinbetrieben mit fünf oder weniger Arbeitnehmern ausschließlich der zu ihrer Berufsausbildung beschäftigt sind, § 23 Abs. I Satz 2 KSchG. Auch alle sonstigen Feststellungsklagen im Sinne des § 256 Abs. I und II ZPO, also Statusklagen, könnten in die allgemeine Klagefrist einbezogen werden, auch wenn es nicht immer Anknüpfungspunkte für eine Fristberechnung gibt. [559]

2.3 § 12 ArbGG: Kosten, Kostenerstattung

Gerichtskosten sind von alters her ein Mittel, die "Lust am Prozessieren" in die Denkrichtung zu bringen, ob sich der damit verbundene Aufwand lohnt; Gerichts- und Anwaltskosten sind aus Sicht der Justizbehörden erwünschte Mittel zur Abschreckung. [560] Von Adams [561] stammt der rechtspolitische Vorschlag, den Anreiz zur "hemmungslosen Prozeßführung" dadurch wegzunehmen, daß die rechtsschutzversicherte Person mindestens die Hälfte der Prozeßkosten selbst tragen sollte. Das ist sicher zu weitgehend.

Wenn es aber richtig ist, daß mancher Prozeß nur wegen der geringen Gerichtskosten begonnen wird, [562] darf die Frage erlaubt sein, ob z.B. die Höchstgrenze für die einmalige Gebühr - seit 1926 mit 500 RM (heute DM) unverändert - noch zeitgemäß ist. Bei allen Kostenüberlegungen wird selbstverständlich gesehen, daß eine Beschränkung der

---

[555] ZFA 1989, S. 47 ff, 74, 121; nicht gefolgt wird dem Vorschlag, die Klagefrist von drei Wochen auf einen Monat zu erhöhen, die geltende Frist hat sich seit Jahrzehnten bewährt.

[556] z.B. AP Nr.54 zu § 620 BGB Befristeter Vertrag sowie zahlreiche Nachweise bei Berscheid ZFA 1989, S. 47, 74 Fußn. 140 und 141

[557] Deshalb muß man nicht damit argumentieren, daß die Unwirksamkeit der Befristung in den meisten Fällen auf einer Umgehung des KSchG beruht - so LAG Köln und Literaturmeinung, zitiert von Berscheid ZFA 1989, 47, 75 Fußn. 143

[558] BAG EzA § 626 BGB Nr. 22

[559] anderer Ansicht Berscheid ZFA 1989, S.47, 77 ohne Begründung.

[560] Blankenburg ZfgVersW 1987, S. 25, 26

[561] Adams/Blankenburg DRiZ 1983, S. 353

[562] Berscheid ZFA 1989, S.47, 102

Gerichtsgebühren aus sozialpolitischen Gründen weiter geboten ist.[563] Es kann daher auch keine Orientierung an der Kostendeckung geben.[564] Ob eine Staffeländerung der Gebührentabelle bis zu einer Höchstgrenze von 1000 DM oder 2000 DM führt[565] mag diskutiert werden.

Wegen fehlender Kostenvorschußpflicht[566] und Nichterhebung von Gebühren in mehreren Fallgestaltungen, insbesondere bei kleinen Kostenbeträgen bis zu DM 10,--,[567] geht ein großer Teil der rechtssuchenden Bevölkerung davon aus, das Führen von Arbeitsgerichtsprozessen sei ohne Rücksicht auf Taktik (Benennung von Zeugen und Sachverständigen) und Ergebnis kostenlos. In der wissenschaftlichen Diskussion wird die Forderung nach Kostenvorschüssen im allgemeinen gar nicht erst erhoben,[568] auch wenn im selben Atemzug ausgeführt wird, daß manch mutwilliger Prozeß und manch unnötiges Beweisangebot vermieden würde. Der Hinweis auf eine angeblich unzumutbare Änderung für die (meist als Klägerpartei betroffene) Arbeitnehmerschaft ist m.E. nicht stichhaltig:

- es sind dieselben Arbeitnehmer, die vor den Gerichten der anderen Gerichtsbarkeiten in eigenen Angelegenheiten klagen und verklagt werden
- die Erhebung wenigstens der anfallenden Auslagen (Kosten für Zustellungsgebühren der Klage (das ist zur Zeit ein Betrag von 9,-- DM),[569] von Zeugenladungen, von Dolmetschern, die Zeugenauslagen u.a.m.) ist angesichts der inzwischen eingetretenen Einkommensverhältnisse (Steigerung seit 1950 um mehr als 1600 %) zumutbar.[570] Insoweit ist die Befreiung von der Kostenvorschußpflicht aufzuheben, die Parteien müssen die baren Auslagen des Gerichts tragen.

---

[563] Bei der bereits im Jahre 1926 eingeführten Fassung des § 12 ArbGG war die Absicht des Gesetzgebers die wesentliche Verbilligung im Verhältnis zur ordentlichen Gerichtsbarkeit sowie die Vereinfachung des Kostenberechnungsverfahrens, Rick-Denkmann RdA 1962, S. 310

[564] ebenso Berscheid ZFA 1989, S. 47, 102, der angab, daß rund 85 % der effektiven Kosten aus Steuermiteln bestritten werden.

[565] Berscheid ZFA 1989, S. 47, 103

[566] Diese gilt nach BAG AP Nr.1 zu § 114 ZPO und der h.M. auch für Auslagen.

[567] Das hessische Ministerium für Frauen, Arbeit und Sozialordnung hat im Erlaß über die Behandlung von kleinen Kostenbeträgen der hessischen Gerichte für Arbeitssachen vom 11.4.1994 (StAnz Nr.15, 1994, S. 1062) u.a. angeordnet, daß Kostenbeträge von weniger als zehn DM für sich allein nicht schriftlich eingefordert werden, ebensowenig allein die Postzustellungskosten.

[568] Rick-Denkmann RdA 1962, S.310, 313; Menkens DB 1971, S. 963, 965 unter Hinweis auf fehlende Durchsetzbarkeit aus sozialpolitischen Gründen

[569] Ohne jegliche Ironie kann angesichts des fast nicht vorhandenen Kostenrisikos und der hohen Vergleichsaussicht gesagt werden, daß ein Arbeitsgerichtsprozeß eine höhere Aussicht auf Erfolg hat als ein Spiel im Lotto. Hier prozessiert man ohne eine Einsatz mit fast 50 % Vergleichsaussicht; dort spielt man mit einem Einsatz von 1,25 DM gegen 25-30 Millionen Personen; die Wahrscheinlichkeit bei 13.983.186 Kombinationen im Spiel 6 aus 49 liegt für den Höchstgewinn bei 1:140 Millionen (Wolfers/Oberteis/Baranski a.a.O. S. 104 ff).

[570] Eine begrenzte Kostenvorschußpflicht für ausländische Gastarbeiter, wie Menkens DB 1971, S. 963, 965 anregt, ist schon aus verfassungsrechtlichen Gründen abzulehnen.

2.4 Heraufsetzung des Wertes des Beschwerdegegenstandes gemäß § 64 Abs. II ArbGG

2.4.1 Allgemeines

Nach § 64 Abs. II ArbGG kann eine Berufung in vermögensrechtlichen Streitigkeiten (neben der Zulassung im Urteil I. Instanz) nur eingelegt werden, wenn der Wert des Beschwerdegegenstandes 800 DM übersteigt. Die Statthaftigkeit dieses Rechtsmittels war schon früher an die Grenze von 300 DM gebunden [571] und entsprach damit bei Inkrafttreten des ArbGG 1953 etwa einem durchschnittlichen Monatsverdienst.

Die Streitwerte erledigter Klageverfahren sind, soweit nicht Sonderuntersuchungen [572] bei den einzelnen Gerichten durchgeführt werden, nicht bekannt; sie werden von der amtlichen Statistik nicht erfaßt. In der wissenschaftlichen Beurteilung dieser Wertgrenze wurden früher bereits Vorschläge zur Anhebung auf 1000 DM [573] bzw. 1200 DM [574] gemacht, als die Zulässigkeit der Berufung noch bei 300 DM lag.

Der Gesetzentwurf zur arbeitsgerichtlichen Beschleunigungsnovelle [575] sah einen Wert des Beschwerdegegenstandes von 1000 DM als erforderlich an, weil lediglich 10 % der Verfahren noch einen Streitwert von unter 300 DM hatten. [576] Zugleich sollte das arbeitsgerichtliche Berufungsverfahren der Berufung vor den ordentlichen Gerichten angepaßt werden.

Das Gesetz trat dann im § 64 Abs. II ArbGG mit einem Wert des Beschwerdegegenstandes von 800 DM ab 1.7.1979 in Kraft.

2.4.2 Vorschlag

Unter Berücksichtigung der gestiegenen Berufungsgrenzen in der ordentlichen Gerichtsbarkeit und der gestiegenen Streitwerte in der Arbeitsgerichtsbarkeit durch höhere Bruttoeinkommen aus unselbständiger Arbeit [577] erscheint eine Erhöhung der jetzt geltenden Grenze von 800

---

[571] Die Grenze von 300 Mark stammt nicht erst aus dem Arbeitsgerichtsgesetz von 1926, sondern bereits aus dem Kaufmannsgerichtsgesetz von 1904, worauf Wenzel ZRP 1978, S.206, 207 hinweist. Auch das ArbGG 1953 übernahm als Wert des Streitgegenstandes den Betrag von 300 DM.

[572] dazu im einzelnen Joachim DB 1972, S. 1067, 1070.: 1971 wurde in Hessen im Rahmen einer Sondererhebung bei der Untersuchung von 500 Urteilen I. Instanz folgende Streitwerthöhen festgestellt: auf die Streitwertgruppe

- unter	300 DM entfielen:		53 Urteile =	10,6 %
-	300 bis	499 DM:	45 Urteile =	9,0 %
-	500 bis	999 DM:	87 Urteile =	17,4 %
-	1000 bis	1499 DM:	48 Urteile =	9,6 %
-über		1500 DM	267 Urteile =	53,4 %

[573] Feller RdA 1965, S. 441, 442

[574] Menkens DB 1971, S. 963, 967

[575] siehe FN 4

[576] BR-Drucks. 4/78 S.19 mit Tabelle 6

[577] Tabelle 20: Bruttoeinkommen aus unselbständiger Arbeit 1950-1991

DM unumgänglich. Bei gleicher Relation der Steigerung der industriellen Lohn- und Gehaltssummen von 1978 bis 1992 um rund 70 % ist deshalb mindestens die Wertgrenze für die Berufung auf neu 1360 DM anzupassen, besser allerdings an die Berufungssumme im Zivilprozeß, [578] heute in Höhe von 1500 DM. Zu denken wäre auch an eine Art "scala mobile", eine automatische Anpassung anhand einer festen Bezugsgröße. Das hätte den Vorteil, auf ständige oder in regelmäßigen Abständen vorzunehmende gesetzliche Veränderungen verzichten zu können. [579]

2.5 Zurückweisung unbegründeter Berufungen durch Beschluß

Berscheid [580] fordert im Anschluß an die Stellungnahme des Deutschen Richterbundes, die Berufung durch Beschluß zurückzuweisen, soweit das Gericht die Berufung für unbegründet und eine mündliche Verhandlung nicht für erforderlich hält. Begründet wird dieser Vorschlag damit, daß viele Berufungen nur aus gebührenrechtlichen Gründen (eventuell auch nur vorsorglich zur Fristwahrung) eingelegt werden.

3. Zwischenergebnis

Es ist nicht quantifizierbar, um wieviel Klagen oder Berufungen die Arbeitsgerichte I. und II. Instanz entlastet würden; in der Summierung der Maßnahmen erscheint aber ein Erfolg möglich.

Kapitel III: Förderung der außergerichtlichen Einigung durch Deregulierung des Rechtsberatungsmarktes

1. Einleitung und Definition

In den Jahren 1988 bis 1991 beschäftigte sich eine unabhängige Expertenkommission im Auftrag der Bundesregierung mit Fragen der "Deregulierung" - d.h. mit dem Abbau staatlicher Eingriffe in das Wirtschaftsgeschehen. [581]

---

[578] so schon Bichler AuR 1984, S.176, 178
[579] etwa im Sinne des § 18 SGB IV, der die Bezugsgröße für die einzelnen Zweige der Sozialversicherung definiert. Unvermeidbar wäre allerdings aus Gründen der Rechtsklarheit die regelmäßige Veröffentlichung des neues Wertes.
[580] ZfA 1989, S.47, 114
[581] Die Kommission sollte insbesondere
- die volkswirtschaftlichen Kosten bestehender Marktregulierungen transparent machen
- gesamtwirtschaftliche Wirkungen im Falle des Abbaus staatlicher Eingriffe abwägen
- konkrete Vorschläge für den Abbau von Marktzutrittsbeschränkungen sowie von Preis- und Mengenregulierungen unterbreiten

"Deregulierung der Wirtschaft zielt auf mehr wirtschaftliche Freiheit, mehr Markt, mehr Wettbewerb, mehr Wohlstand." [582] Die Regulierung der Wirtschaft sei in der Vergangenheit immer dichter geworden, die Erstarrung müsse aufgebrochen werden, um wieder zu mehr Flexibilität zu kommen. Dabei versteht die Kommission unter Deregulierung nicht nur den Abbau von Rechtsnormen, sondern jede begründete Veränderung der Spielregeln, die der wirtschaftlichen Freiheit diene. [583] Die Experten machten insgesamt 97 konkrete Vorschläge auf den Gebieten Versicherungswirtschaft, Verkehrswesen, Stromwirtschaft, Technisches Prüfungs- und Sachverständigenwesen, Rechts- und Wirtschaftsberatung, Handwerk und Arbeitsmarkt. [584] Das Bundeskabinett beschloß am 24. Juni 1992, konkrete Deregulierungsschritte einzuleiten.

Folgend wird der "Markt für Rechtsberatung" näher untersucht. Arbeitnehmer und Arbeitgeber als Prozeßparteien einschließlich der zu ihrer Unterstützung eingeschalteten Verfahrensbevollmächtigten und die "Zugangsinstitutionen" sind, wie oben dargelegt, [585] wichtige Beteiligte des gerichtlichen Geschehens. Sie alle "produzieren" mehr oder weniger durch Aktionen oder reaktives Verhalten die Fallzahlen. Deshalb ist ihre Verantwortlichkeit zu überprüfen, sich an der Erreichung des bekannten Ziels durch einen eigenen Beitrag zu beteiligen.

2. Arbeitnehmer und Gewerkschaften

2.1 Selbstbeschränkung bei der Rechtsschutzgewährung

Es ist zu prüfen, welchen Beitrag Arbeitnehmer und Gewerkschaften zum "Gemeinschaftswerk" der Reduzierung von Prozeßzahlen in der Arbeitsgerichtsbarkeit leisten können. Es bietet sich an, dort anzusetzen, wo sie als Mit-Entscheider den Instanzenzug in Gang setzen. Denn die Abhängigkeit der Prozeßmotivation von einer Unterstützung ist sehr hoch: eine Prozeßführung kommt dann in Betracht (73 %), wenn die Gewerkschaft sie unterstützt, sie soll dann auch von einem Rechtsschutzsekretär durchgeführt werden und nicht

---

- Vorschläge für eine höhere Flexibilität der Wirtschaft erarbeiten, um damit zur Verbesserung der Wachstums- und Beschäftigungsperspektiven beizutragen. Deregulierungskommission a.a.O. Vorwort S. V
[582] dieselbe a.a.O. S. 1
[583] dieselbe a.a.O. S. 1
[584] Besonders wichtige Gegenstände der gesetzlichen Arbeitsmarktordnung sind die Sicherung der Tarifautonomie, der Bestandsschutz von Arbeitsverhältnissen und das Alleinvermittlungsrecht der Bundesanstalt für Arbeit. Näheres dazu Deregulierungskommission a.a.O., Nr. 544 ff, S. 133 ff. Die Kommission beschäftigt sich nicht mit einer Neuordnung der arbeitsrechtlichen Grundlagen im Sinne der vorliegenden Abhandlung.
[585] vgl. I.Teil Abschnitt 2 Kapitel III

von einem Rechtsanwalt, weil das Problemverständnis besser ist. [586] Zahlenmäßig ohne Bedeutung ist der Bereich, wo eine Gewerkschaft als Organisation in die Parteirolle kommt. Gegebenenfalls können sich aber Ansätze bei der Rechtsschutzgewährung gegenüber den Mitgliedern ergeben.

2.1.1 Rechtsschutz kraft Satzung

Die dem einzelnen Mitglied kraft Satzung zu gewährende Leistung "Rechtsschutz" ist zunächst daran gebunden, daß außer der Mitgliedschaft selbst eine Wartefrist von 3 Monaten erfüllt ist und der Antrag auf Rechtsschutz gestellt wird. Während die Rechtsschutzversicherungen in den ARB neben ähnlichen Voraussetzungen eine Vielzahl von Risikoausschlüssen (§ 4) und die Erfüllung der dem Versicherungsnehmer auferlegten Obliegenheiten (§15) beachten und in deren Folge von der Leistung frei werden können, gibt es weitere Einschränkungen in Gewerkschaftssatzungen im allgemeinen nicht. Manche Satzungen sehen die Versagung oder den Entzug von Rechtsschutz vor, wenn das Mitglied unwahre Angaben macht oder wissentlich Tatsachen verschweigt [587] oder den gewerkschaftlichen Interessen widerspricht. [588]

Der wichtigste Grund für eine Rechtsschutzversicherung, die Leistungspflicht zu verneinen, kann nach § 17 ARB gegeben sein, wenn "die Wahrnehmung der rechtlichen Interessen des Versicherungsnehmers keine hinreichende Aussicht auf Erfolg bietet oder mutwillig erscheint". Dagegen sehen nur einige Satzungen von Gewerkschaften auch die Prüfung von Erfolgsaussichten vor. [589] Dazu gehören nicht die mitgliedsstarken Gewerkschaften IG Chemie, IG Metall. [590] Bei besonderer gewerkschaftlicher oder grundsätzlicher rechtlicher Bedeutung des Rechtsstreits kann Rechtsschutz auch ohne Vorliegen von Erfolgsaussicht und/oder anderer Voraussetzungen gewährt werden. [591]

Nun soll nicht verkannt werden, daß innerhalb des Beratungsgesprächs zwischen Rechtssekretär und Mitglied ein erheblicher Teil von Fällen außergerichtlich erledigt und nicht den Arbeitsgerichten zugeführt wird. [592] Nach Blankenburg/Schönholz [593] sollen nur 40 %

---

[586] nach Blankenburg/Reifner a.a.O. S. 251, 252 mit Tabellen 4.28. bis 4.30: 74 %.

[587] z.B. DAG, HBV, IG Chemie, IG Medien, IG Metall,

[588] z.B. DAG, IG Medien

[589] so z.B. DAG, IG Medien, HBV.

[590] Die vier größten DGB-Gewerkschaften sind:
- IG Metall: 2.633.827 Mitglieder
- IG CPK: 666.851 Mitglieder
- DPG 460.594 Mitglieder
- IG BSE: 446.770 Mitglieder
alle Angaben zitiert nach Löhrlein, Gewerkschaftsjahrbuch 1993, a.a.O. S.100, 105

[591] so HBV: Art. 9 mit Art. 4 der Rechtsschutzordnung (Stand: April 1991)

[592] Nach FB Kündigungspraxis a.a.O. II S. 525 mit Tabelle IV/20 wurden 196 monatliche Rechtsberatungen in arbeitsrechtlichen Angelegenheiten allgemein und 221 gerichtliche Erledigungen gezählt. In

der Beratungsfälle vor Gericht gehen; als Begründung wird die betriebliche Interessen vertretung als Prävention und die Pazifizierung in der Rechtsberatung durch die Gewerkschaften angegeben. Auf der anderen Seite vermittelt die forensische Tätigkeit des Verfassers den Eindruck, daß etliche Rechtsstreite anhängig sind, bei denen die Erfolglosigkeit auf den ersten Blick erkennbar ist. [594] Das heißt, daß trotz Empfehlung eines Klageverzichts mangels entsprechender Erfolgsaussicht [595] die Hartnäckigkeit des potentiellen Klägers aufgrund seines Anspruchs nach der Satzung [596] stärker war, als die unverbindliche Empfehlung des Rechtssekretärs - es sei denn, die hohe Vergleichsquote mit dem Anreiz eines Erfolgs oder prozeßtaktische Motive [597] wären der Maßstab für die Erfolgsaussicht.[598]

2.1.2 Vorschlag

Es liegt daher nahe, den - wenn auch geringen - Teil der von vornherein erfolglosen oder "quärulativen" Klagewünsche zu stoppen, indem die Prüfung der Erfolgsaussicht, gegebenenfalls mit der Folge der Ablehnung von Rechtsschutz, als Voraussetzung in die Gewerkschaftssatzung aufgenommen wird. Diese Selbstbeschränkung [599] einer "offenen" Rechtsschutzgewährung ist organisationspolitisch vertretbar, weil dadurch unnötige Kosten für die Mitglieder insgesamt vermieden werden.

Kündigungsangelegenheiten gab es 51 Rechtsberatungen und 111 Erledigungen vor dem Arbeitsgericht pro Monat.
[593] a.a.O. S. 88
[594] Gewonnen in Gesprächen mit Vorsitzenden Richtern der Arbeitsgerichtsbarkeit, Rechtsanwälten und Prozeßvertretern der Verbände einschließlich der Gewerkschaften sowie durch eine langjährige Tätigkeit als ehrenamtlicher Richter beim Arbeitsgericht Kassel.
[595] oder ohne Prüfung der Erfolgswahrscheinlichkeit, weil dies aufgrund der Satzung nicht ausdrücklich vorgesehen ist,
[596] Die Satzungen sehen vor, daß die Leistung freiwillig gewährt werden, ein Rechtsanspruch darauf nicht besteht, vgl. z.B. § 10 Satzung ÖTV
[597] Nicht sachfremd, aber prozeßtaktisch ist es, wenn eine zu erwartende lange Verfahrensdauer ins Kalkül genommen wird, weil sie für den Arbeitgeber das Lohnrisiko wegen des entstehenden Annahmeverzuges erhöht.
[598] Eine Untersuchung in der Rechtsschutzstelle der IG Metall in West-Berlin von April 1978 bis Februar 1979 ergab, daß in der Praxis der Rechtsberatungsstelle dann Rechtsschutz gewährt wird, wenn mindestens eine 10 % ige Gewinnchance besteht oder wenn eine Änderung der Rechtsprechung angestrebt wird, Blankenburg/Reifner a.a.O. S. 234
[599] Die Satzungen der Arbeitgeberverbände sehen - soweit dem Verfasser bekannt ist - keine Wartezeiten für eine Prozeßvertretung vor. Zumindest für den Fall der Klageerhebung müßte natürlich eine entsprechende Regelung, wie sie für Gewerkschaftssatzungen vorgeschlagen wird, gelten. Da die Arbeitgeber zahlenmäßig ohnehin nur geringfügig als Kläger auftreten, handelt es sich um eine zu vernachlässigende Größe, die von einer Wartefristregelung erfaßt würde.

119

2.2 Bewältigung von "Massenverfahren" [600]

2.2.1 Problemstellung

Im Arbeitsrecht gibt es eine Reihe von Ansatzpunkten, der traditionellen Rechtspflege mit der Behandlung von Individualrechtsstreitigkeiten auch prozessuale Probleme durch "Massenklagen" zu bereiten. Zu den Hauptstreitfragen gehörten die Einstufungen der Angestellten als leitende Angestellte im Sinne von § 5 Abs. III BetrVG, sowie die Klagen auf Lohnzahlung nach den suspendierenden Aussperrungen in der Metall- und Druckindustrie 1978. [601]

2.2.1.1 Arbeitskampf Druckindustrie 1978 [602]

Anläßlich des Arbeitskampfes in der Druckindustrie im Jahre 1978 ging die IG Druck nicht mehr durch Musterprozesse gegen die Arbeitgeber in der Frage der Aussperrung vor, sondern erhob, wo auch immer nur möglich, Klagen. Im Bundesgebiet wurden rd. 10.500 einzelne Lohnklagen anhängig gemacht, davon knapp 3.000 in Hessen gegen 58 Mitgliedsfirmen des Landesverband Druck Hessen. [603] [604]

2.2.1.2 Arbeitskampf Metallindustrie 1978

Die IG Metall ließ sich im Arbeitskampf der metallverarbeitenden Industrie in Baden-Württemberg 1978 etwas Besonderes einfallen: am 20.03.1978 kündigte der damalige Bezirksleiter der IG Metall, Steinkühler, auf einer Pressekonferenz an, daß mehr als 100.000 ausgesperrte Arbeiter gegen die Aussperrung klagen würden. Tatsächlich wurden später rund

---

[600] zum Begriff der "Massenklage" vgl. oben Angaben in FN 41
[601] s.S. 42 zu den Leitenden Angestellten, s.S. 25 zu den Aussperrungsklagen.
[602] Das Jahr 1978 weist folgende Daten aus (Quelle: Statistisches Bundesamt, Bundesanstalt für Arbeit, zitiert nach BArbBl 9/ 1988, S.144, Tab. 291), und zwar aus allen betroffenen Wirtschaftsabteilungen:
- durch Aussperrung betroffene Arbeitnehmer: 188.276 (durch Streik: 298.774)
- durch Aussperrung ausgefallene Arbeitstage: 1.733.414 (durch Streik: 2.547.870)
[603] Geschäftsbericht 1979 a.a.O. S. 9
[604] Damit wurde bei den 35 Kammern der 12 hessischen Arbeitsgerichte, bei denen die Prozesse geführt wurden, ein entsprechender Arbeitsaufwand in Gang gesetzt: Allein die Musterklage umfaßte 58 DIN-A-4 Seiten, die Klageerwiderung 67 DIN-A-4 Seiten. Dazu berichtete der Präsident des LAG Frankfurt zur Geschäftslage der hessischen Arbeitsgerichte nach dem Stand vom 30.09.1978 (Joachim anläßlich der Arbeitsrichter-Tagung am 26./27.10.78 in Kassel), daß von den bis zum 30.09. eingegangenen 19.228 Klagen rund 2.900 (= ca. 15 %) sogenannte Aussperrungsklagen enthielten. Eine Normalisierung der Klageeingänge sei dadurch verhindert worden, die Folge davon sei auch eine größere Wartezeit zwischen den einzelnen Gerichtsterminen. Auf ein Pilotverfahren für 250 Lohnklagen vor dem LAG Hamm (DB 1983, S. 558) wird hingewiesen.

34.000 Klagen eingereicht. [605] Die ganze Aktion war sorgfältig vorbereitet und geplant. Die IG Metall hatte z. B. Formularschriftsätze entwickelt, [606] so daß die ausgesperrten Arbeiter nur noch ihre persönlichen Daten und die Anschrift der beklagten Firma einzusetzen hatten. Dies geschah in der Regel in den Streiklokalen der IG Metall und anderen Einzelgewerkschaften. Die Aktivsten der Klagenden sollen dann mit Transparenten und Klageschriften in Waschkörben und Kartons vorantragend zum Arbeitsgericht gezogen sein. [607]

Diese massenhaft gleichgerichteten Klagen machten nach Meinung von Kritikern dieser Aktion den Gerichten sinnlose Arbeit, blockierten damit Richterverstand und Geschäftsstellenfleiß, wurden zur regelrechten Materialschlacht, so daß der Vorwurf erhoben wurde [608], diese "Massenklagen" [609] hätten mit Rechtssuche nichts mehr zu tun , weil sie die vielen mit ihnen befaßten Richter nicht um eine Entscheidung "im Namen des Volkes", sondern bloß "nach Art von Demoskopie" um ihre Meinung baten. [610]

Erkennbar ging es den Gewerkschaften um politische Demonstration und öffentlichkeitswirksame Erscheinungsform [611] statt um Rechtsschutz in einer individuellen Angelegenheit von rechtlicher Schwierigkeit. Die IG Metall - so ihre Vertreter - drücke damit generell den Wunsch nach mehr von der Rechtsordnung garantierten Befugnissen gegenüber den Arbeitgebern aus, die Arbeitnehmer müßten aus ihrer Sicht wegen des existenziellen Zwangs zur Interessenvertretung handeln, sie befänden sich somit im "Rechtszwang". [612] So gesehen handelt es sich dann primär um die Durchsetzung rechts- bzw. sozialpolitischer Interessen und/oder Erreichung von Machtzielen der Organisation. [613]

Während der Gesetzgeber zur Bewältigung von "Massenverfahren" in anderen Rechtsgebieten entsprechende Regelungen schuf, [614] hielt er sich im Arbeits- und Sozialrecht zurück,

---

[605] vgl. BArbBl. 4/1979, S. 126 mit Tabelle 90 (Tätigkeit der Arbeitsgerichte 1978) und S.127 mit Fußn.3 und 4;
BArbBl. 4/1980, Tabelle 114: Tätigkeit der Arbeitsgerichte 1979, S. 152 mit Fußn. 3 auf S. 153
[606] Musterklage der IG Metall Baden-Württemberg: VMI a.a.O. S. 41
[607] Der Arbeitskampf '78, a.a.O., S. 26
[608] Wassner, FAZ vom 02.02.1980
[609] Sie gingen im Lauf des Verfahrens in sog. Pilotverfahren über; von 53 Pilotverfahren (Stand 4.10.1978) in Nordwürttemberg-Nordbaden berichtet die Bundesvereinigung der Deutschen Arbeitgeberverbände in ihrer Schrift "Chancengleichheit im Arbeitskampf", 1978, Anm.1, S. 47
[610] Reifner ZfRSoz 1981, S. 88, 106 empfiehlt die Massenklage generell als gewerkschaftliche Strategie des Gebrauchs von Recht; dadurch kommt es zur Politisierung der Rechtsprechung, zeigt Wirkung für Arbeitnehmer und für den gewerkschaftlichen Rechtsschutz.
[611] Kittner/Breinlinger ZfRSoz 1981, S. 53, 75 u.a.: "Massenhafte faktische Gestaltung in den Betrieben ist unspektakulärer als Massenklagen bei den Gerichten."
[612] dieselben, S. 53, 59
[613] ebenso Blankenburg/Schönholz a.a.O. S. 91
[614] vgl. Bundesimmissionsschutzgesetz vom 15.03.1974 BGBl 1, S. 721, 1193, Bundesfernstraßengesetz vom 01.10.1974, BGBl 1, S. 2413 und vom 17.03.1977 BGBl 1, S. 459, 572, Atomgesetz vom 18.02.1977 BGBl 1, S. 280, sowie Verwaltungsverfahrensgesetz vom 25.05.1976, BGBl 1, S. 1253, insbesondere auch § 93 a Verwaltungsgerichtsordnung, der erstmals eine Vorschrift über Massenverfahren vor den Verwaltungsgerichten enthält.

vermutlich auch deshalb, weil sich - von Ausnahmen abgesehen - [615] keine Fälle wiederholten, wie sie die IG Metall und die IG Druck 1978 in Gang gebracht hatten.

Es ist zu prüfen, ob es Lösungsansätze dafür gibt, daß die durch "Massensachen" vorübergehend blockierten Arbeitsgerichte in der Zukunft durch verhältnismäßigere Formen der Rechtsdurchsetzung geschont werden könnten.

2.2.2 Die anstehenden Rechtsprobleme

2.2.2.1 Verweigerter Musterprozeß und Rechtsmißbrauch

Unsere Rechtsordnung wird beherrscht von der Einzelfall-Jurisdiktion (Justizanspruch), weshalb auch viele gleichgelagerte Interessenten nicht auf einen Modellprozeß verwiesen werden können. Es ist nicht treuwidrig oder mißbräuchlich, wenn von einer gesetzlich gegebenen und verfassungsmäßig abgesicherten Gerichtsschutzmöglichkeit Gebrauch gemacht wird, auch wenn dies massenhaft geschieht. [616] Auch die taktischen oder wirtschaftlichen Motive einer Klage sowie die durch die Kumulierung eventuell eintretende Belästigung des Gegners, sind der gerichtlichen Beurteilung entzogen. [617] Ebensowenig ist die Tatsache der Überlastung eines ansonsten funktionierenden gerichtlichen Verwaltungsapparates ein Grund, den/die Kläger zur Führung eines Musterprozesses zu zwingen, denn derartige Schwierigkeiten hat nicht der Rechtsschutzsuchende zu verantworten, sondern die Öffentliche Hand, die durch die jeweilige Justizverwaltung für eine ausreichende Ausstattung der Gerichtsorganisation zu sorgen hat. [618] Das Verhalten des Einzelklägers ist prozessual zulässig und materiellrechtlich als rechtmäßig zu betrachten, [619] allein die Verweigerung eines Musterprozesses kann nicht als rechtsmißbräuchlich angesehen werden.

2.2.2.2 Mangelndes Rechtsschutzinteresse?

Die Massenhaftigkeit an sich beinhaltet nicht zugleich völlige Aussichtslosigkeit. Ob die Durchsetzung des Klageanspruchs von Haupt- oder Nebenzwecken begleitet ist, kann keine Rolle spielen. Nichternstlichkeit wird kein Kläger behaupten. Es ist deshalb kein Grund

---

[615] Gegen die Sonderkündigungsregeln im Öffentlichen Dienst der neuen Bundesländer erklärte die ÖTV Bereitschaft zu massenhaftem Rechtsschutz für Verfassungsbeschwerden vor dem Bundesverfassungsgericht, die Quelle 12/92, S. 15. Die von 336 Bundesbürgern erhobenen Klagen blieben erfolglos, 1 BvR 107/93 u.a., Handelsblatt vom 18.03.1993; sie wurden an die zuständigen Arbeitsgerichte verwiesen.

[616] Dütz, BB 1978, S. 213, 214

[617] Stürner JZ 1978, S. 499, 500

[618] Dütz Anmerkung EzA § 83 ArbGG Nr. 10

[619] Stürner JZ 1978, S. 499, 506, läßt die Frage offen, ob die Verfolgung prozeßfremder Zwecke durch den beratenden Verband zu Merkmalen der Sittenwidrigkeit im Sinne von § 826 BGB kumulieren.

ersichtlich, von der großzügigen Handhabung des Rechtsschutzbedüfnisses [620] abzugehen. Auch die betroffene Gerichtsbarkeit sieht dies so. [621]

2.2.2.3 Aussetzung nach § 148 ZPO

Eine Verfahrensaussetzung kann in Betracht kommen, wenn die Entscheidung des Rechtsstreites vom Bestehen oder Nichtbestehen eines Rechtsverhältnisses abhängt, das den Gegenstand eines anderen anhängigen Rechtsstreits bildet. Das LAG Düsseldorf/Köln [622] hat eine derartige Aussetzung für zulässig erachtet, während sie von Dütz [623] abgelehnt wird. Der Wortlaut der Vorschrift betrifft nur den Fall, daß vorgreifliche Rechtsverhältnisse Gegenstand - und nicht bloß Vorfrage - eines anderen Rechtsstreits sind und folglich rechtskräftig entschieden werden, so daß die Aussetzung nicht gedeckt ist.[624]

2.2.2.4 Die Rolle des "agent provocateur" [625]

Wenn ein Verband wie die Gewerkschaft seine Mitglieder zu persönlicher Einzelprozeßführung bewegt, stellt sich die Frage, ob nicht die Gewerkschaft selbst die Rolle des Prozeßbeteiligten übernehmen kann.

2.2.2.4.1 Antragsteller/Kläger

Eine Gewerkschaft könnte nur dann im eigenen Namen eigene Rechte einklagen, wenn ihr solche zustehen. Dies ist offensichtlich bei Individualansprüchen von Arbeitnehmern gegenüber ihrem Arbeitgeber nicht der Fall. In betriebsverfassungsrechtlichen Fragen kommt eine Antragsberechtigung nur dann in Betracht, wenn eine im Betrieb vertretene Gewerkschaft behaupten kann, das Verfahren berühre ein Recht, welches generell für Gewerkschaften vorgesehen sei und ihr im konkreten Fall auch zustehe. Eine Gewerkschaft ist nicht bereits deswegen betroffen und in einem Beschlußverfahren antragsbefugt, weil sie institutionell an betriebsverfassungsrechtlichen bzw. mitbestimmungsrechtlichen Fragen interessiert ist. Nur in

---

[620] siehe die Literaturhinweise Fußnote 4 bei Stürner JZ 1978, S. 499, 500

[621] LAG Düsseldorf/Köln EzA § 148 ZPO Nr. 1: Rechtschutzinteresse auch bei der Rechtshängigkeit von Massensachen bejaht.

[622] EzA § 148 ZPO Nr. 1; anders aber Nr. 2

[623] BB 1978, S. 213, 215

[624] ebenso Stürner JZ S. 499, 501, der allerdings für Massenstreitigkeiten eine analoge Anwendung für zulässig erachtet.

[625] Die Arbeitgeberverbände geben ihren Mitgliedern natürlich auch Empfehlungen zur Rechtslage, verbunden mit Rechtsmittelmöglichkeiten. So ist z.B. die oben (S. 47) beschriebene Streitlage zwischen Unternehmen und Bundesanstalt für Arbeit zum § 128 AFG u. a. durch entsprechende Informationen gefördert worden. Auch die durch den Einigungsvertrag vom 31.8.1990 (BGBl I S. 813) beschlossene Erhöhung der Ausgleichsabgabe gem. § 11 Abs.II SchwbG wurde wegen des durch den Bundesarbeitsminister auf September (statt Oktober) 1990 vorgezogenen Wirksamwerdens von Unternehmen mit Widersprüchen gegen die Feststellungsbescheide belegt. Beide Beispiele wirkten sich flächendeckend aus oder waren nicht so erfolgreich, daß ein "massenhaftes" Vorgehen statistische Besonderheiten hervorgerufen hätte.

den vom Gesetz vorgesehenen Fällen [626] kommt ihr mithin die Prozeßführungsbefugnis zu.
[627] Eine Antragsberechtigung von Gewerkschaften kommt deshalb nicht in Betracht, wenn es
wegen betriebsverfassungsrechtlicher Positionen um eine Abgrenzung des Personenkreises der
Leitenden Angestellten oder der Berechtigung von bestimmten Personengruppen zur
Betriebsratswahl (z. B. Teilzeitbeschäftigte, Leiharbeitnehmer usw.) geht.

2.2.2.4.2 Prozeßstandschaft

Es ist zu prüfen, ob das Instrument der Prozeßstandschaft - ein fremdes Recht im eigenen
Namen geltend machen zu dürfen - in Betracht kommt. Ein gesetzliches Prozeßführungsrecht
[628] besteht anders als beim Testamentsvollstrecker und Konkursverwalter nicht. Auch das
gesetzliche Arbeitsrecht kennt nur die Klagebefugnis von Ländern in Fällen des § 25 HAG und
§ 14 des Gesetzes über die Mindestarbeitsbedingungen.

Unter Umständen könnten aber die Voraussetzungen für eine gewillkürte Prozeßstandschaft
angenommen werden, wenn eine Ermächtigung zur Fremdprozeßführung sowie ein eigenes
schutzwürdiges Interesse des Ermächtigten vorliegt. [629] Die Ermächtigung durch den
Rechtsinhaber hat sich auf einen bestimmten Anspruch zu beziehen. Im übrigen kann sie - wie
jede andere Willenserklärung - auch konkludent erfolgen. [630] Die einschlägige Zustimmung
kann im vorbehaltlosen Beitritt eines Mitgliedes zum Verein/Verband liegen, wenn die Satzung
den Verein/Verband zur gerichtlichen Geltendmachung bestimmter Individualrechte
ermächtigt. [631] In Bezug auf den Gewerkschaftsbeitritt führt dies Däubler [632] überzeugend
aus, indem er auf die sozialtypische Bedeutung der Beitrittserklärung und ihre Erstreckung auf
alle gewerkschaftlichen Betätigungsfelder, also auch die gerichtliche Geltendmachung von
Ansprüchen, hinweist. Die Satzungen der Gewerkschaften erwähnen nicht alle denkbaren
Individualansprüche der Arbeitnehmer, drücken allerdings grundsätzlich und sehr umfassend
die Gewährung von Rechtsschutz aus, [633] wie z.B. mit den Worten "in allen sie (die

---

[626] Katalogartige Zusammenfassungen finden sich bei Trümmer in DKKS a.a.O. § 2 Rdz. 27 ff;
Hess/Schlochauer/Glaubitz a.a.O., § 2 Rdz. 82 ff
[627] Die Prozeßführungsbefugnis ist das Recht, einen Prozeß als Partei im eigenen Namen führen zu dürfen; die
Parteifähigkeit der Gewerkschaften für alle Verfahren vor den Arbeitsgerichten ergibt sich aus § 10 S.1
ArbGG.
[628] vgl. dazu etwa Thomas-Putzo a.a.O. § 51 Rdz. 24
[629] Rspr.: grundsätzlich BGHZ 48, S.12, 15 und 96, S. 151, 154 f; h.M. in der Lit.: statt vieler Rosenberg-
Schwab a.a.O. § 46 III 1; Stein-Jonas a.a.O. vor § 50 Rdz. 40 ff; MüKo/Lindacher a.a.O. vor § 50 Rdz. 55 ff.
Grunsky (a.a.O. § 46 Rdz. 10 mit weiteren Nachweisen, RdA 1986, S.196, 198) reicht die bloße Ermächtigung
aus.
[630] BGHZ 94, 122; Stein-Jonas a.a.O. vor § 50 Rdz. 44
[631] BGHZ 48. S. 12. 15; ebenso MüKo/Lindacher a.a.O. vor § 50 Rdz. 57; Thomas-Putzo, a.a.O. § 51 Anm.
IV 4 a aa
[632] Tarifvertragsrecht a.a.O. S.584
[633] vgl. beispielhaft im Anhang Abschnitt 3 den Satzungstext der IGM.

124

Arbeitnehmer) betreffenden Fragen des Arbeits- und Sozialrechts". [634] Das betrifft selbstverständlich auch tarifliche Rechte (vgl. §§ 4, 9 TVG).

Was das eigene schutzwürdige Interesse des Prozeßstandschafters angeht, geht es sowohl um die Durchsetzung des Tarifvertrages und damit um die Verteidigung des erreichten Erfolges als auch um die für den Einzelnen berührenden Ansprüche aus dem Arbeits-/Ausbildungsverhältnis. Der BGH hat im Hinblick auf entsprechende Satzungsbestimmungen das erforderliche Eigeninteresse von verschiedenen Verbänden bejaht. [635] Demgegenüber sollen nach Meinung des BAG weder die Gewerkschaft noch der Arbeitgeberverband ein Recht haben, die Rechte ihrer Mitglieder geltend zu machen. [636] Das BAG lehnt es ab, das Eigeninteresse aus der Stellung als Tarifpartei oder der allgemeinen Stellung der Koalitionen als Ordnungsfaktoren des Arbeitslebens abzuleiten. Auch Gründe der Prozeßökonomie seien nicht geeignet, das erforderliche rechtsschutzwürdige Interesse zu begründen. Schließlich sieht sich das BAG auch nicht in einer Divergenz zum BGH, weil das Interesse "nur im Zusammenhang mit den übrigen Normen des Arbeitskampfrechts " beurteilt werden könne. [637]

Diese Rechtsprechung hat erhebliche Kritik erfahren. [638] Koalitionen sind nach der Verfassung Aufgaben übertragen, zu denen auch das Aushandeln von Tarifverträgen gehört (Art. 9 Abs. III GG). Die Wahl der Mittel zur Zielerreichung steht den Verbänden frei. Art. 9 Abs.III GG garantiert nicht nur die Durchsetzung eines Arbeitskampfes, sondern auch einen "effektiven Tarifvertrag", wozu die Abwehr von Folgen eventueller "Unterlaufungsstrategien" gehört. [639] Es ist nicht einzusehen, warum es von der "Sache her geboten" sein soll, daß Gewerkschaften und Arbeitgeberverbänden nicht als gewillkürte Prozeßstandschafter von ihren Mitgliedern Schaden abwenden dürfen, was anderen Verbänden erlaubt ist. [640] Sachliche Gründe für eine Schlechterstellung hat das BAG nicht erklären können. [641] Es hat ebensowenig erörtert, warum "auf die Besonderheiten des Arbeitskampfrechts" abzustellen ist und das eigene rechtschutzwürdige Interesse des Verbandes "nur im Zusammenhang mit den übrigen Normen des Arbeitskampfrechts" beurteilt werden kann. Das BAG erklärt zwar, es weiche nicht von der Rechtsprechung des BGH ab,

---

[634] § 22 Abs. I Satzung der HBV vom 4.11.1992
[635] Deutscher Anwaltsverein (BGHZ 48, S. 12, 16); Anwaltskammer (BGH NJW 1956, S. 591); Wirtschaftsverband (BGH NJW 1981, S. 2304); weitere Nachweise bei MüKo/Lindachera.a.O. vor § 50 Rdz. 60, 61
[636] BAG AP Nr. 7, 42 zu § 256 ZPO; AP Nr. 76, 81 zu Art. 9 GG Arbeitskampf; zustimmend Wiedemann-Stumpf a.a.O. §1 Rdz. 356; Löwisch-Rieble a.a.O. § 4 Rdz. 73; Reichel a.a.O. § 4 Nr. 27
[637] Im speziellen Fall ging es um die Klage eines Arbeitgeberverbandes für seine Mitglieder auf Unterlassung rechtswidriger Streiks, BAG AP Nr. 81 zu Art. 9 GG Arbeitskampf; wie BAG : Gamillscheg AR II a.a.O. Nr. 301
[638] Heinze SAE 1983, S. 224, 229; Loritz ZFA 1985 S. 185, 195 ff; Grunsky RdA 1986, S. 196, 198; Däubler Tarifvertragsrecht a.a.O. S. 584 f
[639] Däubler Tarifvertragsrecht a.a.O. S. 585
[640] s. FN 635
[641] Loritz ZFA 1985, S, 185, 198

begründet dies aber nicht. [642] Richtig mag sein, daß die Scheu der betroffenen Mitglieder allein, bei Wahrnehmung eigener Rechte in eine Konfrontation zum Gegner zu geraten, nicht das besondere Interesse des Prozeßstandschafters rechtfertigt. Mitglieder treten aber einem Verband oder einer Gewerkschaft bei, damit die Organisation ihre aus der Mitgliedschaft entstehenden Rechte wirksam durchsetzt; viele Mitglieder besitzen weder die erforder lichen Rechtskenntnisse noch ausreichende Mittel, um z. B. gegen die andere Koalition zu klagen. [643] Aus der Mitgliedschaft ergibt sich einerseits der Anspruch auf Übernahme der Prozeßführung, andererseits die Verpflichtung seitens der Koalition, für den Einzelnen einzutreten. Aus diesem generellen arbeitsrechtlichen "Schutzkollektiv" kann ein schutzwürdiges Eigeninteresse abgeleitet werden. [644] Wenn das BAG das einzelne Mitgliedsunternehmen oder den einzelnen Arbeitnehmer darauf verweist, eigene Rechte im eigenen Namen geltend zu machen, ist das kein gleichwertiger Ersatz für eine verbandliche Durchsetzung. Die "der Prozeßstandschaft eigene Konsequenz würde verfehlt, nämlich die im verbandlichen Interesse wichtige Breitenwirkung in tatsächlicher Hinsicht kraft der Prozeßführung des Verbandes, in rechtlicher Hinsicht wegen der Rechtskraftwirkung". [645] Auch Gründe der Prozeßökonomie spielen nach Meinung des BGH - nicht so das BAG - eine Rolle, denn es wäre beispielsweise wenig sinnvoll, daß jeder, der gegen das Rechtsberatungsmißbrauchsgesetz verstößt, mit einer Klage aller Rechtsanwälte überzogen würde. [646]

Nach allem ist vom *Grundsatz* her davon auszugehen, daß entgegen der Meinung des BAG ein eigenes schutzwürdiges Interesse der Gewerkschaft [647] anzunehmen ist, die den einzelnen Mitgliedern zustehenden Rechte als Prozeßstandschafter geltend zu machen. [648] Ob alle arbeits- und sozialrechtlichen Tatbestände Klärungsbedarf für die Organisation ergeben, muß am *konkreten Fall* im Detail geprüft werden. Ein allgemeines Interesse, "Klarheit über Rechtsregeln zu gewinnen, rechtfertigt nicht das besondere Interesse, das für eine gewillkürte Prozeßstandschaft erforderlich ist". [649] Denn Gerichte erstellen keine Rechtsgutachten. Es muß also im nächsten Prüfungsschritt das besondere eigene Interesse bejaht werden können,

---

[642] ders. 197; ebenso Lieb NZA 1985, S.265, 267

[643] Loritz ZFA 1985 S. 185, 197

[644] Dütz Anm. EzA 127 zu § 1, 1 Tarifvertragsgesetz, Friedenspflicht. Es liegt nahe vom "Institut der prozeßstandschaftlichen Verbandsklage" zu sprechen, die es über die gesetzlich anerkannten Fälle hinaus nicht gibt, Stein-Jonas a.a.O. vor § 50 Rdz. 40, Rosenberg-Schwab a.a.O. § 47; für ein Klagerecht der Verbände aber Wolf a.a.O. S. 46, 47

[645] Dütz Anm. EzA 127 zu § 1, 1 Tarifvertragsgesetz, Friedenspflicht, ebenso Seiter Anm. EzA 154 zu Art. 9, 54 Arbeitskampf

[646] Loritz ZFA 1985, S, 185, 196

[647] Entsprechendes gilt auch für den Arbeitgeberverband, z.B. zur Abwehr rechtswidriger Arbeitskampfmaßnahmen.

[648] Däubler Tarifvertragsrecht a.a.O. S. 584 mit zahlreichen Hinweisen in FN 234, z.B. zur Durchsetzung tariflicher Rechte des einzelnen Arbeitnehmers; ebenso Hegemeier/Kempen/Zachert/Zilius a.a.O. § 4 Rdz. 90, 91

[649] so richtig BAG AP 81 zu Art. 9 GG Arbeitskampf unter A.III.2.d)

einerlei, ob es sich um vertragliche oder deliktische Ansprüche handelt. [650] Was betriebsverfassungsrechtliche Positionen angeht, ist eine Gewerkschaft nicht deshalb bereits betroffen, weil sie an allen denkbaren Streitfällen des BetrVG ein institutionelles Interesse hat. Eine derart "zentrale Funktion" sieht das Gesetz nicht vor. [651] § 2 BetrVG beschreibt die Stellung der Gewerkschaften und Vereinigungen der Arbeitgeber. Danach sind ihnen bestimmte Rechte und Pflichten zugeschrieben; es gibt aber keine eigenständigen Rechte der Koalitionen, sich beliebig in das betriebliche Geschehen einzuschalten. [652]

Geht es also um die Abgrenzung von leitenden Angestellten, reicht es für eine Prozeßstandschaft nicht aus, wenn eine Gewerkschaft überhaupt im Betrieb vertreten ist, ebensowenig, wenn der betroffene leitende Angestellte Mitglied der Gewerkschaft ist. [653] Davon zu unterscheiden sind die Fälle, in denen der Gewerkschaft kraft Gesetzes unmittelbar ein Antragsrecht zusteht. So kann eine Gewerkschaft nach § 19 Abs. II BetrVG ohne Rücksicht auf eine eigene Betroffenheit durch die arbeitsgerichtliche Entscheidung zur Anfechtung der Betriebsratswahl befugt sein, wenn die Abgrenzung des Kreises der leitenden Angestellten für die Anfechtungsfrage von Bedeutung ist. [654] Es reicht m.E. nicht aus, daß Gewerkschaften generell an einem fehlerfrei zustande gekommenen Verfahren für die Betriebsrats/Aufsichtsratswahlen interessiert sind.

Im Falle von Streitigkeiten wegen des Besuchs und der Bezahlung von Schulungs veranstaltungen nach § 37 Abs. VI oder VII BetrVG fehlt es ebenfalls am eigenen schutz würdigen Interesse der Gewerkschaft, weil eine arbeitsgerichtliche Entscheidung keinen Einfluß auf die eigene Rechtslage des Prozeßstandschafters hat.

Letztlich ist dafür Sorge zu tragen, daß keine Umgehung der gesetzlichen Funktionenteilung zwischen den verschiedenen betriebsverfassungsrechtlichen bzw. mitbestimmungsrechtlichen Institutionen eintritt. [655]

---

[650] Zu unterscheiden vom eigenen Interesse ist der eigene Anspruch. Insoweit die Entscheidung des BAG AP Nr. 101 zu Art. 9 GG Arbeitskampf die frühere Rechtsprechung aufgibt, bedeutet dies, daß - im entschiedenen Fall - die Gewerkschaft nunmehr einen *eigenen* gesetzlichen Anspruch gegen den sozialen Gegner hat, *rechtswidrige* Arbeitskampfmaßnahmen zu unterlassen. s.a. Anm. Otto SAE 1991, S. 45, 49, der im übrigen die Prozeßstandschaft bei "Geschehen mit kollektivem Bezug" anerkennt.

[651] Dütz BB 1978, S. 213, 217

[652] Das Gesetz unterscheidet zwischen betriebsverfassungsrechtlichen Aufgaben, § 2 Abs. I und II BetrVG und den sonstigen Koalitionsaufgaben gem. § 2 Abs. III BetrVG.
dazu für viele: DKKS a.a.O. Einl. Rdz. 50 zum sog. dualen System; § 2 Rdz 9 ff; Dietz-Richardi a.a.O. § 2 Rdz.; GK-Kraft a.a.O. § 2 Rdz. 22; Stege-Weinspach a.a.O. § 2 Rdz. 11

[653] Diesen Gedanken entwickelt Dütz (BB 1978, S. 213, 217) zur Prüfung der Antragsberechtigung im Beschlußverfahren.

[654] ders.

[655] ders.

2.2.2.4.3 Entzug der Prozeßvertretung gemäß § 11 ArbGG

Da die von Gewerkschaften organisierten "Massenklagen" durch öffentlich angebotene und satzungsintern abgesicherte Prozeßvertretung abgewickelt werden, stellt sich die Frage, ob durch ein Abschneiden dieser Möglichkeit das Problem beseitigt werden könnte. Darauf wird später eingegangen. [656]

2.2.2.4.4 Entzug der Rechtsberatung

Einen noch schärferen Eingriff in die koalitionsmäßige Bestätigung wäre die Einschränkung oder der Entzug der Rechtsberatung gemäß Art. 1 § 7 Rechtsberatungsgesetz. [657] Unabhängig von den noch zu erörterten Gründen [658] käme der Entzug der Rechtsbe ratung [659] einer "LEX - Gewerkschaft" gleich. Vor Zwangsmaßnahmen muß auf Vernunft (freiwillige Selbstbeschränkung) gesetzt werden.

2.2.2.4.5 Werbung, (Stapelvollmacht)

Nach geltender Rechtslage ist der gewerkschaftliche Verbandsvertreter als Organ der Rechtspflege gemäß § 11 ArbGG tätig und gleichzeitig Verbandsakteur. Dies ist nach geltender Rechtslage zulässig. Denkbar wäre, daß sich auch Verbandsvertreter an "Spielregeln" halten müßten, an die sich andere Organe der Rechtspflege zu halten haben. So gilt für Rechtsanwälte die Einhaltung von Standesrichtlinien, die die Bundesrechtsanwaltskammer gemäß § 177 Abs. 2 Nr. 2 BRAO erlassen hat. [660] Danach wäre es unzulässig zu werben, in der Öffentlichkeit als Prozeßbevollmächtigter aufzutreten und Vollmachtsformulare zur Verwendung für noch unbestimmte Auftraggeber anderen Personen zu überlassen oder deren Verwendung zu dulden (Stapelvollmacht). So wäre es für einen Gewerkschaftssekretär nicht möglich, mit der Verteilung von Formularklagen gleichzeitig die Empfehlung der Prozeß- vertretung durch die Gewerkschaft anzudienen.

---

[656] s.S. 128
[657] Früher ist bereits von Stürner (JZ 1978, S. 499, 504) der Hinweis auf den damals diskutierten § 13 c IV EUWG (WRP 1978, S. 31) gemacht worden, wonach Verbände beim öffentlichen Klageaufruf das Übermaßverbot zu beachten hätten: Mutwilligkeit der Klage, extrem hohen Klagezahlen, mangelnde schonende Rechtsverfolgung könnte ein Einschreiten der Justizaufsicht rechtfertigen. Die erwähnte Vorschrift ist allerdings bei der Novellierung des UWG nicht in Kraft getreten.
[658] s.S. 128
[659] Soweit ersichtlich, ist dieser Gedanke allein von Stürner (a.a.O.) angeschnitten worden. Das Thema steht sonst weder in der Wissenschaft noch in der Politik auch nur zur Diskussion.
[660] Nach der Entscheidung des BVerfG vom 14.7.1987 (1 BvR 537/81 u.a. können die Standesrichtlinien nur noch für eine Übergangszeit herangezogen werden. Gesetzliche Normierungen sind jetzt aber eingearbeitet in den Gesetzentwurf zur Neuordnung des Berufsrechts der Rechtsanwälte u.a.

Die gemachten Vorschläge laufen allesamt darauf hinaus, mittelbar oder unmittelbar die Befugnis der Gewerkschaft einzuschränken, daß sie "Massenklagen" nicht mehr vor dem Arbeitsgericht vertreten kann. [661] Dem begegnen jedoch rechtliche Bedenken. Gewerkschaften sind Vereinigungen, denen nach Art. 9 Abs. III GG das Recht zusteht, Arbeits- und Wirtschaftsbedingungen zu regeln. Der grundrechtliche Kernbereich deckt Bestand, Aufgabenbereich und Betätigungsfreiheit ab. [662] Die Ausgestaltung der Koalitionsfreiheit kann auch durch den Gesetzgeber erfolgen. [663] Die Gewerkschaften sind als Berufsverbände gemäß Art. 1 § 7 Rechtsberatungsgesetz ohne Erlaubnis zur Rechtsberatung ihrer Mitglieder befugt, soweit arbeitsrechtliche Fragen anstehen. [664] Zur spezifisch koalitionsrechtlichen Aufgabe gehört die durch § 11 ArbGG festgelegte Postulationsfähigkeit. [665] Zöllner [666] weist auf die Rechtsprechung des BVerfG hin, wonach die Betätigung als Prozeßvertreter ihrer Mitglieder als mit der Verfassung vereinbar anzusehen ist, weil "diese Befugnis mit der Tariffähigkeit gekoppelt ist." [667]

Für Stürner [668] ist es denkbar, die Rechtsberatung der Gewerkschaften nicht anzutasten, aber Unterstützung bei der Rechtsvertretung im Verfahren auszuschließen. Diese Auffassung begegnet verfassungsmäßigen Bedenken. Die eigenständige, von den Organen bürgerlicher Rechtspflege losgelöste Rechtsberatung entspricht gewerkschaftlicher Tradition und gehört zu den "historischen Gegebenheiten" [669] koalitionsmäßiger Betätigung bei der Wahrung bzw. Förderung von Arbeits- und Wirtschaftsbedingungen. Damit ist auch die Rechtsberatung vom Schutz des Art. 9 Abs. III Satz 1 GG umfaßt, und es erscheint äußerst fraglich, ob die Möglichkeit der Prozeßvertretung aus dem verfassungsmäßigen Schutz der rechtsberatenden Tätigkeit herausgeschnitten werden kann. Damit würde der Einfluß der Gewerkschaften auf die individuelle Durchsetzung ausgehandelter Arbeitsbedingungen zurückgedrängt und ein wesentlicher Bereich koalitionsgemäßer Betätigung eingeschränkt. Unabhängig von den theoretischen Fragestellungen wäre es politisch bedenklich, mit Überlegungen eines Ausschlusses der Gewerkschaften vom Rechtsberatungsmarkt den sozialen Frieden insgesamt aufs Spiel zu setzen. [670]

---

[661] Prozeßtechnische Vorschläge von Stürner JZ 1978 S. 499, 500, 501 wie z.B. die Zusammenlegung von Einzelstreitigkeiten nach § 147 ZPO oder die abgestufte Terminierung mögen der praktischen Bewältigung einer Flut von Klagen dienen, verhindern aber nicht die Klageerhebungen selbst.

[662] Hueck-Nipperdey Bd. II/1 a.a.O. S. 81 ff, 147

[663] Leibholz - Rinck - Hesselberger a.a.O. Art 9 Rdz. 380

[664] dazu Rennen/Caliebe a.a.O. Art. 1 § 7 Rdz. 7, 14

[665] Hueck-Nipperdey Bd. II/1 a.a.O. S. 147

[666] AöR 98 (1973) S. 71, 87

[667] E 4, S.96 und 20, S. 312; in einer späteren Entscheidung, E 31, S, 297, fand das BVerfG in der Bevorzugung gewerkschaftlicher Rechtsvertretung bei gleichzeitigem Ausschluß von Rechtsanwälten nach (dem damaligen) § 11 ArbGG keine Verletzung von Grundrechten.

[668] JZ 1978, S. 499, 502

[669] so Stürner a.a.O. Fußnote 25 mit weiteren Hinweisen

[670] Erst recht sind Gedanken, ob Schadensersatzprozesse aufgrund sittenwidrigen Verbandsverhaltens gemäß § 826 BGB bzw. Unterlassungsklagen der von "Massenklagen" bedrohten Unternehmer in Betracht kommen.

2.2.3 Lösungsansätze

2.2.3.1 Musterprozeßvereinbarungen

Durch eine Vereinbarung von Prozeßparteien könnte nicht die Rechtskraft der in einem Musterverfahren ergangenen Modellentscheidung auf alle übrigen Streitfälle erstreckt werden. Möglich wäre lediglich bei Streitgegenständen, die der Parteidisposition unterliegen, ein Vergleich, in dem sich beide Seiten verpflichten, ihre Rechtsbeziehungen entsprechend der Musterentscheidung zu gestalten. [671] In der Sache käme es darauf an, ob der Streitgegenstand sich als Lösungsmodell überhaupt eignet: Dies ist zweifelhaft bei der Festlegung des Kreises von Leitenden Angestellten, dagegen eher denkbar bei Lohnklagen wegen einer suspendierenden Aussperrung. Nicht von der Hand zu weisen, ist der rechtliche Einwand, das Rechtsschutzbedürfnis des einzelnen Arbeitnehmers könne vom Gericht verneint werden.[672] Darüber hinaus wäre darauf zu achten, daß die Parteien sich verpflichten, sich nicht auf Ausschluß- und Verjährungsfristen zu berufen.

Eine etwa zwischen dem Arbeitgeberverband und der Gewerkschaft geschlossene Musterprozeßvereinbarung wirkt nur unmittelbar zwischen diesen, nicht jedoch automatisch zwischen den vom Streit betroffenen Mitgliedern der jeweiligen Organisation. So hilfreich die Idee einer freiwilligen Vereinbarung zur Durchführung eines Modellverfahrens auch sein mag, wird die Durchführung in erster Linie an rechtlichen Problemen scheitern.

2.2.3.2 Einfügung eines § 148 a ZPO

Eine unmittelbare Anwendung dieser Vorschrift kommt nicht in Betracht, weil es dabei immer um ein Rechtsverhältnis gehen muß, das den Gegenstand eines anderen anhängigen Rechtsstreits bildet. In der wissenschaftlichen Diskussion wurde bereits vorgeschlagen, eine gesetzliche Aussetzung auch für den Fall möglich zu machen, daß eine für die Urteilsfindung im anhängigen Verfahren wesentliche Rechtsfrage vor einem höheren Gericht, insbesondere einem obersten Bundesgericht oder dem BVerfG, zur Entscheidung ansteht. [673] Es läßt sich durchaus vertreten, das Instrument der Aussetzung anzuwenden, wo Klagen geführt werden, um höchstrichterliche Rechtsschöpfung zu erreichen oder geltendes Richterrecht zu überprüfen, um widersprüchliche, unter Umständen rechtskräftige Entscheidungen der Instanzgerichte zu vermeiden.

Diesem Gedankens folgend ist es überlegenswert, auch die Abwicklung von "Massen

---

(Stürner, JZ 1978, S. 49, 505-507) akademischer Natur und helfen nicht weiter.

[671] Dütz BB 1978, S. 213, 214, mit weiteren Hinweisen in Fußnote 4

[672] Darauf weisen Kittner/Breinlinger ZfRSoz 1981, S. 53, 74,75 hin.

[673] Dütz BB 1978, S. 213, 215 und die Literaturhinweise bei Stürner JZ 1978 S. 499, 501, Fußnote 15

streitigkeiten" zu vereinfachen und sie auszusetzen. [674] Als Vorbild könnte § 93 a VwGO dienen, wonach bei mehr als fünfzig Verfahren bei Aussetzung aller übrigen Verfahren ein Musterverfahren durchgeführt wird. Statt einer Änderung des § 148 ZPO könnte eine neue Vorschrift in das Gesetz als § 148 a ZPO eingefügt werden. [675]

2.2.4 Zwischenergebnis

Die von Gewerkschaften zuweilen inszenierten "Massenprozesse" mit gleichgelagerten Streitgegenständen lassen sich nicht ohne verfassungsrechtlich problematische Gesetzesänderungen verhindern, weil einmal eingetretene Rechtshängigkeit nur durch Selbstdisziplin im Wege von Musterprozeßvereinbarungen kanalisiert oder aber nach Schaffung einer entsprechender Rechtsgrundlage (Einfügung eines § 148 a ZPO) - vorübergehend - ausgesetzt werden kann.

3. Arbeitgeber und Verbände

3.1 Klagepflicht beim Arbeitgeber

Vorschläge aus der Vergangenheit weisen dem Arbeitgeber eine andere Rolle im bisherigen System des Kündigungsprozesses zu, wenn sie ihm auferlegen wollen, daß er derjenige ist, der die Rechtmäßigkeit der Kündigung beim Arbeitsgericht einzufordern hat. In unterschiedlicher Form hätte dies erreicht werden können:
- bei Widerspruch des *Arbeitnehmers* gegen die Kündigung sollte das Arbeitsverhältnis nur durch gerichtliche Entscheidung aufgelöst werden können [676]- bei Widerspruch des *Betriebsrats* sollte das Arbeitsverhältnis nur durch Gerichtsentscheidung aufgelöst werden können. [677]
Der Arbeitgeber hätte damit die aktive Rolle des Klägers zu übernehmen.
Sicher ist, daß eine so gestaltete Umkehr der Interaktion den Arbeitgeber zu einer (noch) gründlicheren Vorweg-Prüfung von Entlassungen, ihrer Bedingungen einschließlich der Rechtsfolgenabschätzung zwingen würde. Die Gegner solcher Überlegungen wiesen in ihren Diskussionsbeiträgen auf die verwaltungstechnisch-bürokratischen Verfahrensabläufe hin und

---

[674] ebenso Stürner JZ 1978, S. 499, 501
[675] Der Formulierungsvorschlag für § 148 a ZPO lautet: "Ist das Bestehen oder Nichtbestehen eines Rechtsverhältnisses Gegenstand von mehr als fünfzig Verfahren, kann das Gericht eines oder mehrere geeignete Verfahren vorab durchführen (Musterverfahren) und die übrigen Verfahren aussetzen. Die Beteiligten sind vorher zu hören."
[676] 52. DJT Beschlüsse, D. Abteilung Arbeitsrecht, Nr. 14 a: abgelehnt mit 105: 475: 7
[677] 52. DJT Beschlüsse, D. Abteilung Arbeitsrecht, Nr. 14 b: abgelehnt mit 111: 455: 8

hielten ein solches zwangsweises Vorgehen für überflüssig, insbesondere in Klein- und Mittelbetrieben nicht für praktizierbar.

Auch die 1978 durchgeführte Forschung zur Kündigungspraxis erbrachte durch die Befragung von Arbeitsrichtern I. und II. Instanz, Rechtsanwälten, gewerkschaftlichen Rechtssekretären und Verbandsvertretern eine mehrheitliche Ablehnung solcher Fragestellungen; nur die Gewerkschaftsvertreter votierten für die Klagelast auf Seiten des Arbeitgebers. [678] Es handelte sich in erster Linie um interessengebundene Antworten: Während die Arbeitgeber jede Notwendigkeit einer Reform leugneten, die Richter der Arbeitsgerichtsbarkeit einzelne Detailverbesserungen bei grundsätzlicher Beibehaltung der Rechtslage befürworteten, lehnten die Rechtsanwälte es aus naheliegenden Gründen ab, Kündigungsstreite ohne ihre Mitwirkung zunächst vor einer innerbetrieblichen Instanz auszutragen. Gewerkschaftsvertreter dagegen hielten eine grundlegende Reform mit größeren Schutzzonen zugunsten der Arbeitnehmer für dringend geboten.

Für die hier nochmals aufgeworfene Fragestellung ist durchaus zu beachten, daß der Arbeitgeber für viele Streitfragen der "Veranlasser" ist, wie bereits dargelegt wurde; [679] in Kündigungsfällen trägt er auch die prozessuale Vortrags- und Beweislast. Dennoch: unter dem hier zu betrachtenden Ziel einer Verringerung der Rechtsstreite wäre ein Wechsel der Aktivrolle des Arbeitgebers unerheblich. Ob der Arbeitnehmer selbst die Klage erhebt oder den Arbeitgeber über den Widerspruch dazu zwingt, verändert nicht die Gesamtzahl.

Auch eine Übertragung von positiven Erfahrungen aus dem Nachbarland Holland [680] erscheint zweifelhaft bezüglich der gleichen Erfolge. Dort gilt ein Verfahren, wonach der Arbeitgeber zur Auflösung des Arbeitsverhältnisses aktiv werden muß. [681] Ein niederländischer Arbeitgeber muß in der Regel eine Genehmigung beim Arbeitsamt einholen (die im Konfliktfall eine paritätische Kommission einschaltet), bevor seine Kündigung rechtskräftig wird. Die Folge davon ist, daß die niederländischen Gerichte weniger als 10 % des Geschäftsanfalls der deutschen Gerichte aufzuweisen haben.

Der Erfolg auf der einen schlägt sich aber auf der anderen Seite nachteilig nieder. Bei Übernahme einer solchen Regelung wäre als gesichert anzusehen die Verschiebung der Prüfung von der Gerichtsbarkeit zu einer Behörde und eventuell einer weiteren Vertrauenskommission; für beide Institutionen müßte entsprechendes Personal bereitgehalten werden. Nicht sicher wäre, ob sich die Arbeitgeber durch die diversen Prüfinstanzen von den beabsichtigten Kündigungen abhalten ließen, so daß wegen der immer noch vorhandenen

---

[678] FB Kündigungspraxis a.a.O. II S. 535 mit Tabelle IV/22 Buchstabe k)
[679] s.S. 30
[680] Auch in Dänemark wird der größte Teil der Arbeitsstreitigkeiten durch außergerichtliche Institutionen geregelt (Blankenburg, Prozeßflut a.a.O. S. 16, 18).
[681] dazu Blankenburg ZfRSoz 1985 S.255, 266 sowie Blankenburg/Verwoerd DRiZ 1986, S. 207, 210.

Arbeitsgerichte erkennbare Einsparungseffekte letztlich nicht auszumachen sind. Eine Änderung in dieser Hinsicht ist daher abzulehnen.

3.2 Abfindungszahlung bei Kündigung

Auf dem 52. Deutschen Juristentag 1978 forderte Simitis [682] u.a. eine Abfindungspflicht des Arbeitgebers für jede Kündigung, weil eine solche Pflicht die Entscheidung des Arbeitgebers zum Kündigungsausspruch retardiere und insofern die Beschäftigungchancen stabilisiere; außerdem solle ein außergerichtlicher Konfliktlösungsmechanismus über eine ständige Einigungsstelle gefunden werden. Dagegen wurde u.a. hauptsächlich durch Unternehmensvertreter vorgebracht, die Vorschläge bedeuteten eine indirekte Steuerung der Wirtschaft durch Lenkung der Beschäftigungspolitik, [683] stellten eine nicht hinnehmbare Bürokratisierung dar, [684] beachteten nicht die notwendigen Unterschiede zwischen Groß- Mittel- und Kleinbetrieben. [685] Wegen der nur verhältnismäßig geringen Aktivprozesse gegen Kündigungen, [686] werde die Wirtschaft mit zusätzlichen Kosten belastet, was letztlich die gesamte Volkswirtschaft in unzumutbarer Weise beeinträchtige. In der Schlußabstimmung wurde der Antrag gestellt, jedem Arbeitnehmer, dessen Arbeitsverhältnis durch Kündigung des Arbeitgebers aufgelöst werde, ohne Rücksicht auf Kündigungsart und Kündigungsgrund ein Abfindungsanspruch einzuräumen. [687] [688]

Wenn davon auszugehen ist, daß mehr als zwei Drittel der Arbeitnehmer eine Kündigungsschutzklage erheben, um in den Genuß einer Abfindung zu kommen und ernsthaft an einer Fortführung des Arbeitsverhältnisses nicht interessiert sind, [689] würde durch ein "Abfindungsgesetz" ein hoher Befriedungsgrad eintreten und die Erhebung einer Klage überflüssig machen.

Die andere Folge einer solchen "Zwangslösung" für alle Arbeitgeber wäre, daß viele von ihnen ungerechtfertigt mit Kosten belastet würden. [690] Denn immerhin werden nach geltender

---

[682] 52. DJT II, a.a.O. M 45, 49. Die zuständige Abteilung befaßte sich mit der Frage: "Sind im Interesse der gerechteren Verteilung der Arbeitsplätze Begründung und Beendigung für Arbeitsverhältnisse neu zu regeln?"
[683] 52. DJT II, a.a.O. Müller M 70 f
[684] 52. DJT II, a.a.O. Bähringer M 85
[685] 52. DJT II, a.a.O. Müller M 70 f
[686] 52. DJT II, a.a.O. Trescher M 191: 6-7 %; Steckel M 209: 5-10 %
[687] 52. DJT Beschlüsse, D. Abteilung Arbeitsrecht, Nr. 17 a: abgelehnt mit 26: 443: 36; auch die "milderen" Formen , die Abfindungen auslösen sollten (Beschlüsse 17 b und 17 c) wurden mit überwiegenden Mehrheiten abgelehnt.
[688] In demselben Jahr stellte auch die empirische Untersuchung zum Themenkomplex 'Kündigung' eine ähnliche Frage, die - bis auf die Rechtssekretäre der Gewerkschaften und Richter der Arbeitsgerichtsbarkeit I. Instanz - von den übrigen Berufsgruppen (Richter am LAG, Rechtsanwälte und Vertreter von Arbeitgeberverbänden) negativ beschieden wurde. (FB Kündigungspraxis a.a.O. II S. 534 mit Tabelle IV/22 Buchstabe n).
[689] s.o. FN 242
[690] ebenso Küsel 52. DJT II, a.a.O. M 87/88

Rechtslage rund 93 % der ausgesprochenen Kündigungen [691] nicht gerichtlich angegriffen. Ein "Abfindungsgesetz" wäre nicht nur ungerecht, weil man davon ausgehen darf, daß der größte Teil der nicht angegriffenen Kündigungen sozial gerechtfertigt ist. [692]Das Ergebnis wäre auch ökonomisch nicht zu verantworten, weil dies die Personalzusatzkosten in die Höhe treiben würde. [693] Unabhängig von Vorstehendem gäbe es auch keine Garantie für weniger Gerichtsverfahren, weil womöglich der Streit um die Höhe der Abfindung geführt würde. [694] Gamillscheg [695] ist in diesem Zusammenhang zu Recht der Meinung, im Falle einer Abfindung (mit dem Charakter einer Treueprämie und zugleich Entschädigung für den Verlust des Arbeitsplatzes) müsse der Bestandsschutz abgekoppelt werden; beides nebeneinander schließe sich aus. [696]

Ein Vorschlag in Richtung einer generellen Abfindungszahlung wird deshalb nicht gemacht.

3.3 Kündigungen und sonstige Bestandsstreitigkeiten

3.3.1 Die Frage der Quantität

Bei den Bestandsstreitigkeiten sind die Arbeitgeber nicht in der Parteirolle der Kläger, obwohl sie nach den Fallzahlen dazu ausreichend Gelegenheit hätten. Die empirische Untersuchung zur Kündigungspraxis und zum Kündigungsschutz in der Bundesrepublik Deutschland fand für das Jahr 1978 heraus, daß den rund 1,2 Millionen von Arbeitgebern erklärten Kündigungen mehr Arbeitnehmerkündigungen, nämlich rund 1.35 Millionen, gegenüberstanden. [697] Nun erfolgt zwar weder durch die Justiz noch von anderer Stelle eine Auszählung, wie oft Arbeitgeber als Kläger gegen ihre Arbeitnehmer nach deren Kündigung auftreten. Es ergibt sich aber bereits aus der statistischen Häufigkeit der Parteienverteilung, daß Arbeitgeber nur geringfügig am Prozeßaufkommen überhaupt beteiligt sind. [698] Diese "3 % - Beteiligung" teilt sich dazu noch

---

[691] s.o. S. FN 381 und 382; auf das Jahr 1978 bezogen hätten die Arbeitgeber für rund 1 Mio ordentliche Kündigungen Abfindungen gezahlt werden müssen, obwohl nur rund 100.000 Klagen anhängig gemacht wurden.
[692] In rund 60 % der Abfindungsvergleiche wird den Arbeitnehmern allerdings nach Einschätzung der Richter am Arbeits- und Landesarbeitsgericht zu Unrecht gekündigt, FB Kündigungspraxis a.a.O. II S. 969
[693] ebenso Pawlikowski 52. DJT II, a.a.O. M 81. Die zusätzlichen Kosten lagen in 1992 und 1993 im produzierenden Gewerbe bei 84 % des Direktentgelts (Argumente a.a.O. Nr.5/1994).
[694] Dies könnte wiederum z.B. dadurch vermieden werden, indem gesetzlich oder tariflich eine bestimmte Größenordnung vorgegeben wäre.
[695] a.a.O. S. 95, 105
[696] ders. S. 106 mit Beispielen aus anderen Ländern: in Österreich kennt § 23 AngG von 1921 die Abfindungszahlung, ebenso Italien im Codice civile von 1942, Art. 2120. siehe auch Art. 336 a OR, wonach der Schweizer Arbeitgeber bei mißbräuchlicher Kündigung dem Arbeitnehmer eine Entschädigung zu zahlen hat.
[697] FB Kündigungspraxis a.a.O. I S.62/63
[698] "Indirekt" sind in jedem Kündigungsprozeß beteiligt, weil ihnen die Darlegungs- und Beweislast für die Kündigungsgründe obliegt.

auf in die verschiedenen Streitgegenstände, so daß rein rechnerisch z.B. für 1991 nur 4.546 Bestandsstreitigkeiten seitens der Arbeitgeber anhängig gemacht worden wären, wenn man die entsprechenden Verhältniszahlen zugrundelegt. [699]

Desweiteren entspricht die Zurückhaltung der Arbeitgeber auch dem System unserer Rechtsordnung:

Der Arbeitgeber hat in Ermangelung eines (zu seinen Gunsten wirkenden) Kündigungsschutzgesetzes keinen Grund, sich gegen die Kündigung des Arbeitnehmers zu wenden, es sei denn, es handele sich um eine Auflösung des Arbeitsverhältnisses unter Vernachlässigung von Form und Frist.

Während der Weiterbeschäftigungsanspruch des Arbeitnehmers als unvertretbare Handlung angesehen wird, die der Arbeitgeber durch Zurverfügungstellen eines Arbeitsplatzes erbringen muß und demgemäß nach § 888 ZPO vollstreckbar ist, [700] wird umgekehrt die Erfüllung der Arbeitspflicht durch den Arbeitnehmer wegen des personalen Elements durch höchstpersönliche Erbringung der Arbeitsleistung als unvertretbare Leistung nach § 888 Abs. II ZPO bewertet mit der Folge, daß eine Zwangsvollstreckung nicht möglich ist. [701]

Unabhängig hiervon verzichtet ein Arbeitgeber eher auf einen demotivierten Mitarbeiter mit Abkehrwillen, statt ihn zur Arbeitsleistung zwingen zu wollen.

Mithin kann aus der Datenlage festgehalten werden, daß die Arbeitgeber nur mit einem sehr geringen Teil an der Prozeßerhebung bei Bestandstreitigkeiten beteiligt sind.

3.3.2 Verminderung der Klagebereitschaft durch zwingende Begründung der Kündigung?

Dennoch ist zu überlegen, inwieweit Arbeitgeber durch Verschleierung der wahren Kündigungsgründe Klagen der Arbeitnehmer geradezu provozieren oder - anders gefragt - ob durch bessere Information über die wahren Sachverhalte, die zu Kündigungen führen, die Klagewilligkeit zurückgedrängt werden kann.

Es ist danach zunächst zu untersuchen, in welchem Umfang eine Information erfolgt, ob sie "ehrlich" ist und ob davon die Klagebereitschaft abhängt. Je nach Feststellung sind Ansätze zur Verbesserung zu prüfen.

Im Regelfall braucht eine Kündigung nicht begründet zu werden. [702] [703]

---

[699] Arbeitgeberanteil an eingereichten Klagen: 3.08 % - Bestandsstreitigkeiten, erl.: 147.515
[700] dazu Schaub a.a.O. S.849
[701] Hueck-Nipperdey a.a.O. Bd. I. S. 212; Germelmann a.a.O. § 62 Rdz. 48
[702] BAG AP Nr. 55, 56 zu § 1 KSchG
[703] Unabhängig davon ist die Verpflichtung des Arbeitgebers, dem Betriebsrat nach § 102 Abs. I BetrVG die Gründe für die beabsichtigte Kündigung mitzuteilen.

Ausnahmsweise ist das jedoch der Fall bei einer Kündigung gegenüber einem Auszubildenden gem. § 15 Abs. II i.V.m. III BBiG, wenn einzelne Tarifverträge oder eine Betriebsvereinbarung [704] es vorschreiben oder eine einzelvertragliche Vereinbarung dazu verpflichtet.

Bei einer fristlosen Kündigung muß der Kündigende gem. § 626 Abs. II S.2 BGB dem anderen Teil auf Verlangen den Kündigungsgrund unverzüglich schriftlich mitteilen.

3.3.3 Vorschlag

Die oben wiedergegebenen Ergebnisse [705] der Befragung von Arbeitnehmern, Arbeitgebern, Betriebsräten u.a. können für den hier interessierenden Teil wie folgt zusammengefaßt werden: der gut und wahrheitsgemäß informierte Arbeitnehmer läßt sich von objektivierbaren Begründungen am ehesten überzeugen und wird nur im dringenden Fall (wie z.B. Arbeitsplatzerhalt) den Klageweg beschreiten. Deshalb ist den Arbeitgebern anzuraten, jede Kündigung mit verständlichen, nachprüfbaren Gründen zu versehen, die auch im betriebsverfassungsrechtlichen Anhörungsverfahren Bestand haben können.

Gegen einen solchen Vorschlag spricht auch nicht, daß der 52. Deutsche Juristentag 1978, Wiesbaden, in seiner arbeitsrechtlichen Abteilung [706] verschiedene Anträge behandelt hatte, wonach für jede Kündigung vorzusehen sei, Kündigungsart und Kündigungsgründe beim Ausspruch der Kündigung abschließend und schriftlich zu formulieren. [707] [708]

Angenommen wurde hingegen der Beschluß, daß die Kündigungsgründe dem Arbeitnehmer auf Verlangen offenzulegen seien. [709]

Manch betroffener Arbeitgeber wird einwenden, der bürokratische Aufwand sei zu aufwendig; in bestimmten Wirtschaftszweigen entspreche eine - eventuell schriftliche - Kündigungs begründung nicht den Vorstellungen der beteiligten Kreise, weil z.B. auch die Einstellung ohne Formalien, sozusagen "per Handschlag" vorgenommen werde. Dagegen läßt sich nicht nur anführen, daß ein vermiedener Prozeß sehr viel weniger aufwendig ist. Im Sinne einer wohlver standenen Fürsorgepflicht könnte man es auch als Gebot der Fairness ansehen, wenn Arbeitgeber die Trennungsgründe offenbaren.

---

[704] BAG AP Nr.1 zu § 54 BMT-G II

[705] s.S. 62 mit FN 275

[706] Thema:" Sind im Interesse einer gerechteren Verteilung der Arbeitsplätze Begründung und Beendigung des Arbeitsverhältnisses neu zu regeln? "

[707] 52. DJT Beschlüsse, D. Abteilung Arbeitsrecht, Nr.12 a (abgelehnt 131: 491:3)

[708] Auch die Untersuchung zur Kündigungspraxis legte diese Frage vor. Bis auf die Rechtssekretäre mit einem sehr hohen Zustimmungsgrad und die Richter der Arbeitsgerichte sprachen sich die Richter der Landesarbeitsgerichte sowie die Rechtsanwälte und Vertreter der Arbeitgeberverbände dagegen aus(FB Kündigungspraxis a.a.O. II S. 534 mit Tabelle IV/22 Buchstabe d: bei einer Skala von +2 bis - 2 lagen die Rechtssekretäre bei + 1, 83, die Verbandsvertreter bei - 1,20).

[709] 52. DJT Beschlüsse, D. Abteilung Arbeitsrecht, Nr. 12 b: angenommen mit 387: 178: 17

136

Für die Umsetzung des eigenen Vorschlages wird allerdings nicht eine Zwangregelung präferiert, sondern eine freiwillige, auf Einsicht der beteiligten Arbeitgeber setzende Lösung. Eine gesetzliche Vorschrift verbietet sich schon deshalb, weil man für die fehlenden 12 % Arbeitnehmer, denen keine Kündigungsbegründung bekanntgegeben wird, keine Rechtsvorschrift braucht; es wäre falsch verstandener Minderheitenschutz, alle Arbeitgeber zu zwingen, wenn nur wenige Arbeitgeber einem kleinen Teil von Mitarbeitern keine vollständige Begründung für die Trennung geben. Ein Zwang zur Begründung garantiert im übrigen noch keine wahrheitsgemäße Erklärung. Für die freiwillige Lösung gibt es auch aussichts-reiche Ansätze: wenn man davon ausgeht, daß die meisten Fallzahlen von Nichtbegründung aus dem klein- und mittelständischen Firmenbereich kommen, [710] diese Betriebsgröße aber gerade in Innungen, Kreishandwerkerschaften, Einzelhandels- und Industrieverbänden organisiert sind, liegt bei diesen Wirtschaftsverbänden ein erhebliches Beratungspotential. Dabei soll nicht verkannt werden, daß der größte Teil der Beratungen auf Arbeitgeberseite ohnehin eher vorsorglich-präventiver Art ist. [711] Zu 100 monatlichen arbeitsrechtlichen Beratungen allgemeiner Art kommen nur 38 Erledigungen vor dem Arbeitsgericht. [712]

Eine Bestätigung findet sich auch insoweit durch empirische Untersuchungen. Bei den vorsorglichen Rechtsauskünften, die sich Arbeitgeber vor Ausspruch einer Kündigung einholen, stehen die Punkte "Frist, Form und Zustellung" sowie "Begründung der Kündigung" mit weitem Abstand auf den beiden Spitzenplätzen der Anzahl der Nennungen. [713] Außerdem liegt die Vertretung der Arbeitgeberseite im Gütetermin, Kammertermin und Berufungsverfahren mit etwa 30 % durch Verbandsvertreter weit hinter der durch Rechtsanwälte mit 38 %, 48 % bzw. 73 %. [714] Gerade in Kleinbetrieben (dort speziell im Handel und Handwerk) könnte der Einschaltungsgrad für die Prozeßvertretung durch den Arbeitgeberverband im Vergleich zur Rechtsanwaltschaft verbessert werden. [715]

---

[710] Die Klagehäufigkeit bei Arbeitnehmern aus Kleinbetrieben liegt fünfmal höher als in Großbetrieben, so Blankenburg/Schönholz a.a.O. S. 59
[711] Die präventive betriebliche Interessenvertretung und die pazifierende Rechtsberatung (der Gewerkschaften) und der Arbeitgeberverbände setzt sich übrigens auch im Prozeß fort, denn es passiert selten, daß Verbandsvertreter "den Gerichtssaal als Tribüne für eine politische Argumentationsweise benutzen", Blankenburg/Schönholz a.a.O. S. 157/158
[712] FB Kündigungspraxis a.a.O. II S. 525 mit Tabelle IV/20
[713] FB Kündigungspraxis a.a.O. II S. 658 mit Tabelle IV/71
[714] FB Kündigungspraxis a.a.O. II S. 647 mit Tabelle IV/66
[715] FB Kündigungspraxis a.a.O. II S. 655 mit Tabelle IV/70

3.4 Sonstige Streitgegenstände

3.4.1 Arbeitsentgelt und geldähnliche Ansprüche

Bereits in 20 % aller Klagefälle werden Verfahren in Kündigungssachen mit weiteren Streitgegenständen verbunden, und zwar hauptsächlich mit Anträgen auf Zahlung von Arbeitsentgelt, Urlaubsentgelt und sonstigen Geldforderungen. Rund 25 % von befragten Arbeitnehmern gaben an, daß diese Arbeits- und Zahlungsprobleme dann entstehen, wenn ein Arbeitsverhältnis kurz vor der Auflösung steht. [716] Die 1978 durchgeführte Untersuchung fand heraus, daß vorwiegend kleinere Betriebe [717] davon betroffen waren, möglicherweise eine Folge der gegenüber größeren Unternehmen mit eigenem Personalmanagement weniger eindeutig geregelten Arbeitsbedingungen einschließlich der Entlohnungsregeln. [718] Vermutlich ist auch die übrige Masse von Klagen, die sich dem Streitgegenstand nach mit Arbeitsentgelt befassen, ebenfalls in Wirtschaftszweigen, die klein- und mittelständisch strukturiert sind, anzutreffen. Da rund 65 % der geltendgemachten Lohnansprüche zusammen mit dem Feststellungsantrag verglichen werden, spricht dies nicht nur für die von den Parteien offensichtlich gewünschte Generalbereinigung, sondern auch für das Beratungspotential der Arbeitgeberverbände, hilfreich zu wirken, daß es gar nicht erst zu Klagen kommt. Klare und einfache Arbeitsverträge, beweiskräftig in Schriftform abgesichert, eine offene Informationspolitik und gute Personalführung insgesamt können dazu beitragen, den unternehmerisch Tätigen zu helfen, Streitfälle über Lohnfragen zu vermeiden. Die hohe Prozentzahl der in Ausbildung befindlichen Arbeitnehmer, die Probleme mit "falscher Lohnabrechnung" oder "einbehaltenen Zahlungen" haben, [719] kann einerseits für deren besondere Hartnäckigkeit bei der Lösung solcher Fragen, andererseits für die besondere Unkenntnis dieser jungen Personengruppe sprechen, weshalb eine besonders intensive Aufklärung erfolgen müßte, um sich - letzlich überflüssigen - Streit vom unternehmerischen Tagesgeschäft fern zu halten. Auch die hohe Quote der Erledigung solcher Klagen durch "Rücktritt, Anerkenntnis" einerseits (20 %) wie auch durch "Vergleich" andererseits (41 %) [720] spricht eindeutig für präventive Beratungsaktivitäten.

---

[716] Blankenburg/Reifner a.a.O. S. 82
[717] 65 % solcher Lohnansprüche werden in Betrieben mit bis zu 100 Beschäftigten geltend gemacht. Ebenso Blankenburg/Schönholz a.a.O. S. 60; s.a. Blankenburg/Reifner a.a.O. S. 98
[718] FB Forschungsbericht a.a.O. II S. 752 mit Tabelle IV/109 und S. 753 mit Tabelle IV/110
[719] Blankenburg/Reifner a.a.O. S. 81 stellten 44 % fest
[720] Blankenburg/Schönholz a.a.O. S. 108 mit Tabelle 13 aufgrund der Erhebungen in der I.Instanz am Arbeitsgericht Berlin 1976

138

3.4.2 Arbeitspapiere und Zeugnisstreitigkeiten

Von den übrigen Streitgegenständen können noch die "Herausgabe von Arbeitspapieren" und "Zeugnisrechtsstreite" genannt werden. Hier handelt es sich häufig um überflüssige Rechtsstreite. [721] Es liegt offenbar an mangelnder Kenntnis der Rechtslage, ob, wann, welches Zeugnis wie formuliert wird. Wie könnten sonst Rechtsstreite bis zur III. Instanz getrieben werden, die sich damit beschäftigen, ob die Beurteilung der Leistung zur "vollen" oder "vollsten" Zufriedenheit erbracht wurde [722] -oder- ob das Zeugnis auf im Geschäftsverkehr benutzten Firmenbogen auszustellen ist [723] - oder - welches Ausstellungsdatum das Zeugnis zu tragen hat. [724] Ebenso scheint noch nicht bei allen Arbeitgebern bekannt zu sein, was unter "Arbeitspapieren" zu verstehen ist. Vielen Arbeitnehmern als auch Arbeitgebern ist z.B. nicht geläufig, daß vor endgültiger Ausfüllung der Lohnsteuerkarte (häufig Verzögerung über die Kündigungsfrist hinaus durch die Bearbeitung beim Steuerberater) eine sog. Zwischenbescheinigung nach § 41 b EStG auszuhändigen ist. Ein erfahrener Arbeitsrichter [725] hat bereits früher appelliert, daß die Arbeitgeberverbände und Innungen auf ihre Mitglieder entsprechend einwirken möchten, damit diese Prozesse vermieden werden.

3.5 Zwischenergebnis

Schon früher [726] war man sich nicht ganz sicher, ob kleinere Betriebe eine stärkere Fluktuation veranlassen, ob sie Entlassungen und sonstige arbeitsvertragliche Vorgänge planloser und weniger rechtlich abgesichert in Gang setzen oder ob der Mangel an institutionellen Lösungen und Verfahren (Betriebsrat, Gewerkschaft) den höheren Einschaltungsgrad zum Arbeitsgericht bewirken als es bei Großbetrieben der Fall ist. Umso wichtiger ist es, die Dienstleistung "Information" seitens der Verbände zu verbessern und Kleinbetrieben hilfreich zur Seite zu stehen. [727]

---

[721] ebenso Rüstig AuR 1966, S. 202,204; auch die literarische Behandlung der Probleme des Zeugnisrechts zeigt dies deutlich: Haupt /Welslau, Personalwirtschaft , H.1/92 S. 37 ff; H.8/93 S. 49 ff
[722] BAG EzA § 630 BGB Nr.16; Haupt/Welslau , Personalwirtschaft H.8/93 S. 49,53 beklagen dies zu Recht als grammatikalische Ungereimtheit.
[723] BAG DB 1993, S. 1624 f = NZA 1993 S. 697
[724] BAG EzA § 630 BGB Nr.15 = NZA 1993 S.698
[725] Rüstig AuR 1966, S. 202,204
[726] Blankenburg/Schönholz a.a.O. S. 60 unter Hinweis auf IG Metall Tagungen 1978
[727] Auch die Anwaltsstudie von Wettmann/Jungjohann a.a.O. S. 66 hat herausgefunden, daß immer mehr Arbeitgeber prophylaktisch bei der Gestaltung von Arbeitsverträgen Rechtsrat benötigen.

4. Zusammenarbeit der Tarifparteien

Seit 1949 wurden gut 263.000 Tarifverträge in das Tarifregister beim Bundesar-
beitsministerium eingetragen. Davon sind heute in Westdeutschland rund 37.000 gültig, 26.000
Verbandstarifverträge und 10.100 Firmentarifverträge. Allein in 1992 wurden in den alten
Bundesländern rund 6.900 neue Tarifverträge abgeschlossen (Lohn- und Gehalts-Tarifverträge,
Mantel-, Änderungs- und Anschlußtarifverträge). [728]

4.1 Förderung von gemeinsamen Anliegen

Es soll dem Gedanken nachgegangen werden, ob eine vertiefende Zusammenarbeit der
Tarifvertragsparteien, die über den Abschluß von Tarifverträgen hinausgeht, eine zusätzliche
Absicherung der gegenseitigen Achtung und Respektierung "im Interesse des Arbeitsfriedens"
schaffen kann, die sich dann auch überträgt auf die Mitglieder der beiden Organisationen. Dies
ist denkbar durch Abkommen und gemeinsame Empfehlungen zu Themen mit
"gesellschaftspolitischer Verantwortung".

Viele Gesetze fördern bereits die Idee der Gleichgewichtigkeit durch Beteiligung der
handelnden Personen in Parität [729] bzw. einer Drittelparitätsform. [730] Was die Rolle der
Tarifparteien angeht, kann bezüglich der Konfliktlösung einer Tarifauseinandersetzung auf die
Rechtsprechung des BAG zu Streik und Aussperrung hingewiesen werden. [731]

4.2 Störungsabbau durch Tarifverträge und außertarifliche Vereinbarungen

Es wird nicht verkehrt sein zu behaupten, daß jede Maßnahme zur Verbesserung der
Beziehungen zwischen Arbeitgebern und Arbeitnehmern, zwischen den Betriebspartnern und
den Tarifpartnern, generell die Reizschwelle zur Konfrontation herabsetzt und damit zur
Klimaverbesserung beiträgt. Nun kann es nicht Anliegen dieser Untersuchung sein, objektiv
wahrzunehmende Störungen in den Beziehungen einzelner Tarifträger zu beschreiben.
Vielmehr soll beispielhaft auf das Verhältnis der Tarifvertragsparteien in der chemischen
Industrie und der Bauwirtschaft hingewiesen werden. Als Beleg dieser gegenseitigen Achtung

---

[728] iwd 40 v.7.10.1993; ausführlich zum Jahr 1991: Clasen BArbBl 1992, S. 5 ff
[729] z. B. in der sozialen Selbstverwaltung durch Organbesetzungen bei den Allgemeinen Ortskrankenkassen,
den Berufsgenossenschaften u. a.; der Arbeits- und Sozialgerichtsbarkeit durch ehrenamtliche Richter beider
Seiten
[730] In den Organen der Bundesanstalt für Arbeit beteiligen sich neben Arbeitnehmern und Arbeitgebern auch
Vertreter der Öffentlichen Hand.
[731] zum Paritätsgedanken insbesondere aus jüngerer Zeit BAG AP 64-66 zu Art. 9 GG Arbeitskampf, BVerfG
DB 1991. S. 1678 ff und Brox/Rüthers a.a.O. Rdz. 166 ff

und Anerkennung mag der Hinweis auf die Sozialpartner-Vereinbarungen dienen, durch die ein offenes Bekenntnis der Tarifvertragsparteien zur Sozialpartnerschaft abgelegt wird.

4.3 Sozialpartner-Vereinbarungen

4.3.1 Beispiel Chemische Industrie

Über Jahre hinweg haben die Tarifvertragsparteien, die IG Chemie-Papier- Keramik einerseits und der Bundesarbeitgeberverband Chemie andererseits Vereinbarungen miteinander geschlossen zu Themen, die in anderen Wirtschaftszweigen zu "vehementem Schlagabtausch" geführt haben. [732] Es waren dies - neben den eigentlichen Tarifverträgen, denen ja auch eine friedensstiftende Funktion zukommt - folgende außertarifliche Sozialpartner-Vereinbarungen: [733]

Im Bereich der *Berufsbildung* wurde u.a. ein paritätischer Berufsbildungsrat eingesetzt, der z.B. Empfehlungen zur Förderung der Berufsbildung abgibt. [734] Gemeinsame Hinweise formulierten die Sozialpartner für *Betriebsratskontakte auf europäischer Ebene*. Sie bezogen eine gemeinsame Grundsatzposition zur *Frauenförderung* in der chemischen Industrie. Die *gesamtdeutsche Entwicklung* begleiteten sie mit einer "Vier-Punkte-Vereinbarung". 1987 schlossen sie eine *Umweltschutz*übereinkunft. Bereits früher hatten sie Grundsätze für die *Abgrenzung der Leitenden Angestellten* und über die Arbeit *gewerkschaftlicher Vertrauensleute* verabredet. Zuletzt errichteten Gewerkschaft und Arbeitgeber eine *Stiftung zur Weiterbildung* in der chemischen Industrie. [735] Kürzlich traten die IG Chemie-Papier-Keramik und der Bundesarbeitgeberverband Chemie gemeinsam öffentlich auf, um vor dem Hintergrund der Struktur- und Kostenkrise der chemischen Industrie den "Arbeitsplatz Chemie" zu diskutieren. [736]

---

[732] Schlemmer a.a.O. S. 330; für mehr Partnerschaft in der Wirtschaft, für mehr Kooperation statt Konfrontation warb der Hauptgeschäftsführer des Bundesarbeitgeberverbandes Chemie, Karl Molitor, auf der Veranstaltung "20 Jahre Betriebsverfassungsgesetz 1972-1992" am 10.12.1992 in Bonn, Forum a.a.O.

[733] vgl. die Aufstellung im Anhang Abschnitt 3. Die Texte finden sich in einer Broschüre " Außertarifliche Sozialpartner-Vereinbarungen" a.a.O.; Beschreibungen zu den einzelnen Themen gibt Schlemmer a.a.O. S. 309 ff

[734] Zum Jahresbeginn 1994 gab der Berufsbildungsrat eine Erklärung zur Übernahmeproblematik von Auszubildenden ab, vgl. HB vom 3.1.1994

[735] auch veröffentlicht in iw-Gewerkschaftsreport 1/93 S. 121 ff

[736] Sozialpartner-Forum "Arbeitsplatz Chemie" a.a.O., S. 5

4.3.2 Tarifvertrag und Konfliktlösung

Abgesehen vom außertariflichen Bereich haben die Tarifpartner in ihrem eigentlichen Verantwortungsfeld Tarifverträge geschlossen, die ohne das Konfliktlösungsmodell "Arbeitskampf" [737] auskamen. Und zwar waren es z.b. der Gemeinsame Manteltarifvertrag für Arbeiter und Angestellte (GMTV), der Tarifvertrag für den Unterstützungsverein in der chemischen Industrie (UCI), eine Schlichtungsregelung, der Tarifvertrag für Jugendliche ohne Hauptschulabschluß, die Vereinbarung über Altersfreizeiten, Regelungen über Vorruhestand und Alters -Teilzeitarbeit, der Tarifvertrag über Teilzeitarbeit sowie der Bundesentgelttarifvertrag. [738]

Gegen das Faktum des langandauernden Tariffriedens kann nicht etwa angeführt werden, andere Tarifbereiche hätten bereits länger keinen Arbeitskampf gehabt. Es spricht einiges dafür, daß kontinuierlich harmonische Vertragsbeziehungen zwischen Tarifparteien auch längere kampffreie Zeiten mit sich bringen. Im übrigen weisen Untersuchungen über Arbeitszufriedenheit auf gutes Betriebsklima, gute Arbeitsplatzbedingungen und entsprechende Bezahlung bei den Beschäftigten hin. [739]

4.3.3 Klagehäufigkeit

Es wäre interessant zu wissen, ob die Arbeitnehmer der chemischen Industrie weniger oder häufiger am Klagegeschehen beteiligt sind. Hierzu lassen sich aus der empirischen Untersuchung zur Kündigungspraxis 1978 einige Erkenntnisse ableiten. Die Befragung hat die Klagen und Berufungssachen in Kündigungssachen nach einzelnen Branchen analysiert und mit der Anzahl der dort jeweils sozialversicherungspflichtig Beschäftigten verglichen. [740] Die Verteilung der Branchen bei den Kündigungsklagen stimmt im wesentlichen mit dem Anteil der sozialversicherungspflichtig beschäftigten Arbeitnehmer in den einzelnen Branchen überein. Das betrifft auch die Chemische Industrie: Dieser Industriezweig hatte einen Anteil von 5,1 %

---

[737] Der letzte Arbeitskampf in der chemischen Industrie fand vor über 20 Jahren statt.
[738] Schlemmer a.a.O. S. 317 f
[739] Anhang Abschnitt 3 "Mitarbeiter in der hessischen Chemie." Eine Untersuchung im Jahre 1986, durchgeführt im Auftrag des AGV Chemie, Wiesbaden, von Basisresearch Institut für Marketing-, Motiv- und Werbeforschung GmbH, Frankfurt am Main, über "Einstellung, Motivation und Arbeitszufriedenheit" weist aufgrund einer Befragung von Chemiebeschäftigten nach, daß diese weitgehend zufrieden bis sehr zufrieden sind, wenn es um materielle Arbeitsbedingungen, gute Arbeitsbedingungen, interessante Arbeit und gutes Betriebsklima geht (Schaubild: Hauptgründe für Zufriedenheit). Die einzelnen Aspekte des Zusammenwirkens der Bedingungen liefert die Übersicht "Arbeitsplatzbeschreibung" im Vergleich zur vorangegangenen Untersuchung im Jahr 1980. Der FB Arbeitszufriedenheit a.a.O. unterscheidet u.a. nach Einkommen, Arbeitsplatzsicherheit, Ausbildung und Tätigkeit, Arbeitsanforderungen und -bedingungen, Arbeitszeit, Soziale Beziehungen, auch nach Wirtschaftsbereichen, dagegen nicht innerhalb der Industrie.
[740] FB Kündigungspraxis a.a.O. II S. 616 ff, insb. S.617 mit Tabelle IV/54; insgesamt eher kritisch bezüglich der im Forschungsbericht angestellten Hochrechnungen nimmt Weyel, (der arbeitgeber 1981, S. 896 ff) Stellung.

sozialversicherungspflichtig Beschäftigten im Bundesgebiet, die Verfahren in Kündigungs-sachen liefert bei den Klagen einen leicht erhöhten Wert von 6,1 %, bei den Berufungen einen Anteil von 5,1 %. [741]

4.4 "Gemeinsame Einrichtungen"

Verschiedene Tarifvertragsparteien haben von der Möglichkeit des § 4 Abs. 2 TVG Gebrauch gemacht, gemeinsame Einrichtungen zu schaffen. Es sind dies nur weniger als zwanzig, manche von ihnen haben eine lange Tradition, [742] der bekannteste Wirtschaftszweig ist das Baugewerbe. Neben der "institutionellen Vergemeinschaftung" [743] bestimmter Interessen der Tarifparteien ist die besondere Bedeutung der Mitbestimmung in sozialen Angelegenheiten und damit die Erfüllung einer begrenzten Aufgabe "wie eine Art Gesamtarbeitgeber an Stelle der einzelnen Arbeitgeber" hervorzuheben. [744]

4.4.1 Die Sozialkassen der Bauwirtschaft

An gemeinsamen Tarifwerken sind vor allem zu nennen: die Urlaubs- und Lohnausgleichskasse sowie die Zusatzversorgungskasse. [745]
Die Arbeit wird positiv beschrieben, ob aus Sicht der Arbeitgeberseite [746] oder aus Sicht der Arbeitnehmer, [747] wobei darauf hingewiesen wird, daß die Freiheit des Arbeitgebers "zur eigenwilligen Bestimmung von Fürsorgeleistungen beschränkt wird." Vielleicht liegt gerade darin das Geheimnis des Erfolgs, nämlich der Verzicht mindestens einer Seite zum Wohle der anderen Seite. [748]

---

[741] Wesentliche Abweichungen nach unten, d.h. weniger Klagen (1,7 %) als Beschäftigtenanteil (5,7 %) liefern die Branchen Straßenfahrzeugbau, Schiffbau, Luftfahrzeugbau.
In Großunternehmen mit mehr als 300 Beschäftigten werden mit deutlichem Abstand die wenigsten arbeitgeberseitigen Kündigungen ausgesprochen, FB Kündigungspraxis a.a.O. II S. 606/607 mit Tabelle IV/ 48. Höhere Klagewerte verzeichnen die Wirtschaftszweige Leder/Textil (Beschäftigteneinbruch) sowie Gaststätten- und Hotelgewerbe (Kleinbetriebe, Ausländer = hohe Klagequote, FB Kündigungspraxis a.a.O. II S. 572, 621, 638).
[742] Zöllner (a.a.O. G 16) führt in seinem, dem 48. DJT 1970 vorgelegten Gutachten die einzelnen Wirtschaftsbereiche auf, u.a. das Baugewerbe, Dachdeckerhandwerk, Bergbau, Presse, Textilindustrie, Miederindustrie, Theater, öffentlicher Dienst.
[743] ders. G 22
[744] ders. G 22
[745] hinzukommen die Gemeinnützige Urlaubskasse des Bayrischen Baugewerbes, München, und die Sozialkasse des Berliner Baugewerbes, Berlin (ZVK a.a.O. S. 5).
[746] Kettner a.a.O. S. 85 ff
[747] Fahrtmann/Hensche a.a.O. S.95 ff
[748] ähnlich Kittner 48. DJT a.a.O. Q 54, 55:" Wenn es richtig ist, daß die Versachlichung persönlicher Über- und Unterordnungsbeziehungen den Boden für Gleichberechtigung zu bereiten vermag, so liegt gerade hier die emanzipatorische Chance der gemeinsamen Einrichtung."

4.4.2 Klagehäufigkeit

Eine Analyse der Klagen und Berufungen in Kündigungssachen nach einzelnen Branchen und im Vergleich zu den dort jeweils sozialversicherungspflichtig beschäftigten Arbeitnehmern zeigt eine leicht unterdurchschnittliche Klagehäufigkeit (Faktor 8,0) im Verhältnis zu den Beschäftigten im Baugewerbe (Faktor 8,9), während die Berufungsquote etwas höher (9,6) ist. [749] Ein Nachweis für positive Auswirkungen der Tarifpartnerschaft durch gemeinsame Einrichtungen auf die Klagehäufigkeit läßt sich nach diesen Werten schwerlich ziehen.

Trotz der insgesamt als gut geschilderten Erfahrungen und der von Zöllner [750] ausdrücklich als Vorteil gepriesenen Aufhebung der Konfrontation der Tarifvertragsparteien, [751] überwogen die Argumente, das Recht der Gemeinsamen Einrichtungen nicht gesetzlich näher zu regeln. Die detailarme Regelung des TVG ist von Vorteil; sie wurde den Aufgaben der Entwicklung voll gerecht. Es war nicht erkennbar, so Zöllner, [752] daß die Reichweite dieses Instruments durch ins Einzelne gehende gesetzliche Vorschriften hätte verbessert oder seine Durchschlagskraft hätte verstärkt werden können. Auf Grundlage entsprechender Empfehlungen lehnte der DJT eine detaillierte Gesetzesregelung ab. [753]

4.5 Schweizer Friedensabkommen in der Metallindustrie

Ein Extrembeispiel für Sozialpartnerschaft und Betriebsfrieden zum Wohl der Arbeitnehmer und Arbeitgeber ist das seit 1937 bestehende Schweizer Friedensabkommen. [754] Diese Vereinbarung in der Maschinenindustrie zwischen dem Arbeitgeberverband und 6 Arbeitnehmerverbänden ist zuletzt mit Wirkung vom 1. Juli 1993 in Kraft gesetzt worden mit einer Laufzeit bis zum 30. Juni 1998. In der Einleitung wird das Ziel der Vereinbarung beschrieben. [755]

Es können an dieser Stelle nicht sozialwissenschaftliche und rechtspolitische Erwägungen angestellt werden, inwieweit das Schweizer Friedensabkommen der Metallindustrie eine Signalwirkung für alle anderen Wirtschaftszweige der Schweiz gehabt hat [756] oder ob und aus welchen Gründen die Schweizer Arbeitnehmerschaft mehr oder weniger konfliktfreudig ist und

---

[749] FB Kündigungspraxis a.a.O. II S. 617 mit Tabelle IV/54

[750] ders. G 26

[751] Auf der Schattenseite sieht Zöllner (G 25) eine Verringerung der Betriebsbindung, eine Entpersönlichung des Fürsorgegedankens sowie Schwierigkeiten bei der Anpassung von Fürsorgeregelungen.

[752] G 107

[753] (a.a.O. Q 108).

[754] Literaturhinweise gibt Tuchtfeldt a.a.O. S. 18

[755] siehe Anhang Abschnitt 3

[756] Darauf weisen - ohne Angaben von Wirtschaftszweigen - Halm, Schweizerische Arbeitgeber-Zeitung 1987, S. 677) und Tuchtfeldt (a.a.O. S.3) hin. Stöckli a.a.O. S. 56 ff führt zahlreiche Industrie- und Gewerbetarifverträge mit "absoluter Friedenspflicht" auf.

die ihr gegebenen gerichtlichen Möglichkeiten der Streitentscheidung sucht. Nach Tuchtfeldt [757] ist das mehrstufige Schlichtungsverfahren [758] so erfolgreich gewesen, daß seit 1937 über drei Viertel aller Arbeitsstreitigkeiten schon auf der betrieblichen Ebene erledigt werden konnten. [759] Trotzdem soll es noch Lücken in der Konflikterledigung geben, und zwar insbesondere aus Anlaß von Betriebsschließungen und Entlassungen. [760] In diesem Zusammenhang kann die Anzahl der Arbeitskämpfe ein Gradmesser sein: danach herrscht in der Schweiz "Dauerfrieden". Die Schweiz weist nach den internationalen Statistiken in der Rubrik "verlorene Arbeitstage je 1.000 abhängig Beschäftigte" meistens die Kennziffer "Null" aus. [761] Das Friedensabkommen im Licht der Demoskopie ergibt bei den jährlichen Umfragen eine stabile positive Beurteilung. [762] Über zwei Drittel der Befragten halten das Friedensabkommen für sehr sinnvoll oder sinnvoll, während zwischen 16 und 29 % eine negative Beurteilung abgeben. [763]

Bezüglich der Auswirkungen der Sozialpartnerschaft wird zugestanden, daß ökonomische Vorteile nur spärlich angedeutet werden können; [764] von ökonomisch interessanten Indikatoren (wie z.B. reale Wachstumsrate, Produktivitätsentwicklung, Arbeitslosenquote, Inflationsrate usw.) lasse sich keine schlüssige Aussage machen. Lohnhöhe, Arbeitszeit, Grad der Partizipation in der Betriebs- und Unternehmensverfassung seien komplexe Vorgänge, die teilweise wegen ihrer qualitativen Merkmale einer eindeutigen Zuordnung nicht zugänglich seien.

---

[757] a.a.O. S. 3

[758] 1. Verhandlungen im Betrieb zwischen dem einzelnen Arbeitnehmer und Arbeitgeber (Art. 7 der Grundsätze), sodann zwischen Arbeitnehmervertretung und Geschäftsleitung (Art. 6 und 10 der Grundsätze) 2. Verbandsverhandlungen (Art. 8 und 10 der Grundsätze) 3. Schiedsgericht (Art. 10 der Grundsätze)

[759] Nach Hug (Neue Zürcher Zeitung vom 1.9.1987) "versteht es sich von selbst..., daß das Friedensabkommen und die Gesamtarbeitsverträge allgemein die Entwicklung des *Einzelarbeitsvertragsrechts* (Art. 319 ff des Obligationenrechts) *wesentlich beeinflußt* haben."

[760] Reimann, Neue Zürcher Zeitung vom 1.9.1987

[761] Die Ergebnisse der Jahre 1954 bis 1985 nach der Zahl der Arbeitskonflikte, der betroffenen Betriebe und Arbeitnehmer, der Zahl der vorlorenen Arbeitstage sind bei Tuchtfeldt (a.a.O.) nachzulesen; der Zürcher Gipserstreik von fünfzehn Wochen wird als "sozialpartnerschaftlicher Betriebsunfall" zitiert. Zur Arbeitskampfstatistik im internationalen Vergleich siehe IW Zahlen 1993, Tabelle 157; Industriestandort Deutschland 1993 a.a.O. S.15. Insgesamt gehört auch die Bundesrepublik bekanntermaßen zu den Nationen mit den geringsten streikbedingten Ausfallzeiten.

[762] Die Ergebnisse von 1974 - 1993 sind abgedruckt bei Tuchtfeldt a.a.O. S. 15, 16 und Reis, Schweizerische Arbeitgeber-Zeitung 1993, S. 1 ff

[763] Bei den Befragten, die selber einer Gewerkschaft angehören oder mit einem Gewerkschaftsmitglied in einem Haushalt leben, ist der Anteil der positiven Antworten in den letzten Jahren häufig höher gewesen als beim Total der Befragten.

[764] Tuchtfeldt a.a.O. S. 8

4.6 Zwischenergebnis

Alles in allem zeigt auch dieses Beispiel die Bedeutung, die eine friedensstiftende Sozialpartner-Vereinbarung nach sich zieht. Sozialpartner können ohne Vernachlässigung der Interessen ihrer Klientel eine tarifvertragliche und auch außertarifliche Situation schaffen, die generell zur Klimaverbesserung beiträgt - in Extremform ausgeprägt im sogenannten Schweizer Friedensabkommen der dortigen Metallindustrie. [765] Im Einzelfall mag dieser Hintergrund für Arbeitnehmer und Arbeitgeber Vorbild sein, eher außergerichtliche Streitentscheidungen zu suchen, als unbedingt den Prozeßweg einzuschlagen. So erscheint es denkbar, daß auch z.b. durch Rationalisierungsschutzabkommen [766] arbeitsgerichtliche Verfahren vermieden werden, weil sich der Klagegrund (Abfindung) erübrigt. [767] Zahlenmäßig abgesicherte Erkenntnisse sind allerdings nicht bekannt.

5. Rechtsanwälte

Der Markt für Rechtsberatung ist durch eine Reihe von rechtlichen Grundlagen bestimmt: Das Rechtsberatungsgesetz von 1935, die Bundesrechtsanwaltsordnung von 1959, die Bundesrechtsanwaltsgebührenordnung von 1957 und das Deutsche Richtergesetz von 1972. Regulierungen bestehen im Marktzugang, in Unvereinbarkeiten (mit anderen Berufen), in der Lokalisierung und Singularzulassung, im Ausschluß bestimmter Kooperationsformen, in Werbeverboten, bezüglich der Gebührenordnung und schließlich in standesrechtlichen Verfahren der Berufskammern. [768] Neben den Regulierungsgründen [769] und einer Stellungnahme [770] sowie europarechtlichen Vorgaben [771] werden Vorschläge zur Deregulierung gemacht. [772] [773]

---

[765] Zusätzlich können Beispiele aus Schweden angeführt werden: Aus dem Jahr 1982 stammt das zwischen SAF (Zentralverband Schwedischer Arbeitgeber), dem Gewerkschaftsbund LO und PTK (die Interessengemeinschaft der Angestellten-Gewerkschaften) abgeschlossene "Entwicklungsabkommen", in dem es unter dem Titel "Gemeinsame Wertungen" u.a. um Effektivität, Rentabilität und Wettbewerbsfähigkeit aller Funktionen auf allen Ebenen des Unternehmens geht. 1992 wiesen die Vertragspartner des ALMEGA/SALF-Abkommens über die Lohnbildung auf "Gemeinsame Ausgangspunkte" hin, um bessere Voraussetzungen für die Lohnentwicklung in den Unternehmen zu schaffen. 1993 wurde zwischen dem grafischen Gewerbe und den Gewerkschaften GF, SIF, CF und SALF ein Vertrag über Bedingungen der Arbeitsumwelt und Betriebsgesundheitsvorsorge geschlossen (Andersson, Eriksson, Hellström, Röttorp, Sundén a.a.O. S. 46 f).
[766] Als Rationalisierungsschutzabkommen bezeichnet man Tarifverträge, die bei Rationalisierungsmaßnahmen u.a. die Sicherung der Eingruppierung, Verdienstsicherung bei Abgruppierung, erweiterten Kündigungsschutz, Übernahme von Umschulungskosten, Anpassungsbeihilfen und bei Kündigungen Abfindungszahlungen vorsehen.
[767] Blankenburg/Schönholz a.a.O. S. 60 weisen darauf hin.
[768] dieselben a.a.O. Nr. 429 S. 102, 103 mit Tabelle 16: dort kurze Erläuterungen zu den einzelnen Begriffen
[769] dieselben a.a.O. Nr. 430-432 S. 105
[770] dieselben a.a.O. Nr. 433-438 S. 105 , 106
[771] dieselben a.a.O. Nr. 440-443 S. 107
[772] dieselben a.a.O. Nr. 444-457 S. 107-112

5.1 Vorbeugende Rechtspflege durch neues Berufsbild

Rechtsberatung ist in den Augen der Öffentlichkeit kein eigenständiger Dienstleistungsmarkt, sondern hat nur eine Annexfunktion zur Justiz. Die Befriedigung der Nachfrage geschieht aus der Sicht der Gerichte und nicht zur Befriedigung einer Nachfrage und des wirtschaftlichen Erwerbs. Demgemäß ist das Berufsbild des Rechtsanwalts schon immer ausgerichtet auf die forensische Rechtsberatung. [774] Rechtsberatung orientiert sich noch nicht genügend am Kunden, [775] der heute sehr viel mehr außergerichtlichen Beratungsbedarf hat, von der Gesellschaftsgründung über die Nachlaßregelung bis zur Vertragsberatung, beim Umgang mit Banken, Versicherungen, Unternehmen, Behörden und Sozialversicherungen. [776] Die Kommission hat deshalb entweder die Reform der Juristenausbildung (Anwaltsreferendariat) oder die Einführung eines neuen Berufsbildes vorgeschlagen. [777]

Die berufs- und bildungspolitische Ausrichtung mit neuen Inhalten, nämlich Wirtschaftsjura mit Betriebswirtschaft, hat bereits eine Umsetzung erfahren: An der Fachhochschule Nordostniedersachsen in Lüneburg wurde ein Studiengang "Wirtschaftsrecht" im Fachbereich Wirtschaftsrecht eingerichtet. [778] Auf die Notwendigkeit interdisziplinärer Anwendung von betriebwirtschaftlichen und rechtswissenschaftlichen Fragestellungen in beratenden Berufstätigkeiten weist Hübner hin. [779]

Das Institut der deutschen Wirtschaft hatte in einer Studie solche Ausbildungsgänge begrüßt. [780] 19 Industrie- und Handelskammern hatten bei einer Unternehmensbefragung im Juli 1993 einen positiven Rücklauf: 50 % der Unternehmen befürworteten diesen neuen Ausbildungsgang, 30 % hatten sogar Bedarf und würden einen solchen Juristen sofort

---

[773] Erstaunlicherweise hat die Bundesrechtsanwaltskammer gegenüber der Deregulierungskommission keine detaillierte Stellungnahme abgegeben (Ahrens AnwBl 1992, S. 247, 253).

[774] Die Ausbildung ist auf die "Befähigung zum Richteramt" ausgerichtet (vgl. §§ 5 ff DRiG), die deutschen Juristen lernen demgemäß Rechtsstreite zu entscheiden (ebenso Kreizberg a.a.O. S. 70 mit Hinweisen in FN 117). Streitvermeiden lernt der Jurist erst in seiner praktischen Tätigkeit als Anwalt, als Notar, als Wirtschaftsjurist.

[775] Im übrigen muß auch die Konfliktregulierung "als staatliche Dienstleistung" entsprechend kostengünstig und effektiv erbracht werden, Weichsel a.a.O. S. 523, 528 f.

[776] Deregulierungskommission a.a.O. Nr. 445 S. 108, Nr. 456 S. 112

[777] Vorschlag 57: Juristen mit Erstem Staatsexamen oder gleichwertigen Abschlüssen aus anderen EG-Staaten werden als Diplomjuristen zur außerprozessualen Rechtsberatung zugelassen (Deregulierungskommission a.a.O. Nr. 445 S. 108).

[778] Der vorläufige Studienverlaufsplan ist abgedruckt in ibv Nr. 33 vom 18.8.1993 S. 2379 ff mit Ausführungen von Barthold a.a.O.

[779] Personalwirtschaft 10/93 S. 51. Zu den Anforderungen an eine wirtschaftsorientierte Juristenausbildung auch Kreizberg a.a.O. S. 70 ff. Der baden-württembergische Justizminister Thomas Schäuble äußerte auf dem 14. Triburger Symposion 1993 Zweifel, daß die Ausbildung von Wirtschaftsjuristen die rechtswissenschaftlichen Fakultäten entlasten könnte, FAZ vom 18.12.1993.

[780] Konegen-Grenier/List a.a.O.; siehe dazu auch FAZ vom 2.10.1993; Emmermann a.a.O. FAZ vom 29.12.1993. Dagegen lehnte die BRAK im Mai 1993 die Einführung eines solchen Studienganges an Fachhochschulen ab, vgl. Kreizberg a.a.O. S. 75

einstellen, allerdings würden doch 55 % eher einem Volljuristen gegenüber einem Diplom-Juristen (32 %) zur Erledigung juristischer Probleme den Vorzug geben. [781] [782]

5.2 Berufsrecht

5.2.1 Art der Berufsausübung

Das Anwaltsmonopol mit der 1878 in der Rechtsanwaltsordnung erreichten Zulassungsfreiheit war gleichzeitig eingeschränkt durch genau umschriebene Tätigkeitsvorschriften, Niederlassungsfreiheit, Gebührenordnung, Werbeverbote etc., teilweise konkretisiert durch Standesrichtlinien. Regulierungsmaßnahmen durch das Gebührenrecht und Zugangshilfen zum Recht durch öffentlich finanzierte Subvention der Rechtssuchenden führte dazu, die Rechtsanwälte als "Verursacher" und gleichzeitig als "Nutznießer" zu bezeichnen. [783]

Das Berufsbild des Rechtsanwalts hat sich - wie bei anderen Berufen auch - in den letzten Jahren verändert. Spezialistentum (Testamentsvollstrecker, Konkursverwalter, Beiräte, Treuhänder, Syndikusanwälte) und die Möglichkeit, seine besonderen Wissensgebiete in Form von Fachanwaltsbezeichnungen auch nach außen kenntlich zu machen, haben dazu beigetragen. Das BVerfG hat mit seiner Entscheidung vom 4.11.1992 [784] eine ständige Rechtsprechung des Bundesgerichtshofs beendet und unter bestimmten Voraussetzungen einen "Nebenberuf" für zulässig erachtet, also die Berufsfreiheit bei gleichzeitiger Ausübung mehrerer Berufe als nicht gefährdet angesehen. Die Bildung überörtlicher Sozietäten ist inzwischen nicht mehr streitig. [785] Auch ist an die Niederlassungsfreiheit innerhalb der Europäischen Gemeinschaft zu denken. [786]

Werbeverbote werden nicht von vornherein untersagt. [787] Die meisten der angesprochenen Fragen sollen in einem seitens der Bundesregierung vorgelegten Gesetzentwurf zur Neuordnung des Berufsrechts der Rechtsanwälte und der Patentanwälte geregelt werden. [788] [789]

---

[781] Info-Dienst -Rundschreiben vom 28.10.1993

[782] FAZ vom 2.10.1993: Nach Anerkennung des Studienganges durch die Bund-Länder-Kommission steht wohl den Plänen der Fachhochschulen in Mainz, Brandenburg, Berlin, Mittweida, Frankfurt/M., in Baden-Württemberg, Bayern, Sachsen-Anhalt und Thüringen nichts mehr im Wege.

[783] Diese Diskussion beschreibt Blankenburg ZRP 1986, S. 108, 112

[784] BRAK-Mitt. 1993, S. 50 ff

[785] vgl. etwa BGH AnwBl 1993, S. II

[786] Mit der Frage, welche gesetzlichen Regelungen sich für das Recht der rechtsberatenden Berufe, insbesondere im Hinblick auf die Entwicklung in der Europäischen Gemeinschaft empfehlen, hat sich auch der 58. Deutsche Juristentag in München 1990 beschäftigt.

[787] vgl. z.B. OLG Düsseldorf AnwBl 1993, S. II. In einem gewissen Umfang hatten die Rechsschutzversicherungen mit ihren Anzeigenkampagnen für die Anwaltschaft mitgeworben, was ihnen weitgehend versagt war und ist. Blankenburg ZfgesVerW 1987, S. 25, 33

[788] auch abgedruckt AnwBl 1993, S.215 ff; dazu Zuck BRAK -Mitt. 1993 S. 66 f

[789] s.a. Handelsblatt vom 2.3.1993

Es sind unter dem hier zu untersuchenden Aspekt insgesamt Zweifel angebracht, ob die Lockerung der geschilderten Einschränkungen in der Betätigung der Rechtsanwälte zu einer Verringerung der Prozeßzahlen führen wird. [790] Ein neuer Markt benötigt neue Marktstrategien. Daß hohe Marktreserven für die Anwaltschaft vorhanden sind, hat die Infratest-PROGNOS-Studie zum Anwaltsimage 1989 gezeigt. [791] Die Ursachen dafür liegen u.a. am Mangel von Spezialisten, der Entwicklung des Arbeitsmarktes mit hohem Rechtsberatungsbedarf, der zunehmenden Prophylaxe der Arbeitgeber bei der Gestaltung von Arbeitsverträgen usw. [792] Die Kautelarjurisprudenz, also die Gestaltung der Rechtsbeziehungen durch planende, vertragsgestaltende Tätigkeit unter Verwendung vorgeformter Vereinbarungen, ist in diesem Zusammenhang nicht zu unterschätzen.

Zur Ausübung des Berufs gehört allerdings nicht nur die außergerichtliche Beratung, [793] sondern auch die Konfliktlösung vor Gericht, erst recht, wenn man dazu kommen würde, Marktinnovationen wie in den anglo-amerikanischen Ländern einzuführen in Form des "Erfolgshonorars" oder eines "Anwalt des öffentlichen Interesses" (etwa durch die Vertretung von Bürgerinitiativen). [794]

5.2.2 Informations- und Mandatierungswerbung [795]

Die Anwaltschaft als Interessengruppe des Rechtsberatungsmarktes muß wie jede andere "Verteilungskoalition" ihre Lobby - Macht einsetzen, [796] um ihre Ziele zu erreichen, durch Markt- oder Branchenaktivitäten höhere Preise und eine größere Attraktivität zu erreichen. Denn es ist zu erwarten, daß gezielte Informationen geeignet sind, Regierungen, andere Zusammenschlüsse sowie den einzelnen Bürger zu beeinflussen, damit sie von dem angebotenen Gut der Rechtsberatung Gebrauch machen. Die Spezialisierung durch komplexere Wirtschaftsbeziehungen im nationalen und internationalen Bereich gebietet es, die Mandanten durch eine informative Werbung aufzuklären, damit sie möglichst schnell und unbürokratisch den richtigen Ansprechpartner finden. [797] Dabei genügen die Fachanwaltsbezeichnungen -

---

[790] Blankenburg AnwBl 1987, S.204, 208 beleuchtet das Thema unter dem Aspekt der Zugangskontrolle. Als offensive Strategie glaubt er nicht an Eintrittsexamen zur Anwaltschaft, schlägt aber besondere Qualifikationen ("Fachanwaltschaften") vor, mithin eine Kombination von Zugangskontrolle und Marktausweitung.
[791] Wettmann/Jungjohann a.a.O. S. 29 ff zum generellen Anwaltsimage
[792] Wettmann/Jungjohann a.a.O. S. 66
[793] Die Deutsche Anwalt Akademie, Bonn, geht die "Expansion im Anwaltsberuf durch neue Formen der Beratung" an und bietet am 30. April 1994 ein Seminar an zum Thema "Der Rechtsanwalt als Unternehmensberater", eine Chance für eine umfassende, konzeptionelle Beratung zur Vorbereitung unternehmerischer Entscheidungen für kleine mittelständische Betriebe.
[794] Blankenburg ZRP 1986, S. 108, 109
[795] Hierzu schon Vorschlag 65: "Rechtsanwälten wird Informationswerbung einschließlich maßvoller Mandatierungswerbung gestattet." (Deregulierungskommission a.a.O. Nr. 454 S. 111)
[796] Der Gedanke der Auswirkung von Lobby-Tätigkeit findet sich bei Olson a.a.O. S. 22/23, 91 f
[797] Deregulierungskommission a.a.O. Nr. 454 S. 111

bisher auf Arbeits-, Sozial-, Steuer- und Verwaltungsrecht beschränkt - nicht. Dagegen wird eine übertriebene Werbung als irreführend und berufsschädigend abgelehnt. [798] So wird die Führung einer Fachanwaltsbezeichnung ohne nachgewiesene Spezialisierung vom BVerfG als irreführende Werbung bezeichnet, [799] ebenso aufdringliche Werbemethoden, die Ausdruck eines rein geschäftsmäßigen Verhaltens sind, wie das unaufgeforderte direkte Herantreten an potentielle Mandanten oder das sensationelle bzw. reklamehafte Sich-Herausstellen. [800] Der Gesetzentwurf zur Neuordnung des Berufsrechts der Rechtsanwälte u.a. sieht in § 43 b (Werbung) vor:" Werbung ist dem Rechtsanwalt nur erlaubt, soweit sie über die berufliche Tätigkeit sachlich unterrichtet, nicht reklamehaft und nicht auf die Erteilung eines Auftrags im Einzelfall gerichtet ist."

Solche Formulierungen sind bisher von keiner Seite beanstandet, man kann sich ihnen anschließen. Unter Beachtung des hier behandelten Themas ist offen, ob durch eine bedarfsgerechte Mandatswerbung mehr Prozeßmandate zu erwarten sind oder nicht. Immerhin spricht einiges dafür, daß über eine sachgerechte Information hinaus mit steigender Mandantenzahl auch mehr Streitfälle gerichtlich ausgetragen werden dürften.

5.3 Gebührenrecht [801]

Das Gesetz zur Änderung des Kostenrechts von Gerichten, Anwälten, Sachverständigen und Zeugen ist veröffentlicht worden. [802] U.a. soll mit dem Gesetzentwurf der gestiegene Zuschußbedarf der öffentliche Haushalte für die Justiz abgebaut werden. Was die Änderung der Bundesrechtsanwaltsgebührenordnung (BRAGO) angeht, [803] [804] wird die Vergleichsgebühr für die *vorgerichtliche* Streiterledigung um 5/10 auf 15/10 angehoben. [805] Die rechtzeitige Inanspruchnahme anwaltlicher Hilfe - so der Gesetzentwurf - könne dazu beitragen, streitige Auseinandersetzungen zu vermeiden. [806] Diese Hilfe werde - so weiter -

[798] Deregulierungskommission a.a.O. Nr. 454 S. 111
[799] Beschluß vom 28.1.1993, NZA 1993 S. 691
[800] BVerfG BRAK-Mitt. 1988, S. 58 und 1993, S. 227
[801] Die Deregulierungskommission a.a.O. Nr. 455 S. 111 hat in ihrem Vorschlag 66 angeregt, die BRAGO durch Referenztarife zu ersetzen, die den taxmäßige Vergütung im Sinne von § 612 Abs. 2 BGB angeben; außerdem sollten Pauschal- und Zeithonorare sowie wertunabhängige Erstberatungsgebühren vereinbart werden können.
[802] Gesetz zur Änderung von Kostengesetzen und anderen Gesetzen (Kostenrechtsänderungsgesetz 1994 - KostRÄndG 1994), BGBl. vom 29.6.1994 I S. 1325, in Kraft am 1.7.1994.
[803] BGBl. a.a.O. S. 1357 ff. Dieser Teil ist abgedruckt in BRAK-Mitt. 1/1993 S. 14 ff (auch in AnwBl 1993, S. 169 ff) einschließlich der Begründung der vorgeschlagenen Änderungen.
[804] Die Gebühren der Rechtsanwälte (seit 1959 nur sechsmal erhöht) wurden zuletzt mit Wirkung vom 1.1.1987 angepaßt, davor waren sie seit 1981 unverändert .
[805] Kritische Stellungnahmen seitens der Rechtsanwälte bezüglich der Erhöhungsraten z.B. durch die Arbeitsgruppe Gebührenrecht der BRAK: BRAK-Mitt. 3/1993 S. 141; s.a. die Stellungnahme der RAK für den OLG-Bezirk Hamm, HB vom 2.12.1993
[806] so auch die Einschätzung des Präsidenten des Deutschen Anwaltvereins, Günter Scharday, Capital 5/93 S. 24 "Wenn diese Quote (gemeint sind die 70 % außergerichtliche Streiterledigung) nur um 5 % gesteigert

häufig jedoch nicht in Anspruch genommen, weil der rechtsuchende Bürger nicht wisse, was im Falle einer ersten anwaltlichen Beratung an Kosten auf ihn zukomme. [807] In diesem Zusammenhang wird darauf hingewiesen, daß das Beratungsangebot der Anwälte durch gemeinschaftliche Werbung der anwaltlichen Berufsorganisationen, der Justiz verwaltungen und Rechtsschutzversicherungen mehr in das Bewußtsein der Bevölkerung gerückt werden müsse. [808]

In der Tat ist die Preisgestaltung durch die BRAGO insgesamt für den Bürger undurchsichtig, die Produktpalette und die Zuordnung der Preise sind für den Kunden undurchschaubar. [809] Der außergerichtlichen Vergleich und vorabgehende Beratungen lassen sich im Rahmen der Gebührenordnung nicht einfach abrechnen. Dem Rechtsanwalt schreibt die Gebührenordung letzlich eine Mischkalkulation vor: einerseits müssen einige wenige "teure" Verfahren Leistungen in Fällen mit niedrigem Streitwert oder Beratungshilfe für sozial Schwache mitfinanzieren; andererseits müssen wegen der Degression in der Gebührenstaffel (geringe Streitwerte erbringen ein relativ höheres Einkommen - hohe Streitwerte einen relativ niedrigen Lohn) viele "kleine" Fälle den Mangel an Großprojekten ausgleichen. Ein Anreiz für außergerichtliche Erledigungen ist nicht gegeben. [810] Da die Rechtsanwälte bereits 70 % der zivilrechtlichen Fälle außergerichtlich erledigen, [811] soll nunmehr ein weiterer Impuls gegeben werden, Streitigkeiten möglichst frühzeitig und ohne Inanspruchnahme der Gerichte zu beenden.

Darüberhinaus könne mit der - neu eingeführten - betragsmäßigen Begrenzung der Gebühr für eine erste anwaltliche Beratung ein Beitrag dazu geleistet werden, diese Hemmschwelle abzubauen - so der Gesetzentwurf.

Dies erscheint in der Tat nicht ausgeschlossen, muß aber doch im Hinblick auf die Einschätzung der Anwälte selbst als kritisch beurteilt werden. Die Arbeitsgruppe Gebührenrecht der Bundesrechtsanwaltskammer weist darauf hin, daß die außergerichtliche Vergleichserledigung mehr Arbeit erfordert, diese Mehrarbeit aber nur durch die zusätzliche 5/10 Gebühr abgegolten werde, während die Prozeßgebühr entfällt, im Ergebnis also eine Gebührenermäßigung eintrete. [812] Auch die Änderung des § 20 BRAGO - Einführung der Erstberatungsgebühr - [813] führt nach Auffassung der Anwaltschaft zu einer Minderung des Gebührenaufkommens, weil vor der Einführung dieser neuen Gebühr ein Rechtsanwalt in einer

---

werden könnte, müßten die Gerichte ein Sechstel weniger Fälle bearbeiten."

[807] Die Begründung zum Gesetzentwurf zitiert hier die im Jahre 1986 vorgelegte Studie der Anwaltsforschung der PROGNOS-AG (herausgegeben vom BMJ und DAV) "Inanspruchnahme anwaltlicher Leistungen."

[808] Expertengespräch zur Zivilgerichtsbarkeit im Rahmen des Projekts "Mögliche Entwicklungen von außer- und innergerichtlichen Konfliktregelungen", Speyerer FB Nr. 88 Bd. 2 Anhang E a.a.O. S. 1

[809] nachgewiesen durch die Studie von Wettmann/Jungjohann a.a.O. S. 35

[810] Blankenburg ZfgesVerW 1987, S. 25, 37

[811] s.S. 72 f, 79, 82

[812] BRAK-Mitt. 3/1993 S. 141, 142

[813] Dieser Vorschlag wird auch von Simsa/Stock genannt, ZfRSoz 1991, S. 302, 319

Beratungsangelegenheit eine Gebühr von 700,-- DM erzielen konnte, während er nach der neuen Vorschrift zwei Mandanten beraten muß. [814]

Insgesamt scheint mehr Skepsis angebracht, ob eine Änderung des Gebührenrechts eine spürbare Entlastung der Gerichte nach sich zieht.

5.4 Anwaltliche Schlichtung zur Prozeßvermeidung

5.4.1 Definition

Bisherige Strategien zur Prozeßvermeidung durch Anwälte nannten neben der "klassischen" Vorprüfung von Prozeßaussichten [815] die engere Zusammenarbeit mit Beratungsstellen, Schieds- und Schlichtungsstellen und sonstigen Gemeinschaftseinrichtungen. [816] "Gemeinschaftseinrichtungen" waren bereits früher von einer Arbeitsgruppe des Vorstandes des Deutschen Anwaltsvereins unter dem Stichwort der "Verbesserung der Dienstleistung (Markterweiterung)" definiert worden. [817]

In jüngerer Zeit wird die anwaltliche Schlichtung als Mittel der Prozeßverhütung, als letzte Stufe vor einer gerichtsstreitigen Auseinandersetzung vorgestellt. [818] Neu an diesem Modell ist nicht die bekannte Streitverhütung durch außergerichtliche Beratung eines Mandanten, sondern als außenstehender Rechtsanwalt mit den streitenden Parteien eine Lösung zu finden. Zur Organisation dieser Vertragsbeziehungen hat Griesebach [819] einen Mustervertrag vorgelegt.

5.4.2 Arbeitsweise und Vorteile

Die Schlichtung setzt dann ein, wenn ein Dritter von den Verhandlungsparteien gebeten wird, den bisher gescheiterten Verhandlungsgang wieder auf den Weg zu bringen. Dabei geht es um sachgerechtes Verhandeln, [820] um die widerstreitenden Interessen durch Verhandeln zusammenzuführen mit dem Ziel, beiden Seiten Vorteile zu bringen. Diese aus dem US-amerikanischen Rechtsleben stammende Vermittlung, Schlichtung, wird dort als "mediation"

---

[814] so die Arbeitsgruppe Gebührenrecht der BRAK, BRAK-Mitt. 3/1993 S. 141, 143

[815] Haß AnwBl 1989, S. 462, 464

[816] Haß AnwBl 1989, S. 462, 465 - 467

[817] U.a. wurden genannt: Beratungsstellen im Ausland, Ausbau der Serviceleistungen, Telefonansagedienste, Zeitungsanzeigen, Herausgabe eines Taschenbuches " Wie finde ich den richtigen Anwalt?" (Strahmann u.a., a.a.O. AnwBl 1988, S. 621 ff)

[818] Simsa/Stock ZfRSoz 1991, S. 302, 319; Matschke AnwBl 1993, S.259 ff, Ponschab AnwBl 1993, S. 430 ff

[819] AnwBl 1993 S. 261 ff

[820] "principled negotiation" nach dem Harvard-Konzept (a.a.O. S. 18, 260) mit der "win-win-method"; davon spricht auch Galton a.a.O. 39, 42; ebenso Ponschab a.a.O. S. 430, 431

bezeichnet. [821] Die Besonderheit der anwaltlichen Schlichtung besteht einmal darin, daß beide Parteien durch Rechtsanwälte vertreten sind und auch der Schlichter selbst ein Anwalt ist. [822] In den richtigen Fällen eingesetzt lassen sich eine Reihe von Vorteilen nennen. Ponschab [823] faßt sie wie folgt zusammen: Soziale Beziehungen zwischen den Parteien könnten gesichert, gefestigt werden, gemeinsam verabschiedete Ergebnisse halten besser. Es gebe keinen Verlierer, dafür aber mehrere Gewinner. Die Parteien und ihre Anwälte könnten das Verfahren völlig frei gestalten. Bei weniger Zeitaufwand würden höhere Gebühren anfallen (die Vergleichsgebühr solle angehoben werden). [824]

5.4.3 Nachteile

Ponschab leugnet jeglichen Nachteil und widerspricht sich selbst, wenn er doch einige Argumente gegen die anwaltliche Schlichtung nennt : [825]
Ein anwaltliches Schlichtungsmodell koste zu viel Zeit, vor allem dann, wenn die Schlichtung scheitert. Für diesen Fall würden eventuell drei Monate vergehen, so daß der Kläger unter Umständen bei der Gegenpartei durch Verzicht auf Ausschlußklauseln, Verjährungsfristen usw. Vorsorge treffen müsse, um nicht allein wegen des Zeitablaufs Nachteile hinnehmen zu müssen. Die Schlichtung sei zu teuer. Ponschab [826] sieht dies auch ein, indem er zu Recht die Alternativen aufzählt:
Sei die Schlichtung erfolgreich, so würden im Regelfall die Kosten des Schlichters diejenigen eines Gerichts erreichen, wenn nicht übersteigen. Ähnlich sei es mit den Anwaltsgebühren.
Scheitere die Schlichtung dagegen, so müßten neben den Kosten des Schlichters auch noch die Kosten für das Gerichtsverfahren aufgewendet werden.
Es ist fraglich, ob gegen eine solche Darstellung mit Kosten bzw. betriebswirtschaftlichen Verlusten aufgerechnet werden kann, die dann anfallen, wenn sich Prozeßparteien jahrelang mit dem Prozeßstoff befassen müssen oder auch mit dem Zeitverlust der Parteien. [827] Sicher

---

[821] Bundesgesetzliche Grundlage ist der in 1947 verabschiedete" Labor-Management Relations Act (bekannt als Taft-Hartley Act), der u.a. als unabhängige Agentur einen (frei übersetzt) Bundesschieds- und Schlichtungsdienst, "The Federal Mediation and Conciliation Service", ermöglichte. Mediation ist inzwischen ein integraler Bestandteil des zivilen Rechtssystems geworden (Zum grundsätzlichen Verständnis des US-amerikanischen, durch Gerichtsentscheidungen geprägten Präjudizienrechts vgl. David/Grassmann a.a.O. S. 413, 422). Einen anschaulichen Einblick in die Arbeitsweise eines texanischen mediators gibt Galton a.a.O.. Neben der Verfahrensschilderung gibt er spezielle Hinweise für die verschiedenen Arbeitsgebiete, u.a. für das Familienrecht (S. 99), medizinische Kunstfehler (S. 103), Verbraucherschutz (S. 117) usw. sowie Arbeitsstreitigkeiten (S. 132 ff).
[822] Ponschab a.a.O. S. 430, 431
[823] a.a.O. S. 430, 432 und 433
[824] Galton (a.a.O. S. 16) verteilt die anfallenden Gebühren (üblicherweise zwischen $150 und $350, bei ihm $220 pro Stunde) auf die beteiligten Parteien.
[825] a.a.O. S. 430, 433
[826] a.a.O. S. 430, 433
[827] Ponschab S. 430, 433

wäre es unter ökonomischen Gesichtspunkten wünschenswert, wenn alle Parteien diese Überlegungen mit einbeziehen würden.

Schließlich sind auch rechtliche Fragen zu klären:

Entspricht die anwaltliche Schlichtung dem Rechtsberatungsgesetz?

Liegt Parteiverrat gemäß § 356 StGB vor?

Werden Privatgeheimnisse verletzt (§ 203, Abs.1 Nr. 3 StGB)?

Ist ein Zeugnisverweigerungsrecht zu bejahen (§ 383 Abs. 1 Nr. 6 ZPO § 384 Nr. 2 ZPO)?

Ist ein Zeugnisverweigerungsrecht nach § 53 Abs.1 Nr. 3 StPO zu bejahen? [828].

Die Rechtsproblematik muß an dieser Stelle nicht vertieft werden, zumal die Diskussion dieser Art außergerichtlicher Schlichtung gerade erst beginnt.

5.4.4 Anwaltliche Schlichtung für das Gebiet Arbeitsrecht?

Für die vorliegende Abhandlung ist zu untersuchen, ob sich die anwaltliche Schlichtung zur Vermeidung arbeitsrechtlicher Streitfälle besonders eignet. [829]

Ganz allgemein erklärt Ponschab [830] diejenigen Fälle für besonders geeignet, in denen die streitenden Parteien die sozialen Beziehungen fortsetzen müssen; er nennt ausdrücklich familienrechtliche, gesellschaftsrechtliche und erbrechtliche Auseinandersetzungen. Dies wird auch von dem Vertreter des Bundesarbeitsministeriums offenbar so gesehen, der auf Mediations-Projekte in Familiensachen und dem Kinder- und Jugendhilferecht hinweist. [831] Keiner der Verfasser, die sich mit der anwaltlichen Schlichtung auseinandersetzen, erwähnt die personenrechtliche Beziehung zwischen Arbeitsvertragsparteien. Das könnte daran liegen, daß dies kein geeignetes Sachthema ist.

Es wurde bereits darauf hingewiesen, [832] daß die Konfliktbereitschaft nach dem Entschluß des Arbeitgebers, eine Kündigung auszusprechen, auf beiden Seiten schnell wächst. Aus Sicht des Arbeitgebers wird in jedem Fall das Ende des Arbeitsverhältnisses angestrebt, aus Sicht des

---

[828] Strempel AnwBl 1993 S.434, 436

[829] Galton (a.a.O. S. 132 ff) erklärt grundsätzlich alle vorkommenden betrieblichen Streitfälle für schlichtungsfähig. Besonders zu beachtende Faktoren schildert er für Fälle sexueller Belästigung (S. 132 ff), Diskriminierungen wegen Rasse, Alter, Geschlecht (S. 136 f) und Fälle rechtswidriger Entlassungen (S. 137 f). Bei der von Galton verbreiteten positiven Grundstimmung zugunsten des vorgerichtlichen Schlichtungsinstruments darf nicht die Unterschiedlichkeit der Rechtssysteme USA und Bundesrepublik Deutschland übersehen werden. Das Kündigungsrecht ist bei uns -im Gegensatz zu den USA- durch ein dichtes Netz von Schutzrechten, Sonderkündigungsschutzgesetzen und die Rechtsprechung abgesichert, so daß die Aufgabe des Arbeitsplatzes schon dadurch abgefedert wird und nicht erst der kreativen Vorschläge eines Schlichters bedarf.

[830] a.a.O. S. 430, 432

[831] Strempel AnwBl 1993 S. 434, 435. Im Rahmen der SAR wurden in Deutschland Pilotstudien in streitigen Familiensachen sowie zur Förderung einvernehmlicher Sorgerechts- und Umgangsrechtsregelungen durchgeführt (Strempel/Renning ZRP 1994, S. 144, 148).

[832] s.S. 57, 62, 138 sowie FN 258

Arbeitnehmers geht es in den weitaus meisten Fällen (je nach Arbeitsmarktlage erzwungen oder erwünscht) um eine angemessene Abfindung. Beide Interessen sind also auf Beendigung gerichtet und nicht auf Fortsetzung der sozialen Beziehungen. Die denkbare Kompromißformel dürfte sich durch die Anwendung der anwaltlichen Schlichtung vom Vergleich im arbeitsgerichtlichen Verfahren nicht unterscheiden. In der Materie Arbeitsrecht liegt deshalb offenbar kein geeignetes Sachthema. [833]

Eine weitere Überlegung für die voraussichtliche Akzeptanz der neuen Schlichtungsinstitution kommt hinzu. Wenn das besprochene Modell bei den Parteien, insbesondere den Arbeitnehmern, angenommen werden soll, müßte es vorrangig unter Kostengesichtspunkten kostengünstiger sein als bei Durchführung eines Rechtsstreits. Das ist aber nach den bisherigen Modellvorschlägen gerade nicht der Fall. [834] Die Anwaltsschlichtung ist teurer, erst recht, wenn der Schlichtung noch das Gerichtsverfahren folgt. Unter diesem Gesichtspunkt werden vermutlich die Arbeitsvertragsparteien eine anwaltliche Schlichtung nicht favorisieren. [835]

5.5 Zwischenergebnis:

Berufs- und gebührenrechtliche Änderungen können unter Umständen geringfügig dazu beitragen, gerichtliche Fallzahlen mittel- bis langfristig reduzieren zu helfen.

Anwaltliche Schlichtung mag in anderen als arbeitsrechtlichen Sozialbeziehungen nützlich und auch unter Kostengesichtspunkten sinnvoll und unter einem qualifizierten Schlichter praktikabel sein. Für das Gebiet des Arbeitsrechts müßten andere, weniger aufwendige, kostengünstige außergerichtliche Schlichtungsformen gefunden werden. Ein Modell, was von vornherein unbestreitbar teurer als ein Gerichtsverfahren ist, hat bei den Parteien keine

---

[833] Das schließt natürlich eine freiwillige Schlichtung im Vorfeld eines Gerichtsfalles keineswegs aus. Galton (a.a.O. S. 138) zählt beispielsweise für den Fall einer ungerechtfertigten Kündigung die Hilfen auf, die für einen Arbeitnehmer durchaus nützlich sein können: Referenzschreiben, Hilfe bei der Stellensuche, ein korrektes Zeugnis, die Aufhebung eine Wettbewerbsverbotes, die vom Arbeitgeber ausgesprochene Entschuldigung. In unserer Betriebsverfassung wird - zumindest wenn ein Betriebsrat existiert - viel von dem, was ein amerikanischer mediator versucht, in kooperativer Form zwischen Arbeitgeber und Belegschaftsvertretung erledigt; teilweise ist das Verfahren institutionalisiert, z.B. durch Auswahlrichtlinien gem. § 95 BetrVG, die personelle Mitbestimmung nach §§ 99 ff BetrVG, durch die wirtschaftliche Mitbestimmung bei Betriebsänderungen nach §§ 111 ff BetrVG.

[834] Ein Arbeitnehmer hat nach jetziger Rechtslage - wenn überhaupt - geringe Gerichtskosten zu tragen, nach dem Schlichtungsmodell mindestens hälftige Anwaltskosten des Mediators (bei gleicher Situation bezüglich der außergerichtlichen Kosten).

[835] De lege ferenda könnte überlegt werden, die anfallenden Kosten des anwaltlichen Verhandlungshelfers aus der Staatskasse zu subventionieren, um den Parteien einen Anreiz für die Inanspruchnahme zu geben. Den Kosten (Annahme: 10/10 Gebühr bei einem Streitwert von DM 12.000,-- : DM 601,--) stünden die Einsparungen an richterlichem und nichtrichterlichem Personal gegenüber (Annahme: Gehaltskosten von DM 100.000,- geteilt durch 500 Fälle = Erledigung/Jahr ergibt DM 200,- pro Fall). Es müßten demnach für 500 Schlichtungsverfahren staatliche Mittel ganz oder teilweise aufgebracht werden. Das wäre ein Mehrfaches des Betrages, der für Personalkosten in der Gerichtsbarkeit aufzuwenden ist. Aus gesamtwirtschaftlicher Sicht ist daher eine Kostenübernahme seitens des Staates nicht verantwortbar.

Aussicht angenommen zu werden, zumal dann, wenn auch der erwartete Erfolg (Erreichung des Klageziels bzw. Abwehr desselben) ungewiß ist.

6. Rechtsschutzversicherungen

6.1 Selbstbeteiligung

Wenn man die Rechtsschutzversicherungen nicht als reine Kostenversicherung, sondern als Dienstleister betrachtet, die eine erster Beratungshilfe geben soll, die in wohlverstandenem Sinne eine reine Wegweiserfunktion ist, [836] kann das rechtssuchende Publikum nichts gegen eine Selbstbeteiligung für den Fall einzuwenden haben, daß es tatsächlich zum Prozeß kommt. Die Selbstbeteiligung für den Schadenfall ist der Versicherungswirtschaft nicht fremd [837] und hat inzwischen auch im Rechtsschutzvertrag Eingang gefunden, weil man sich davon eine Reduzierung der Inanspruchnahme von Versicherungsleistungen verspricht. [838]

6.2 Übernahme außergerichtlicher Beratungskosten

Soweit es zu der beabsichtigten Gesetzesänderung im Gebührenrecht der Rechtsanwälte kommt, müßte sich die Versicherungswirtschaft überlegen, ihre Bedingungen insoweit zu ändern, daß dann auch diese außergerichtlichen Beratungsgebühren übernommen werden. [839] Wenn das durch den Gesetzgeber geplante Ziel einer Prozeßverringerung überhaupt erreicht werden soll, kann es nur im Zusammenwirken mit den Versicherungsgesellschaften gelingen.

6.3 Zwischenergebnis

Durch unterschiedliche Änderung der Versicherungsbedingungen kann es gelingen, einen Beitrag zur Verringerung der gerichtlichen Einschaltquote zu leisten. Dazu könnte einmal eine Selbstbeteiligung beitragen, weil sie die Motivation für den Zugang zum Recht erschwert, weiterhin verspricht die Übernahme von außer-gerichtlichen Beratungskosten den erwarteten Erfolg einer geringeren Inanspruchnahme der Gerichte.

---

[836] Blankenburg ZfgesVerW 1978, S. 25, 38
[837] z.B. Kasko im Verkehrsbereich, Hausrat etc.; s.a. die Aufstellung test 1/90 S. 14, 18
[838] Der Tagesspiegel, Berlin vom 26.10.1992
[839] Der Maßnahmekatalog bei Simsa/Stock, ZfRSoz 1991, S. 302, 320, führt auch die Erstberatungsgebühr durch den Rechtsanwalt und die Kostenerstattung bei Inanspruchnahme von Schlichtungseinrichtungen auf. Daneben ist an die Erweiterung der Rechtsberatungsbefugnis der Versicherungsjuristen gedacht.

Abschnitt 2:   Entlastung der Arbeitsgerichte durch außergerichtliche
Einigung

Kapitel I: Schieds- und Schlichtungsstellen, Schiedsgerichte

Es soll geprüft werden, ob Schieds- und Schlichtungsstellen oder Schiedsgerichte einen Weg zur Entlastung der Arbeitsgerichte vermitteln.

1. Schieds- und Schlichtungsstellen [840]

1.1 Schiedsstellen für Verbraucherschutz

Privatrechtliche Streitigkeiten können außerhalb der Gerichte durch Schiedsvertrag geregelt werden, §§ 1025 ZPO. [841] Besonders ausgeprägt ist die Streitentscheidung ohne Gericht im Bereich des Handels [842] und des Handwerks. [843] Diese Stellen sind keine staatlichen Einrichtungen, haben demgemäß keine Hoheitsbefugnisse. Die Parteien müssen sich mit der Inanspruchnahme einverstanden erklären. Ziel ist eine Einigung bei Nutzung der besonderen Sachkunde von Sachverständigen. Eine Inanspruchnahme der Schieds- oder Schlichtungsstelle schließt die spätere Anrufung des staatlichen Gerichts nicht aus, wenn die gütliche Einigung nicht erreicht wird. Dem Gegenstand nach handelt es sich in erster Linie um Verbraucherbeschwerden, [844] denen die Industrie- und Handelskammern nachgehen oder um die Überprüfung der Qualität der Handwerkerleistung oder Richtigkeit der Rechnung (Vermittlungsstelle der zuständigen Handwerkskammer bzw. Schiedsstelle der einzelnen Handwerksinnung). [845] Es werden eher kleinere Streitigkeiten, d.h. Fragen von geringem

---

[840] Einen Überblick über Schieds- und Eingungsstellen, Schlichtungsverfahren und Schiedsämter gibt Lappe a.a.O.. - soweit nicht im obigen Text näher beschrieben - u.a. für die Einigungsstelle für Wettbewerbssachen nach § 27 a UWG, Schiedsstelle für Arbeitnehmererfindungen nach ANErfG, Mitbestimmungs-Einigungsstelle gem § 76 BetrVG, Seemannsamt.

[841] Zu unterscheiden hiervon sind die Schiedsämter, bei denen eine Schiedsfrau oder ein Schiedsmann bei bestimmten Delikten des Strafrechts vermittelt, vgl. § 380 StPO. Näheres dazu bei Lappe a.a.O. S. 52 ff

[842] Diese sind bei den Industrie- und Handelskammern eingerichtet, vgl. z.B. die Schiedsgerichtsordnung der IHK Kassel vom 29.6.1959: Die Anwendung des Schiedsgerichtsverfahrens wird als "Grundpfeiler berufsständischer Selbstverwaltung" und gleichzeitig als "scharfe Waffe für Treu und Glauben und anständige kaufmännische Verkehrssitte" betrachtet.

[843] Gem. § 91 Abs. I Ziff. 10 HandwO gehört es zu den besonderen Aufgaben der Handwerkskammern, Vermittlungsstellen für Streitigkeiten zwischen Handwerkern und ihren Auftraggebern einzurichten. Dies kann bei Innungen ebenso geschehen (§ 54 Abs.III Ziff. 3 HandwO).

[844] Die vorwiegenden Beschwerdegründe und die "Typen" von Schiedsstellen (Mandatstyp=Handwerkskammern im gesetzlichen Auftrag, Zunfttyp=überbetriebliche Einrichtung im branchenspezifischen Eigeninteresse, Organisierte Interessenvertretung=Verbraucherschutz) beschreiben Morasch/Blankenburg ZRP 1985, S. 217, 218, 219 f

[845] Allgemeine Ausführungen und eine umfangreiche Adressenliste finden sich in der Broschüre "Schlichten ist besser als richten", a.a.O.; zur Arbeit in der Praxis: Speyerer FB Nr. 88 Bd. 2 Anhang D S. 25 ff

materiellen Gewicht oder ohne schwierige Rechtsfragen, vor den Schieds- und Schlichtungsstellen ausgetragen. Die Fallzahlen im Rahmen der Tätigkeit der Schieds- und Schlichtungsstellen ist absolut und im Verhältnis zu den gesamten Zivilprozessen gering. [846] Die Vorteile: Eine Einigung ist noch zu erwarten, das Verfahren ist einfacher als bei einem Gericht, die Anrufung der Schlichtungsstelle ist häufig kostenlos oder sehr kostengünstig, Sach- und Branchenkundigkeit der Schiedsrichter ist gegeben, die Öffentlichkeit ist ausgeschlossen. [847] Nachteilig ist aber bei einer Nichteinigung der Zeitverlust - ein generelles Problem jeglicher Schiedsgerichtsbarkeit - und die dann doch notwendige Einschaltung des Gerichts. [848]

Wollte man nach dem Vorbild der Schiedsstellen in arbeitsrechtlichen Fragen eine entsprechende Zuständigkeit eröffnen, müßten diese Schlichtungsstellen bei den jeweils zuständigen Gewerkschaften oder Arbeitgeberverbänden angesiedelt sein. Abgesehen von der notwendigen Unabhängigkeit der Schiedsstelle, die auch bei interessengebundener Zusammensetzung gewährleistet sein müßte, könnte bei den Parteien der Eindruck einer Voreingenommenheit bzw. Befangenheit deshalb entstehen, weil die zur (späteren) Prozeßführung berufenen Parteivertreter vorher bereits als unabhängige Sachverständige fungieren. Wichtiger sind allerdings andere Gründe, die dazu führen können, den Zugang zu einer solchen Vermittlungsinstanz eher zu hemmen als zu fördern. Es sind dies die Unverbindlichkeit des Verfahrens und die sehr kurzen arbeitsrechtlichen Fristen. Da die Organisationen der Sozialpartner bisher nicht über die entsprechenden Personalkapazitäten verfügen, müßte eine entsprechende Schlichtungsinstitution erst geschaffen werden. [849] Dies ist angesichts ungewisser Erfolge bezüglich einer Reduzierung arbeitsgerichtlicher Inanspruchnahme nicht verantwortbar.

1.2 Schiedsstellen für Arbeitsrecht

Noch vor dem Einigungsvertrag vom 3.10.1990 hatte die DDR zur Beilegung von Rechtsstreitigkeiten zwischen Arbeitnehmern und Arbeitgebern aus dem Arbeitsverhältnis Schiedsstellen für Arbeitsrecht für zuständig erklärt. [850] Das Gesetz galt auch nach dem

---

[846] 5 - 10 %, Strempel ZRP 1989, S. 133, 135 unter Berufung auf eine Studie von Röhl; ausgewählte Zahlenbeispiele bei Speyerer FB Nr. 88 Bd. 2 Anhang D S. 38 ff

[847] zu den Gründen für eine Inanspruchnahme auch : Speyerer FB Nr. 88 Bd. 2 Anhang D S. 44, 45

[848] weitere Argumente gegen das Verfahren; wie vor

[849] Die Bewältigung von rund 400.000 Verfahren im Jahr (=1992) würde einen erheblichen Personaleinsatz erforderlich machen, der auch nicht durch die vorhandenen Prozeßvertreter der Organisationen kompensiert wird, da ein Teil der Verfahren durch Rechtsanwälte abgewickelt wird. Außerdem müßte die sonstige Infrastruktur (Büroausstattung, Räumlichkeiten etc.) erst aufgebaut werden.

[850] Gesetz über die Errichtung und das Verfahren der Schiedsstellen für Arbeitsrecht vom 29.6.1990, DDR GBl I, S. 505

Einigungsvertrag fort. [851] Solche Schiedsstellen wurden in Betrieben mit mehr als 50 Arbeitnehmern gebildet (bei kleineren Betrieben: Kann-Vorschrift). Die Besonderheit dieser Schiedsstellen bestand darin, daß das Kreisgericht - von Ausnahmen abgesehen - erst nach Verfahrensausschöpfung innerhalb der Schiedsstelle angerufen werden konnte, § 2 Abs. I des Gesetzes. Der Bundesgesetzgeber schaffte die Schiedsstellen zum 31.12.1992 ab. Erste Erfahrungen eines Praktikers [852] deuten vorsichtig einen geringen Beitrag zur Entlastung der Arbeitsgerichte an. Intensiver wurden die "Schiedsstellen für Arbeitsrecht in den neuen Bundesländern" im Auftrag des Bundes-arbeitsministeriums untersucht und in dem gleichnamigen Forschungsbericht bewertet. [853] Bei einer Befragung von 210 Schiedsstellen (mit 67 % Rücklaufquote) und 65 Interviews war in einer Gesamtwürdigung festzustellen, daß - ohne exakten Nachweis der Entlastungswirkung - eine quantitativ erhebliche Erledigungsrate bzw. Auffangfunktion arbeitsrechtlicher Konflikte hatten. Man geht davon aus, daß durch die Schiedsstellen die Kammern für Arbeitsrecht bei den Kreisgerichten bzw. die im Aufbau befindlichen Arbeitsgerichte nachhaltig entlastet wurden. [854] Die extreme Sondersituation der Schiedsstellen für Arbeitsrecht war durch die Struktur der Anträge und Branchen gekennzeichnet: 70 % der Anträge bezogen sich auf betrieblich bedingte Kündigungen; im öffentlichen Dienst lag der Anteil der Einigungen in der Schiedsstellenverhandlung am höchsten. Die Ergebnisse des Forschungsberichts [855] und der daraus resultierende Handlungsbedarf sind wegen der einmaligen wirtschaftlichen Ausnahmesituation nach der Wiedervereinigung nicht ohne weiteres übertragbar. Erfahrungen und Vorschläge für mögliche neue Formen der Konfliktbewältigung sind wertvoll. [856]

2. Schlichtungsverfahren nach § 111 Abs. II ArbGG

Die Beilegung von Arbeitsstreitigkeiten ist institutionalisiert, je nachdem es sich um Rechts- oder Regelungsstreitigkeiten, um individual- oder kollektivrechtliche Streitigkeiten handelt. [857] Es ist daher weiter zu prüfen, ob sich unter den gegebenen Möglichkeiten der Ausbau des vorhandenen Instrumentariums anbietet.

---

[851] Nähere Einzelheiten bei Kissel NZA 1990, S. 833, 835

[852] Lehmann, Gewerkschaftliche Umschau 3/1991, Fachbeilage: Der Betriebsrat S. 245

[853] FB Schiedsstellen a.a.O., veröffentlicht im März 1993

[854] FB Schiedsstellen a.a.O. S. 7, 11

[855] siehe auch die Zusammenfassung von Hommerich/Niederländer/Stock a.a.O. AuA 1993, S. 175 ff

[856] vgl. ab S. 159 ff

[857] vgl. dazu im Überblick Dütz RdA 1978, S. 291 ff; eine Übersicht über die Träger von Rechtshilfeinstitutionen, ihre Interessen und die Inanspruchnahme findet sich bei Blankenburg/Reifner a.a.O. S. 142 mit Tabelle 3.9. sowie S. 157 mit Tabelle 3.12.

2.1 Die Rechtsgrundlage

Zur Beilegung von Rechtsstreitigkeiten zwischen Auszubildenden und Ausbildenden aus einem Ausbildungsverhältnis tritt an die Stelle des arbeitsgerichtlichen Güteverfahrens ein besonderes Schlichtungsverfahren, wenn Handwerksinnungen oder die sonst zuständigen Stellen im Sinne des Berufsbildungsgesetzes dafür bestimmte Schlichtungsausschüsse gebildet haben, § 111 Abs. II ArbGG. Der Schlichtungsausschuß ist von Arbeitnehmern und Arbeitgebern paritätisch besetzt; [858] auch die Beiziehung von neutralen weiteren Mitgliedern ist möglich, insbesondere die Bestellung eines unparteiischen Vorsitzenden (u.a. um Patt- situationen zu vermeiden). [859] Besteht ein Schlichtungsausschuß, ist die Anrufung Prozeßvoraussetzung des arbeitsgerichtlichen Verfahrens. Wird der Spruch (Vergleichsvorschlag) nicht durch die Parteien anerkannt - so kann beim Arbeitsgericht Klage erhoben werden. Soweit ein Schlichtungsauschuß gebildet ist, findet ein Güteverfahren vor dem Arbeitsgericht nicht mehr statt, § 111 Abs. II Satz 8 ArbGG.

2.2 Die Praxis der Schlichtungsausschüsse

Eine Auswertung von Jahresberichten der IHK Kassel [860] im Zeitraum von 1985 bis 1992 ergab die äußerst geringe Inanspruchnahme von durchschnittlich 14 Verfahren pro Jahr durch Ausbilder bzw. Auszubildende. [861] Die tatsächlich durchgeführten Verfahren endeten allerdings bis auf jeweils 1-3 Verfahren mit einem Vergleich oder einer Einigung vor der Verhandlung.

Dem Inhalt nach handelt es sich überwiegend um regelbare Differenzen. [862]

Im genannten Zeitraum wurden jährlich etwa 4.000 Verfahren bei den nordhessischen Arbeitsgerichten im Zuständigkeitsbereich der Kammer erledigt.

Trotz der fast 100 % - igen Erfolgsquote im Sinne einer gütlichen Einigung kann der Ausbau diese Instruments nicht empfohlen werden, weil der Auf- und Ausbau für einige hunderttausend Rechtsstreite mit einem immensen Organisations- und Kostenaufwand

---

[858] Dies ist Voraussetzung für ein rechtsstaatliches Verfahren, BAG AP Nr. 1 zu § 111 ArbGG 1953; als Vorverfahren mit der Möglichkeit des Übergangs zum gesetzlichen Richter ist es auch mit Art. 101 GG vereinbar, BAG a.a.O.

[859] Dütz RdA 1978, S. 291, 296; Germelmann a.a.O. § 111 Rdz. 14

[860] Tabelle 39: Schlichtungsverfahren nach § 111 ArbGG

[861] Gemessen an den Neueintragungen von Ausbildungsverhältnissen errechnet sich ein Anteil von jährlich unter 0,5 %.

[862] z.B. Berichtsheftführung, Fehlen in der Berufsschule, Unregelmäßige Zahlung der Ausbildungsvergütung, Unstimmigkeit wegen "Mehrarbeit", Unpünktlichkeit, Fehlen im Betrieb. In geringem Maß sind auch grobe Pflichtverletzungen mit der Konsequenz der fristlosen Kündigung dabei; diese Fälle werden entweder verglichen oder nehmen ihren Weg zum Arbeitsgericht. (Hierbei ist die eingeschränkte Kündigungsmöglichkeit nach § 15 BBiG zu beachten, die die Arbeitgeber vom häufigeren Gebrauchmachen zurückhält).

verbunden wäre, und zwar zulasten der Zuständigen Stellen. Darüberhinaus ist die Übertragung der Erfahrungen mit einer "Handvoll" Ausbildungsstreitigkeiten auf die Masse der Rechtsstreite mit vielen unterschiedlichen Fragen des Arbeitslebens mehr als zweifelhaft. [863]

3. Die Arbeit der Schiedsgerichte im Arbeitsrecht

3.1 Zuständigkeit

Außerhalb der gerichtlichen Rechtswege steht das schiedsgerichtliche Verfahren nach § 101 ArbGG. Es ist mithin kein Teil des Arbeitsgerichtsprozesses. Nur in beschränktem Umfang ist die schiedsgerichtliche Vereinbarung möglich: für Streitigkeiten aus Tarifverträgen oder über deren Bestand und für bürgerliche Streitigkeiten durch Tarifvertrag für Bühnenkünstler, Filmschaffende, Artisten und Seeleute. [864] Im übrigen ist ein Schiedsvertrag für arbeitsrechtliche Streitigkeiten unzulässig, insbesondere also grundsätzlich für "normale" einzelvertragliche Meinungsverschiedenheiten und für betriebsverfassungsrechtliche Fragen (vgl. § 4 ArbGG). Nach geltender Rechtslage ist somit die Vielzahl der Streitfälle nicht durch dieses Verfahren abzuwickeln. [865]

Eine Gesetzesänderung wäre ebenfalls nicht ökonomisch, wenn für ein Volumen von mehr als 400.000 Rechtsstreite pro Jahr eine Schiedsgerichtsbarkeit aufgebaut werden müßte. Da gegen den Schiedsspruch u.a. wegen Verletzung einer Rechtsnorm auf Aufhebung vor dem Arbeitsgericht geklagt werden kann (§ 110 ArbGG), käme das Schiedsgerichtsverfahren einer vierten Instanz gleich. Das ist nicht gewollt und vermehrt die Belastung der Arbeitsgerichte.

3.2 Schiedgerichtliches Vorverfahren

Von § 4 ArbGG wird nicht die Durchführung eines schiedsgerichtlichen Vorverfahrens erfaßt, hinsichtlich der Zulässigkeit bestehen keine Bedenken. Allerdings wird die ausschließliche Zuständigkeit der Gerichte für Arbeitssachen nicht berührt, da keinerlei Bindungswirkung

---

[863] Wegen ihrer Zuständigkeit in Ausbildungsfragen ist bei den IHK der nötige Sachverstand gegeben, nicht bisher in sonstigen arbeitsrechtlichen Angelegenheiten; denn die Wahrnehmung sozialpolitischer und arbeitsrechtlicher Interessen ist durch das IHK-Gesetz gerade ausgeschlossen, vgl. § 1 Abs. V Gesetz zur vorläufigen Regelung des Rechts der Industrie- und Handelskammern vom 18.12.1956 mit späteren Nachträgen, BGBl I S. 920 ff

[864] vgl. § 101 Abs. II ArbGG;

[865] Als Grund für das Zurückdrängen der Schiedsgerichtsbarkeit im Arbeitsrecht führt Schreiber a.a.O. S. 31, 35, an, daß Gesetzgeber des Arbeitsgerichtsgesetzes verhindern will, daß den Arbeitsrichtern ein wesentlicher Teil ihrer legitimen Aufgaben durch private Gerichte genommen wird; und noch schärfer a.a.O. S. 31, 37 mit Fußn. 27 unter Berufung auf den RegE 1952 und Hinweisen auf den Meinungsstand: daß der Gesetzgeber dem Ausschluß der staatlichen Gerichtsbarkeit grundsätzlich ablehnend gegenüber stehe.

gegeben ist [866] Ein solche Abwicklung wäre daher zusätzlich zu den vorhandenen Rechtsinstanzen durchzuführen und brächte keinerlei Entlastungswirkung.

4. Ergebnis

Die Schaffung neuer oder der Ausbau vorhandener Institutionen ist mit erheblichem Aufwand verbunden. Dieser wäre nur dann zu vertreten, wenn nachweisbar die gerichtliche Inanspruchnahme reduziert werden könnte. Das ist insbesondere dann nicht der Fall, wenn nur eine neue "Filterstation" ohne verbindliche Streitbeendigung zwischen Betrieb und Gericht eingebaut wird.

---

[866] einheitliche Meinung, statt vieler: Germelmann a.a.O. § 4 Rdz. 7 mit weiteren Hinweisen

Kapitel II: Das "BEST"- Modell als betriebliche Lösung

Es soll untersucht werden, ob mit einer betrieblichen Einigungsstelle (BEST) ein Ergebnis angestrebt werden kann, das unter gleichzeitiger Vorgabe folgende Zielgrößen erreicht:
- Reduzierung der Prozesseingänge bei den Arbeitsgerichten
- Einsparung von Personal und Sachmitteln
- betriebliche Lösung mit größtmöglichem friedenserhaltendem Klima der Zusammenarbeit
- bei geringstmöglichen Belastungen für die Betriebe.

1. Ausgangspunkt Personalwirtschaft

Form und Qualität außerforensischer Konfliktregelungsformen bestimmen über das Ausmaß der Rechtskonflikte. Dabei kommt der betrieblichen und unternehmerischen Ebene eine entscheidende Rolle zu. Der Beleg, daß nur zwischen 3 % und 7 % der Bevölkerung in verschiedenen Konfliktsituationen Gerichte mobilisieren, während 22 % bei Arbeitnehmer problemen die Lösung im unmittelbaren Kontakt mit den Kollegen und Vorgesetzten und 43 % andere betriebliche Instanzen (Betriebsrat und Personalstelle des Arbeitgebers) nannten, [867] zeigt eindrucksvoll, daß es hier um Streitverhütung vor Streitpraxis geht. Folgend sollen einige personalwirtschaftliche Überlegungen im rechtlichen Handlungszusammenhang der Arbeitnehmer-Arbeitgeber-Beziehungen angestellt werden.

1.1 Theoretischer Ansatz

Die Behandlung von Problemen zu Personal und Arbeit sind z.B. in der Weise zu systematisieren, daß unterschiedliche Bezugsrahmen gewählt werden, nämlich
- die Betrachtung der menschlichen Arbeit als Produktionsfaktor
- die Einbeziehung verhaltensorientierter Ansätze
- die Herausstellung des Interessengegensatzes von Kapital und Arbeit
- die ganzheitliche Sichtweise der Integration von Personal und Arbeit bei allen unternehmerischen Entscheidungen (Human Resource Management-Ansatz). [868] Wenn auch unterschiedliche Schwerpunkte für die einzelnen personalwirtschaftlichen Problemfelder [869] gesetzt werden können und die Politikfelder beeinflussen, so ist doch zentraler Gegenstand der personalwirtschaftlichen Gestaltungsaufgabe die Lösung von Konflikten zwischen den

---

[867] Blankenburg ZfRSoz 1980, S. 35, 48 unter Berufung auf die von ihm durchgeführte Befragung in West-Berlin im Jahre 1979
[868] Oechsler a.a.O. S. 9 ff
[869] *Interessengruppen* wie Anteilseigner, Arbeitnehmer, Gewerkschaften und *Wettbewerbsfaktoren* wie Arbeitnehmereinfluß, Entlohnungssysteme usw.

Individuen, die Auflösung von Spannungszuständen in Organisationen. [870] Je nach Bereithalten und Funktionieren von institutionellen und informellen Konfliktlösungsmechanismen entsteht ein individuelles, betriebs-, unternehmensbezogenes Wohlbefinden [871] und kann zur Bewältigung konfliktärer wirtschaftlicher, sozialer und rechtlicher Interessen beitragen.

1.2 Partizipation im System der Arbeitgeber-Arbeitnehmer-Beziehungen

Im rechtlichen Handlungskontext sind verschiedene Ebenen zu unterscheiden: [872]

1. Die Internationale Ebene [873]
2. Die staatliche Arbeitsschutzgesetzgebung [874]
3. Die Ebene der Tarifvertragsparteien sowie die Mitbestimmung
   im Unternehmen [875]
4. Die Mitwirkung im Betrieb und am Arbeitsplatz [876]

Die folgenden Ausführungen beschäftigen sich mit der Beteiligung der Arbeitnehmer und ihrer Interessenvertretungen und der in diesen Systemen zur Verfügung gestellten Institutionen. [877]

1.2.1 Die überbetriebliche Mitbestimmung

Die Forderung nach Mitbestimmung entspringt dem allgemeinen Gedanken nach Partizipation mit dem "Ziel, die in Betrieb und Unternehmen existierenden hierarchischen Strukturen abzubauen und das ausgeprägte Spannungsverhältnis zwischen planenden und entscheidenden Organen einerseits und ausführenden Instanzen andererseits zu beseitigen." [878] Die Gewerkschaften führten den Kampf um Einführung und Ausweitung von Mitbestimmung unter dem Stichwort der "Demokratisierung von Wirtschaft und Gesellschaft". [879] Das Grundprinzip der Beteiligung der Arbeitnehmer in der Ordnung der sozialen

---

[870] ders. a.a.O. S. 15. Zur allgemeinen Konflikttheorie vgl. zusammenfassend Plänkers a.a.O. S. 11 ff
[871] Näheres zu Begriff und Inhalt des Betriebsklimas: Beyer a.a.O. S. 95 ff; iwd 49/1994 (Sonderausgabe M+E), S. 8 zur Befragung in acht europäischen Ländern: Deutsche an dritter Position.
[872] vgl. Übersicht 11 auf S. 29 bei Oechsler a.a.O.
[873] weiterführend dazu Oechsler a.a.O. S. 33 ff und S. 74 ff mit kurzem internationalem Systemvergleich in ausgewählten europäischen Staaten sowie zur Sozialpolitik auf EG-Ebene (S. 79 f)
[874] ders. a.a.O. S. 37 ff
[875] ders. a.a.O. S. 43 ff, 48 ff
[876] ders. a.a.O. S. 56 ff
[877] Einen Überblick gibt Heinze Handbuch a.a.O. S. 81 ff
[878] Adamy/Steffen a.a.O. S. 185; ausführlich Däubler Grundrecht a.a.O.; zur Genese des Systems Betriebsverfassung und Mitbestimmung auch jüngst Plänkers a.a.O. S. 79 ff
[879] Leminsky a.a.O. S. 261. "Mitbestimmung" im Wortsinne ist noch nicht erreicht, weil die Parität bisher nicht voll erreicht wurde, KKZ a.a.O., Teil A, 1.Kapitel, Rdz.1 ff unter Hinweis auf das Grundsatzprogramm des DGB.

Marktwirtschaft ist heute unbestritten. [880] Sie gibt auf der Tarifvertragsebene den gesellschaftlichen Gruppen, hier Gewerkschaften und Arbeitgebern bzw. Arbeitgeberverbänden, die Möglichkeit, ihre Interessen in kollektiven Prozessen auszuhandeln und durchzusetzen. Ein Tarifvertrag wird in freien Verhandlungen, gegebenenfalls nach einer Schlichtung, notfalls durch Arbeitskampf, erreicht. [881]

Auf der unternehmerischen Ebene geht es eher um die allgemeinen wirtschaftlichen Zwecke, während das BetrVG mehr die sozialen Belange des Betriebes regelt. [882] Das System der unternehmerischen Mitbestimmung ist unterschiedlich ausgeprägt und richtet sich nach den jeweiligen Rechtsgrundlagen. Man unterscheidet den Geltungsbereich des Montan-Mitbestimmungs-Gesetzes von 1951, die Regelung für kleine Kapitalgesellschaften, [883] nach dem BVG 1952 sowie das Mitbestimmungsgesetz von 1976. [884] Es liegt in der Natur der Dinge, daß die Gewerkschaften den grundsätzlichen Interessengegensatz zwischen Arbeit und Kapital nicht aufgehoben, die "Demokratisierung" als eine ständige Aufgabe sehen und auch durch Strukturwandel, Veränderung von Wertvorstellungen, neue Formen der Arbeitsteilung, Flexibilisierung der Arbeitszeiten oder neue Technologien mit ständig neuen Herausforderungen konfrontiert sind und daraus entsprechende Mitbestimmungsforderungen ableiten, [885] während die Arbeitgeber dem Widerstand entgegensetzen. [886] Ungeachtet dieser Tatsache zeigt die Praxis der Mitbestimmung im Aufsichtsrat, daß diese Arbeit für die Arbeitnehmer-Vertreter durch die Informationen von Nutzen sind. [887] Die Mitglieder des Aufsichtsrats , die vom Betriebsrat gestellt werden, leisten "institutionell verlängerte Betriebsratsarbeit", [888] und auch die Gewerkschaftsvertreter identifizieren sich mit "ihrem" Unternehmen. Denn es geht ihnen um die Gestaltungschancen zur besseren Verfolgung der Interessen ihrer Mitglieder innerhalb der Rechtsordnung. [889] Diese Identifikation "fördert auf ihrer Seite den Willen zur Zusammenarbeit und die Suche nach einvernehmlichen Entscheidungen. Gegensätze zwischen Arbeitnehmer- und Unternehmensinteressen können so

---

[880] BVerfG DB 1979, S. 593 zum MitbestG 1976; DKKS a.a.O. Einl. Rdz. 37

[881] s.a. zur Koalitionsfreiheit und Tarifautonomie den Vertrag über die Schaffung einer Währungs-, Wirtschafts- und Sozialunion zwischen der Bundesrepublik Deutschland und der Deutschen Demokratischen Republik, Gemeinsames Protokoll über Leitsätze, A. Generelle Leitsätze. III. Sozialunion, 1. bis 4.

[882] Adamy/Steffen a.a.O. S. 140

[883] über 500 Arbeitnehmer, bei AG und KGaA auch unter 500 Arbeitnehmer

[884] vgl jeweils die Einleitungen bei Kittner a.a.O. zu den einzelnen Gesetzen; Nagel Wirtschaftsrecht III a.a.O. S. 213 ff; Oechsler a.a.O. S. 48 ff

[885] Adamy/Steffen a.a.O. S. 186, Leminsky a.a.O. S. 272 f; Bobke-von Camen WSI-Mitt. 1/1989, S. 16, 17; Schmoldt, Der Betriebsrat 6/1992, S.125 ff

[886] als Auswahl: o.V. zur Mitbestimmung, Arbeitgeber 1973; Schleyer, Arbeitgeber 1976, S. 740 ff; Esser ZfA 1980, S. 301 ff; S. 289 ff; Worzalla, Der Arbeitgeber 1990, S. 511; der Arbeitgeberseite geht es in der Regel um die Abwehr bewußter und unbeabsichtigter Ausweitung der Mitbestimmung, Zander FAZ vom 11.8.1988

[887] Nagel in Arbeitsgruppe Arbeitsrecht (AGAR) a.a.O. S. 88; DKKS a.a.O. Einl. Rdz. 59

[888] Adamy/Steffen a.a.O. S. 201

[889] zur Theorie der "Verrechtlichung" durch "kooperative" oder "konfliktorische" Gewerkschaftspolitik Kittner/Breinlinger ZfRSoz 1981, S. 53, 59, 63

reduziert...werden." [890] Kittner [891] weiß von einem deutlich sichtbar geringen Klageaufkommen aus dem Bereich der Montanmitbestimmung zu berichten. Bestätigt wird die Erfahrung auch durch empirische Untersuchungen aus früherer Zeit: 1971 fanden Blankenburg/Reifner heraus, [892] daß die Klienten der IG Metall-Rechtsberatung nur zu 4 % aus Betrieben mit einer Größe von über 2.000 Beschäftigten kamen. 1976 ergab die Auszählung der 15 Kammerregister des Berliner Arbeitsgerichts einen negativen Zusammenhang zwischen Klagehäufigkeit und Betriebsgröße; nur 7,7 Klagen auf 1.000 Arbeitnehmer kamen aus Großbetrieben der Metall/Elektrobranche mit einer durchschnittlichen Betriebsgröße von 3.250 Mitarbeitern. [893] Da das Montan-Mitbestimmungsgesetz von 1951 Unternehmen mit mehr als 1.000 Arbeitnehmern erfaßt und sich das Mitbestimmungsgesetz von 1976 auf eine Größenordnung von mehr als 2.000 Arbeitnehmern erstreckt, [894] ist es plausibel, daß der Einfluß der Betriebsräte, Aufsichtsratsmitglieder und Gewerkschaften zur Befriedung nicht unerheblich beiträgt. Insgesamt lebt die Unternehmensmitbestimmung von der Kooperation, [895] dient das deutsche Verhältnis von Tarifautonomie und Mitbestimmung der Sicherung des sozialen Friedens, [896] nicht zuletzt auch ablesbar an den geringen Ausfallzeiten durch Arbeitskämpfe.

1.2.2 Die betriebliche Mitbestimmung

Die Ausgestaltung der Arbeitnehmerbeteiligung durch das Betriebsverfassungsgesetz nimmt folgend die besonders auf Verständigung ausgerichteten Formen in den Mittelpunkt. So ist eine Leitlinie die "Konfliktlösung durch Dialog", [897] statuiert durch das Gebot der vertrauensvollen Zusammenarbeit in § 2 Abs. I BetrVG und das Verbot jeglicher Arbeitskampfmaßnahmen (§ 74 Abs. II BetrVG); hinzukommt gemäß § 74 Abs. I S.2 BetrVG als Grundsatz der Zusammenarbeit, daß Arbeitgeber und Betriebsrat über strittige Fragen mit dem ernsten Willen zur Einigung verhandeln und Vorschläge für die Beilegung von Meinungsver-schiedenheiten zu machen haben. Die Beteiligung des Betriebsrates reicht von Informations-, Anhörungs- und Beratungsrechten über Zustimmungs-, Initiativrechten bis zur erzwingbaren Mitbestimmung.

---

[890] Adamy/Steffen a.a.O. S.203 und zur Rolle des Arbeitsdirektors S. 203 f. Eine instruktive Beschreibung der praktischen Arbeit der "Mitbestimmungsträger als Co-Management" vermittelt Nagel, Wirtschaftsrecht III a.a.O. S. 226 f.
[891] a.a.O. Einl. zum Arbeitsgerichtsgesetz, S. 288
[892] a.a.O. S. 241
[893] Blankenburg/Schönholz a.a.O. S.71/72.
[894] Nach dem Stand vom 31.12.1990 unterfielen dem MitbestG 1976 insgesamt 319 Aktiengesellschaften und 205 GmbH, somit die Mehrheit aller Großunternehmen. Kittner a.a.O. Einl. zum MitbestG 1976, S. 989; s.a. Adamy/Steffen a.a.O. S. 201, wonach rund 5,5 Mio Arbeitnehmer von den drei Mitbestimmungsregelungen profitieren. 9,6 Mio Arbeitnehmer arbeiten in Betrieben mit mehr als 5 Beschäftigten, 3,6 Mio im öffentlichen Dienst und 3 Mio Arbeitnehmer in Kleinbetrieben unter 5 Beschäftigten.
[895] Nagel, Paritätische MB a.a.O., S. 264, 281
[896] Kißler a.a.O. S. 34
[897] DKKS a.a.O. Einl. Rdz. 69; v.Hoyningen-Huene, NZA 1991, S. 7, 9

Inhaltlich betrifft die Partizipation u.a. personelle, soziale und wirtschaftliche Angelegenheiten. Die Beilegung von Meinungsverschiedenheiten wird durch eine Einigungsstelle nach § 76 BetrVG geregelt. [898] Gebraucht werden Betriebsräte, die kompetent und verantwortungsvoll Konflikte austragen, aber auch die Grenzen ihrer Spielräume kennen. [899] Nach einer Umfrage des Instituts der deutschen Wirtschaft [900] akzeptieren rund 80 % der deutschen Manager den Betriebsrat als konstruktive Kraft. 70 % sehen die Gestaltung der Zusammenarbeit mit dem Betriebsrat als Führungsaufgabe und fast genausoviel (67%) sind der Überzeugung, daß der Betriebsrat eine betriebliche "Führungskraft" sei. Insgesamt sollte nicht über das "Ob", sondern über das "Wie" der Zusammenarbeit nachgedacht werden. Insgesamt gibt das Gesetz ein "wirtschaftsfriedliches Verhalten" vor und ist auf "Kooperation" ausgerichtet. [901]

Auf der Betriebsebene kommen für den *einzelnen* Arbeitnehmer weitere Unterrichtungs-, Anhörungs- und Beschwerderechte hinzu. [902]

Wenn auch die Mitbestimmung und Mitwirkung der Arbeitnehmer, der Betriebsräte und ihrer Gewerkschaften ein latentes Konfliktfeld bleibt, beinhaltet die Mitbestimmung doch "zumindest die Chance zur positiven Integration". [903] Sie ist offenbar auch erfolgreich, insbesondere in den Betrieben, in denen ein Betriebsrat existiert. Bei Arbeitnehmerproblemen nehmen die Betroffenen in 43 % der Fälle betriebliche Instanzen in Anspruch, etwa zu gleichen Teilen den Betriebsrat als eigene Interessenvertretung oder die Personalstelle im Betrieb stellvertretend für den Arbeitgeber. [904] Aufgrund weiterer empirischer Erkenntnisse [905] kann davon ausgegangen werden, daß zwischen der Betriebsgrößenklasse mit dem wirtschaft-lichen Tätigkeitsbereich, der Rechtsform und der Existenz eines Betriebsrates ein eindeutiger Zusammenhang besteht. In den beklagten Betrieben mit weniger als 21 Beschäftigten überwiegen Dienstleistungsbetriebe, Handel und Handwerk; sie sind mit jeweils einem Viertel vertreten. Hier überwiegt die Rechtsform des Einzelkaufmanns, die AG kommt nicht vor. Industriebetriebe stellen den größten Anteil bei den Betrieben mit mehr als 20 Arbeitnehmern und stellen mehr als drei Viertel der beklagten Betriebe mit mehr als 100 Beschäftigten. Hier

---

[898] In bestimmten Fällen gesetzlich vorgeschrieben, aber auch durch freiwillige Anrufung. Zu den praktischen Erfahrungen mit Einigungsstellen zusammenfassend Knuth BArbBl H.9/1983, S. 8 ff, ausführlich FB Betriebsvereinbarungen und Einigungsstellen a.a.O. sowie Oechsler/Schönfeld Einigungsstellen a.a.O. zum Ergebnis einer Befragung aus 1986 über den Stellenwert der Einigungsstelle als innerbetrieblicher Konfliktlösungsmechanismus.
[899] Nagel, Personalwirtschaft 4/1994, S. 74
[900] Niedenhoff, iw-gewerkschaftsreport 2/1994, S. 17 f
[901] Adamy/Steffen, a.a.O. S. 155, kritisieren: Die Festlegung der Betriebsratstätigkeit auf das Wohl der Arbeitnehmer *und* des Betriebes "enthält letztlich schon in der Interessenformulierung den Kompromiß". Plänkers a.a.O. S.111 drückt das Spannungsverhältnis damit aus, daß der Betriebsrat "gleichzeitig Integrationsfaktor und Interessenvertreter ist".
[902] dazu etwa DKKS a.a.O. Einl. Rdz. 87 ff; Hess/Schlochauer/Glaubitz a.a.O. vor § 81 und zu §§ 81 ff
[903] Neumann/Schaper a.a.O. S. 205
[904] Blankenburg ZfRSoz 1980, S.35, 48
[905] FB Kündigungspraxis a.a.O. II S. 621 ff

sind hauptsächlich die Rechtsform der KG und GmbH anzutreffen, während bei den Betrieben mit mehr als 500 Beschäftigten die AG und GmbH mit rund 80 % als Rechtsform dominieren. Die Existenz eines Betriebsrates korreliert in etwa mit den einzelnen Betriebsgrößenklassen: Nur wenige der Betriebe unter 21 Beschäftigte verfügen über einen Betriebsrat, ein Viertel in der Klasse 21-50 Beschäftigte. In der Gruppe bis 100 Arbeitnehmer erreicht die Betriebsratsquote die Hälfte, bei den beklagten Betrieben zwischen 101 und 500 Beschäftigten gut 80 %. In nahezu allen Betrieben über 500 Beschäftigten ist ein Betriebsrat vorhanden.

Die Unterschiede zwischen Großunternehmen und Kleinbetrieben bei der Austragung von Kündigungsangelegenheiten sind durch die Erfahrungen von Richtern am Arbeits- und Landesarbeitsgericht sowie den Gewerkschafts- und Verbandsvertretern belegt. In Kleinbetrieben findet man häufig den "Herr-im-Haus-Standpunkt", verbunden mit geringeren Arbeitsrechtskenntnissen und emotionsgeladener Führung des Rechtsstreits. Anders bei Großunternehmen: Dort gibt es eine höhere Vergleichs- und Abfindungsbereitschaft, die Kündigungen werden ohnehin vor Ausspruch besser abgesichert, indem eine Vorklärung mit dem Betriebsrat erfolgt. Im übrigen werden Rechtsstreite prinzipieller austragen und sorgfältiger vorbereitet. [906] Es scheint wohl in der Tat so zu sein, daß ein "aufgeklärtes" Management erkannt hat, daß sich Konflikte häufig reibungsloser lösen lassen, wenn die Belegschaftsvertreter an der Bewältigung beteiligt sind. [907]

1.3 Führung und Konfliktmanagement

Personalpolitik als Teil der Unternehmenspolitik muß u.a. so umgesetzt werden, daß die Mitarbeiter sich zielorientiert verhalten. Um dies zu erreichen, greift man auf organisationspsychologische Motivationsforschung zurück. [908] Durch Personalführung in Form zielgerichteter Beeinflussung im zwischenmenschlichen Bereich kann Arbeitsmotivation, Arbeitsleistung und Arbeitszufriedenheit erreicht werden. [909] In den Forschungsansätzen der Führungsstile unterscheidet man je nach Abhängigkeit des Geführten beim Entscheidungsspielraum zwischen autoritär bis kooperativ. [910] Vereinfacht ausgedrückt erfolgt beim autoritären Stil die Entscheidung durch den Vorgesetzten, patriarchalisch und autoritär, während der kooperative Stil den Mitarbeiter bzw. die Gruppe beteiligt; dieser Stil ist "konsultativ, partizipativ, delegativ". [911] In engem Zusammenhang stehen auch die Modelle zur Lösung von Konflikten, nämlich entweder durch Macht, Zwang, Mehrheitsentscheid oder

---

[906] wie vor S. 624 mit Tabelle IV/56
[907] so Kittner a.a.O. Einl. zum Betriebsverfassungsgesetz, S. 603
[908] dazu weiterführend Correll a.a.O. S. 27 ff, 145 ff sowie ders. Motivation a.a.O. S. 17 ff
[909] hierzu näher Oechsler a.a.O. S. 98 ff, 239 ff; Bergler Sparkasse 9/1990. S. 413 ff
[910] Oechsler S. 253; Zander a.a.O. S. 45, 61, 62
[911] Oechsler a.a.O. S. 253, 257

Überzeugung, Integration, Kompromiß. [912] Zur Ausgestaltung des Führungsstils bedienen sich die Unternehmen verschiedener Konzepte wie Führungsgrundsätze, Mitarbeiterbe sprechungen, Beurteilungsverfahren, gruppendynamische Seminare, systematische Mitarbeiter informationen, um nur einige zu nennen. [913]

Es liegt auf der Hand, daß ein kooperativer, den Mitarbeiter an Entscheidungen beteiligender Führungs- und Arbeitsprozeß, weniger konfliktträchtig ist und letztlich weniger Rechtspro bleme und -streitigkeiten initiiert. Die Praxis bestätigt die These: Arbeitnehmerprobleme lösen die Betreffenden in 22 % der Fälle in unmittelbarem Kontakt mit Kollegen oder direkten Vorgesetzten. [914]

1.4 Ergebnis

Ein "harmonieorientiertes System", [915] wie es in der Bundesrepublik Deutschland Anwendung findet, stellt ein dichtes Netz von Konfliktmechanismen in den verschiedenen Ebenen der Arbeitswelt zur Verfügung. Eine signifikant geringere Klagehäufigkeit ist in den großen Unternehmen, voran im Bereich der Montanindustrie, festzustellen. Da dies quantitativ nicht durch Statistik erfaßt wird, wäre eine stärkere Durchdringung der Zusammenhänge zwischen den unterschiedlichen Mitbestimmungsformen und der dadurch ausgelösten Befriedungs wirkung im Betrieb und zwischen Vertragsparteien durch empirische Untersuchungen wünschenswert. Gleichermaßen gilt der Vorschlag einer intensiveren Sozialforschung für den personalwirtschaftlichen Ansatz, daß ein "guter" Führungsstil, ein kooperatives Vor gesetztenverhalten, Konflikte im Betrieb vermeiden hilft. [916]

2. Die Forderung nach außergerichtlicher Streitbeilegung

Der Ruf nach außergerichtlichen Konfliktlösungsmechanismen ist nicht neu. [917] Über eine Schnittstellenveränderung zwischen gerichtlicher und außergerichtlicher Streitauflösung wird im Rahmen der "Strukturanalyse der Rechtspflege" intensiv nachgedacht.[918] Neuerdings wird mit dem Ausbau des betrieblichen Schlichtungsverfahrens sympathisiert. [919]

---

[912] Oechsler S. 403 f
[913] Bobke a.a.O. S 246,257 mit Praxishinweisen; Oechsler a.a.O. S. 261 ff; zu den Aufgabenfeldern der 90er Jahre: Töpfer/Poersch a.a.O.
[914] Blankenburg ZfRSoz 1980, S.35, 48
[915] Oechsler a.a.O. S. 78 und im Gegensatz dazu "konfliktorientiert" in Großbritannien, ders. S. 79
[916] ähnlich Oechsler a.a.O. S. 7
[917] Das Verlangen der Praxis nach privaten Streitbeilegungsmöglichkeiten beschreiben Stein-Jonas-Schlosser a.a.O.. vor § 1025 Rdz.1 ff. Blankenburg plädierte 1980 für den Ausbau vorgerichtlicher Institutionen als Aufgabe der Rechtspolitik (Thesen a.a.O. S. 162). 1980 sprach sich der Vizepräsident des BVerfG, Zeidler, auf dem 53. Deutschen Juristentag dafür aus (HB vom 28.4.1983).
[918] Strempel, Festschrift für Kitagawa a.a.O. S. 789, 798
[919] FB Schiedsstellen a.a.O.

Allerdings ist es leichter, die Reduzierung der Gerichtsbelastung zu fordern, [920] als konstruktive Vorschläge für eine entsprechende Umsetzung zu machen, die nicht gleichzeitig Dritte (Unternehmen, Verbände) belasten oder den Aufbau neuer Einrichtungen erfordern. Systemänderungen sind bisher nicht erfolgt.

3. Strukturelle Voraussetzungen

Folgend sollen die Strukturen und Bedingungen untersucht werden, unter denen die oben beschriebene Ziele gestaltet werden können.

3.1 Lösung im Betrieb

Eine betriebsinterne Lösung hat vor allen anderen externen Einrichtungen entscheidende Vorteile:
Der betriebliche Sachverstand [921] ist hier wie in keiner anderen Stelle konzentriert [922] und sofort verfügbar. Deshalb soll das Verfahren vor der BEST nicht auf bestimmte Streitfälle, wie Kündigungen oder Eingruppierungsfragen beschränkt werden. Es stehen alle streitgegen ständlichen Materien zur gütlichen Regelung an, weshalb sie sich bereits in diesem Punkt von der Einigungsstelle nach § 76 BetrVG unterscheidet. Rechtliche Bedenken dagegen, daß die BEST an die Stelle der regulären Güteverhandlung treten soll, bestehen nicht, wie das Beispiel der Verhandlung vor dem Ausschuß zur Beilegung von Streitigkeiten zwischen Ausbildern und Auszubildenden gem. § 111 Abs. II Satz 8 ArbGG zeigt. [923]
Zeitverlust durch Information dritter Stellen, Verfügbarkeit von Räumen, Wegezeiten usw. ist ausgeschaltet.
Daß juristischer Sachverstand in aller Regel nicht verfügbar ist, [924] ist nur ein vermeintlicher Nachteil. Gerade in diesem Stadium des Verfahrens, durchgeführt von Praktikern, könnte es sich als weniger vorteilhaft erweisen, wenn Rechtsfragen mit im Vordergrund der Verhandlung stehen. Deshalb muß das Verfahren nicht grundsätzlich notwendiger rechtsstaatlicher Ansprüche entbehren. Da eine Entscheidung der BEST unter den noch zu beschreibenden Umständen gerichtlich nachprüfbar ist, geht also derjenigen Partei nichts verloren, die mehr auf die rechtliche Würdigung des Sachverhaltes setzt. Im übrigen ist auch die Güteverhandlung vor

---

[920] Bauer (NZA 1992, S. 433) meint, es spreche nichts dagegen, die bestehende Einigungsstellenregelung abzuschaffen und durch ein besonderes arbeitsgerichtliches Regelungsverfahren zu ersetzen - ohne freilich konkret zu werden.
[921] Diesen fordert auch FB Schiedsstellen a.a.O. S. 16
[922] so auch Simitis 52. DJT II a.a.O. M 46
[923] ebenso van Venrooy a.a.O. S. 337, 354, 355
[924] FB Schiedsstellen a.a.O. S. 16 möchte einen neutralen Vorsitzenden, der Jurist sein sollte, für die Leitung der Schiedsstelle.

dem Einzelrichter des Arbeitsgerichts nicht ausschließlich oder überwiegend von rechtlichen Erwägungen geleitet, so daß an das Verfahren vor der BEST nicht höhere Ansprüche gestellt werden müssen. Einen interessanten Gedanken führt der Forschungsbericht Schiedsstellen [925] ein, wenn vorgeschlagen wird, die Mitglieder von Schiedsstellen - hier BEST - systematisch zu schulen, und zwar nicht nur in Fragen des materiellen und Verfahrensrechts, sondern auch in der Technik der Verhandlungsführung, der Konfliktregelung und sonstigen sozialwissenschaftlichen Fragen. Nicht angesprochen werden die dadurch entstehenden Kosten. Betriebsratsmitglieder könnten die Möglichkeit der Schulung nach § 37 BetrVG nutzen, sonstige Mitglieder der BEST auf das Instrument des Bildungsurlaubs verwiesen werden.

3.2 Parität [926]

Einer paritätischen Kommission ist der Vorzug vor der Hinzuziehung eines unparteiischen Dritten [927] zu geben, wie er in § 76 Abs. II BetrVG vorgeschrieben ist. Eine streng paritätische Besetzung, die durch die Arbeitnehmerseite und dieArbeitgeberseite gestellt wird, genügt rechtsstaatlichen Grundsätzen in ausreichendem Maße. [928] Eine gleiche Anzahl von Beisitzern in der Einigungsstelle ohne Vorsitzenden [929] "zwingt" zu einer höheren Einigungsquote und gibt den Parteien mehr Zufriedenheit, wenn sie selbst am Ergebnis beteiligt waren, [930] als wenn ein Dritter ihnen seine Lösung auferlegt. Paritätische Lösungen haben sich in der Praxis bewährt, davon zeugen zahlreiche tarifvertragliche Regelungen. [931] Auch die Wissenschaft schlägt in dem kürzlich gemachten neuen Ansatz für die Tarifpolitik in einem Diskussionspapier eine paritätisch besetzte Lohnfindungskommission im Unternehmen vor. Diese Kommission wählt - ohne externen Einigungsstellenvorsitzenden - eine Konfliktlösung für den tarifvertraglichen Korridor. [932]

---

[925] a.a.O. S. 17

[926] zur historischen Entwicklung des Paritätsgedankens in der Schiedsgerichtsbarkeit, Schlichtung und Rechtsprechungslehre vgl. Ramm ZRP 1989, S. 136, 137

[927] so aber ausdrücklich FB Schiedsstellen a.a.O. S. 16

[928] so schon BAG AP Nr.1 zu § 111 ArbGG 1953

[929] Da die BEST nicht Recht sprechen soll, sind die von Ramm, ZRP 1989, S, 136, 143, vorgebrachten Hinweise, wonach "die zwingenden Grundsätze der Rechtsprechung im weitesten Sinne ...auch für Vereinsgerichtsbarkeit und Betriebs"justiz"...gelten", hier nicht beachtlich.

[930] Diese Möglichkeit eröffnet auch § 76 Abs. III BetrVG in der ersten Abstimmung, an der der Vorsitzende nicht beteiligt ist.

[931] z.B. in der metallverarbeitenden Industrie, hier Hessen: § 26 Ziff. 1 GMTV i.V. m. § 5 Ziff. 19 LRTV (Akkordkommission für Akkordstreitigkeiten, u.a. Vorgabezeiten), § 7 Ziff. 13 LRTV (Leistungsbeurteilung für die Leistungszulage für Arbeiter), § 8 IX LRTV (Prämienkommission), § 3 III Ziff. 13 GRTV (Leistungsbeurteilung für die Leistungszulage für Angestellte); Schlichtungsordnung zwischen dem Bundesarbeitgeberverband Chemie und der Industriegewerkschaft Chemie-Papier-Keramik vom 28.10.1981 i.d.F. vom 24.6.1992, § 4 I.:" Die Schlichtungsstellen setzen sich aus je drei Mitgliedern der Arbeitgeber- und der Arbeitnehmerseite zusammen. "

[932] Diskussionspapier a.a.O. S. 5

3.3 Keine Kosten für Externe

Während § 76 a BetrVG Ansätze einer Kostenregelung für die Abhaltung der Einigungsstelle enthält, [933] kann hinsichtlich der BEST auf den Vorteil hingewiesen werden, daß diese, abgesehen von den eigentlichen Lohnausfallzeiten, keine Kosten verursacht, schon gar nicht solche für externe Einigungsstellenvorsitzende und honorarberechtigte Beisitzer. [934]

4. Ökonomische Überlegungen

Die Prognose des Geschäftsanfalls gehört sicher zu den gewagten Überlegungen, die mit einem hohen Unsicherheitsfaktor versehen sind. Sie sind von vielen Unbekannten und Annahmen begleitet. Der Erforschung von Entwicklung und Prognose des Geschäftsanfalls hat sich im Rahmen der vom Bundesjustizministerium entwickelten und durchgeführten Strukturanalyse der Rechtspflege ein Projekt angenommen. [935] Die Projektkooperation zwischen dem "Forschungsinstitut für öffentliche Verwaltung bei der Hochschule für Verwaltungswissenschaften Speyer" und der "PROGNOS AG Basel" übernahm Blankenburg. Die Studie wurde Ende 1990 vorgelegt. [936]

Untersucht wurde die Abschätzung der Filterwirkung von Institutionen und Berufsgruppen, die im vor- und außergerichtlichen Bereich tätig sind, letztlich die Frage, ob mit den untersuchten Filterpotentialen aufgrund der fortgeschriebenen Verfahrenszahlen im Jahre 2000 ein Stillstand des Anstiegs oder sogar ein Rückgang erreicht werden kann. Untersucht wurden die Bereiche Zivilsachen, Familiensachen, die Filterpotentiale im Verwaltungs- und Finanzgerichtsbereich. Auf die Ergebnisse im einzelnen wird hingewiesen, [937] wobei allgemein zusammengefaßt gesagt werden kann, daß "Ansatzpunkte zur Verbesserung im Zusammenspiel zwischen außer- und innergerichtlicher Konfliktregelung möglich" sind. [938] Hinweise auf das arbeitsgerichtliche Wachstums- und Einsparungspotential werden in der Studie nicht angesprochen. Innerhalb der hier angestellten Untersuchung kann daher nur bedingt auf Ergebnisse zurückgegriffen werden. Dennoch ist errechenbares Filterpotential für die BEST zu ermitteln. Da die BEST die gerichtliche Güteverhandlung ersetzt, entfällt demgemäß der dafür erforderliche Aufwand. Für 1992 hätte dies die Einsparung von über 400.000 Güteverhandlungen mit sich gebracht. Der

---

[933] vgl. auch zur Kostenfrage FN 138
[934] Diese Gefahr sieht auch FB Schiedsstellen a.a.O. S. 16
[935] Strempel/van Raden NJ 1991, S.138, 141
[936] Speyerer FB Nr. 88 a.a.O.
[937] Speyerer FB Nr. 88 Bd.2 Anhang B a.a.O. S. 32 ff; Strempel in Festschrift für Kitagawa a.a.O. S. 789, 796 ff
[938] Strempel in Festschrift für Kitagawa a.a.O. S. 789, 798; im Ergebnis könnte das heutige Prozeßvolumen stabilisiert werden, wenn alle denkbaren "Alternativen" zur gerichtlichen Austragung der Konflikte realisiert würden. Das liegt auch daran, daß sich der Geschäftsanfall ohne Maßnahmen erhöhen würde, denn auch Anwälte, Gerichte und Vollzugorgane verbessern ihre Funktionsfähigkeit (Blankenburg ZRP 1992, S. 96).

richterliche Aufwand für Vorbereitung (13 Minuten) und Durchführung der Verhandlung (16 Minuten) [939] ist daher nicht unerheblich. Bei strenger Ermittlung der richterlichen Personalbemessung könnten daher entsprechende Stellen eingespart werden. [940] Ein solcher Einsparungseffekt wäre - auch wenn nicht in demselben Umfang - beim nichtrichterlichen Personal zu erzielen.

Wenn eine Reduzierung des richterlichen Kapazität nicht gewünscht wird, weil z. B. durch den überproportionalen Anstieg der Neuzugänge die Personalbemessung gerade den zutreffenden Wert erreicht hat, würde durch den Wegfall von 400.000 Güteverhandlungen [941] so viel "Luft" geschaffen, daß die Rechtsstreite, insbesondere die Kündigungsverfahren, schneller als bisher erledigt werden könnten. 1992 betrug die Verfahrensdauer für ein Drittel aller erledigten Kündigungssachen mehr als drei Monate, auf alle Erledigungen bezogen: 39 % der Verfahren brauchten länger als drei Monate, glücklicherweise nur 0,3 % mehr als ein Jahr. Ein BEST-Ergebnis würde den Grundsätzen rechtsstaatlichen Handelns durch zügige Abwicklung der Verfahren und "Gewährung des Rechts" in angemessener Zeit sehr entgegenkommen.

Einer Einsparung bei der Justiz steht natürlich die Belastung der Unternehmen gegenüber. Hierbei ist zu fragen, ob die Belastung betriebswirtschaftlich tragbar, gegebenenfalls unter gesellschafts- und sozialpolitischen Erwägungen von den Betrieben hinzunehmen ist. Oberflächlich gesehen ist für die von Klageverfahren betroffenen Unternehmen kaum ein Unterschied erkennbar, weil das Unternehmen sich entweder in der Güteverhandlung selbst vertritt oder vertreten läßt. Bei Durchführung der Einigungsstelle im Betrieb sind demgegenüber Sachmittel (Verhandlungsraum, Schreibbüro, usw.) zur Verfügung zu stellen (auf die Einsparung wurde bereits hingewiesen). [942]

Auch unter Berücksichtigung der Gesamtzahlen sollte es keine Schwierigkeiten bereiten, statt der Güteverhandlungen in Zukunft betriebliche Einigungsstellen durchzuführen. Nach den zuletzt verfügbaren Zahlen [943] wurden in der Bundesrepublik anläßlich der Arbeitsstättenzählung 1987 insgesamt 2.581.201 Arbeitsstätten gezählt. Bei 402.013 Klagen, die in 1992 eingereicht wurden, entfallen auf jede Betriebsstätte pro Jahr etwas mehr als sechs Klagen (rechnerisch exakt 6,42). Da der Zeitaufwand pro durchgeführte BEST keinesfalls höher als die benötigte richterliche Zeit einzuschätzen ist, vielmehr wegen der beschriebenen vorhandenen Informationslage deutlich niedriger liegen dürfte, wird der gesamte Zeitaufwand von rund 3 Std. pro Jahr pro Betriebsstätte wohl verkraftbar sein.

---

[939] Die Daten beziehen sich nur auf Kündigungsfälle, FB Kündigungspraxis a.a.O. II S.830, 831, werden aber als Anhaltspunkt für die vorliegende Untersuchung herangezogen.
[940] Wollschläger, ZfRSoz 1991, S. 248, 254 weist richtig darauf hin, daß eine spezifische Richterzeituntersuchung fehlt, um exakt Arbeitskapazitäten zu berechnen.
[941] Sollte man es wegen der noch anzusprechenden Kleinbetriebsklausel für die Unternehmen mit wenigen Mitarbeitern bei der gerichtlichen Güteverhandlung belassen, verändern sich die ermittelten Zahlen natürlich.
[942] s.S. 172 ff
[943] Bundesanstalt für Arbeit, Bevölkerungs-und Wirtschaftszahlen 12/93

Nun ist die Verteilung der Klagen nicht so gleichmäßig, wie die Mathematik es vorgaukelt, mit anderen Worten, eine Vielzahl von Betrieben wird überhaupt nicht mit einer Klage konfrontiert sein, während andere Unternehmen jährlich wiederkehrend Gerichtserfahrungen durchleben. Unterstellt, die Hälfte aller Betriebsstätten wären nicht betroffen, während die andere Hälfte die doppelte Zahl von Klagen hinnehmen müßte, würde die zeitliche Belastung der betroffenen Unternehmen immer noch bei knapp 1 Tag pro Jahr liegen. Auch dies Ergebnis scheint verantwortbar.

Vermutlich kann die BEST auch in kürzerer Frist abgewickelt werden, als es § 61 a Abs. II ArbGG mit der Sollvorschrift von zwei Wochen nach Klageerhebung vorsieht.

Großbetriebe mit Tausenden von Entlassungen pro Jahr in wirtschaftlich schwierigen Zeiten könnten, um nicht Massenveranstaltungen durchführen zu müssen, auf das Instrument der Musterverfahren verwiesen werden. Das bedeutet naturgemäß den Verlust der Einzelfallgerechtigkeit, ist aber bei für alle gleich gelagertem Sachverhalt nicht zu vermeiden. Im Ergebnis ist unter gesamtwirtschaftlichen Aspekten die BEST-Lösung zu favorisieren, unter betriebswirtschaftlichen Gesichtspunkten zu tolerieren.

5. Psychologische Drucksituation für Arbeitnehmer?

Kein Argument gegen die BEST wäre der Einwand, daß ein Arbeitnehmer sich bei Durchführung des Einigungsversuchs im Betrieb des Arbeitgebers unter Druck gesetzt fühlen könnte. Mangels objektiver Anhaltspunkte kann eine solche Lage nicht herbeigeredet werden, wenn das Verfahren unter rechtsstaatlichen Gesichtspunkten stattfindet. Willkür oder sachfremde Motive sind nicht von vornherein zu unterstellen. Im übrigen suchen Arbeitnehmer eine Problemlösung im Arbeitsbereich mit dem Streitpartner gütlich herbeizuführen (25 %), mit dem Personalchef zu besprechen (18 %) oder über den Betriebsrat/Personalrat (18 %) zu regeln, wie eine Befragung aus früherer Zeit ergab. [944] Es dürfte einem Arbeitnehmer nicht schwerer fallen, seine Rechte im Betrieb statt außerhalb wahrzunehmen. Im Zweifel müßte er dem Arbeitgeber oder seinem Vertreter auch im Gerichtssaal gegenübertreten, wenn das persönliche Erscheinen der Parteien gemäß § 51 ArbGG angeordnet wurde. Es ist zwar richtig, daß die Arbeitgeber ihre Betriebe grundsätzlich von (zusätzlichen) Arbeitskonflikten freihalten wollen. Insgesamt ist die Einschätzung aber wohl so, daß die sozialen Beziehungen zwischen den Arbeitsvertragsparteien geringer belastet werden als dies bei gerichtlichen Verfahren der Fall ist. [945]

---

[944] Blankenburg/Reifner/Gorges/Tiemann a.a.O. S. 247

[945] ebenso FB Schiedsstellen a.a.O. S. 12. Zur Akzeptanzeinschätzung der Arbeitgeberseite s.S. 167

6. Im Ausnahmefall keine BEST

Auf die Abhaltung der BEST könnte dann verzichtet werden, wenn beide Parteien vorher schriftlich erklären, daß jeder Sühneversuch zwecklos erscheint. In diesem Fall würde sofort die Kammersitzung im Arbeitsgericht stattfinden.

7. Vergleich mit ehemaligen Konfliktkommissionen ?

Die Abschaffung der Schiedsstellen für Arbeitsrecht als Nachfolgeeinrichtungen der Konfliktkommissionen der DDR läßt zumindest die Frage aufwerfen, ob betriebliche Einigungs-/Schiedsstellen aus anderen Gründen die geeignete Form der Konfliktlösung darstellen.

1989 gab es noch die gesellschaftlichen Gerichte der DDR, [946] und zwar 28.533 Konflikt- und 5.787 Schiedskommissionen. [947] Die Ablösung durch die Schiedsstellen für Arbeitsrecht in den neuen Bundesländern bis zum Aufbau einer selbständigen Gerichtsbarkeit geschah durch den Ersten Staatsvertrag vom 18.5.1990 i.V.m. dem Einigungsvertrag vom 1.7.1990. [948] Auflösungsgründe waren hauptsächlich Zweifel an der Rechtsstaatlichkeit der bisherigen Arbeit. [949] Die Konfliktkommissionen arbeiteten als "Disziplinierungsinstitutionen" und erfüllten eher die "Funktion einer Interessenartikulation " für den einzelnen Werktätigen. [950] Auch die skeptische Haltung von Richtern, Gewerkschaften und Verbänden [951] und die gesunkene Akzeptanz der Entscheidungen in der Bevölkerung [952] ergänzten die Motive für die Auflösung.

Besonders die völlig andere rechtspolitische Funktion im früheren System der Rechtspflegeorgane der DDR durch die "völlige Unterwerfung des Individuums unter die Staatsgewalt" im Rahmen der Betriebsjustiz [953] und die gezeigte Praxis [954] veranlassen zur eindeutigen Aussage, daß jede auch nur so geringfügige Ähnlichkeit mit der BEST zurückzuweisen wäre.

---

[946] Gesetz über die gesellschaftlichen Gerichte der Deutschen Demokratischen Republik vom 11.6.1968, GBl. I S. 229, § 2: "Als gesellschaftliche Gerichte üben die Konflikt- und Schiedskommissionen im Rahmen der ihnen durch Gesetz übertragenen Aufgaben Rechtsprechung aus." vgl. auch Konfliktkommissionsordnung vom 4.10.1968, GBl. I S. 287
[947] Speyerer FB Nr.88 Bd. 2 Anhang F a.a.O. S. 72
[948] vgl. die kompakte Darstellung im FB Schiedsstellen a.a.O. S. 4
[949] zu den unterschiedlichen Systemen der BRD und der DDR sei nur auf die Präambel des Arbeitsgesetzbuchs der DDR hingewiesen, wo es u.a. heißt:" Alle politische Macht in der Deutschen Demokratischen Republik wird von den Werktätigen in Stadt und Land ausgeübt. Sie beruht auf dem gesellschaftlichen Eigentum an den Produktionsstätten und der ungeteilten Herrschaft der sozialistischen Produktionsverhältnisse."
[950] Blankenburg NJ 1993, S. 113, 114
[951] FB Schiedsstellen a.a.O. S.5
[952] Speyerer FB Nr.88 Bd.2 Anhang F a.a.O. S.72
[953] Ramm ZRP 1989, S. 136, 141
[954] dazu mit Zahlen Speyerer FB Nr.88 Bd.2 Anhang F a.a.O. S. 73, 74

8. Verfahren und Rechtsform der BEST

Im Gegensatz zum Forschungsbericht Schiedsstellen, [955] der die dort vorgeschlagene Schiedsstelle als Vorschaltinstitution unterhalb des gerichtlichen Verfahrens ansiedeln möchte, besteht bei Einführung der BEST die Vorstellung, den Charakter der Einrichtung aufzuwerten.

8.1 Rechtsstaatliches Verfahren

Die gütliche Einigung, die angestrebt wird, ist mit der Qualität des Verfahrensabschlusses durch Vergleich ausgestattet, also durchaus dem gerichtlichen Vergleichsabschluß ebenbürtig. Dies ist schon wegen der Rechtskraftwirkung und Vollstreckbarkeit erforderlich. Ohne alle verfahrenstechnischen Finessen beachten zu müssen, sollen die Grundsätze den Anforderungen an ein rechtsstaatliches Verfahren entsprechen. So sollen die Parteien gehört werden, sie können sich durch Verfahrensbevollmächtigte vertreten lassen können, Verfahrensdauer, Fristen, insbesondere Ausschlußfristen für die Anrufung des Arbeitsgerichts usw. müssen klar geregelt sein. Im übrigen kann das Verfahren einfach und flexibel gehandhabt werden.

8.2 Form

Ob die außergerichtliche Konfliktlösung durch eine betriebliche Einigungsstelle oder in anderer Art organisiert wird, kann durchaus zur Diskussion stehen.

8.2.1 Ausweitung des Beschwerdeverfahrens gem. § 84 BetrVG?

In Betracht kommt z. B. auch eine Ausweitung des Beschwerdeverfahrens nach § 84 BetrVG. [956] Die Einordnung in das bestehende Beschwerdeverfahren erscheint der Bedeutung des Sühneversuchs als Ersatz der arbeitsgerichtlichen Güteverhandlung im Stellenwert nicht gleichrangig. Der Arbeitnehmer kann zwar ein Betriebsratsmitglied zur Unterstützung im Beschwerdeverfahren hinzuziehen, letztlich bleibt es aber ein Verfahren ohne den erwünschten verbindlichen Abschluß.

8.2.2 Abgrenzung zur personellen Mitbestimmung nach § 102 BetrVG

Zu denken wäre auch an eine Integration des § 102 BetrVG, also des Verfahrens der Betriebsratsanhörung bei Kündigungen. Vorteilhaft aus Sicht des Betriebsrats wäre eine

---

[955] a.a.O. S. 14
[956] vgl. FB Schiedsstellen a.a.O. S. 15

erhebliche Ausweitung des Mitbestimmungsrechts. Dies müßte auf der anderen Seite aber so ausgeformt werden, daß ein abgelehntes Gesuch sowohl für den Arbeitnehmer als auch für den Arbeitgeber verbindlich wäre. Diese Lösung überfordert aber wohl doch die Institution Betriebsrat. Schließlich müßten Kollegen in ihre Verantwortung übernehmen, daß eine Kündigung mit dem endgültigen Verlust des Arbeitsplatzes verbunden wäre oder umgekehrt die Weiterbeschäftigung vollzogen werden müßte. [957]

Insgesamt sollte es daher ein neues, eigenständiges Instrument sein, was seine volle Wirksamkeit entfalten kann und sich in der Praxis beweisen muß.

9. Akzeptanzeinschätzung bei den Beteiligten [958]

Die *Arbeitnehmer* werden voraussichtlich über eine außergerichtliche Einrichtung am ehesten erfreut sein. Es ist zu erwarten, daß die Vergleichsquote unter Umständen höher ist, weil die Arbeitgeberseite im innerbetrieblichen Dialog mehr Bereitschaft zum Kompromiß zeigt, als wenn die Konfliktsituation durch Einschaltung einer externen Instanz verhärtet ist.

Arbeitgeber haben bisher ständige Einrichtungen zur Vorberatung jeder Kündigung abgelehnt. [959] Dennoch könnte die Aufgeschlossenheit erreicht werden, wenn deutlich wird, daß es sich nicht um eine zusätzliche Einrichtung handelt, und die Belastungen einer BEST nicht größer, wahrscheinlich sogar geringer sind, als bei Durchführung von Gerichtsverfahren. Das trifft insbesondere hinsichtlich der finanziellen Aspekte zu. Daneben können auch Imagegründe eine Rolle spielen, denn die meisten Unternehmen schätzen es, wenn ihr Name in Verbindung mit Gerichtstätigkeit nicht genannt wird.

Richter von Arbeitsgerichten plädieren zwar für einen juristisch vorgebildeten Einigungsstellenvorsitzenden. [960] Sie sind von ihrer friedensstiftenden Arbeit in der Güteverhandlung überzeugt. [961] Letztlich dürfte aber die Aussicht auf Arbeitsentlastung eine positive Resonanz hervorrufen.

Kritischer stehen möglicherweise die *Gewerkschaften* zur Institution einer BEST.

---

[957] Zumindest bei betriebsbedingten Gründen wird die Unternehmerentscheidung, die zur Kündigung führt, nach jetziger Rechtslage von den Gerichten nicht auf ihre Notwendigkeit oder Zweckmäßigkeit überprüft, sondern nur darauf, ob die entsprechende Maßnahme offenbar unsachlich, unvernünftig oder willkürlich ist (so die ständige Rechtsprechung des BAG, z.B. EzA § 1 KSchG Betriebsbedingte Kündigung Nr. 13, 28, 54, 65; ebenso Kittner/Trittin a.a.O. § 1 Rdz. 244 f, Hueck/v. Hoyningen-Huene a.a.O. § 1 Rdz. 408 ff). Ein Abweichen vom Grundsatz der freien Unternehmerentscheidung wird als ein unzulässiger Eingriff in die unternehmerische Entscheidungskompetenz angesehen (zum Meinungsstreit siehe auch KR-Becker a.a.O. § 1 Rdz. 293 ff mit Hinweisen).

[958] Auf die Befragung, die dem FB Betriebsvereinbarungen und Einigungsstellen a.a.O. zugrundelag, kann wegen mangelnder Repräsentativität nicht zurückgegriffen werden; nur acht ständige Einigungsstellen wurden bei 468 befragten Betrieben ermittelt, die in keinem Fall tätig geworden waren.

[959] 52. DJT Bd.II (Sitzungsberichte) z.B. M 85, 193

[960] FB Schiedsstellen a.a.O. S. 10

[961] FB Kündigungspraxis a.a.O. II S. 472 ff, 817 ff

Gewerkschaften hätten, so wird gesagt, mit einer zusätzlichen Einrichtung auf betrieblicher Ebene zumindest vorübergehend Schwierigkeiten bei der Vertretung ihrer Mitglieder. [962] Ständige Einigungsstellen müßten aus der Sicht einer "aktiven Betriebspolitik" abgelehnt werden, weil sie sich nachteilig auf die angestrebten Durchsetzungsstrategien für Arbeitnehmerinteressen auswirkten. [963] Diese organisationspolitische Begründung müßte angesichts erreichbarer Ziele im Gesamtinteresse zurückstehen.

10. Vorschlag für Rahmenbedingungen einer Betrieblichen Einigungsstelle (BEST)

1. Betriebe mit in der Regel mehr als 20 Arbeitnehmern

a) Nach Durchführung des Anhörungsverfahren gem. § 102 BetrVG und Ausspruch der Kündigung kann der Arbeitnehmer beim Arbeitsgericht Klage erheben (ggf. zur Vereinfachung: schriftlich Einspruch gegen Kündigung einlegen).

b) Zusammensetzung der BEST: die gleiche Zahl von Beisitzern des Arbeitgebers und des Betriebsrats, z. B. je 2 als Regelfall. [964] Arbeitgebervertreter werden von diesem, Arbeitnehmervertreter vom Betriebsrat benannt.

c) BEST ist zuständig für alle Ansprüche aus dem Arbeitsverhältnis, für die die Arbeitsgerichte zuständig sind (soweit nicht besondere Zuständigkeiten bereits festgelegt sind, z. B: § 111 Abs. 2 ArbGG).

d) Verfahren: - Antrag
               - Anhörung der Parteien
               - Einigung möglich
               - bei Nichteinigung Rechtsweg offen
               - bei Mehrheitsentscheidung zugunsten des
                  Arbeitnehmers muß Arbeitgeber Klage erheben
               - bei Mehrheitsentscheidung zugunsten des
                  Arbeitgebers muß Arbeitnehmer Klage erheben
                  (für die beiden Mehrheitsentscheidungen gilt eine
                  Vermutung der Richtigkeit der Entscheidung
                  der BEST)

---

[962] FB Schiedsstellen a.a.O. S. 18
[963] Hase/Neumann-Cosel/Rupp/Teppich a.a.O. S. 39/40
[964] FB Schiedsstellen a.a.O. S. 16

- bei einstimmiger Entscheidung zugunsten des Arbeitnehmers muß Arbeitgeber Anspruch erfüllen bzw. wieder einstellen
- bei einstimmiger Entscheidung zugunsten des Arbeitgebers wird Arbeitnehmer abgewiesen, muß zahlen bzw. Arbeitsplatz verlassen
- gegen die einstimmige Entscheidung gibt es den Rechtsweg nur bei Ermessensmißbrauch der BEST analog § 76 Abs. V BetrVG (Billigkeitskontrolle) oder § 76 Abs. VII BetrVG (Rechtsverletzung).

2. In betriebsratslosen Betrieben oder Betrieben mit weniger als 20 Arbeitnehmern gibt es zwei Varianten, die zu diskutieren wären:

- Entweder besteht die BEST aus dem Arbeitgeber und einem Arbeitnehmervertreter; Mehrheitsentscheidungen werden durch wechselndes Stimmrecht herbeigeführt [965]
- oder es bleibt insgesamt bei dem bisherigen arbeitsgerichtlichen Güteverfahren.

Die erstgenannte Alternative ist für die Parteien unbefriedigend. Das Ergebnis ist häufiger von Zufälligkeiten abhängig. Der fordernde Arbeitnehmer dürfte wenig Bereitschaft zeigen, sein Stimmrecht "verfallen" zu lassen. Dem Arbeitgeber könnte das gesamte Verfahren nicht mehr rechtsstaatlich sondern willkürlich erscheinen.

Die zweite Möglichkeit ist eindeutig zu bevorzugen. Es muß in Kauf genommen werden, daß nicht in vollem Umfang, wie zunächst maximal errechnet, eine Entlastung der Arbeitsgerichte eintritt.

11. Ergebnis

Die BEST vereint durch ihr besonderes Verfahren, ihre Sach- und Entscheidungskompetenz Elemente aus mehreren Institutionen, dem Schiedsvertrag, der Schlichtungsstelle des § 111 Abs. 2 BetrVG, nicht zuletzt auch die Belegschaftsbeteiligung. Die BEST ist eine betriebliche Einrichtung mit quasi - gerichtlichen Möglichkeiten. Sie kann die Konflikte der Parteien außergerichtlich lösen, verhindert aber nicht eine dringlich gewünschte Richterentscheidung.

Keine Partei ist überfordert, die Klage zu erheben, wenn der Spruch der BEST mehrheitlich gegen sie ausfällt. Im übrigen, also bei einstimmiger Entscheidung, könnte man in Anlehnung an § 76 Abs. V S. 4 BetrVG festlegen, in welchem Umfang der Spruch der BEST überprüfbar sein muß. Zunächst muß der Beschluß der BEST "unter angemessener Berücksichtigung der Belange des Betriebes und der betroffenen Arbeitnehmer nach billigem Ermessen" gefaßt

---

[965] vgl. dazu den Professorenvorschlag im Diskussionspapier a.a.O. S. 5

werden. [966] Bei Ermessensmißbrauch ist binnen einer Ausschlußfrist von zwei Wochen die Anrufung des Arbeitsgerichts vorzunehmen. Desweiteren ist eine richterliche Kontrolle geboten, falls die BEST zwingende Rechtsvorschriften (Zuständigkeit, zwingende Verfahrensvorschriften, zwingendes Gesetzesrecht, geltende Tarifverträge) nicht beachtet hat, ebenso § 76 Abs. VII BetrVG. [967] Unter Berücksichtigung vorgenannter gerichtlicher Überprüfungsmöglichkeiten können Einwendungen gegen verbindliche Sprüche der BEST nicht erhoben werden. Weder handelt es sich um "Rechtsprechung" i.S.d. Art. 92 GG noch liegt ein Entzug des gesetzlichen Richters (Art. 101 GG) vor, weil eine richterliche Rechtskontrolle sowohl der Rechts- als auch der Regelungsentscheidungen gewährleistet ist. [968]

Die BEST ist als betriebliche Einrichtung für die Arbeitsvertragsparteien absehbar friedenserhaltend, kostengünstig und entlastet gleichzeitig die Arbeitsgerichte nachhaltig.

---

[966] Näheres dazu: BAG DB 1988, S. 2154; Berg in DKKS a.a.O. § 76 Rdz. 86 ff, Stege/Weinspach a.a.O. § 76 Rdz. 18 ff, 23 ff
[967] vgl. zur Rechtsweggarantie Kreutz in GK BetrVG a.a.O. II § 76 Rdz. 143, 144.
Alternativ ist auch an eine Aufhebungsklage zu denken, wie sie für die Aufhebung des Schiedsspruchs gem. § 110 ArbGG gestaltet ist.
[968] ausführlicher dazu Dütz DB 1972, S. 383, 390; ebenso Simitis 52.DJT II a.a.O. M 46

III. Teil

Abschnitt 1: Zusammenfassung

Kapitel I: Analytischer Teil

Der *Geschäftsanfall* in der Arbeitsgerichtsbarkeit hat in den letzten vierzig Jahren stark zugenommen. Während noch Anfang der 50er und 60er Jahre bis 160.000 Klagen im Urteilsverfahren eingereicht wurden, waren es 1992 über 400.000. Auch in anderen Gerichtszweigen haben sich die Rechtsstreite verfielfacht. Die Volumen sind allerdings höchst unterschiedlich. Die Amtsgerichte hatten 1990 mit 1.2 Mio viermal so viel Verfahren zu erledigen wie die Arbeitsgerichte (320.000), diese wiederum erledigten genau so viele Klagen wie die Verwaltungs-, Sozial- und Finanzgerichte zusammen. Auch die Steigerungsraten weichen voneinander ab. So hatten beispielsweise die Landgerichte einen Anstieg um mehr als das vierfache, die Sozialgerichte sogar einen Rückgang zu verzeichnen. Die Arbeitsgerichte mußten im Vergleich der Jahre 1960/1990 mit dem doppelten Volumen fertig werden. Insgesamt kann von einer wahren "Prozeßflut" gesprochen werden. Während das Justizministerium für verschiedene Gerichtsbarkeiten (Zivil-, Familien-, Verwaltungs- und Finanzgerichtssachen) das Forschungsprojekt "Strukturanalyse der Rechtspflege (SAR)" initiierte, um Fragen der Verfahrensvereinfachung und der Schnittstelle zwischen gerichtlicher und außergerichtlicher Streitbeilegung untersuchen zu lassen, haben sich in den letzten zwei Jahrzehnten auf dem Gebiet des Arbeitsrechts einschließlich der Arbeitsgerichtsbarkeit keine vergleichbaren Ansätze ergeben. Deshalb ist es nicht nur von allgemeinem Interesse, sondern aus rechtspolitischen sowie ökonomischen Gründen dringend geboten zu prüfen, worin die Ursachen für die Ausweitung der Prozeßtätigkeit begründet sind und welche möglichen Lösungskonzepte mit dem Ziel einer Reduzierung der arbeitsgerichtlichen Verfahren vorgelegt werden können.

Ausgangspunkt für Erkenntnisse über Mengengerüst, Streitgegenstände, Abwicklung der Verfahren usw. ist die *Statistik*. Sie liefert uns aufschlußreiche Daten. Die Zahl der eingereichten Klagen bei den Arbeitsgerichten betrug im Jahr 1951 rund 145.000 und stieg seither kontinuierlich an mit herausragenden Ausschlägen in 1967 (205.000), 1978 (327.000) und schließlich 1992 mit 402.000 Urteilsverfahren.

Die Tätigkeit der Landesarbeitsgerichte (1951: 1.000, 1992: 17.000 neue Berufungen) und des Bundesarbeitsgerichts (bis 1960: rund 700 Revisionen und Nichtzulassungsbeschwerden, 1992: etwa 1.200) zeigen vergleichbare Entwicklungen auf entsprechend niedrigerem Niveau.

Klageverursacher im Sinne der Parteistellung als Kläger sind zu über 90 % die Arbeitnehmer, während die Arbeitgeber als "Veranlasser" in dem Sinne anzusprechen sind, daß sie aufgrund ihrer Durchsetzungsmöglichkeiten im Betrieb die Kündigungen aussprechen und vor Gericht zu begründen haben, die Zahlungen verweigern können usw.; infolgedessen müssen die Arbeitnehmer **re**agieren, also Klage erheben.

Nach *Streitgegenständen* sind die Verfahren wegen Herausgabe von Arbeitspapieren, Zeugnisrechtsstreite, Schadensersatz und tarifliche Einstufung mit weniger als 10 % vertreten. Die Klagen wegen Arbeitsentgelt und Kündigungen machen den weitaus größten Anteil aus; bis Ende der 60er Jahre betrugen die Anteile 60 % bzw. 30 %. Inzwischen ist das Verhältnis umgekehrt: Die Klagen wegen Arbeitsentgelt betragen knapp ein Drittel; der Anteil der Bestandsstreitigkeiten stieg ständig an und macht inzwischen rund die Hälfte aller Verfahren aus.

Neben den Urteilsverfahren sind die *Beschlußverfahren* zu erwähnen, die erst ab 1972 eine gewisse Aufmerksamkeit auf sich zogen. Die Anzahl steigerte sich von wenigen hundert Verfahren auf mittlerweile über 8.000, wovon die Arbeitnehmer und Gewerkschaften zwei Drittel einreichen, die Arbeitgeber das restliche Drittel. "Sonstige Verfahren" sind mit durchschnittlich 70.000 beachtenswert, aber als Mahnverfahren keiner weiteren statistischen Differenzierung unterzogen, weshalb keine Aussagen innerhalb der Untersuchung erfolgen können. Auf Besonderheiten der Statistik (Klagen gegen die Sozialkassen und "Massenverfahren" aus Anlaß von Arbeitskämpfen) wird hingewiesen.

Die amtliche Statistik beantwortet bei weitem nicht alle Fragen, die zu stellen sind, um befriedigende gesellschafts-, sozial- oder rechtspolitische Erkenntnisse zugewinnen. Manche Lücke konnte durch empirische Untersuchungen geschlossen worden.

Die *Ursachen* des ständig gestiegenen Geschäftsanfalls sind vielschichtig. Teils treffen die Gründe für alle Rechtsgebiete zu, teils sind sie spezifisch im Arbeitsrecht oder im arbeitsgerichtlichen Verfahren und den damit in Zusammenhang stehenden Eigenheiten zu finden.

Manche Faktoren weisen darauf hin, daß der "Klagewelle" eine "Normenflut" vorausging. Die Zahl der verabschiedeten *Gesetze* und Verordnungen erreichte in der Geschichte der Bundesrepublik Deutschland im Vergleich zu früheren Zeiten ein nie erreichtes hohes Niveau. Inbesondere ergab sich im Wachstums- und Wohlfahrtsstaat auf der Grundlage des demokratischen Staatsverständnisses unseres sozialen Rechtsstaates eine Eigendynamik durch ständig notwendig werdende Änderungen, nicht zuletzt hervorgerufen durch die gesellschaftlichen und technologischen Verhältnisse. Speziell das Arbeitsrecht ist kein geschlossenes Rechtssystem, sondern in hunderte von Rechtsgrundlagen "zersplittert"; manche Lebenssachverhalte - wie etwa das Arbeitskampfrecht - geben Regeln nur aufgrund von Richterrecht. Hinzukommt eine Vielzahl von Tarifverträgen, die ebenso wie alle anderen

Rechtsquellen latent die Möglichkeit von Rechtsstreiten bieten. Je mehr Anlaß durch eine unübersichtliche Rechtsmaterie gegeben ist und je ungenauer ein Gesetz durch Lücken, Generalklauseln, schlechte Textfassungen oder bewußt dilatorische Konfliktlösung angelegt ist, desto mehr "Zündstoff" ist für streitige Auseinandersetzungen gegeben. Deutliches Beispiel hierfür ist das Betriebverfassungsgesetz von 1972, insbesondere dort § 5 Abs. III (Begriff der Leitenden Angestellten) sowie § 36 Abs. VI und VII i.V.m. § 40 (erforderliche bzw. geeignete Betriebsratsschulung und deren Kostentragung); hinzukommt die Neugestaltung des Beschluß-verfahrens nach § 2 a ArbGG. Allein diese Gesetzesänderungen erzeugten Tausende von Gerichtsverfahren.

Das arbeitsgerichtliche *Verfahren* ist in besonderer Weise dazu geeignet, die Scheu hinsichtlich einer beabsichtigten Klageerhebung wegzunehmen. Es besteht keine Kostenvorschußpflicht, die Gerichtsgebühren sind niedrig, das Verfahren ist in den meisten Fällen kostenlos zu führen; hierbei helfen u.a. die *Kostenprivilegien* für den Fall des Abschlusses durch einen Vergleich. Eine besondere Rolle spielt in diesem Zusammenhang der Kündigungsschutzprozeß. Zwei Drittel aller klagenden Arbeitnehmer, die eine Kündigungsschutzklage erheben, streben nicht die Fortsetzung des Arbeitsverhältnisses an, sondern eine vergleichsweise Auflösung gegen Zahlung einer Abfindung. Inzwischen werden über 40 % aller Urteilsverfahren durch *Vergleich* beendet.

Die Parteien haben die Möglichkeit, sich durch die Gewerkschaft oder den Arbeitgeberverband vertreten zu lassen, die "arme" Partei in bestimmten Fällen von einem Rechtsanwalt, es gelten im übrigen die Vorschriften über die Prozeßkostenhilfe. Insgesamt ist es wohl gelungen, eine früher für die Arbeitnehmer bestehende "Kostenbarriere" im Laufe der Zeit abzubauen, womit gleichzeitig die *Zugangschancen* zu den Gerichten stiegen und auch genutzt wurden.

Nicht ohne Einfluß auf den Geschäftsanfall der Arbeitsgerichte waren wahrscheinlich auch die Maßnahmen, die man ganz allgemein als "Aufklärung der Bevölkerung" und "Stärkung des Rechtsbewußtseins " bezeichnen kann, zudem gefördert durch medienwirksame Verarbeitung.

Die Klageerhebung durch die *Arbeitnehmer* selbst oder über die Rechtsantrags-stellen der Arbeitsgerichte liegt bei etwa 20 % aller eingereichten Urteilsverfahren. Weitaus größer ist der Vertretungsgrad durch Sekretäre der *Gewerkschaft*. Der Anteil der Arbeitnehmer, die sich in Kündigungssachen und allen anderen Verfahren durch Rechtssekretäre vertreten ließen, lag 1978 erkennbar unterhalb des Organisationsgrades; denn in den Wirtschaftszweigen und Großbetrieben mit hohem gewerkschaftlichen Organisationsgrad wurden im Verhältnis zur Zahl der Beschäftigten weniger Klagen gegen Kündigungen erhoben als in den Wirtschaftszweigen und Kleinbetrieben mit niedrigerem Organisationsgrad. Außerdem tragen werbewirksame Darstellungen und Medieninformationen zum Bekanntheitsgrad der ge-werkschaftlichen Dienstleistung *"Rechtsschutz"* bei. Da außerdem das Erwerbsper-sonenpotential und der gewerkschaftliche Organisationsgrad angestiegen sind, ist anzunehmen, daß der gewerkschaftliche Vertretungsgrad mit höheren Mitgliederzahlen in den letzten Jahren angestiegen ist und heute etwa dem Organisationsgrad von knapp 40 % entspricht. Jedenfalls sind die Gewerkschaften nicht überdurchschnittlich am Entstehen von Arbeitsrechtsstreiten ursächlich beteiligt.

Die *Arbeitgeber* können sich ebenfalls durch *Verbände* oder Rechtsanwälte vor Gericht vertreten lassen. Ob sich dadurch eine Mehrung der Fallzahlen ergibt, ist nicht bekannt.

Die *Rechtsanwälte* sind als Organ der Rechtspflege am Verfahren beteiligt. Die Vertretung in arbeitsgerichtlichen Fällen ist im Lauf der Zeit gestiegen; sie liegt bei 40 % bis 50 %. Da dieser Beruf auch die Lebensgrundlage bedeutet, liegt auch ein natürlicher Anreiz in der Betätigung. Mit gestiegenen Streitwertsummen (3.600,--DM in 1971, 9.500,--DM in 1992) und gelegentlichen Gebührenerhöhungen ist ein Arbeitsrechtsfall ein "interessantes Geschäft". Dies erfolgt nach der Erledigungsart in 40 % der Mandate außergerichtlich, (bei der Abwicklung von Verkehrshaftpflichtfällen mit Versicherungen sogar überwiegend, nämlich zu 70 %).

Neben der Tatsache, daß sich die Zahl der zugelassenen Anwälte von 12.000 in 1950 auf 67.000 im Jahr 1993 erhöht hat, trifft man auf eine erstaunliche Parallele: Die Zahl der *Rechtsschutzversicherungen* hat sich in den letzten 25 Jahren auf über vierzig verdoppelt, das Geschäftsvolumen, ausgedrückt in Zahl der Verträge, Beiträge und Leistungen hat sich ebenfalls verdoppelt, und zwar im 10-Jahres-Zeitraum 1980/90. Von der Gesamtzahl aller Schäden entfallen rund 6 % auf das Gebiet des Arbeitsrechts. In 60 % der Fälle findet ein Arbeitsgerichtsprozeß statt. Durch den gestiegenen Geschäftsanfall bei den Arbeitsgerichten hat sich spätestens seit 1977 der Anteil der von Rechtsschutzversicherungen abgedeckten arbeitsrechtlichen Schadenfälle an der Gesamttätigkeit der Arbeitsgerichte erhöht, nämlich auf inzwischen 25 % aller Schäden. Zumindest liegt eine Interdependenz zwischen der Entwicklung der Gerichtsverfahren einerseits und der Zunahme der Anwaltschaft in Verbindung mit der Ausweitung der Geschäftstätigkeit von Rechtsschutzversicherungen nahe. Es konnte nachgewiesen werden, daß versicherte Arbeitnehmer insgesamt häufiger, bei Leistungsansprüchen auch hartnäckiger klagen als nichtversicherte Arbeitnehmer. Da das Kostenrisiko sinkt, ist der Zugang zum Arbeitsgericht erleichtert. Damit trägt die Versicherungswirtschaft nicht unerheblich zum Anstieg der Verfahren bei.

"*Prozeßkostenhilfe*" hat für einkommensschwächere Bürger den Zugang zu den Gerichten erleichtert, aber nicht spürbar zu zusätzlichen Rechtsstreiten geführt. Es gibt allerdings auch keine Feststellung darüber, ob durch die vorgeschaltete "*Beratungshilfe*" Rechtsstreite vermieden worden sind.

Die Mannigfaltigkeit der Ursachen für den raschen Anstieg der Klagen wird erweitert durch die Tatsache eines Zusammenhangs zwischen Schwankungen der *Konjunktur* und Bestandsstreitigkeiten. Es konnte nachgewiesen werden, daß bei rezessiver Wirtschaftsentwicklung, in der es zu vielen Entlassungen kommt, die Anzahl der Arbeitsgerichtsprozesse steigt, während in Zeiten konstanter Beschäftigungslage bzw. bei Vollbeschäftigung, wenn die Zahl der Kündigungen nicht besonders hoch sei, die Zahl der Kündigungsschutzklagen, niedriger ist. Das trifft auch bei einem - im Vergleich zur Vollbeschäftigung - höheren Arbeitslosenstand zu, weil dann die Zahl der Kündigungen nicht (mehr) besonders hoch ist. Als sozioökonomische Größen wurden die Arbeitlosenzahlen im Jahresdurchschnitt, die Zugangszahlen in die Arbeitslosigkeit, dieselben aus vorheriger Erwerbstätigkeit herangezogen. Aufgrund einer empirischen Untersuchung 1978 war davon auszugehen, daß auf etwa 13 Kündigungen gegenüber Arbeitnehmern eine Klage erhoben wurde. Der starke Anstieg der Kündigungsprozesse nach diesem Zeitpunkt beruht auf drei Ursachen, nämlich einer Zunahme der sozialversicherungspflichtigen Beschäftigten, einer vermehrten Anzahl von Kündigungen seitens der Arbeitgeber und einem vermutlich intensiveren Klageverhalten der Arbeitnehmer. Der Vorrang zugunsten eines bestimmten Merkmals ist nicht nachweisbar. Die außerdem aufgestellte These einer Kausalbeziehung zwischen dem Anstieg der *sozialversiche- rungspflichtigen Beschäftigung* und der Verfahrensausweitung hinsichtlich Entgeltklagen wurde anhand bayrischer Zahlen untersucht und als statistisch signifikant und schlüssig empfunden.

Kapitel II: Handlungsorientierter Teil

Die Multikausalität von Ursachen zieht einen entsprechenden Gedankenansatz für Lösungsmöglichkeiten nach sich, um das Ziel einer Reduzierung der gerichtlichen Fallzahlen zu erreichen.

Anzusetzen ist mit einer *Deregulierung* von überflüssigen, die wirtschaftliche Tätigkeit hemmenden Verwaltungsvorschriften und Gesetzen. Für die sog. Entbürokratisierung gibt es bereits ermutigende Ansätze.

Eine *Gesetzes- und Verwaltungsvereinfachung* hat einherzugehen mit einer Verbesserung der Gesetze in dem Sinne, daß Vorschriften weniger Angriffsflächen für Streitpunkte bieten. Das heißt, den Weg einer "mittleren Abstraktionsebene" zu finden, also nicht jeden denkbaren Einzelfall regelt, aber auch nicht mit zu vielen unbestimmten Rechtsbegriffen zu arbeiten.

Außerdem ist eine gesetzestechnisch und sprachlich einwandfreie Textfassung unerläßlich.

Was das Gebiet des Arbeitsrechts angeht, wäre **ein** *Arbeitsgesetzbuch* wünschenswert, um das unübersichtlich gewordene Rechtsgebiet zusammenzufassen. Wenn ein solches "Jahrhundertwerk" nicht in absehbarer Zeit zu leisten ist, sollte der Gesetzgeber sich der Erstellung eines Arbeitsvertragsgesetzbuches zuwenden. In diesem Kontext muß an die Selbstverpflichtung der Bundesregierung aus Art. 30 des Einigungsvertrages vom 31.8.1990 erinnert werden. Gegebenenfalls sind auch zunächst Teilgebiete neu zu ordnen (z.B. Arbeitsschutzgesetz; kürzlich verabschiedet wurden das Kündigungsfristengesetz und das

Arbeitszeitrechtsgesetz). Schließlich ist daran zu denken, das ausschließlich durch "Richterrecht" geregelte Arbeitskampfrecht in Gesetzesform zu kleiden. Insgesamt könnte eine Kodifizierung des Arbeitsrechts in *einem* Gesetz dazu beitragen, gerichtliche Auseinandersetzungen zu vermeiden.

Zur dringend gebotenen Entlastung der Arbeitsgerichte sind eine Reihe von verfahrensvereinfachenden und -beschleunigenden Maßnahmen vorzuschlagen. Noch wichtiger für den effektiveren Einsatz des richterlichen (einschließlich der ehrenamtlichen Richter) und nichtrichterlichen Personals sind Ideen zur Verringerung der Verfahrenseingänge. Es geht im Rahmen einer *ArbGG-Novelle* darum, dem Vorsitzenden Richter bei *Bagatellfällen* im Gütetermin die Alleinentscheidungsbefugnis - auch ohne Rücksicht auf das Einverständnis der Parteien - einzuräumen, und zwar bis zu einer Streitwertgrenze von 1.200,--DM. Es sollte eine *allgemeine Klagefrist* für die wichtigsten Beendigungstatbestände des Arbeitsverhältnisses - das sind neben der Kündigung, die Tatbestände der Befristung, Bedingung und Anfechtung - geschaffen werden.

Es bleibt bei der grundsätzlichen *Kostenprivilegierung* des arbeitsgerichtlichen Verfahrens. Eine der allgemeinen Kostensteigerung angepaßte Anhebung der Obergrenze für Gerichtsgebühren wird allerdings empfohlen. Die Parteien sollten zur Vermeidung unnötigen Prozessierens wenigstens die baren Auslagen des Gerichts tragen; insoweit müßte auch die Befreiung von der Kostenvorschußpflicht des Klägers aufgehoben werden.

Für das *Berufungsverfahren* wird vorgeschlagen, den *Wert des Beschwerdegegenstandes* auf mindestens 1.500,--DM zu erhöhen; besser wäre allerdings eine Art "scala mobile", um auf häufige Änderungen verzichten zu können. Außerdem könnte die *Zurückweisung unbegründeter Berufungen* durch Beschluß eingeführt werden, soweit das Gericht die Berufung für unbegründet und eine mündliche Verhandlung nicht für erforderlich hält.

Im Einflußbereich der Parteien können auch Veränderungen zur Zielerreichung herbeigeführt werden, um auf diese Weise mit vielen kleinen Schritten zur Entlastung beitragen.

In geringem Umfang müßte den *Arbeitnehmern* ein Verzicht auf Rechtsschutz durch die sie vertretende Gewerkschaft zugemutet werden, indem die Satzungen einen Ablehnungsgrund festschreiben, wenn die Erfolgsaussicht des beabsichtigten Verfahrens nicht gegeben ist. Gleiches gilt auch für die *Arbeitgeber*.

Für "Massenverfahren", die gelegentlich durch besonders sozialpolitisch umstrittene Sach- oder Rechsfragen ausgelöst werden, müßten die "Parteien hinter den Parteien" (d.h. die Gewerkschaften und Verbände) zur Musterprozeßvereinbarung bereit sein. Unabhängig davon wird der Gesetzgeber aufgefordert, durch einen neuen § 148 a ZPO eine ähnliche Bestimmung zur *Verfahrensaussetzung* zu schaffen, wie dies in § 93 a VwGO geschehen ist.

Die *Arbeitgeber* können dazu beitragen, sich vor Klagen zu schützen, wenn sie die von ihnen ausgesprochenen Kündigungen mit einer (tunlichst realitätsnahen) Begründung versehen.

Entgeltrechtsstreite könnten häufig durch bessere Aufklärung vermieden werden. Klagen um Arbeitspapiere und Zeugnisrechtsstreite sind überflüssig und fallen häufig nur deshalb an, weil es nicht abwegig scheint zu behaupten, daß in Kleinbetrieben arbeitsrechtliche Vorgänge planloser und weniger rechtlich abgesichert vollzogen werden als in großen Unternehmen mit Spezialisten.

Gerade in Klein- und Mittelbetrieben, die häufig auch keine Betriebsräte als innerbetriebliche Helfer für Problemlösungen haben, sind deshalb präventive Beratungsaktivitäten intensiver einzusetzen als bisher. Es erscheint dringend geboten, das Dienstleistungsangebot "Information" seitens der *Verbände* zu verbessern.

Beispiele friedensstiftender *Sozialpartner-Vereinbarung* zeigen, daß ohne Vernachlässigung der Interessen ihrer Klientel eine tarifvertragliche und auch außertarifliche Situation geschaffen werden kann, die generell zur Klimaverbesserung beiträgt. Im Einzelfall kann dieser Hintergrund für Arbeitnehmer und Arbeitgeber Vorbild sein, eher außergerichtliche Streitentscheidungen zu suchen, als unbedingt den Prozeßweg einzuschlagen.

Wenn der außergerichtliche Beratungsmarkt der *Rechtsanwälte* intensiviert würde, könnte ein erhebliches Einsparungspotential gewonnen werden. Der Bundesgesetzgeber verspricht sich von dem in 1994 in Kraft getretenen Kostenrechtsänderungsgesetz einen Erfolg durch Anhebung der vorgerichtlichen Vergleichsgebühr. Es erscheint in der Tat nicht ausgeschlossen, die Hemmschwelle für den rechtsuchenden Bürger herab- und die Bereitschaft der Rechtsanwälte heraufzusetzen, indem die außergerichtliche Beratung und Einigung gefördert wird. Vorsicht ist jedoch hinsichtlich des Erfolgspotentials angebracht, nachdem die betroffene Anwaltschaft selbst Skepsis verbreitet hat.

Ein neues, in den USA bewährtes Modell zur Prozeßvermeidung wird *"anwaltliche Schlichtung"* (mediation) genannt. Erste Erprobungsphasen in Deutschland laufen im Bereich des Familien-, Kinder- und Jugendhilferechts. Für das Arbeitsrecht wäre diese Alternative überhaupt nur dann erwägenswert, wenn die durch die Schlichtung entstehenden Kosten nicht den Parteien auferlegt, sondern "von Amts wegen" getragen würden. Eine grobe Vergleichsrechnung zeigt, daß sich dies volkswirtschaftlich nicht rechnet.

Der Beitrag der Anwaltschaft zur Verringerung der gerichtlichen Fallzahlen könnte durch flankierende Maßnahmen der *Rechtsschutzversicherungen* gestützt werden. Dazu könnte einmal eine Selbstbeteiligung des Versicherungsnehmers beitragen, weil sie den Zugang zum Recht erschwert, weiterhin verspricht die Übernahme von außergerichtlichen Beratungskosten den erwarteten Erfolg einer geringeren Inanspruchnahme der Gerichte

Eine Prognose zur Errechnung des Einsparungspotentials der bisher vorgeschla- genen Maßnahmen ist aufgrund des unzureichenden vorhandenen Zahlenmaterials (status quo) und ohne ausreichende Anhaltspunkte für eine Einschätzung der möglichen Einwirkungsfelder in der Zukunft (u.a. Verhalten der Beteiligten, andere Konfliktlösungsformen, Entwicklung des

Justizangebots durch Gesetze, Verfahrensdauer etc.) im Rahmen dieser Untersuchung nicht zu stellen. Durchschlagenden Erfolg kann nur eine Reform des jetzigen Systems erbringen, wenn *vor- und außergerichtliche Maßnahmen* den Rechtsberatungsmarkt verändern. Dabei sind alle vorhandenen Schieds- und Schlichtungsstellen zwar Vorbild, aber nicht beispielgebend im Sinne eine Übernahme bzw. Ausbau der jeweils vorhandenen Institution. Dies könnte nur mit erheblichem personellen, organisatorischen und finanziellen Aufwand geschehen. Darüberhinaus wäre nach der jetzigen Struktur keine Abschaffung des Gerichtszweiges verbunden, sondern es würde nur eine zusätzliche Filterstation geschaffen.

Einen wirklichen Durchbruch verspricht nur eine radikale Systemveränderung durch Schaffung einer **betrieblichen Einigungsstelle (BEST)**, die das Güteverfahren des Arbeitsgerichts ersetzt. Kernpunkt des Verfahrens ist es, das Wissen der Betriebspartner in optimaler Weise zu nutzen, indem der Einigungswille durch Parität und ohne externe Einflüsse (unparteiischer Vorsitzender) gefördert wird. Der in der Regel fehlende juristische Sachverstand wird dadurch ausgeglichen, daß betrieblicher Sachverstand ohne Zeitverlust und ohne zusätzliche Kosten (Honorare etc.) mit dem "Zwang zur Einigung" zur Verfügung steht. Bisher sind mit innerbetrieblichen "Filterstationen" (Vorgesetzter, Personalabteilung, Betriebsrat) gute Erfahrungen für eine den Betriebsfrieden erhaltende Situation gemacht worden. Gerade in Kleinbetrieben mit manchmal unjuristischer, emotionaler, sachfremder Handlungsweise kann ein Lösungsangebot der innerbetrieblichen Information und Kommunikation vom Weg der Konfrontation durch Einschaltung des Arbeitsgerichts wegführen hin zum Ausgleich im Betrieb. Wenn die Parteien allerdings bereits so verfeindet sein sollten, daß ihnen ein Sühneversuch zwecklos erscheint, kann auf die BEST verzichtet werden; ebenso dann, wenn in einem Unternehmen "Massensachen" anstehen, die besser über Musterverfahren zu lösen sind. Die BEST setzt sich zusammen aus der gleichen Anzahl von Beisitzern des Arbeitgebers und des Betriebsrats, z. B. je 2 als Regelfall. Arbeitgebervertreter werden von diesem, Arbeitnehmervertreter vom Betriebsrat benannt. In betriebsratslosen Betrieben oder Betrieben mit weniger als 20 Arbeitnehmern bleibt es insgesamt bei dem bisherigen arbeitsgerichtlichen Güteverfahren. Die Einhaltung rechtsstaatlicher Grundsätze ist unerläßlich. So erhalten die Parteien rechtliches Gehör, sie können sich vor der BEST vertreten lassen, Fristen usw. müssen klar geregelt sein. Das Verfahren soll durch (vollstreckbaren) Vergleich beendet werden können. Bei Nichteinigung steht der Rechtsweg offen. Bei einer Mehrheitsentscheidung zugunsten des Arbeitnehmers muß der Arbeit-geber Klage erheben, bei Mehrheitsentscheidung zugunsten des Arbeitgebers muß der Arbeitnehmer Klage erheben (für die beiden Mehrheitsentscheidungen gilt eine Vermutung der Richtigkeit der Entscheidung der BEST). Bei einstimmiger Entscheidung zugunsten des Arbeitnehmers muß der Arbeitgeber den geltend gemachten Anspruch erfüllen bzw. den Mitarbeiter wieder einstellen; bei einstimmiger Entscheidung zugunsten des Arbeitgebers wird der Arbeitnehmer abgewiesen, muß leisten bzw. den Arbeitsplatz verlassen. Gegen die einstimmige Entscheidung gibt es den Rechtsweg nur bei Ermessensmißbrauch der BEST analog § 76 Abs. V BetrVG (Billigkeitskontrolle) oder § 76 Abs. VII BetrVG (Rechtsverletzung).

Einer Einsparung der Justiz durch bis zu 400.000 nicht stattfindende Güterver-handlungen (pro Fall und Richter rund 29 Minuten) stünde ein zeitlich geringerer Aufwand bei den Betrieben gegenüber, die auch bei geltender Rechtslage den Zeitaufwand einer Verfahrensabwicklung hinzunehmen haben. Unter gesamt-wirtschaftlichen Aspekten ist somit die BEST-Lösung zu favorisieren, unter betriebswirtschaftlichen Gesichtspunkten zu tolerieren.

Die BEST ist als betriebliche Einrichtung für die Arbeitsvertragsparteien friedenserhaltend, kostengünstig und entlastet gleichzeitig die Arbeitsgerichte nachhaltig.

Abschnitt 2: Abkürzungsverzeichnis

a.a.O.	am angegeben Ort
Abs.	Absatz
Abt.	Abteilung
a.D.	außer Diensten
ADAC	Allgemeiner Deutscher Automobil Club
AdG	Arbeitsrecht der Gegenwart
AFG	Arbeitsförderungsgesetz
AG	Aktiengesellschaft
AGV	Arbeitgeberverband
AIB	Arbeitsrecht im Betrieb, Zeitschrift für Betriebsratsmitglieder
Anm.	Auflage
AnwBl	Anwaltsblatt
AöR	Archiv des öffentlichen Rechts
AP	Arbeitsrechtliche Praxis
AR	Arbeitsrecht
ARB	Allgemeine Bedingungen für die Rechtsschutzversicherungen
ArbGG	Arbeitsgerichtsgesetz
Art	Artikel
AuA	Arbeit und Arbeitsrecht
AuR	Arbeit und Recht
AVAVG	Gesetz über Arbeitsvermittlung und Arbeitslosenversicherung
AWbG	Arbeitnehmerweiterbildungsgesetz Nordrhein-Westfalen
AZO	Arbeitszeitordnung
BAG	Bundesarbeitsgericht
BAGGS	Bundesarbeitsgericht Großer Senat
BArbBl	Bundesarbeitsblatt
BAVC	Bundesarbeitgeberverband Chemie
BB	Betriebsberater
BBiG	Berufsbildungsgesetz
Bd.	Band
Beil.	Beilage
BetrAVG	Gesetz zur Betrieblichen Altersversorgung
BetrVG	Betriebsverfassungsgesetz
BGB	Bürgerliches Gesetzbuch
BGBl.	Bundesgesetzblatt

BGH	Bundesgerichtshof
BGHZ	Bundesgerichtshof Zivilsachen
BlStSozArbR	Blätter für Steuerrecht, Sozialversicherung und Arbeitsrecht
BMA	Bundesministerium für Arbeit
BMJ	Bundesministerium für Justiz
BMTG	Bundesmanteltarif für die Gemeinden
BR-Drucks.	Bundesrats-Drucksache
BRAGO	Bundesrechtsanwaltsgebührenordnung
BRAK	Bundesrechtsanwaltskammer
BRAK Mitt.	Mitteilungen der Bundesrechtsanwaltskammer
BRAO	Bundesrechtsanwaltsordnung
BT-Drucks.	Bundestags-Drucksache
BVerfG	Bundesverfassungsgericht
BVerfGE	Entscheidungen des Bundesverfassungsgerichts
BVG	Bundesverwaltungsgericht
BVG 1952	Betriebsverfassungsgesetz 1952
BWL	Betriebswirtschaftslehre
bzw.	beziehungsweise
ca.	circa
CPK	Chemie, Papier, Keramik
DAG	Deutsche Angestellten Gewerkschaft
DAV	Deutscher Anwaltsverein
DB	Der Betrieb
DDR	Deutsche Demokratische Republik
ders.	derselbe
DGB	Deutscher Gewerkschaftsbund
d.h.	das heißt
dies.	dieselben
Dir.	Direktor
DJT	Deutscher Juristen Tag
DKKS	Däubler/Kittner/Klebe/Schneider
DM	Deutsche Mark
DÖV	Die öffentliche Verwaltung
DPG	Deutsche Postgewerkschaft
D/R	Dietz/Richardi
DRiZ	Deutsche Richter Zeitung
dtv	Deutscher Taschenbuchverlag

DuR	Demokratie und Recht
EDV	Elektronische Datenverarbeitung
Einl.	Einleitung
EU	Europäische Union
EuGH	Europäischer Gerichtshof
EUWG	Entwurf Gesetz gegen den unlauteren Wettbewerb
e.V.	eingetragener Verein
EzA	Entscheidungssammlung zum Arbeitsrecht, Hrsg. Stahlhacke
f	folgende Seite
FAZ	Frankfurter Allgemeine Zeitung
FB	Forschungsbericht
ff	fortfolgende Seiten
FN	Fußnote
GBl	Gesetzblatt
GdM	Gesamtverband der metallindustriellen Arbeitgeberverbände e.V.
GEW	Gewerkschaft Erziehung und Wissenschaft
GG	Grundgesetz
ggf.	gegebenenfalls
GK	Gemeinschaftskommentar
G/L	Galperin/Löwisch
GMH	Gewerkschaftliche Monatshefte
GMTV	Gemeinsamer Manteltarifvertrag für Arbeiter und Angestellte
GRTV	Gehaltsrahmentarifvertrag für Angestellte
GVBl	Gesetz- und Verordnungsblatt
HA	Hessische Allgemeine (Kassel); später HNA
HAG	Heimarbeitsgesetz
HandwO	Handwerksordnung
HB	Handelsblatt
HBUG	Hessisches Bildungsurlaubsgesetz
HBV	Handel Banken Versicherungen
h.M.	herrschende Meinung
HNA	Hessisch Niedersächsische Allgemeine (Kassel); früher HA
Hrsg.	Herausgeber
HUK-Verband	Verband der Haftpflichtversicherer, Unfallversicherer, Autoversicherer und Rechtsschutzversicherer e.V.

ibv	Informationen für die Beratungs- und Vermittlungsdienste der Bundesanstalt für Arbeit
i.d.F.	in der Fassung
i.d.R.	in der Regel
IfaA	Institut für angewandte Arbeitswissenschaften
IG	Industriegewerkschaft
IG BSE	Industriegewerkschaft Bau, Steine, Erden
IG CPK	Indstriegewerkschaft Chemie, Papier, Keramik
IG Metall	Industriegewerkschaft Metall
IHK	Industrie- und Handelskammer
iw	Institut der deutschen Wirtschaft
iwd	Informationsdienst des iw
Jg.	Jahrgang
JZ	Juristenzeitung
KFZK	Kittner/Fuchs/Zachert/Köstler
KJ	Kritische Justiz
KritV	Kritische Vierteljahresschrift
KSchG	Kündigungsschutzgesetz
LAG	Landesarbeitsgericht
LK	Lohnausgleichskasse
LFZG	Lohnfortzahlungsgesetz
LRTV	Lohnrahmentarifvertrag
MindarbG	Mindestarbeitsbedingungengesetz
Mio	Millionen
MitbestG 1976	Mitbestimmungsgesetz 1976
MTV	Mantaltarifvertrag
MüKo	Münchener Kommentar zur ZPO
Nds.Rpfl.	Niedersächsischer Rechtspfleger
NGG	Nahrung, Genuß, Gaststätten
NJ	Neue Justiz
NJW	Neue Juristische Wochenschrift
Nr.	Nummer
NRW	Nordrhein Westfalen
NZA	Neue Zeitschrift für Arbeits- und Sozialrecht
OLG	Oberlandesgericht
ÖTV	Öffentliche Dienste Transport und Verkehr
o.V.	ohne Verfasser

PDA	Pressedienst der Bundesvereinigung der Deutschen Arbeitgeberverbände
Pressemitt.	Pressemitteilung
RA	Rechtsanwalt
RAK	Rechtsanwaltskammer
RdA	Recht der Arbeit
Rdz.	Randziffer
RdJB	Recht der Jugend und des Bildungswesens
s.	siehe
S.	Seite
SAR	Strukturanalyse der Rechtspflege
SchwbG	Schwerbehindertengesetz
SGB	Sozialgesetzbuch
s.o.	siehe oben
sog.	sogenannt
SozGG	Sozialgerichtsgesetz
SPD	Sozialdemokratische Partei Deutschlands
Speyerer FB Nr. 88	Speyerer Forschungsberichte Nr. 88
SprecherausschußG	Sprecherausschußgesetz
StGB	Strafgesetzbuch
StPO	Strafprozeßordnung
s.u.	siehe unten
Tab.	Tabelle
TVG	Tarifvertragsgesetz
u.a.	und andere
u.a.m.	und andere(s) mehr
usw.	und so weiter
UWG	Gesetz gegen den unlauteren Wettbewerb
vgl.	vergleiche
VHU	Vereinigung Hessischer Unternehmerverbände
VMI	Verband der Metallindustrie Baden-Württemberg e.V.
WRP	Wettbewerb in Recht und Praxis
WSI	Wirtschafts- und Sozialwissenschaftliches Institut des DGB
WSI-Mitt.	Mitteilungen des WSI
z.B.	zum Beispiel
ZDF	Zweites Deutsches Fernsehen

ZFA	Zeitschrift für Arbeitsrecht
ZfgVersW	Zeitschrift für die gesamte Versicherungswirtschaft
ZfRSoz	Zeitschrift für Rechtssoziologie
Ziff.	Ziffer
zit.	zitiert
ZPO	Zivilprozeßordnung
ZRP	Zeitschrift für Rechtspolitik
ZVK	Zusatzversorgungskasse
z.Zt.	zur Zeit

Abschnitt 3: Literaturverzeichnis

Adams, Michael - Blankenburg, Erhard, Der Einfluß der Rechtsschutzversicherungen auf den Geschäftsanfall der Gerichte - Ein Streitgespräch- , DRiZ 1983, S. 353 ff

Adamy, Wilhelm - Steffen, Johannes, Handbuch der Arbeitsbeziehungen, 1985 (zit.: a.a.O.)

Ahrens, Hans-Jürgen, Deregulierung für rechtsberatende Berufe, AnwBl 1992, S. 247 ff

Albeck, Herman - Barbier, Hans - Dietmar - Fels, Gerhard - Loritz, Karl - Georg - Rüthers, Bernd - Watrin, Christian, Ein neuer Ansatz für die Tarifpolitik, Frankfurt, 1993 (zit.: Diskussionspapier a.a.O.)

Anders, Herbert, Das neue Betriebsverfassungsgesetz aus der Sicht der DAG, BArbBl 1972, S. 299 ff

Andersson, Mats - Eriksson, Laila - Hellström, Tommy - Röttorp, Anders - Sundén, Bo, Gute Lohnbildung - das beste Geschäft für das Unternehmen und seine Mitarbeiter, Hrsg.: Zentralverband Schwedischer Arbeitgeber, 1994 , (zit.: a.a.O.)

arbeitgeber 1971, 1972, 1978, 1981 Jahresbericht der Bundesvereinigung der Deutschen Arbeitgeberverbände (zit.: arbeitgeber, Jahrgang, a.a.O.)

Arbeitsrechtsblattei, Handbuch für die Praxis (zit.: a.a.O.)

Arendt, Walter, Die Reform der Betriebsverfassung, BArbBl. 1972, S.273 ff

Argumente zu Unternehmerfragen, Herausgegeben vom Institut der deutschen Wirtschaft, Deutscher Instituts-Verlag, Köln, fortlaufende Veröffentlichungen nach Nr. und Jahrgang, (zit.: Argumente a.a.O.)

Asbrock, Bernd, Entlastung der Justiz zu Lasten des Rechtsstaats? ZRP 1993, S. 11 ff

Aufruf zur Mitarbeit: Überprüfung von administrativen Pflichten für Unternehmen, Herausgeber: Bundesminister des Innern, Bonn, Dezember 1993, (zit.: a.a.O.)

Bader, Peter - Friedrich, Hans - Wolf - Leinemann, Wolfgang - Stahlhacke, Eugen - Wenzel, Leonhard, Gemeinschaftskommentar zum Arbeitsgerichts-gesetz, Stand: Januar 1993 (zit.: GK-ArbGG a.a.O.)

Barwasser, Franz, Zur sog. Beschleunigungsnovelle zum ArbGG, AuR 1984, S. 171 ff

Bauer, Jobst-Hubertus, Einigungsstellen - Ein ständiges Ärgernis! NZA 1992, S. 433 ff

Bauer, Jobst-Hubertus - Diller, Martin, § 128 AFG zum Dritten!, BB 1992, S. 2283 ff

Barthold, Hans-Martin, Diplom-Wirtschaftsjurist (FH)/Diplom-Wirtschaftsjuristin (FH), Studiengang an der Fachhochschule Nordostniedersachsen in Lüneburg, Informationen für die Beratungs- und Vermittlungsdienste der Bundesanstalt für Arbeit, Herausgeber: Bundesanstalt für Arbeit, Nürnberg (zit.: a.a.O.)

Becker, Friedrich - Etzel, Gerhard - Friedrich, Hans-Wolf - Gröninger, Karl - Hillebrecht, Wilfried - Rost, Friedhelm - Weigand, Horst - Weller, Bernhard - Wolf, Manfred - Wolff, Ingeborg, Gemeinschaftskommentar zum Kündigungsschutzgesetz, 3. Auflage, 1989 (zit.: KR a.a.O.)

Benda, Ernst - Maihofer, Werner - Vogel, Hans-Jochen, Handbuch des Verfassungsrechts, 2. Auflage, 1994, (zit. a.a.O.)

Berger, Hanns-Michael - Strempel, Dieter, Skizzierung von Forschungsfeldern zu dem Phänomen "Verrechtlichung", S. 107 ff, in : Strempel, Dieter (Hrsg.), Mehr Recht durch weniger Gesetze? Beitrag eines Forums des BMJ zur Problematik der Verrechtlichung, Köln, Bundesanzeiger, 1987, (zit.: a.a.O.)

Bergler, R., Führung und Autorität, Sparkasse (Zeitschrift des Deutschen Sparkassen- und Giroverbandes), 9/1990, S. 413 ff

Betriebsverfassungsgesetz, Hinweise für die Praxis, Herausgeber: Vereinigung der hessischen Unternehmerverbände e.V., Frankfurt(Main), 5. Aufl. 1983, (zit.: BVG/VHU a.a.O.)

Berscheid, Ernst-Dieter, Arbeitsgerichtsnovelle und Rechtspflege-Vereinfachungsgesetz, ZfA 1989, S. 47 ff

Beyer, Horst-Tilo, Personallexikon, 2. Auflage, 1991 (zit. a.a.O.)

Bichler, Hubert, Aus der Rechtsprechung des Bundesarbeitsgerichts zum Betriebsverfassungsgesetz 1972, RdA 1976, S. 211 ff

Bichler, Hubert, Erfahrungen mit der Novellierung des ArbGG, AuR 1984, S.176 ff

Birk, Rolf - Konzen, Horst - Löwisch, Manfred - Seiter, Hugo, Gesetz zur Regelung kollektiver Arbeitskonflikte. Entwurf und Begründung, Tübingen, 1988 (zit.: a.a.O.)

Blank, Thomas, Flexibilisierung und Deregulierung: Modernisierung ohne Alternative?, Festschrift für Albert Gnade: Arbeit und Recht, Hrsg.: Wolfgang Däubler, Manfred Bobke, Karl Kehrmann, S. 25 ff (zit.: a.a.O.)

Blankenburg, Erhard - Schönholz, Siegfried - Rogowski, Ralf, Zur Soziologie des Arbeitsgerichtsverfahrens, 1979 (zit.: a.a.O.)

Blankenburg, Erhard (unter Mitarbeit von Morasch, Hellmuth), Zur neueren Entwicklung der Justiz, DRiZ 1979, S 197 ff

Blankenburg, Erhard, Mobilisierung von Recht, ZfRSoz 1980, S. 33 ff

Blankenburg, Erhard, Thesen zur Umverteilung von Rechtschancen, in: Mobilisierung von Recht, Studien zum soziologischen Rechtsvergleich (1980-86), S. 154 ff (zit.: Thesen a.a.O.)

Blankenburg, Erhard - Fiedler, Jann, Die Rechtsschutzversicherungen und der steigende Geschäftsanfall der Gerichte, Reform der Justizreform, Bd.8, 1981, (zit.: a.a.O.)

Blankenburg, Erhard - Reifner, Udo (unter Mitarbeit von Gorges, Irmela - Tiemann, Fritz) Rechtsberatung, Soziale Definition von Rechtsproblemen durch Rechtsberatungsangebote, 1982 (zit.: a.a.O.)

Blankenburg, Erhard, Evaluation des ersten Jahres Beratungshilfe, ZRP 1983 S. 39 ff

Blankenburg, Erhard, Rechtsohnmacht und instrumenteller Gebrauch von Recht, RdJB 1984, S.281 ff

Blankenburg, Erhard, Rechtsmittel im Zivilprozeß aus soziologischer Sicht, in: Rechtsmittel im Zivilprozeß, Köln, Bundesanzeiger 1985, S. 25 ff, (zit.: a.a.O.)

Blankenburg, Erhard, Indikatorenvergleich der Rechtskulturen in der Bundesrepublik Deutschland und den Niederlanden, ZfRSoz 1985, S. 255 ff

Blankenburg, Erhard, Subventionen für die Rechtsberatung im Rechtsvergleich, ZRP 1986, S. 108 ff

Blankenburg, Erhard, Mehr Justiz, aber weniger Gerechtigkeit? ZRP 1986, S. 262 ff

Blankenburg, Erhard, Strategien für den Anwaltsstand im Rechtsvergleich, AnwBl 1987, S. 204 ff

Blankenburg, Erhard, Der Markt für Rechtsberatung - Wechselwirkung von Angebot und Nachfrage, ZfgVersW 1987, S. 25 ff

Blankenburg, Erhard -Verwoerd, Jan, Rechtsmittelstaat - eine deutsche Spezialität? DRiZ 1986, S. 207 ff

Blankenburg, Erhard - Verwoerd, Jan, Weniger Prozesse durch mehr Rechtsberatung, DRiZ 1987, S.169 ff

Blankenburg, Erhard - Rogowski, Ralf, Die Arbeitsgerichtsbarkeit , in: Blankenburg, Erhard/Voigt, Rüdiger (Hrsg.), Implementierung von Gerichtsentscheidungen, Jahrbuch für Rechtssoziologie und Rechtstheorie, Bd. IX 1987, (zit.: a.a.O.)

Blankenburg, Erhard, Prozeßflut? Indikatorenvergleich von Rechtskulturen auf dem Europäischen Kontinent, Herausgegeben vom Bundesministerium der Justiz, Bundesanzeiger, 1988; Blankenburg, E., Prozeßflut und Prozeßebbe, S. 9 ff, (zit.: Blankenburg, Prozeßflut a.a.O.)

Blankenburg, Erhard - Simsa, Christiane - Stock, Johannes - Wolff, Heimfried, Mögliche Entwicklungen im Zusammenspiel von außer- und innergerichtlichen Konflikt regelungen, Speyerer Forschungsberichte Nr. 88, Band 2 (Anhang), Speyer 1990. (zit.: Speyerer Forschungsberichte Nr. 88, Band 2 a.a.O.)

Blankenburg, Erhard, Einstweiliger Rechtsschutz als Konfliktlösung: Kleine Aufweichungen der Zivilprozeß-Dogmatik mit möglichst großen Folgen, ZfRSoz 1991, S. 274 ff

Blankenburg, Erhard, Droht die Überforderung der Rechtspflege? ZRP 1092,S. 96 ff

Blankenburg, Erhard, Vorzeitiges Ende der Schiedsstellen für Arbeitsrecht, NJ 1993, S. 113 ff

Blomeyer, Wolfgang - Otto, Klaus, Gesetz zur Verbesserung der betrieblichen Altersversorgung, Kommentar, 1984 (zit.: a.a.O.)

Bobke, Manfred, Arbeitsrecht für Arbeitnehmer, 5. Auflage, 1993 (zit. a.a.O.)

Bobke-von Camen, Manfred H., Novellierung des Betriebsverfassungsrechts, WSI-Mitteilungen 1/1989, S. 16 ff

Borgwardt, Jürgen, Warum fordern die Leitenden Angestellten gesetzlich verankerte Sprecherausschüsse und eine Präzisierung der Abgrenzung? in Lompe, Klaus (Hrsg.): Reform der Mitbestimmung, Mehr Mitbestimmung oder Spaltung der Arbeitnehmerschaft? Das Beispiel der institutionellen Vertretung der leitenden Angestellten durch Gesetz, 1988, S. 85 ff

Borgwardt, Jürgen, Leitende Angestellte und Sprecherausschüsse, Dokumentation - Analyse - Forderungen, 1987 (zit.: Dokumentation a.a.O.)

BRAK Mitteilungen, Herausgeber: Bundesrechtsanwaltskammer, (zit.: Jahrgang, Seite)

Brox, Hans - Rüthers, Bernd, Arbeitskampfrecht, 2. Aufl. 1982, (zit.: a.a.O.)

Buchner, Herbert, Das Gesetz zur Änderung des Betriebsverfassungsgesetzes, über Sprecherausschüsse der leitenden Angestellten und zur Sicherung der Montan-Mitbestimmung, NZA Beilage Nr. 1/89

Bülow, Erich, Gesetzesflut - Gesetzesperfektionismus, 53. Deutscher Juristentag, Berlin 1980, Schlußveranstaltung, Sitzungsbericht Q 18-27, (zit.: a.a.O.)

Bundesarbeitgeberverband Chemie e.V., Wiesbaden, September 1990, Außertarifliche Sozialpartner-Vereinbarungen, (zit.: a.a.O.)

Bundesgesetzblatt, Teil I, herausgegeben vom Bundesministerium der Justiz

Bundesvereinigung der Deutschen Arbeitgeberverbände, Chancengleichheit im Arbeitskampf, Köln 1978, (zit.: a.a.O.)

Clasen, Lothar, Tarifverträge 1991 - Schrittweise Angleichung, BArbBl 1992, H. 4 S. 5 ff

Correll, Werner, Menschen durchschauen und richtig behandeln, 9. Auflage, 1988 (zit.: a.a.O.)

Correll, Werner, Motivation und Überzeugen in Führung und Verkauf, 5. Auflage, 1990 (zit.: Motivation a.a.O.)

Däubler, Wolfgang, Das Arbeitsrecht 2, 7. Aufl., 1990 (zit.: a.a.O.)

Däubler, Wolfgang, Das Grundrecht auf Mitbestimmung, 4. Auflage, 1976 (zit. Grund recht a.a.O.)

Däubler, Wolfgang, Tarifvertragsrecht, 3. Auflage, 1993 (zit. Tarifvertragsrecht a.a.O.)

Däubler, Wolfgang, Rechtsquellen im Arbeitsrecht, AIB, Heft 11, 1993, S. 695 ff

Däubler, Wolfgang, Das deutsche Arbeitsrecht - ein Standortnachteil?, DB 1993, S. 781 ff

Däubler, Wolfgang - Kittner, Michael - Klebe, Thomas - Schneider, Wolfgang (Hrsg.), Betriebsverfassungsgesetz mit Wahlordnung. 4. Aufl. 1994 (zit.: DKKS a.a.O.)

DAG BV-Info vom 23.1993, Rechtsabteilung, Hamburg

das ötv-magazin, herausgegeben vom Hauptvorstand der Gewerkschaft Öffentliche Dienste, Transport und Verkehr, Stuttgart

Deregulierungskommission, Unabhängige Expertenkommission zum Abbau marktwidriger Regulierungen, Marktöffnung und Wettbewerb, 1991 (zit.: a.a.O.)

Der Gewerkschafter, Monatsschrift für die Funktionäre der IG Metall, Herausgegeben von der Industriegewerkschaft Metall für die Bundesrepublik Deutschland, Frankfurt am Main, (zit.: Jahrgang, Seite)

Dersch, Hermann - Volkmar, Arbeitsgerichtsgesetz, 6. Auflage, 1955 (zit.: a.a.O.)

DER SPIEGEL, Nr. 38/47. Jahrgang vom 20 9.1993, Am Rande des Infarkts, S. 72 ff

Der Warnstreik, Schriftenreihe der IG Metall Nr. 121, Herausgeber: INDUSTRIE-GEWERKSCHAFT METALL für die Bundesrepublik Deutschland (vom 3.4.1989) (zit.: a.a.O.)

52. Deutscher Juristentag, Wiesbaden 1978, Sitzungsbericht M, (zit.: a.a.O.)

53. Deutscher Juristentag, Berlin 1980, Sitzungsbericht Q, Gesetzesflut, Gesetzesperfektionismus, (zit.: a.a.O.)

59. Deutscher Juristentag, Hannover 1992, Sitzungsbericht P: Welche wesentlichen Inhalte sollte ein nach Art. 30 des Einigungsvertrages zu schaffendes Arbeitsvertragsgesetz haben? (zit.: a.a.O.)

Deutscher Richterbund, Stellungnahme zum Entwurf eines Arbeitsvertragsgesetzes (ArbVG 92) des Arbeitskreises Deutsche Rechtseinheit im Arbeitsrecht, zugleich ein Beitrag zu den Referaten der Abteilung Arbeitsrecht des 59. Deutschen Juristentages vom 16./17.09.1992 in Hannover

DGB-INFO, herausgegeben von DGB-Bundesvorstand, Abt.Arbeitsrecht, Düsseldorf: Wer recht hat, soll Recht bekommen, Rechtsschutztätigkeit des DGB 1973

DGB Pressedienst Hessen vom 2.11.1992

DGB Faltblatt "Rundfunk braucht Kultur, 1993

DGB-Thesen für ein Arbeitsverhältnisgesetz, AuR 1992, S. 267 ff

Die Quelle, Funktionärszeitschrift des Deutschen Gewerkschaftsbundes, DGB Düsseldorf, (zit.: Jahrgang, Seite)

Dietz, Rolf, Betriebsverfassungsgesetz, 4. Auflage, 1967 (zit.: a.a.O.)

Dietz, Rolf - Richardi, Reinhard, Betriebsverfassungsgesetz, Band 1, 6. Auflage, 1981; Band 2, 6. Auflage 1982 (zit.: D/R a.a.O.)

Dittmar, Rupprecht, Die Deutsche Angestellten-Gewerkschaft, 1988 , (zit.: a.a.O.)

Dreher, Eduard - Tröndle, Herbert, Strafgesetzbuch, 45. Auflage, 1991 (zit.: a.a.O.)

Dütz, Wilhelm, Zwangsschlichtung im Betrieb, Kompetenz und Funktion der Einigungsstelle nach dem BetrVG 1972, DB 1972, S. 383 ff

Dütz, Wilhelm, Die Beilegung von Arbeitsstreitigkeiten in der Bundesrepublik Deutschland, RdA 1978, S.291 ff

Dütz, Wilhelm, Anm. EzA 127 zu § 1, 1 Tarifvertragsgesetz, Friedenspflicht

Dütz, Wilhelm, Musterprozesse bei Mitbestimmungsstreitigkeiten, BB 1978, S. 213 ff

Düwall, Franz-Josef, Arbeitsgesetzbuch: "Blockade statt Brückenschlag", Arbeitsrecht der Gegenwart Band 30 (1993) S. 65 ff, (zit.: a.a.O.)

Effenberger, Rolf, Rekord an neuen Gesetzen, HNA vom 19.8.1993

Ellwein, Thomas, Gesetzes- und Verwaltungsvereinfachung: Grundübel ist das Auseinanderklaffen von Politikformulierung und Vollzug, HB vom 17./18.1983

Emmermann, Dirk, Juristen als Helfer von Unternehmen, FAZ vom 29.12.1993

Engels, Wolfram - Gutowski, Armin - Hamm, Walter - Möschel, Wernhard - Stützel, Wolfgang - von Weizsäcker, Carl Christian - Willgerodt, Hans, Mehr Markt im Arbeitsrecht, Frankfurter Institut für wirtschafts-politische Forschung e.V., Bad Homburg v.d.H., Schriftenreihe: Band 10, 1986 (zit.: Kronberger Kreis a.a.O.)

Erdmann, Ernst-Gerhard, Rechtliche und rechtspolitische Probleme des Betriebs verfassungsgesetzentwurfs der Bundesregierung, BlStSozArbR 1971, S. 241 ff

Erdmann, Ernst - Gerhard - Jürging, Claus - Kammann, Karl-Udo, Betriebsverfassungs gesetz, 1972 (zit. a.a.O.)

Esser, Otto, Das Selbstverständnis der Arbeitgeberverbände von ihrer Bedeutung und Rolle in der Arbeitsverfassung, ZfA 1980, S. 301 ff

Estermann, Josef, Sozioökonomische Bedingungen und Arbeitsgerichtsbarkeit, S. 63 ff, in: Rottleuthner, Hubert (Hrsg.), Rechtssoziologische Studien zur Arbeits gerichtsbarkeit, 1984 (zit.: a.a.O.)

Etzel, Gerhard, Arbeitsgesetze, 10.Auflage, 1992 (zit.: a.a.O.)

Fabricius, Fritz - Kraft, Alfons - Thiele, Wolfgang - Wiese, Günther - Kreutz, Peter, Gemeinschaftskommentar, Betriebsverfassungsgesetz, Band I, 5. Auflage 1994, Band II, 4. Auflage, 1990 (zit.: GK - Bearbeiter a.a.O.)

Falke, Josef - Höland, Armin - Rhode, Barbara - Zimmermann, Gabriele, Kündigungspraxis und Kündigungsschutz in der Bundesrepublik, Band I und II, Forschungsbericht 47 Arbeitsrecht, Herausgeber: Der Bundesminister für Arbeit und Sozialordnung, 5/81, durchgeführt von der sozialwissenschaftlichen Forschungsgruppe am Max-Planck-Institut für ausländischen und internationales Privatrecht, Hamburg (zit.: FB Kündigungspraxis a.a.O.)

Fahrtmann, Friedhelm - Hensche, Detlef, Die gemeinsamen Einrichtungen der Tarifvertragsparteien- aus der Sicht der Arbeitnehmerseite, Arbeitsrecht der Gegenwart, Band 9 S. 95 ff (zit.: a.a.O.)

Feller, Hans, Zivilprozeßrefom und Arbeitsgerichtsbarkeit, RdA 1965, S. 441 ff

Fisher, Roger - Ury, William - Patton, Bruce, Das Harvard-Konzept, Sachgerecht verhandeln - erfolgreich verhandeln, 12. Auflage 1993, (zit.: a.a.O.)

Fitting, Karl, Die Grundzüge des neuen Betriebsverfassungsgesetzes, BArbBl. 1972, S. 276 ff

Fitting, Karl - Kraegeloh, Walter - Auffarth, Fritz, Betriebsverfassungsgesetz, 8. Auflage, 1968 (zit.: a.a.O.)

Fitting, Karl - Auffarth, Fritz - Kaiser, Heinrich - Heither, Friedrich - Engels, Gerd, Betriebsverfassungsgesetz, 17. Auflage, 1992 (zit.: a.a.O.)

Forschungsbericht 71 Sozialforschung, Indikatoren der Arbeitszufriedenheit 1972/73 und 1980/81, herausgegeben vom Bundesministerium für Arbeit und Soziales, Bonn 1982, durchgeführt vom Institut für angewandte Sozialwissenschaft (zit.: FB Arbeitszufriedenheit a.a.O.)

Gäde, LAG Dir a.D., Zur "Auslastung" des Arbeitsgerichtsvorsitzenden, RdA 1953, S. 143

Galperin, Hans - Löwisch, Manfred, Betriebsverfassungsgesetz, 6. Aufl. 1982 (zit.: a.a.O.)

Galton, Eric, Mediation, A Texas Practice Guide, Texas Lawyer Press, 1993, (zit.: a.a.O.)

Gamillscheg, Franz, Arbeitsrecht und Rechtsvergleichung, Sonderdruck aus: Recht im Dienste der Menschenwürde, Festschrift für Herbert Kraus, Herausgegeben vom Göttinger Arbeitskreis e.V., S. 95 ff, 1964 (zit.: a.a.O.)

Gamillscheg, Franz, Arbeitsrecht II, Kollektives Arbeitsrecht, 6. Auflage, 1984 (zit. AR II)

Germelmann, Hinrich - Matthes, Hans-Christoph - Prütting, Hans, Arbeits-gerichtsgesetz, 1990 (zit.: a.a.O.)

Gesamtverband der Deutschen Versicherungswirtschaft, Schriftenreihe Nr. 14, Rechtsschutzversicherung, Marktentwicklung und Marktstruktur, Bonn 1992 (zit.: GdV Nr. 14 a.a.O.)

Gesamtverband der metallindustriellen Arbeitgeberverbände e.V., Leitende Angestellte in der Metallindustrie, Ergebnisse einer Erhebung zur Angestelltenstruktur, Köln, 1975, (zit.: GdM Leitende Angestellte a.a.O.)

Geschäftsbericht 1979, herausgegeben vom Landesverband Druck Hessen, e.V., Frankfurt am Main (zit.: a.a.O.)

Gesetz- und Verordnungsblatt für das Land Hessen, Teil I, Herausgeber: Hessische Staatskanzlei

Gester, Heinz, Tendenzen und Gefahren der Verrechtlichung im Arbeitsrecht, S. 63 ff, in: Strempel, Dieter (Hrsg.), Mehr Recht durch weniger Gesetze? Beitrag eines Forums des BMJ zur Problematik der Verrechtlichung, Köln, Bundesanzeiger, 1987, (zit.: a.a.O.)

Gewerkschaftliche Umschau, Zeitschrift für die Funktionäre der Industriegewerkschaft Chemie-Papier-Keramik, Herausgeber: Hauptvorstand der IG Chemie-Papier-Keramik, Hannover, (zit.: Jahrgang, Seite)

Gilles, Peter, Rechtsmittelreform in der Zivilgerichtsbarkeit - Zugleich zu Fragen einer Großen Ziviljustizreform - ZfRSoz 1991, S. 278 ff

Gitter, Wolfgang, Sozialrecht, 2. Auflage 1986 (zit.: a.a.O.)

Göbel, Heike, Mitgliederschwund, aufgeblähte Verwaltung und teure Streiks - die Gewerkschaften müssen sparen, FAZ vom 18.6.1993

Göttel, Arbeitsgerichtsdirektor, Die Gerichte für Arbeitssachen im Jahre 1954, RdA 1955, S. 182 (u.a.Jahrgänge)

Griesebach, Klaus, Bemerkungen zu dem Muster eines Schlichtungsvertrages, AnwBl 1993, S. 261 ff

Grotmann-Höfling, Günter, Arbeitsfreie Zeiten von A bis Z. Ein Rechtsratgeber zur Freistellungspraxis im betrieblichen Alltag, 1990 (zit.: a.a.O.)

Grotmann-Höfling, Günter, Von 1 bis 20.000 - Die Zahl im Arbeits- und Sozialrecht, NZA 1990, S. 648 ff

Grundzüge der Tarifpolitik : Zwei Unterschriften, Hrsg.: Institut der deutschen Wirtschaft, Deutscher Instituts-Verlag, Köln, 1989 (zit.: a.a.O.)

Grunsky, Wolfgang, Prozessuale Fragen des Arbeitskampfrechts, RdA 1986, S. 196 ff

Grunsky, Wolfgang, Arbeitsgerichtsgesetz, 6. Auflage, 1990 (zit.: a.a.O.)

Hacker, Wolfgang, Zehn Jahre Betriebsverfassungsgesetz 1972, FAZ Blick durch die Wirtschaft vom 29.1.1982

Hagemeier, Christian - Kempen, Otto Ernst - Zachert, Ulrich - Zilius, Jan, Tarifvertragsgesetz, 1984, (zit.: a.a.O.)

Halbach, Günter - Paland, Norbert - Schwedes, Rolf - Wlotzke, Otfried, Übersicht über das Recht der Arbeit, Herausg.: Bundesministerium für Arbeit und Sozialordnung, Stand 1.7.1991 (zit.: a.a.O.)

Halm, Fritz, Arbeitsfrieden statt Arbeitskampf, Schweizerische Arbeitgeber-Zeitung, 1987, S. 677 f

Hanau, Peter, Die Wiederbelebung des § 128 AFG, DB 1992, S. 2625 ff

Hase, Detlef - von Neumann-Cosel, Reino - Rupp, Rudi - Teppich, Helmut, Handbuch für die Einigungsstelle, 2. Aufl. 1993 (zit.: a.a.O.)

Haß, Peter, Prozeßvermeidung durch Rechtsanwälte, AnwBl 1989, S. 462 ff

Haupt, Andreas - Welslau, Dietmar, Ausgewählte Probleme des Zeugnisrechts, Personalwirtschaft, 1/92 S. 37 ff

Haupt, Andreas - Welslau, Dietmar, Neuerungen im Zeugnisrecht, Personalwirtschaft H.8/93 S. 49 ff

Hegner, Friedhart - Bittelmeyer, Günther - van Bruggen, Wouter - Heim, Günter - Kramer, Ulrich, Betriebliche Zeitgestaltung für die Zukunft 2005, Herausg.: Gesamtmetall 1992 (zit.: a.a.O.)

Heinze, Meinhard, Anm. SAE 1983, S. 224 ff

Heinze, Meinhard, Gesetzliche und vertragliche Arbeitskampfordnung, Festschrift für Karl Molitor, Sozialpartnerschaft in der Bewährung, 1988, S. 158 ff (zit.: a.a.O.)

Heinze, Meinhard, Mitbestimmung der Arbeitnehmer, in Handbuch der Personalleitung (herausg. Wagner, Dieter - Zander, Ernst - Hauke, Christoph), 1992, S. 81 ff

Hess, Harald/ Schlochauer, Ursula/ Glaubitz, Werner, Betriebsverfassungsgesetz, 4. Auflage, 1993 (zit.: a.a.O.)

Herschel, Wilhelm, Arbeitsrecht in der Wohlstandsgesellschaft, RdA 1968, S. 402 ff

Höfer, Reinhold - Reiners, Stephan - Wüst, Herbert, Gesetz zur Verbesserung der betrieblichen Altersversorgung, Kommentar, Band I, 3. Aufl. 1992 (zit.: a.a.O.)

Hommerich, Christoph - Werle, Raymund, Die Anwaltschaft zwischen Expansionsdruck und Modernisierungszwang - Wandlungstendenzen einer klassischen Profession, ZfRSoz 1981, 1 ff

Hommerich, Christoph - Niederländer, Loni - Stock, J., Schiedsstellen und Arbeitsrecht, Erfahrungen und Perspektiven, AuA 1993, S. 175 ff

Hommerich, Christoph - Niederländer, Loni, Schiedsstellen für Arbeitsrecht in den neuen Bundesländern, Forschungsbericht 227 Arbeitsrecht, Herausgeber: Der Bundesminister für Arbeit und Sozialordnung, 3/1993 (zit.: FB Schiedsstellen a.a.O.)

von Hoyningen - Huene, Gerrick, Mit dem Betriebsrat in die 90er Jahre, NZA 1991, S. 7 ff

Hromadka, Wolfgang, Sprecherausschüsse für leitende Angestellte, Der SprALAG-Entwurf oder Wie Gesetzentwürfe nicht sein sollten, DB 1986, S. 857 ff

Hromadka, Wolfgang, Entwurf eines Gesetzes zur Regelung kollektiver Arbeitskonflikte, NZA 1989, S. 379 f

Hromadka, Wolfgang, Ein Arbeitsvertragsgesetz für Deutschland, AuA 1992, S. 257 ff

Hübner, Klaus, Wirtschaftsjura mit BWL, Personalwirtschaft, Heft 101993, S. 51

Hueck, Alfred - von Hoyningen-Huene, Gerrick, Kündigungsschutzgesetz, 11. Auflage, 1992 (zit.: a.a.O.)

Hueck, Alfred - Nipperdey, Hans Carl, Lehrbuch des Arbeitsrechts, 7. Auflage, 1963 Bd.I (zit.: a.a.O.)

Hueck, Alfred - Nipperdey, Hans Carl, Lehrbuch des Arbeitsrechts, 7. Auflage, 1966 Bd.II, 1. Halbband (zit.: a.a.O.)

Huff, Martin, Am Rechtssystem überfressen, FAZ vom 8.10.1993

Hug, Klaus, Friedensabkommen und Arbeitsrecht, Neue Zürcher Zeitung vom 1.9.1987

Ide, Günter, Gerichtsverfassung und Haushalt, RdA 1979, S.228 ff

Industrie- und Handelskammer Koblenz, Gängelwirtschaft statt Marktwirtschaft?- Paragraphendirigismus lähmt unternehmerische Dynamik "Teil I und II November 1977, Teil III Juli 1978 (zit.: a.a.O.)

Industriestandort Deutschland, Ein graphisches Portrait, 2. Auflage 1993, herausgegeben vom Institut der Deutschen Wirtschaft Köln (zit.: a.a.O.)

Institut für angewandte Arbeitswissenschaft e.V., (Hrsg.) Leitfaden zur Flexibilisierung der Arbeitszeit in der Metallindustrie, Köln, November 1984 (zit.: Leitfaden IfaA a.a.O.)

iw-gewerkschaftsreport, 1993, Hrsg. Institut der deutschen Wirtschaft, Köln, Rekordverluste, 1/93 S. 89 ff

iw-gewerkschaftsreport, 1993, Hrsg. Institut der deutschen Wirtschaft, Köln, Chemie-Sozialpartner gründen Weiterbildungsstiftung, 1/93, S. 121 ff

Jagodzinski, Wolfgang - Raiser, Thomas - Riehl, Jürgen, Auswirkung der Rechtsschutzversicherung auf die Rechtspflege, ZfRSoz 1991, S. 287 ff

Joachim, Hans G., Zur Lage der Arbeitsgerichtsbarkeit in der Bundesrepublik, in : Das Arbeitsrecht der Gegenwart, Dokumentation 1965, Band 3, 1966, S. 64 ff

Joachim, Hans G., Nochmals : Die Gerichte für Arbeitssachen im Jahre 1964, AuR 1965, S. 339 f

Joachim, Hans G., Die arbeitsgerichtliche Statistik, RdA 1971, S. 117 ff

Joachim, Hans G., Justizreform, Verfahrensreform und Arbeitsgerichtsbarkeit, DB 1972, S. 1067 ff

Justiz in Bayern, Hrsg.: Bayrisches Staatsministerium der Justiz, März 1992 (zit.: a.a.O.)

Kasseler Kommentar, Sozialversicherungsrecht, Gesamtredaktion: Niesel, Klaus, 1990 (zit.: a.a.O.)

Keller, Berndt, Noch mehr De-Regulierung - oder stärkere Re-Regulierung?, WSI-Mitteilungen 6/1990, S. 366 ff

Kettner, Hans-Joachim, Das Hearing zur Betriebsverfassung, Der Arbeitgeber 1971, S. 178

Kettner, Hans-Joachim, Die gemeinsamen Einrichtungen der Tarifvertragsparteien- aus der Sicht der Arbeitgeberseite, AdG, Band 9 S. 85 ff

Kinkel, Klaus, S. 105 f, in: Strempel, Dieter (Hrsg.), Mehr Recht durch weniger Gesetze? Beitrag eines Forums des BMJ zur Problematik der Verrechtlichung, Köln, Bundesanzeiger, 1987, (zit.: a.a.O.)

Kilz, Gerhard - Reh, Dirk A., Die Bedeutung der ökonomischen Rahmenbedingungen im Prozeß der Arbeitszeitflexibilisierung, BB 1993, S. 1209 ff

Kissel, Otto Rudolf, Warum unser Recht immer weniger sicher wird, Die Gewaltenteilung funktioniert nicht mehr, FAZ vom 28.1.1981

Kissel, Otto Rudolf, Die Arbeitsgerichtsbarkeit in den Ländern Brandenburg, Mecklenburg-Vorpommern, Sachsen, Sachsen-Anhalt und Thüringen ab 3.10.1990, NZA 1990. S. 833 ff

Kißler, Leo, Die Mitbestimmung in der Bundesrepublik Deutschland, Modell und Wirklichkeit, 1992 (zit.: a.a.O.)

Kittner, Michael, (Hrsg.) Streik und Aussperrung, Protokoll der wissenschaftlichen Veranstaltung der Industriegewerkschaft vom 13. bis 15. September 1973 in München, Schriftenreihe der Otto Brenner Stiftung 3 (zit.: a.a.O.)

Kittner, Michael - Breinlinger, Axel, Gewerkschaften und Recht, ZfRSoz 1981, S. 53 ff

Kittner, Michael, Arbeitsmarkt und Recht, Eine Einführung, in: Kittner, Michael (Hrsg.), Arbeitsmarkt - ökonomische, soziale und rechtliche Grundlagen, 1982

Kittner, Michael - Köstler, Roland - Zachert, Ulrich, Aufsichtsratspraxis - Handbuch für Arbeitnehmervertreter, Band 1 , 5. Auflage, 1994 (zit. KKZ a.a.O.)

Kittner, Michael, Arbeits- und Sozialordnung, 19. Aufl. 1994 (zit.: a.a.O.)

Kittner, Michael - Trittin, Wolfgang, Betriebsverfassungsgesetz mit Wahlordnung, 4. Auflage 1994 (zit.: a.a.O.)

Kittner, Michael - Trittin, Wolfgang, Kündigungsschutzrecht, 2.Aufl. 1995 (zit.: a.a.O.)

Klees, Bernd, Wie rechtsstaatlich ist die Arbeitsgerichtsbarkeit heute?, DuR 1975, S. 26 ff

Knuth, Matthias - Büttner, Reinhardt - Schank, Gerd, Zustandekommen und Analyse von Betriebsvereinbarungen und praktische Erfahrungen mit Einigungsstellen, Teil I, Ergebnisse, Forschungsbericht 107, Humanisierung des Arbeitslebens, Herausgeber: Bundesminister für Arbeit und Sozialordnung, durchgeführt vom Institut für Sozialforschung und Sozialwirtschaft e.V., Saarbrücken, 1983, (zit.: FB Betriebsvereinbarungen und Einigungsstellen a.a.O.)

Knuth, Matthias, Voll angenommen, BArbBl H.9/1983, S. 8 ff

Koerner, Clemens, DGB-Rechtsschutz für Mitglieder und Betriebsräte, Angestellten Magazin Nr. 2, 1977, S. 3 f

Koerner, Clemens, Die Rolle des gewerkschaftlichen Rechtsschutzes, Soziale Sicherheit, Zeitschrift für Sozialpolitik, Bund Verlag, 1990, S. 155 ff

Konegen-Grenier, Christiane - List, Juliane, Die Anforderungen der Wirtschaft an das BWL-Studium, Ergebnisse einer Unternehmensbefragung, Beiträge des Instituts der deutschen Wirtschaft zur Gesellschafts- und Bildungspolitik Nr. 188, Köln 1993 (zit.: a.a.O.)

Kreizberg, Kurt, Die Juristen in den Organisationen der deutschen Wirtschaft, Köln 1994, (zit.: a.a.O.)

Kühnert, Hanno, Der Rechtsstaat erstickt, Die Zeit vom 3. 4. 1980

Lappe, Friedrich, Recht ohne Richter, Beck-Rechtsberater im dtv, Nr. 5605, 1993, (zit.: a.a.O.)

Larenz, Karl, Methodenlehre der Rechtswissenschaft, 6. Auflage,1991 (zit.: a.a.O.)

Lehmann, Werner, Schiedsstellen für Arbeitsrecht, Gewerkschaftliche Umschau 3/1991,S. 245, Hrsg.: Bundesvorstand der IG Chemie

Leibholz, Gerhard - Rinck, Hans-Justus - Hesselberger, Dieter, Grundgesetz für die Bundesrepublik Deutschland, 7. Auflage, Bd. I 1975/1993 (zit.: a.a.O.)

Leinemann, Wolfgang, Die geschichtliche Entwicklung der Arbeitsgerichtsbarkeit bis zur Errichtung des BAG, NZA 1991, S. 961 ff

Leinemann, Wolfgang - Schütz, Friedrich, Die Bedeutung internationaler und europäischer Arbeitsrechtsnormen für die Arbeitsgerichtsbarkeit, BB 1993, S. 2519 ff

Leminsky, Gerhard, Zur Mitbestimmungsinitiative des Deutschen Gewerkschaftsbundes, Demokratisierung von Wirtschaft und Gesellschaft als politischer Gestaltungsauftrag der Gewerkschaften, in 40 Jahre Mitbestimmung: Erfahrungen, Probleme, Perspektiven (Hrsg. Rudolf Judith), 1986, S. 261 ff (zit.: a.a.O.)

214

Lieb, Manfred, Zum Verhältnis von Rechtsordnung und Arbeitskampf, NZA 1985, S. 265 ff

Linnenkohl, Karl, Arbeitsrecht, 3. Aufl., 1992 (zit.: a.a.O.)

Linnenkohl, Karl, Deregulierung und Arbeitsmarkt - Vorschläge und Kritik - Arbeitsrecht der Gegenwart Bd. 30(1992) S. 127 ff

Linnenkohl, Karl - Kilz, Gerhard - Reh, Dirk A. Die arbeitsrechtliche Bedeutung des Begriffs der "Deregulierung", BB 1990, S. 2038 ff

Linnenkohl, Karl - Kilz, Gerhard - Rauschenberg, Hans-Jürgen - Reh, Dirk A., Arbeitszeitflexibilisierung: 140 Unternehmen und ihre Modelle, 1992, Schriftenreihe des Betriebsberaters (zit.: a.a.O.)

Löhrlein, Klaus, Gewerkschaftsjahrbuch 1993, Mitgliederbewegung S. 100 ff, Herausgeber: Michael Kittner, Bund Verlag 1993, (zit.: a.a.O.)

Löwisch, Manfred - Rieble, Volker, Tarifvertragsgesetz, 1992, (zit.: a.a.O.)

Loritz, Karl-Georg, Das Bundesarbeitsgericht und die "Neue Beweglichkeit", ZfA 1985, S. 185 ff

Lucke, Doris - Schwenk, Otto G., Rechtsbewußtsein als empirisches Faktum und symbolische Fiktion. Methoden- und modernisierungskritische Anmerkungen zur Erfassung der Rechtskenntnis und Einstellung zum Recht, ZfRSoz 1992, S. 185 ff

Maassen, Hermann, Die Freiheit des Bürgers in einer Zeit ausufernder Gesetzgebung, NJW 1979, S. 1473 ff

Maassen, Hermann, Gesetzesflut - Gesetzesperfektionismus, 53. Deutscher Juristentag, Berlin 1980, Schlußveranstaltung, Sitzungsbericht Q 5-11, (zit.: a.a.O.)

Mann, Siegfried, Die Gefahren der Normenflut für die soziale Marktwirtschaft, S. 44 ff, in: Strempel, Dieter (Hrsg.), Mehr Recht durch weniger Gesetze? Beitrag eines Forums des BMJ zur Problematik der Verrechtlichung, Köln, Bundesanzeiger, 1987, (zit.: a.a.O.)

Martens, Klaus-Peter, Die Neuabgrenzung der leitenden Angestellten und die begrenzte Leistungsfähigkeit moderner Gesetzgebung, RdA 1989, S. 73 ff

Matschke, Wolfgang, Anwaltliche Konfliktbeilegung, AnwBl 1993 S. 259 ff

Matthießen, Volker - Rößler, Norbert - Rühmann, Jochen, Die nachholende Anpassung von Betriebsrenten, Beilage Nr. 5/93 Der Betrieb

Mayr, Hans, Menschenrecht auf Arbeit, der Gewerkschafter 1/1979 S. 3

Menkens, Heinz, Zur Reform des Arbeitsgerichtsgesetzes, DB 1971, S. 963 ff

Molitor, Karl, Für mehr Partnerschaft in der Wirtschaft: Kooperation statt Konfrontation, Forum, Vortragsreihe des Instituts der deutschen Wirtschaft, Jg. 43 - Nr. 2- 12.1.1993 (zit.: Forum a.a.O.)

Morasch, Hellmut - Blankenburg, Erhard, Schieds- und Schlichtungsstellen - ein noch entwicklungsfähiger Teil der Rechtspflege, ZRP 1985, S. 217 ff

Mückenberger, Ulrich, Perspektiven einer deutschen Arbeitsvertragsrechtsreform? ZRP 1993, S. 457 ff

Müller, Gerhard, Betriebsverfassungsgesetz - Die Einigungsstelle, Der Arbeitgeber 1972, S. 419 ff

Müller, Gerhard, BAG - Jahresbericht 1974, BArbBl 1975, S. 387 ff

Müller, Gerhard, Gesetz zur Regelung kollektiver Arbeitskonflikte, DB 1989, S. 42 ff

Münchener Handbuch zum Arbeitsrecht, herausgegeben von Richardi, Reinhard- Wlotzke, Otfried, Band 1, Individualarbeitsrecht I, 1992 (zit.: MünchArbR / Bearbeiter a.a.O.)

Münchener Kommentar zur Zivilprozeßordnung, Band 1, Herausgegeben von Lüke, Gerhard - Walchshöfer, Alfred, 1992, (zit. MüKo/Bearbeiter a.a.O.)

Mundorf, Hans, Die Flut der Gesetze, HB vom 17./18.9.1993

Nagel, Bernhard, Unternehmensmitbestimmung, Arbeitsgruppe Arbeitsrecht (AGAR), Band 10/XI, 1980, (zit.: Nagel in Arbeitsgruppe Arbeitsrecht (AGAR) a.a.O.)

Nagel, Bernhard, Paritätische Mitbestimmung und Grundgesetz, 1988, Anhang 2: Gewerkschaftsvertreter im Aufsichtsrat, Interessen- und Pflichtenkollision, Referat, gehalten am 8. und 9.5. 1986

Nagel, Bernhard, Wirtschaftsrecht III, Unternehmens- und Konzernrecht, 1994, (zit.: Wirtschaftsrecht III a.a.O.)

Nagel, Bernhard, Was für Betriebsräte braucht das Land? Personalwirtschaft, 4/1994, S. 74

Nennstiel, Karl, Arbeitsgerichtsbarkeit und Presse, RdA 1952, S.50 ff

Neumann, Dirk, Die Gerichte für Arbeitssachen und das arbeitsgerichtliche Verfahren, RdA 1974, S. 193 ff

Neumann, Dirk, Kurze Geschichte der Arbeitsgerichtsbarkeit, NZA 1993, S. 342 ff

Neumann, Lothar F. - Schaper, Klaus, Die Sozialordnung der Bundesrepublik Deutschland, Schriftenreihe der Bundeszentrale für politische Bildung, Band 176, 4. Auflage, 1985 (zit.: a.a.O.)

Niedenhoff, Horst-Udo, Der leitende Angestellte, 1977, (zit.: a.a.O.)

Niedenhoff, Horst - Udo, Pege, Wolfgang, Gewerkschaftshandbuch, 2. Auflage, 1989 (zit.: a.a.O.)

Niedenhoff, Horst-Udo, Betriebsrat als Produktionsfaktor, iw-gewerkschaftsreport, 1994, Hrsg. Institut der deutschen Wirtschaft, Köln, 2/94 S. 17 f

Niedenhoff, Horst-Udo, Die Kosten der Anwendung des Betriebs-verfassungsgesetzes, 1994 (zit. Kosten a.a.O.)

Nikisch, Arthur, Arbeitsrecht, Band I, 3. Auflage 1961 (zit.: a.a.O.)

Oechsler, Walter A. - Schönfeld, Thorleif, Die Bedeutung von Einigungsstellen im Rahmen der Betriebsverfassung - Empirische Analyse der Wirkungsweise und Funktionsfähigkeit von Einigungsstellenverfahren, Teil IV:Stellenwert der Einigungsstelle als innerbetrieblicher Konfliktlösungsmechanismus, Bamberger Betriebswirtschaftliche Beiträge, 1990 (zit.: a.a.O.)

Oechsler, Walter A., Personal und Arbeit, Einführung in die Personalwirtschaft unter Einbeziehung des Arbeitsrechts, 5. Auflage, 1994 (zit.: a.a.O.)

Olson, Mancur, Aufstieg und Niedergang von Nationen, 1985 (zit.: a.a.O.)

Otto, Hansjörg, Zur Abwehr rechtswidriger Arbeitskampfmaßnahmen durch die Verbände und zu den Rechtsgrundlagen der Abwehraussperrung, SAE 1991, S. 45 ff

o.V. , Mitbestimmung, Erklärung des "Arbeitskreises Mitbestimmung" bei der Bundes vereinigung der Deutschen Arbeitgeberverbände, Arbeitgeber 1973, S. 289 ff

o.V. , DGB erstritt sechs Millionen DM, HA vom 9.12.1976

o.V. , Der Angestellte Nr. 318, vom 23.5.1977, Hrsg. Deutschen Angestellten-Gewerkschaft

o.V. , Über eine Milliarde erstritten, FAZ-Blick durch die Wirtschaft vom 12.5.1978

o.V. , 10 Millionen Mark erstritten, HNA vom 6.3.1979

o.V. , Schriftsätze sechzigmal abgelichtet, FAZ vom 30.4.1980

o.V. , "Nur Rationalisierung nicht genug", Verwaltungsrichtertag beendet, HNA vom 10.5.1980

o.V. , Nach kurzem Urlaub in die Wahlschlacht, HNA vom 10.7.1980

o.V. , Alles muß im Lot sein, Großes Verdienstkreuz für Flughafenchef Becker, HA vom 11.8.1980

o.V. , Stumm-Prozeß: Zwei ziehen Revision zurück, HA vom 19.8.1980 o.V., DGB erstritt für seine Mitglieder 57 Millionen Mark, HNA vom 6.4.1982

o.V., Richter sprechen sich für Förderung der außergerichtlichen Einigung aus, Handelsblatt vom 28.4.1983

o.V., Rechtsschutz nur noch mit Selbstbeteiligung, Der Tagesspiegel, Berlin vom 26.10.1992

o.V., Klagewelle aus den neuen Bundesländern erwartet, FAZ vom 22.1.1993

o.V., Bundessozialgericht: Probleme durch Gesetzesflut, HNA vom 22.1.1993

o.V., DGB soll weiterhin für den Rechtsschutz der Arbeitnehmer zuständig bleiben, HB vom 27.5.1993

o.V., Entwurf eines Arbeitszeitgesetzes: Weiterer Baustein zur Deregulierung, Der Gewerkschafter 9/93 S. 32

o.V., Streit um Diplom - Wirtschaftsjuristen der Fachhochschulen, FAZ vom 2.10.1993

o.V., DGB: Arbeitsgerichte überlastet, HNA vom 3.11.1993

o.V., ARD/ZDF können nicht Konkurs machen, Die Zeit vom 19.11.1993

o.V., Rechtsanwälte sollen durch Verzicht auf Gebühren die Gerichte subventionieren, Handelsblatt vom 2.12.1993

o.V., Wie viele Juristen sind zuviel?, FAZ vom 18.12.1993

o.V., Teilzeitbeschäftigung und ein befristeter Vertrag als Alternative zur Übernahme, Erklärung des Berufsbildungsrates zur Problematik der Übernahme, HB vom 3.1.1994

o.V., Gewerkschaften/Einigung auf Sparkurs im DGB, Handelsblatt vom 19.1.1994

o.V., Der DGB baut 13 % Personal ab, FAZ vom 20.1.1994

Palandt, Bürgerliches Gesetzbuch, bearbeitet von Heinrichs, Helmut u.a., 50. Auflage, 1991

Pestalozza, Christian, Gesetzgebung im Rechtsstaat, NJW 1981, S. 2081 ff

Pfister, Hans, Rechtsschutzversicherung als Gewerkschaftsleistung?, Die Quelle 2/1977 S. 86 f

Plänkers, Gudrun, Das System der institutionalisierten Konfliktregelung in den industriellen Arbeitsbeziehungen in der Bundesrepublik Deutschland, 1990 (zit.: a.a.O.)

Ponschab, Reiner, Anwaltliche Schlichtung? - Privatisierung der Justiz, Interessenwahrnehmung oder Parteiverrat?, AnwBl 1993, S. 430 ff

Preis, Ulrich - Kramer, Michael, Das neue Kündigungsfristengesetz, DB 1993, S. 2125 ff

van Raden, Lutz - Strempel, Dieter, Neue Methoden in Rechtsforschung und Rechtspolitik - Die Strukturanalyse der Rechtspflege (SAR), ZfRSoz 1991, S. 188 ff

Ramm, Thilo, Zur Bedeutung der Rechtssoziologie für das Arbeitsrecht, KJ 1970, S. 175 ff

Ramm, Thilo, Schiedsgerichtsbarkeit, Schlichtung und Rechtsprechungslehre, ZRP 1989, S. 136 ff

Rauschenberg, Hans-J., Flexibilisierung und Neugestaltung der Arbeitszeit, 1993 (zit.: a.a.O.)

Reh, Dirk A. - Kilz, Gerhard, Ökonomische und arbeitsrechtliche Regelhaftigkeiten der Arbeitszeitflexibilisierung - eine interdisziplinäre Untersuchung über den Flexibilisierungsprozeß der Arbeitszeit, Dissertation, Kassel, 1992; (zit.: a.a.O.)

Reichel, Hans, Tarifvertragsgesetz, 6. Auflage, 1984

Reifner, Udo, Kollektiver Rechtsgebrauch: Die Massenklagen der IG Metall , ZfRSoz 1981, S. 88 ff

Reimann, Fritz, Wie stark ist das Friedensabkommen heute in der Arbeiterschaft verwurzelt ?, Neue Zürcher Zeitung vom 1.9.1987

Reis, Hans, Beachtliche Akzeptanz des Friedensabkommens, Schweizerische Arbeitgeber-Zeitung, 1993, S. 1 ff

Rennen, Günter - Caliebe, Gabriele, Rechtsberatungsgesetz, 2. Auflage, 1992 (zit.: a.a.O.)

Reß, Wolfgang, Der neue § 128 AFG, NZA 1992, S. 913 ff

Rick, Wilhelm - Denkmann, Heinz, Ist die Regelung der Gerichtskosten im Verfahren vor den Arbeitsgerichten überholt? RdA 1962, S. 310 ff

Riedel, Fritz - Sußbauer, Heinrich, Bundesgebührenordnung für Rechtsanwälte, 5 Auflage, 1985 (zit.: a.a.O.)

Rieß, Peter, Das Gesetz zur Entlastung der Rechtspflege- ein Überblick-, AnwBl 1993, S. 51 ff

Rohling, Georg, Betriebsverfassungsgesetz, Schulungs- und Bildungsmaßnahmen, Der Arbeitgeber 1972, S. 425 f

Rosenberg, Leo - Schwab, Karl Heinz, Zivilprozeßrecht, 15. Auflage, 1993, bearbeitet von Gottwald, Peter (zit.: a.a.O.)

Rottleuthner, Hubert, Der Einzelrichter - eine rechtstatsächliche Untersuchung, DRiZ 1989, S. 164 ff

Rottleuthner, Hubert, Einzelrichter und Kammer - Eine rechtstatsächliche Untersuchung zum Einsatz des Einzelrichter (§ 348 ZPO), ZfRSoz 1991, S. 232 ff

Rüstig, Herrmann, Vom Aussagewert der Statistik in Arbeitssachen AuR 1966, S. 47 f

Rüstig, Herrmann, Die Gerichte für Arbeitssachen im Jahre 1955, AuR 1956 S. 207 ff (u.a. Jahrgänge)

Rüstig, Herrmann, Die Gerichte für Arbeitssachen im Jahre 1964, AuR 1965 S. 204 ff

Rüthers, Bernd, Das stille Begräbnis einer Kommission, FAZ vom 24.10.1981

Scharday, Günter, Capital 5/1993, S. 24

Schaub, Günter, Arbeitsrechtshandbuch, 7. Auflage, 1992 (zit.: a.a.O.)

Schenk, Karlheinz, Zum Asylrecht unter Listenvorbehalt, ZRP 1992, S.102 ff

Schiefer, Bernd, Die Entwicklung der Rechtsprechung zum nordrhein-westfälischen Arbeitnehmerweiterbildungsgesetz (AWbG) von 1990 bis 1992, DB 1992, S. 943 ff

Schlemmer, Dieter, Verantwortung und Partnerschaft, Markierungen der Tarifpolitik in der chemischen Industrie, Festschrift für Karl Molitor, Sozialpartnerschaft in der Bewährung, 1988, S. 309 ff (zit.: a.a.O.)

Schleyer, Hanns Martin, Die Rolle der Gewerkschaften, Aus der Sicht der Arbeitgeber, Arbeitgeber 1976, S. 740 ff

Schlichten ist besser als Richten, 9. Aufl. 1992, Herausgeber: Presse- und Informationsamt der Bundesregierung, Bonn (zit.: a.a.O.)

Schmidt, Dominik, "Aussperrung ist eine Kriegserklärung", Die Welt vom 28.1.1980

Schmoldt, Hubertus, 40 Jahre Betriebsverfassungsgesetz, Der Betriebsrat (Fachbeilage von "Gewerkschaftliche Umschau"), Heft 6/1992, S. 125 ff

Schmöller, Carl, Erstickt der Rechtsstaat an sich selbst?, Stuttgarter Zeitung vom 1.8.1978

Schneider, Hans, Über den Beruf unserer Zeit für Gesetzgebung - Bemerkungen über Kunst und Technik der heutigen Gesetzgebung - NJW 1962, S. 1273 ff

Schneider, Wolfgang, Das neue Betriebsverfassungsgesetz aus der Sicht des DGB, BArbBl. 1972, S. 292 ff

Schreiber, Klaus, Der Schiedsvertrag in Arbeitsstreitigkeiten, ZfA 1983, S. 31 ff

Schwerdtner, Peter, Quasi-Dynamisierung von Betriebsrenten? ZfA 1978, S. 553 ff

Seifert, Hartmut (Herausg.), Jenseits der Normalarbeitszeit, Perspektiven für eine bedürfnisgerechtere Arbeitszeitgestaltung, 1993, (zit.: a.a.O.)

Seiter, Hugo, Anm. EzA 154 zu Art. 9, 54 Arbeitskampf

Sendler, Horst, Normenflut und Richter, ZRP 1979, S. 227 ff

Siebel, Friedrich Wilhelm, Flexible Arbeitszeitgestaltung in der Metallindustrie 1984, herausgegeben vom Gesamtverband der metallindustriellen Arbeitgeberverbände-Gesamtmetall- Köln (zit.: a.a.O.)

Simitis, Spiros, Gesetzesflut - Gesetzesperfektionismus, 53. Deutscher Juristentag, Berlin 1980, Schlußveranstaltung, Sitzungsbericht Q 35-43, (zit.: a.a.O.)

Simon, Dieter, Gesetzesflut - Gesetzesperfektionismus, 53. Deutscher Juristentag, Berlin 1980, Schlußveranstaltung, Sitzungsbericht Q 12-17, (zit.: a.a.O.)

Simon, Helmut, Gesetzesflut - Gesetzesperfektionismus, 53. Deutscher Juristentag, Berlin 1980, Schlußveranstaltung, Sitzungsbericht Q 28-34, (zit.: a.a.O.)

Simsa, Christiane - Stock, Johannes, Mögliche Entwicklungen von außer- und innergerichtlichen Konfliktregelungen, ZfRSoz 1991, S. 302 ff

Sondermann, Markus, Die geplante Neuregelung des Arbeitszeitrechts, DB 1993, S. 1922 ff

Sozialpartner - Forum Arbeitsplatz Chemie, Dokumentation einer Tagung vom 10./11.3.1994, Frankfurt/Main, Herausgeber: Bundesarbeitgeber-verband Chemie e.V., Wiesbaden, IG Chemie-Papier-Keramik, Hannover, Mai 1994, (zit.: a.a.O.)

Staatsanzeiger für das Land Hessen, herausgegeben vom Hessischen Ministerium des Innern

Stamm, Barbara, Bayernkurier vom 5.9.1992

Starck, Christian, Übermaß an Rechtsstaat?, ZRP 1979, S. 209 ff

Stege, Dieter - Färber, Peter, Das nordrhein - westfälische Arbeitnehmer-weiterbildungsgesetz (AWbG), DB Beilage 2/85

Stege, Dieter - Sowka, Hans-Harald, Das nordrhein - westfälische Arbeitnehmer-weiterbildungsgesetz (AWbG) nach der Entscheidung von Karlsruhe, DB Beilage 14/88

223

Stege, Dieter - Schiefer, Bernd, Die Anwendung des nordrhein-westfälischen Arbeitnehmerweiterbildungsgesetz (AWbG), DB Beilage Nr. 12/90

Stege, Dieter - Schiefer, Bernd, Entwicklung des Bildungsurlaubs und aktuelle Problematik, NZA 1992, S. 1061 ff

Stege, Dieter - Weinspach, F.-K., Betriebsverfassungsgesetz, 6. Aufl., 1990 (zit.: a.a.O.)

Stein-Jonas, Zivilprozeßordnung, 20. Aufl., Band I 1980, u.a. bearbeitet von Schumann, Ekkehard, (zit.: a.a.O.); Band IV, Teilband II 1988, u.a. bearbeitet von Schlosser, Peter (zit.: a.a.O.)

Stein/Jonas, Zivilprozeßordnung, 21. Auflage Band 1, 1993, bearbeitet von Bork, Reinhard, (zit. a.a.O.)

Steinmeyer, Heinz-Dietrich - Jürging, Axel, Überlegungen zu einer gesamt-deutschen Kodifikation des Arbeitsvertragsrechts, NZA 1992, S. 777 ff

Stöckli, Jean-Fritz, Schriften zum Schweizerischen Arbeitsrecht, Verlag Stämpfli, Bern, 1990, (zit.: a.a.O.)

Strahmann, Marianne - Greißinger, Georg - Ponschab, Reiner - Schwackenberg, Wolfgang, Gemeinschaftseinrichtungen AnwBl 1988, S. 621 ff

Streit Paragraph 116, Zur Neutralität des Staates im Arbeitskampf, Institut der deutschen Wirtschaft, Köln 1986, (zit.: a.a.O.)

Strempel, Dieter, Rechtspflege in der Bundesrepublik Deutschland - Dokumentation und Bezugspunkte einer Strukturanalyse, Kritische Vierteljahresschrift für Gesetzgebung und Rechtswissenschaft 1986 S. 242 ff, (zit.: KritV a.a.O.)

Strempel, Dieter (Hrsg.), Mehr Recht durch weniger Gesetze? Beitrag eines Forums des BMJ zur Problematik der Verrechtlichung, Köln, Bundesanzeiger, 1987, (zit.: a.a.O.)

Strempel, Dieter, Schnittstelle zwischen forensischer und außerforensischer Konfliktregelung, ZRP 1989 S. 133 ff.

Strempel, Dieter - van Raden, Lutz, Strukturanalyse der Rechtspflege, ZRP 1991, S. 91 ff

Strempel, Dieter - van Raden, Lutz, Forschungsergebnisse der Strukturanalyse der Rechtspflege und ihre Bedeutung für die Justiz in den neuen Bundesländern, NJ 1991, S. 138 ff

Strempel, Dieter, Der japanische Beitrag zur Fortentwicklung außerforensischer und vermittelnder Konfliktregelung in der Bundesrepublik Deutschland, Festschrift für Zentaro Kitagawa, 1992, S. 789 ff, (zit.: a.a.O.)

Strempel, Dieter, Anwaltliche Schlichtung - Privatisierung der Justiz, Interessenwahrnehmung oder Parteiverrat? AnwBl 1993, S. 435 ff

Strempel, Dieter/Renning, Christoph , Strukturanalyse der Rechtspflege (SAR), Ergebnisse, Umsetzung, Ausblick, ZRP 1994, S. 144 ff.

Stürner, Rolf, Rechtsprobleme der verbandsmäßig organisierten Massenklage, JZ 1978, S. 499 ff

Synopse zum Betriebsverfassungsgesetz, R+S-Verlag, Bonn, 4. Auflage 1971 (1. Regierungs entwurf, 2. Geltendes Recht und Kommentar, 3. Stellungnahme des Bundesrates, 4. CDU/CSU-Entwurf, 5. BDA-Entwurf, 6. DGB-Entwurf), (zit.: Synopse-BetrVG a.a.O.)

Thomas, Heinz - Putzo, Hans, ZPO mit Gerichtsverfassungsgesetz, 18. Auflage, 1993 (zit.: a.a.O.)

Töpfer, Armin - Poersch, Michael, Aufgabenfelder des betrieblichen Personalwesens für die 90er Jahre, Schriften zur Personalwirtschaft Band 17, 1989 (zit. a.a.O.)

Tschischgale, Max - Satzky, Manfred, Das Kostenrecht in Arbeitssachen, 3. Auflage 1982 (zit.: a.a.O.)

Tuchtfeldt, Egon, 50 Jahre Friedensabkommen, Wirtschaftspolitische Mitteilungen, Heft 5 1987, herausgegeben von der Gesellschaft zur Förderung der schweizerischen Wirtschaft (zit.: a.a.O.)

Uellenberg-van Dawen, Wolfgang, Programm- und Organisationsreform, Gewerkschaftsjahrbuch 1993, Mitgliederbewegung S. 111 ff, 123 ff, Herausgeber: Michael Kittner, BundVerlag 1993, (zit.: a.a.O.)

van Raden, Lutz - Strempel Dieter, ZfRSoz 1991, S. 188 ff

Venrooy, van, Gerd J., Gedanken zur arbeitsgerichtlichen Güteverhandlung, ZfA 1984, S. 337 ff

Verband der Metallindustrie Baden - Württemberg e.V., Der Arbeitskampf ' 78 (zit.: a.a.O.)

Vogel, Hans-Jochen, Zur Diskussion um die Normenflut, JZ 1979, S. 321 ff

Vom Deutschen Metallarbeiter-Verband zur Industriegewerkschaft Metall, 100 Jahre Industriegewerkschaft 1891 bis 1991, Herausg.: Vorstand der IGM, Bund Verlag Köln 1991, Der Kampf um die 35-Stunden-Woche, S. 512 (zit.: a.a.O.)

Vossen, Reinhard, Arbeitsrechtliche Probleme des nordrhein-westfälischen Arbeitnehmer-weiterbildungsgesetzes, RdA 1988, S. 346

Wagener, Frido, Der öffentliche Dienst in Staat und Gegenwart, DÖV 1978, 802 ff

Wank, Rolf, Die neuen Kündigungsfristen für Arbeitnehmer (§ 622 BGB), NZA 1993, S. 961 ff

Wank, Rolf, Die wesentlichen Inhalte eines Arbeitsvertragsgesetzes, DB 1992, S. 1826

Wannagat, Georg, Lehrbuch des Sozialversicherungsrechts, I. Band 1965 (zit.: a.a.O.)

Wasilewski, Rainer, Streitverhütung durch Rechtsanwälte, Empirische Untersuchung von Umfang, Struktur und Bedingungen außergerichtlicher Beilegung zivilrechtlicher Streitigkeiten durch Rechtsanwälte, Studie des Institutes für Freie Berufe an der Friedrich-Alexander-Universität Erlangen/Nürnberg, Reihe Anwaltsforschung, Hrsg.: BMJ und BRAK, Köln, Essen, 1990

Wassner, Fernando, Verachtung der Justiz, FAZ vom 2.2.1980

Wauschkuhn, Peter, Kosten des Betriebsrats, 1985 (zit. a.a.O.)

Weber, Ingrid, Der Entwurf des Arbeitsvertragsgesetzes auf dem Prüfstand des Europäischen Gemeinschaftsrechts und der Gleichberechtigung nach Art. 3 GG, BB 1992, S. 1345 ff

Weichsel, Manfred, Rechtstatsachen und Statistik, in: Die Deutsche Arbeitsgerichtsbarkeit, S. 523 ff, Festschrift zum 100jährigen Bestehen des Deutschen Arbeits gerichtsverbandes, 1993, (zit.: a.a.O.)

Weinrich, Christian, Vom zweifelhaften Nutzen einer Reform, Arbeitgeber 1989, S. 454

Weiß, Hans-Dietrich, Verrechtlichung als Selbstgefährdung des Rechts, DÖV 1978. S. 601 ff

Weiss, Manfred, Zu den Kosten der Betriebsverfassung, insbesondere der Einigungsstelle, AdG, Bd. 22 (1985) S. 37 ff

Wenzel, Leonhard, Anforderungen der modernen Arbeitsrechtsprechung, RdA 1976, S. 220 ff

Wenzel, Leonhard, Das neue Arbeitsgerichtsgesetz, AuR 1979, S.225 ff

Wenzel, Leonhard, Der zukünftige Arbeitsgerichtsprozeß - Gefahr einer verzettelten Reform, ZRP 1978, S. 206 ff

Wettmann, Reinhart W. - Jungjohann, Knut, Inanspruchnahme anwaltlicher Leistungen, 1989 (zit.: a.a.O.)

Weyel, Volker, Kündigungsschutzgesetz, Stellungnahme zur Untersuchung des Max-Planck-Instituts, der arbeitgeber 1981, S. 896 ff

Wiedemann, Herbert - Stumpf, Hermann, Tarifvertragsgesetz, 5. Auflage, 1977 (zit. a.a.O.)

Wiese, Günther, Der Ausbau des Betriebsverfassungsrechts, AdG Bd. 9, 1972 S. 55 ff

Wirtschaft Nordhessen (ab 1990 - zuvor: Kurhessische Wirtschaft), Nordhessen in Zahlen, verschiedene Jahrgänge, Herausgeber: Industrie- und Handelskammer Kassel (zit.: a.a.O.)

Wissing, Gerhard, Die Erstattungspflicht des Arbeitgebers nach § 128 AFG, NZA 1993, S. 385 ff

Wisskirchen, Alfred, Das neue Betriebsverfassungsgesetz aus der Sicht der Arbeitgeber, BArbBl. 1972, S.288 ff

Wisskirchen, Alfred - Worzalla, Michael, Arbeitsvertragsgesetz, Entwurf so nicht akzeptabel, Der Arbeitgeber 1992, S. 755 ff

Witte, Eberhard - Bronner, Rolf, Zur Abgrenzung der Leitenden Angestellten, DB 1974, S. 1233 ff

Wlotzke, Otfried, Die Änderungen des Betriebsverfassungsgesetzes und das Gesetz über Sprecherausschüsse der leitenden Angestellten (II), DB 1989, S. 173 ff

Wlotzke, Otfried, 40 Jahre Sozialstaat, Arbeitsrecht bewährt und unverzichtbar, BArbBl 1989, S. 5 ff

Wolf, Manfred, Die Klagebefugnis der Verbände, 1971 (zit. a.a.O.)

Wolfers, Andreas - Oberteis, Dominik - Baranski, Gerd-Ulli, Lotto, Die Maschinerie des Glücks, GEO 8/1993, S. 104 ff

Wollschläger, Christian, Mehr Rechtsschutz ohne Zivilprozeßrecht? Eine Prognose zum vereinfachten Verfahren in geringwertigen Streitigkeiten, ZfRSoz 1991, S. 248 ff

Worzalla, Michael Relikte des Klassenkampfes, Arbeitgeber 1990, S. 511

Zahlen zur Wirtschaftlichen Entwicklung der Bundesrepublik Deutschland, herausgegeben vom Institut der deutschen Wirtschaft, Köln, 1992, 1994, (zit.: Zahlen Jahreszahl a.a.O.)

Zander, Ernst, Die Personalpolitik unternehmerisch gestalten, FAZ Blick durch die Wirtschaft, vom 11.8.1988

Zander, Ernst, Personalführung, (bearb. von Krause, Axel), in Handbuch der Personalleitung (herausg. Wagner, Dieter - Zander, Ernst - Hauke, Christoph), 1992, S. 45 ff (zit. a.a.O.)

Zitscher, Wolfram, Eine neue Art der Prozeßbeschleunigung und Verfahrensbereinigung, ZfA 1979, S. 599 ff

Zmarzlik, Johannes, Entwurf eines Arbeitszeitgesetzes, BB 1993, S. 2009 ff

Zöllner, Wolfgang, Die Rechtsprechung des BVerfGer zu Art 9 Abs. 3 GG, AöR 98 (1973), S. 71 ff

Zöllner, Wolfgang, Empfiehlt es sich, das Recht der gemeinsamen Einrichtungen der Tarifvertragsparteien (§ 4 IV TVG) näher zu regeln, ggf. wie? 48. DJT Band I Gutachten G1-109; Band II Beschlüsse Q 108 (zit.: a.a.O.)

Zuck, Rüdiger, Neuordnung des anwaltlichen Berufsrechts, BRAK Mitt. 1993, S. 66 f

Zusatzversorgungskasse des Baugewerbes VVaG, Das Beitragseinzugsverfahren im Baugewerbe, Herausgegeben von der Zusatzversorgungskasse des Baugewerbes VVaG, Wiesbaden, 1990 (zit.: a.a.O.)

Zwickel, Klaus, Den Bund erneuern, Anmerkungen zur Reform des Deutschen Gewerkschaftsbundes, H. 12 1993, S. 725 ff

IV. Teil: Anhang

Abschnitt 1: Tabellen

Tabelle 1

Geschäftsanfall bei Gerichten

I. und letzte Instanz

(erledigte Verfahren)

Gerichtszweig	1960	1970	1980	1990
Zivilsachen: (gewöhliche Prozesse)				
Amtsgericht	765.724	791.589	850.592	1.202.782
Landgericht	84.836	158.690	270.413	351.083
Arbeitsgericht	161.704	187.084	296.826	320.298
Verwaltungsgericht	45.490	48.849	97.752	120.123
Sozialgericht	228.154	152.768	143.481	171.641
Finanzgericht			43.238	48.487
Bundesgerichtshof	1.745	3.043	3.772	4.632
Zivilsachen				
Bundesarbeitsgericht	710	489	740	1.494
Bundesverwaltungsgericht	-	2.069	6.359	3.154
Bundessozialgericht	2.727	2.649	775	2.284
Bundesfinanzhof	-	-	2.196	3.955
Bundesverfassungsgericht	-	1.660	3.274	4.121

Quelle: Bundesminister für Arbeit und Sozialordnung
Bundesminister für Finanzen
Bundesminister der Justiz
Bundesverfassungsgericht

Tabelle 2a

Tätigkeit der Arbeitsgerichte 1951 - 1960
ab 1957 einschl. Saarland - ab 1955 einschl. Berlin (West)

	1951	1952	1953	1954	1955	1956	1957	1958	1959	1960
1. Urteilsverfahren										
Eingereichte Klagen	145.318	147.575	155.689	154.252	157.853	159.449	189.786	177.158	171.084	160.394
.. durch Arbeitn., Gewerkschaften, Betriebsräte	142.303	144.000	151.207	148.219	151.166	150.981	179.570	164.558	159.913	148.344
.. durch Arbeitgeber und ihre Organisationen	3.015	3.569	4.451	5.912	6.512	8.232	10.216	12.600	11.171	12.050
.. durch Länder (§25HAG §14 MindArbG)								288		
Klagen insgesamt	145.318	147.575	155.689	154.252	157.853	159.449	219.171	226.242	207.920	191.165
Erledigte Klagen	148.008	148.032	155.715	154.867	154.967	161.892	170.375	189.554	177.285	161.704
.. durch streitiges Urteil				16.019		8.460	17.159	17.732	16.965	16.255
.. durch sonstiges Urteil				19.099		10.350	20.802	23.818	26.230	23.125
.. durch Vergleich				64.796		31.215	66.526	66.056	62.571	54.509
.. auf andere Weise				54.953		31.541	65.888	81.948	71.519	67.815
nach Streitgegenständen:										
.. Arbeitsentgelt	99.432	92.489	96.259	90.913	89.520	93.671	97.413	111.979	102.624	94.566
.. Arbeitszeit							1.141	1.275	1.129	782
.. Urlaub, Urlaubsentgelt	16.028	15.198	16.716	17.329	17.833	17.467	17.054	16.525	15.429	15.064
Bestandsstreitigkeiten (§61 a ArbGG)										
.. Kündigungen	31.379	39.205	41.732	46.499	39.952	42.283	46.961	48.683	46.058	38.114
.. Herausgabe Arbeitspap.							11.134	11.407	12.065	11.631
.. Zeugniserteilg.,-berichtigg.							2.932	3.039	2.864	2.809
.. Schadenersatz										
.. sonstiges	1.169						23.676	27.739	28.489	28.860
2. Sonstige Verfahren										
Arreste u. einstw.Verfügung.										
eingereichte Anträge										
Eingeg. Mahnverfahren								18.849		
3. Beschlußverfahren										
eingereichte Anträge						829		406		
durch Arbeitn., Gewerksch., Betriebsräte, Wahlvorst.										
Arbeitg. u. ihre Vereinig.										
Beschlußsachen insges.						829		496		

Quelle: BMJ, BMI, BMA
Eingereichte Klagen bis 1966: eigene Berechnungen

Tabelle 2b

Tätigkeit der Arbeitsgerichte 1961 - 1970
ab 1957 einschl. Saarland - ab 1955 einschl. Berlin (West)

	1961	1962	1963	1964	1965	1966	1967	1968	1969	1970
1. Urteilsverfahren										
Eingereichte Klagen	164.479	158.467	164.880	176.947	178.165	182.567	205.664	176.801	172.615	201.028
.. durch Arbeitn., Gewerkschaften, Betriebsräte	150.981	143.933	150.510	161.974	162.705	167.541	191.584	163.934	159.786	186.175
.. durch Arbeitgeber und ihre Organisationen	13.498	14.534	14.370	14.973	15.460	15.026	14.080	12.867	12.829	14.853
.. durch Länder (§25 HAG und §14 MindArbG)										
Klagen insgesamt	194.088	187.347	195.343	212.048	215.569	230.816	251.502	221.717	210.783	239.690
Erledigte Klagen	165.307	156.986	160.486	174.784	167.552	185.144	206.839	183.878	172.259	187.084
.. durch streitiges Urteil	15.763	16.344	17.224	17.724	16.423	17.080	20.246	18.624	17.204	18.131
.. durch sonstiges Urteil	22.898	23.769	23.409	26.830	25.937	32.645	32.244	29.553	27.190	32.948
.. durch Vergleich	52.642	52.741	52.761	52.609	50.694	53.784	62.337	56.122	54.625	58.521
.. auf andere Weise	74.004	64.132	67.092	77.621	74.498	81.635	92.012	79.579	73.240	77.484
nach Streitgegenständen:										
.. Arbeitsentgelt	98.174	87.086	87.917	101.920	96.577	110.756	116.508	110.234	102.077	111.408
.. Arbeitszeit	753	1.092	1.481	990	900	821	743	564	531	484
.. Urlaub, Urlaubsentgelt	12.878	12.100	13.053	13.653	13.540	14.191	15.221	13.075	12.851	12.618
Bestandsstreitigkeiten (§61 a ArbGG)										
.. Kündigungen	36.716	38.642	41.264	38.781	36.217	40.504	57.443	41.287	37.290	44.718
.. Herausgabe Arbeitspap.	11.026	11.199	11.665	12.228	12.686	13.165	14.390	13.099	13.348	14.550
.. Zeugniserteilg., -berichtigg.	2.562	2.742	3.896	3.158	3.058	2.766	2.997	2.765	2.937	2.854
.. Schadenersatz										
.. sonstiges	29.727	28.819	30.773	33.702	32.476	33.831	36.197	34.696	34.261	35.806
2. Sonstige Verfahren										
Arreste u. einstw. Verfügung.										
eingereichte Anträge										
Eingeg. Mahnverfahren										
3. Beschlußverfahren										
eingereichte Anträge					507	319	295	1.701	380	281
durch Arbeitn., Gewerksch., Betriebsräte, Wahlvorst.										
Arbeitg. u. ihre Vereinig.										
Beschlußsachen insges.										

Quelle: BMJ, BMI, BMA
Eingereichte Klagen bis 1966: eigene Berechnungen

Tabelle 2c

Tätigkeit der Arbeitsgerichte 1971 - 1980
ab 1957 einschl. Saarland - ab 1955 einschl. Berlin (West)

	1971	1972	1973	1974	1975	1976	1977	1978	1979	1980
1. Urteilsverfahren										
Eingereichte Klagen										
.. durch Arbeitn., Gewerkschaften, Betriebsräte	218.726	232.980	247.341	297.162	301.625	288.388	296.376	327.271	273.978	302.602
.. durch Arbeitgeber und ihre Organisationen	203.191	216.882	231.368	281.188	284.501	274.325	283.437	314.750	261.597	289.166
.. durch Länder (§25 HAG ... und §14 MindArbG)	15.344	15.580	15.752	15.408	15.870	12.477	11.432	11.365	11.619	13.313
								466	470	123
Klagen insgesamt	271.332	291.994	315.414	376.186	398.388	382.970	376.406	401.571	y379.240	400.964
Erledigte Klagen	212.318	223.921	236.390	279.423	303.776	302.940	302.106	x296.309	280.878	296.826
.. durch streitiges Urteil	20.851	22.344	23.000	26.513	30.598	31.513	31.501	29.911	28.947	29.546
.. durch sonstiges Urteil	35.767	38.175	39.373	43.446	39.775	37.437	36.427	37.142	34.858	38.144
.. durch Vergleich	64.680	70.405	74.617	93.030	106.905	107.546	109.300	102.921	103.185	109.597
.. auf andere Weise	91.020	92.997	99.400	116.434	126.498	126.444	124.878	126.335	113.888	119.539
nach Streitgegenständen:										
.. Arbeitsentgelt	126.289	131.116	138.447	151.899	148.847	156.115	151.798	149.733	139.712	142.853
.. Arbeitszeit	409	451	546	382	369	439	395	421	360	394
.. Urlaub, Urlaubsentgelt	12.408	13.106	12.936	13.801	12.041	11.090	11.083	10.400	10.645	11.101
Bestandsstreitigkeiten (§61 a ArbGG)										
.. Kündigungen	54.244	61.541	67.787	99.329	123.620	116.876	119.098	111.043	106.931	114.913
.. Herausgabe Arbeitspap.	15.878	16.370	17.061	16.568	14.436	14.381	13.262	12.823	13.209	14.574
.. Zeugniserteilg., -berichtgg.	3.011	3.158	3.553	3.774	4.239	4.431	4.980	5.100	4.979	5.366
.. Schadenersatz	6.522	7.191	7.289	6.327	5.820	5.440	5.078	5.196	5.314	5.543
.. tarifliche Einstufungen	1.637	1.481	1.543	1.427	1.782	1.828	1.874	1.838	1.884	3.604
.. sonstiges	31.937	32.455	36.188	39.270	41.802	40.291	39.590	40.880	38.049	38.241
2. Sonstige Verfahren										
Arreste u. einstw.Verfügung.										
eingereichte Anträge							3.886	4.142	3.958	4.012
ergangene Entscheidungen							3.450	3.484	3.644	3.465
Eingeg. Mahnverfahren							68.879	74.603	76.149	81.003
3. Beschlußverfahren										
eingereichte Anträge	324	3.174	3.531	4.476	4.487	4.163	4.452	4.312	3.349	4.711
durch Arbeitn., Gewerksch., Betriebsräte, Wahlvorst.							3.288	3.033	2.175	3.428
Arbeitg. u. ihre Vereinig.							1.164	1.278	1.172	1.282
Beschlußsachen insges.							6.900	6.462	5.061	5.747

x darunter 6.110 Massenklagen

y darunter 29.711 Massenklagen von IG Metall u. IG Druck u. Papier

Quelle: BMJ, BMI, BMA

Tabelle 2d

Tätigkeit der Arbeitsgerichte 1981 - 1992

ab 1957 einschl. Saarland - ab 1955 einschl. Berlin (West)

1. Urteilsverfahren	1981	1982	1983	1984	1985	1986	1987	1988	1989	1990	1991	1992
Eingereichte Klagen	347.520	386.789	365.363	361.435	367.725	365.895	360.813	356.960	336.816	325.969	342.183	402.013
.. durch Arbeitn., Gewerkschaften, Betriebsräte	333.974	374.031	354.792	351.259	357.156	356.181	350.800	346.816	326.748	315.902	330.762	389.143
.. durch Arbeitgeber und ihre Organisationen	13.358	12.621	10.383	10.045	10.376	9.556	9.837	9.850	9.876	9.841	10.546	12.699
.. durch Länder (§25 HAG .. und §14 MindArbG)	188	137	188	131	193	158	176	294	192	226	875	171
Klagen insgesamt	451.658	488.394	484.762	474.400	476.292	479.085	474.677	464.789	435.818	425.944	447.829	533.342
Erledigte Klagen	350.053	368.995	371.797	365.826	363.102	365.226	366.848	365.787	335.843	320.298	330.298	383.545
.. durch streitiges Urteil	32.690	38.191	38.546	36.315	36.500	37.207	35.867	35.779	33.429	30.650	29.380	34.951
.. durch sonstiges Urteil	40.348	43.958	44.411	46.788	44.912	46.772	48.174	47.975	41.713	38.802	36.735	38.220
.. durch Vergleich	125.734	142.966	141.570	135.161	136.760	135.858	136.989	134.607	131.443	129.218	140.467	167.100
.. auf andere Weise	151.281	143.880	147.270	147.562	144.930	145.389	145.818	147.426	129.258	121.628	123.716	143.274
nach Streitgegenständen:												
.. Arbeitsentgelt	165.690	149.344	151.562	155.112	155.630	120.946	119.510	114.778	109.210	107.271	109.181	119.810
.. Arbeitszeit	372	529	619	597	993	775	734	1.908	692			
.. Urlaub, Urlaubsentgelt	11.380	12.085	11.372	11.781	12.821	11.871	12.754	12.401	12.580	12.306	12.932	13.034
Bestandsstreitigkeiten (§61 a ArbGG)										135.565	147.515	192.409
.. Kündigungen	145.972	182.910	179.483	163.580	162.204	155.225	151.508	146.093	136.690	127.030	137.426	183.048
.. Herausgabe Arbeitspap.	15.360	15.475	14.393	14.829	15.216	15.037	15.386	14.609	14.729			
.. Zeugniserteilg., -berichtig.	5.924	6.536	6.853	7.299	7.772	8.488	8.989	9.589	9.785	10.203	10.775	11.417
.. Schadenersatz	5.794	5.882	5.157	4.963	4.615	4.499	4.528	4.455	4.678	4.637	4.583	4.710
.. tarifliche Einstufungen	1.866	2.422	1.929	1.805	1.870	2.251	1.798	2.265	2.801	3.071	3.176	4.071
.. sonstiges	46.911	50.372	53.709	58.630	59.963	106.672	114.795	120.688	104.207	105.291	101.794	105.175
2. Sonstige Verfahren												
Arreste u. einstw.Verfügung.												
eingereichte Anträge	4.664	5.577	5.275	5.414	5.431	4.706	4.372	4.431	4.172	3.977	4.311	4.383
ergangene Entscheidungen	3.985	4.745	4.672	4.684	4.537	4.029	3.705	3.637	3.473	3.274	3.504	3.413
Eing. Mahnverfahren	82.456	85.992	70.420	72.903	68.771	68.029	57.713	57.301	67.591	66.952	74.644	64.360
3. Beschlußverfahren												
eingereichte Anträge	5.200	5.380	5.455	6.317	7.236	6.719	7.173	7.357	8.651	8.654	8.704	8.503
durch Arbeitn., Gewerksch., Betriebsräte, Wahlvorst.	3.365	3.464	3.786	4.029	4.456	4.220	4.258	4.589	5.376	5.590	5.659	5.423
Arbeitg. u. ihre Vereinig.	1.833	1.914	1.659	2.287	2.776	2.490	2.914	2.768	3.275	3.061	3.042	3.070
Beschlußsachen insges.	7.263	7.067	7.476	8.105	9.389	9.475	10.029	10.280	11.728	12.435	11.897	12.473

Quelle: BMJ, BMI, BMA

Tabelle 3a

Tätigkeit der Landesarbeitsgerichte 1951 - 1960

	1951	1952	1953	1954	1955	1956	1957	1958	1959	1960
1. Berufungsverfahren										
Eingereichte Berufungen	1.282	1.086	1.263	6.061	6.606	6.738	6.422	6.652	x 6.299	x 5.765
Berufungen insgesamt							8.703	8.771	8.629	7.898
Bestandsstreitigkeiten (§ 64 Abs.8 ArbGG)										
nach Art der Erledigung										
.. durch streitiges Urteil				2.327			2.755	2.732	2.825	2.637
.. durch sonstiges Urteil				152			85	103	85	81
.. durch Vergleich				1.579			1.782	1.742	1.773	1.567
.. durch Beschluß (§519b ZPO)									: :	: :
.. auf andere Weise				1.750			1.962	1.923	1.978	1.645
2.Beschwerdeverfahren in Beschlußsachen nach §§ 87, 98 Abs.2 ArbGG										
Eingereichte Beschwerden										
Beschwerden insgesamt										
3.Beschwerdeverfahren nach §§ 78, 83 Abs.5 ArbGG										
Eingereichte Beschwerden										
Beschwerden insgesamt										

Quelle: Bundesministerium für Arbeit und Sozialordnung   x Schätzung, eigene Berechnung

Tabelle 3b

Tätigkeit der Landesarbeitsgerichte 1961 - 1970

	1961	1962	1963	1964	1965	1966	1967	1968	1969	1970
1. Berufungsverfahren										
Eingereichte Berufungen	x 5.715	x 5.637	x 6.168	x 6.695	x 6.764	x 6.514	7.549	7.338	6.916	7.269
Berufungen insgesamt	7.830	7.722	8.450	9.172	9.267	8.924	9.972	10.128	9.760	9.980
erl. Bestandsstreitigkeiten (§ 64 Abs.8 ArbGG)										
nach Art der Erledigung										
.. durch streitiges Urteil	2.549	2.559	2.618	2.654	2.807	2.658	2.843	2.884	2.757	2.594
.. durch sonstiges Urteil	88	60	75	96	114	144	151	131	155	130
.. durch Vergleich	1.481	1.553	1.456	1.548	1.620	1.772	2.005	2.101	1.979	2.042
.. durch Beschluß (§519b ZPO)	..	..	..	..	559	591	708	720	639	653
.. auf andere Weise	1.610	1.627	1.218	1.877	1.305	1.336	1.475	1.448	1.519	1.589
2.Beschwerdeverfahren in Beschlußsachen nach §§ 87, 98 Abs.2 ArbGG										
Eingereichte Beschwerden										
Beschwerden insgesamt										
3.Beschwerdeverfahren nach §§ 78, 83 Abs.5 ArbGG										
Eingereichte Beschwerden										
Beschwerden insgesamt										
Quelle: Bundesministerium für Arbeit und Sozialordnung						x Schätzung, eigene Berechnung				

Tabelle 3c

Tätigkeit der Landesarbeitsgerichte 1971 - 1980

	1971	1972	1973	1974	1975	1976	1977	1978	1979	1980
1. Berufungsverfahren										
Eingereichte Berufungen	8.210	8.839	9.232	11.365	13.732	15.065	15.062	14.637	13.721	12.832
Berufungen insgesamt	11.182	12.018	12.988	15.741	19.370	21.553	21.996	21.473	20.256	18.708
erl. Bestandsstreitigkeiten (§ 64 Abs.8 ArbGG)										5.312
nach Art der Erledigung										
.. durch streitiges Urteil	3.079	3.017	3.161	3.591	4.401	4.977	5.307	5.608	5.624	5.060
.. durch sonstiges Urteil	174	180	188	212	232	234	242	192	298	153
.. durch Vergleich	2.182	2.391	2.392	2.801	3.658	4.477	4.768	4.672	4.387	3.972
.. durch Beschluß (§519b ZPO)	696	808	780	1.084	1.341	1.188	1.092	908	736	648
.. auf andere Weise	1.872	1.866	2.091	2.415	3.250	3.743	3.751	3.558	3.335	3.155
2.Beschwerdeverfahren in Beschlußsachen nach §§ 87, 98 Abs.2 ArbGG										
Eingereichte Beschwerden							914	865	644	737
Beschwerden insgesamt							1.354	1.297	1.073	1.008
3.Beschwerdeverfahren nach §§78, 83 Abs.5 ArbGG										
Eingereichte Beschwerden							2.045	2.207	2.122	2.377
Beschwerden insgesamt							2.499	2.620	2.566	2.694

Quelle: Bundesministerium für Arbeit und Sozialordnung

239

Tabelle 3d

Tätigkeit der Landesarbeitsgerichte 1981 - 1992

	1981	1982	1983	1984	1985	1986	1987	1988	1989	1990	1991	1992
1. Berufungsverfahren												
Eingereichte Berufungen	14.133	16.877	19.228	17.483	18.048	18.643	17.831	17.494	16.259	15.827	14.881	17.075
Berufungen insgesamt	19.853	22.756	26.474	25.856	25.602	26.969	26.407	25.967	24.603	23.763	22.625	24.877
erl. Bestandsstreitigkeiten (§ 64 Abs.8 ArbGG)	6.478	7.744	9.642	9.105	8.276	7.867	7.489	7.300	6.431	6.020	5.344	5.934
nach Art der Erledigung												
.. durch streitiges Urteil	5.302	6.147	6.751	6.684	6.467	6.920	6.466	6.425	6.089	5.931	5.483	5.714
.. durch sonstiges Urteil	168	157	171	195	182	217	256	171	172	168	128	154
.. durch Vergleich	4.363	4.731	5.829	6.008	5.265	5.654	5.538	5.628	5.017	4.873	4.483	4.550
.. durch Beschluß (§519b ZPO)	750	871	935	936	842	840	795	677	706	546	575	575
.. auf andere Weise	3.391	3.604	4.415	4.474	4.520	4.762	4.879	4.722	4.683	4.501	4.154	4.650
2.Beschwerdeverfahren in Beschlußsachen nach §§ 87, 98 Abs.2 ArbGG												
Eingereichte Beschwerden	874	967	1.230	1.109	1.288	1.472	1.219	1.378	1.285	1.303	1.252	1.577
Beschwerden insgesamt	1.236	1.422	1.768	1.865	1.864	2.134	2.048	1.954	1.862	1.828	1.775	2.083
3. Beschwerdeverfahren nach §§ 78, 83 Abs.5 ArbG												
Eingereichte Beschwerden	2.755	3.323	3.779	3.788	4.137	4.270	4.315	4.323	4.198	3.889	3.692	4.195
Beschwerden insgesamt	3.082	3.753	4.289	4.312	4.664	4.931	4.929	5.016	4.932	4.564	4.308	4.933

Quelle: Bundesministerium für Arbeit und Sozialordnung

Tabelle 4a

Tätigkeit des Bundesarbeitsgerichtes 1953 - 1960
(ab 1957 einschl. Saarland)

	1951	1952	1953	1954	1955	1956	1957	1958	1959	1960
1. Revisionen										
Eingelegte Revisionen			85	646	592	625	658	598	x 925	x 778
Revisionen insgesamt							1.451	1.407	1.402	1.179
2. Rechtsbeschwerden										
eingereichte Rechtsbeschwerden										
Rechtsbeschwerden insgesamt			35	35			14			
3. Nichtzulassungsbeschw.										
4. Revisionsbeschwerden			36	36			41			
5. Verfahren weitere Beschwerden										
6. Bestimmungen des zuständigen Gerichts										
7. Anträge auf Bewilligung von Prozeßkostenhilfe-Armenrecht			56	56			41			
8. Entscheidungen über Anträge auf Einstellung der Zwangsvollstreckung			47	47			42			
						x Schätzung				

Quelle: Bundesministerium für Arbeit und Sozialordnung

Tabelle 4b

Tätigkeit des Bundesarbeitsgerichtes 1961 - 1970
(ab 1957 einschl. Saarland)

	1961	1962	1963	1964	1965	1966	1967	1968	1969	1970
1. Revisionen										
Eingelegte Revisionen	x 685	x 617	x 564	x 505	x 539	x 521	471	562	542	418
Revisionen insgesamt	1.039	936	855	766	818	790	718			
2. Rechtsbeschwerden										
eingereichte Rechtsbeschwerden										
Rechtsbeschwerden insgesamt										
3. Nichtzulassungsbeschw.										
4. Revisionsbeschwerden										
5. Verfahren weitere Beschwerden										
6. Bestimmungen des zuständigen Gerichts										
7. Anträge auf Bewilligung von Prozeßkostenhilfe-Armenrecht										
8. Entscheidungen über Anträge auf Einstellung der Zwangsvollstreckung										

Quelle: Bundesministerium für Arbeit und Sozialordnung

Tabelle 4c

Tätigkeit des Bundesarbeitsgerichtes 1971 - 1980

(ab 1957 einschl. Saarland)

	1971	1972	1973	1974	1975	1976	1977	1978	1979	1980
1. Revisionen										
Eingelegte Revisionen	513	615	605	640	797	851	1.106	1.195	1.282	635
Revisionen insgesamt	733	870	908	1.006	1.252	1.463	1.837	2.283	2.721	2.369
2. Rechtsbeschwerden										
eingereichte Rechtsbeschwerden							113	109	108	65
Rechtsbeschwerden insgesamt							243	258	251	213
3. Nichtzulassungsbeschw.									155	510
4. Revisionsbeschwerden							41	32	25	12
5. Verfahren weitere Beschwerden										
6. Bestimmungen des zuständigen Gerichts							3	8	2	6
7. Anträge auf Bewilligung von Prozeßkostenhilfe-Armenrecht							25	17	25	5
8. Entscheidungen über Anträge auf Einstellung der Zwangsvollstreckung							31	33	33	16

Quelle: Bundesministerium für Arbeit und Sozialordnung

Tabelle 4d

Tätigkeit des Bundesarbeitsgerichtes 1981 - 1992
(ab 1957 einschl. Saarland)

	1981	1982	1983	1984	1985	1986	1987	1988	1989	1990	1991	1992
1. Revisionen												
Eingelegte Revisionen	576	636	617	674	792	667	819	658	650	614	561	720
Revisionen insgesamt	2.205	2.037	1.930	1.794	1.856	1.772	1.832	1.534	1.360	1.319	1.174	1.287
2. Rechtsbeschwerden												
eingereichte Rechtsbeschwerden	77	76	86	74	80	87	100	101	92	85	79	69
Rechtsbeschwerden insgesamt	242	239	237	228	231	232	214	206	216	177	152	127
3. Nichtzulassungsbeschw.	539	608	682	770	700	738	665	705	673	592	648	535
4. Revisionsbeschwerden	16	16	22	92	12	21	13	13	10	4	12	15
5. Verfahren weitere Beschwerden												33
6. Bestimmungen des zuständigen Gerichts	13	7	16	17	9	10	11	8	7	5	10	16
7. Anträge auf Bewilligung von Prozeßkostenhilfe-Armenrecht	8	8	11	18	12	8	7	5	8	11	3	8
8. Entscheidungen über Anträge auf Einstellung der Zwangsvollstreckung	15	63	62	17	14	18	14	10	11	11	9	15

Quelle: Bundesministerium für Arbeit und Sozialordnung

Tabelle 5

Revisionen und Nichtzulassungsbeschwerden
1979 - 1992

1979	1980	1981	1982	1983	1984	1985	1986	1987	1988	1989	1990	1991	1992
1.437	1.145	1.115	1.244	1.299	1.444	1.492	1.405	1.484	1.363	1.323	1.250	1.222	1.255

Durchschnitt 1980 - 1991 = 1.315

Quelle: Bundesministerium für Arbeit und Sozialordnung, eigene Berechnungen

Tabelle 6

Eingereichte Klagen Arbeitsgerichte
nach Jahrzehnten

von - bis	Durchschnitt/Jahr	%
1951 - 1960	161.856	100
1961 - 1970	178.161	110
1971 - 1980	278.645	172
1981 - 1990	357.528	221

Quelle: Bundesministerium für Arbeit und Sozialordnung, eigene Berechnung

Tabelle 7

Eingereichte Urteilsverfahren aller Instanzen der Arbeitsgerichtsbarkeit nach Jahrzehnten

von - bis	Summen
1951 - 1960	1.671.639
1961 - 1970	1.853.604
1971 - 1980	2.917.383
1981 - 1990	3.753.855

Quelle: Bundesministerium für Arbeit und Sozialordnung

eigene Berechnungen

Tabelle 8

Eingereichte Klagen der Arbeitnehmer und Arbeitgeber (1951 - 1992)

Jahr	Eingereichte Klagen	davon Arbeitnehmer	in %	davon Arbeitgeber	in %
1951	145.318	142.303	98%	3.015	2%
1956	159.449	150.981	95%	8.232	5%
1961	164.479	150.981	92%	13.498	8%
1966	182.567	167.541	92%	15.026	8%
1971	218.726	203.191	93%	15.344	7%
1976	288.388	274.325	95%	12.477	5%
1981	347.520	333.974	96%	13.358	4%
1986	365.895	356.181	97%	9.556	3%
1991	342.183	330.762	97%	10.546	3%
1992	402.013	389.143	97%	12.699	3%

Quelle: BMJ, BMI, BMA / eigene Berechnungen

Tabelle 9
Tätigkeit der Arbeitsgerichte 1951 - 1992
erledigte Klagen,
1. davon Kündigungen, 2. davon Entgelte

Jahr	erledigte Klagen	1. davon Kündigungen	Anteil %	2. davon Arbeitsentgelt	Anteil %
1951	148.008	31.379	21,2	99.432	67,2
1952	148.032	39.205	26,5	92.489	62,5
1953	155.715	41.732	26,8	96.259	61,8
1954	154.867	46.499	30,0	90.913	58,7
1955	154.967	39.952	25,8	89.520	57,8
1956	161.892	42.283	26,1	93.671	57,9
1957	170.375	46.961	27,6	97.413	57,2
1958	189.554	48.683	25,7	111.979	59,1
1959	177.285	46.058	26,0	102.624	57,9
1960	161.704	38.114	23,6	94.566	58,5
1961	165.307	36.716	22,2	98.174	59,4
1962	156.986	38.642	24,6	87.086	55,5
1963	160.486	41.264	25,7	87.917	54,8
1964	174.784	38.781	22,2	101.920	58,3
1965	167.552	36.217	21,6	96.577	57,6
1966	185.144	40.504	21,9	110.756	59,8
1967	206.839	57.443	27,8	116.508	56,3
1968	183.878	41.287	22,5	110.234	59,9
1969	172.259	37.290	21,6	102.077	59,3
1970	187.084	44.718	23,9	111.408	59,5
1971	212.318	54.244	25,5	126.289	59,5
1972	223.921	61.541	27,5	131.116	58,6
1973	236.390	67.787	28,7	138.447	58,6
1974	279.423	99.329	35,5	151.899	54,4
1975	303.776	123.620	40,7	148.847	49,0
1976	302.940	116.876	38,6	156.115	51,5
1977	302.106	119.098	39,4	151.798	50,2
1978	296.309	111.043	37,5	149.733	50,5
1979	280.878	106.931	38,1	139.712	49,7
1980	296.826	114.913	38,7	142.853	48,1
1981	350.053	145.972	41,7	165.690	47,3
1982	368.995	182.910	49,6	149.344	40,5
1983	371.797	179.483	48,3	151.562	40,8
1984	365.826	163.580	44,7	155.112	42,4
1985	363.102	162.204	44,7	155.630	42,9
1986	365.226	155.225	42,5	120.946	33,1
1987	366.848	151.508	41,3	119.510	32,6
1988	365.787	146.093	39,9	114.778	31,4
1989	335.843	136.690	40,7	109.210	32,5
1990	320.298	127.030	39,7	107.271	33,5
1991	330.296	137.426	41,6	109.181	33,1
1992	383.545	183.048	47,7	119.810	31,2

Quelle: Bundesministerium für Arbeit und Sozialordnung, eigene Berechnungen

Tabelle 10

Eingereichte Beschlußverfahren
der Arbeitnehmer und Arbeitgeber
(1965 - 1992)

Jahr	Eingereichte Beschlußverfahren	davon Arbeitnehmer	in %	davon Arbeitgeber	in %
1965	507				
1966	319				
1967	295				
1968	1.701				
1969	380				
1970	281				
1971	324				
1972	3.174				
1973	3.531				
1974	4.476				
1975	4.487				
1976	4.163				
1977	4.452	3.288	74%	1.164	26%
1978	4.312	3.033	70%	1.278	30%
1979	3.349	2.175	65%	1.172	35%
1980	4.711	3.428	73%	1.282	27%
1981	5.200	3.365	65%	1.833	35%
1982	5.380	3.464	64%	1.914	36%
1983	5.455	3.786	69%	1.659	30%
1984	6.317	4.029	64%	2.287	36%
1985	7.236	4.456	62%	2.776	38%
1986	6.719	4.220	63%	2.490	37%
1987	7.173	4.258	59%	2.914	41%
1988	7.357	4.589	62%	2.768	38%
1989	8.651	5.376	62%	3.275	38%
1990	8.654	5.590	65%	3.061	35%
1991	8.704	5.659	65%	3.042	35%
1992	8.503	5.423	64%	3.070	36%
Quelle: BMJ, BMI, BMA / eigene Berechnungen					

Tabelle 11

Gesetzesblätter
des Bundes und des Landes Hessen
(Anzahl der Seiten)

Jahr	BGBL Teil I	Hess. GVBL	Staatsanz. f.d.Land Hessen
1949 + 50	826		
1951	1.010		
1952	856		
1953	810		
1954	532		
1955	896	63	
1956	1.082	169	
1957	1.910	240	
1958	992	186	
1959	836	97	
1960	1.092	244	
1961	2.152	207	
1962	776	531	
1963	1.044	200	
1964	1.112	253	
1965	2.176	358	
1966	776	336	
1967	1.380	230	
1968	1.478	314	
1969	2.436	365	
1970	1.880	762	
1971	2.172	346	
1972	2.560	446	
1973	2.000	486	
1974	3.744	688	
1975	3.186	336	
1976	2.596	593	2.344
1977	3.188	500	2.584
1978	2.100	704	2.656
1979	2.392	286	2.544
1980	2.356	544	2.456
1981	1.728	460	2.452
1982	2.100	302	2.472
1983	1.684	170	2.496
1984	1.732	356	2.684
1985	2.560	262	2.428
1986	2.764	472	2.616
1987	2.868	262	2.714
1988	2.660	452	2.888
1989	2.564	508	2.448
1990	3.016	814	2.992
1991	2.404	430	3.004
1992	2.500	680	3.404

Tabelle 12

Erledigte Klagen nach Art der Eledigung

Jahr	Vergleich	%	Streitiges Urteil	%	Sonst.Urteil	%	Anderw.Erled.	%	Erled.Klagen gesamt
1959	62.571	35,29	16.965	9,57	26.230	14,80	71.519	40,34	177.285
1960	54.509	33,71	16.255	10,05	23.125	14,30	67.815	41,94	161.704
1961	52.642	31,84	15.763	9,54	22.898	13,85	74.004	44,77	165.307
1962	52.741	33,60	16.344	10,41	23.769	15,14	64.132	40,85	156.986
1963	52.761	32,88	17.224	10,73	23.409	14,59	67.092	41,81	160.486
1964	52.609	30,10	17.724	10,14	26.830	15,35	77.621	44,41	174.784
1965	50.694	30,26	16.423	9,80	25.937	15,48	74.498	44,46	167.552
1966	53.784	29,05	17.080	9,23	32.645	17,63	81.635	44,09	185.144
1967	62.337	30,14	20.246	9,79	32.244	15,59	92.012	44,48	206.839
1968	56.122	30,52	18.624	10,13	29.553	16,07	75.579	41,10	183.878
1969	54.625	31,71	17.204	9,99	27.190	15,78	73.240	42,52	172.259
1970	58.521	31,28	18.131	9,69	32.948	17,61	77.484	41,42	187.084
1971	64.680	30,46	20.851	9,82	35.767	16,85	91.020	42,87	212.318
1972	70.405	31,44	22.344	9,98	38.175	17,05	92.997	41,53	223.921
1973	74.617	31,57	23.000	9,73	39.373	16,66	99.400	42,05	236.390
1974	93.030	33,29	26.513	9,49	43.446	15,55	116.434	41,67	279.423
1975	106.905	35,19	30.598	10,07	39.775	13,09	126.498	41,64	303.776
1976	107.546	35,50	31.513	10,40	37.437	12,36	126.444	41,74	302.940
1977	109.300	36,18	31.501	10,43	36.427	12,06	124.878	41,34	302.106
1978	102.921	34,73	29.911	10,09	37.142	12,53	126.335	42,64	296.309
1979	103.185	36,74	28.947	10,31	34.858	12,41	113.888	40,55	280.878
1980	109.597	36,92	29.546	9,95	38.144	12,85	119.539	40,27	296.826
1981	125.734	35,92	32.690	9,34	40.348	11,53	151.281	43,22	350.053
1982	142.966	38,74	38.191	10,35	43.958	11,91	143.880	38,99	368.995
1983	141.570	38,08	38.546	10,37	44.411	11,94	147.270	39,61	371.797
1984	135.161	36,95	36.315	9,93	46.788	12,79	147.562	40,34	365.826
1985	136.760	37,66	36.500	10,05	44.912	12,37	144.930	39,91	363.102
1986	135.858	37,20	37.207	10,19	46.772	12,81	145.389	39,81	365.226
1987	136.989	37,34	35.867	9,78	48.174	13,13	145.818	39,75	366.848
1988	134.607	36,80	35.779	9,78	47.975	13,12	147.426	40,30	365.787
1989	131.443	39,14	33.429	9,95	41.713	12,42	129.258	38,49	335.843
1990	129.218	40,34	30.650	9,57	38.802	12,11	121.628	37,97	320.298
1991	140.467	42,53	29.380	8,89	36.735	11,12	123.716	37,46	330.298
1992	167.100	43,57	34.951	9,11	38.220	9,96	143.274	37,35	383.545

Quelle: Bundesministerium für Arbeit und Soziales, eigene Berechnungen

252

Tabelle 13

Vergleichserledigungen der Länder 1979
an Gesamtzahl Bund (ohne LAK / ZVK)

einger.Klagen	Anteil %		erl. Klagen insgesamt	Anteil % an Bund	Vergl. erl. insgesamt	%	Vergl. erl. Anteil % an erl. Klagen Bund
237.877		**Bund**	**244.136**	**100,00**	**102.952**	**42,16**	
9.044	3,80	Schl.Holst.	9.017	3,69	3.836	42,54	3,72
9.626	4,04	Hamburg	10.046	4,11	4.500	44,79	4,37
20.944	8,80	Nieders.	21.803	8,93	8.483	38,9	8,23
4.467	1,87	Bremen	4.575	1,87	1.920	41,96	1,86
73.290	30,81	NRW	76.272	31,24	30.838	40,43	29,95
22.520	9,46	Hessen	23.505	9,62	11.325	48,18	11.00
13.000	5,46	Rheinl-Pfalz	13.032	5,33	6.008	46,10	5,83
27.718	11,65	Bad Württ.	28.923	11,84	13.600	47,02	13,21
37.087	15,59	Bayern	36.361	14,89	14.956	41,13	14,52
3.959	1,66	Saarland	4.056	1,66	1.809	44,6	1,75
16.222	6,81	Berlin	16.546	6,77	5.677	34,31	5,51

Quelle: Bundesstatistik, eigene Berechnungen

Tabelle 14

Dichte des Arbeitsgerichtsnetzes

(April 1979)	Schl.Holst.	Hamburg	Neders.	Bremen	NRW	Hessen	Rhl.Pfalz	Bad.Württ.	Bayern	Saarl.	Berlin	Bund
ath.Besch. (Arb., Ang., Beamte)	960	667	2.617	269	6.161	2.151	1.330	3.611	4.178	353	770	23.066
eingeg.Klagen ohne LAK/ZVK	9.044	9.626	20.944	4.467	73.290	22.520	13.000	27.718	37.087	3.959	16.222	237.877
Klagen je 100 ath. Besch.	9,42	14,43	8,00	16,60	11,89	10,46	9,77	7,67	8,87	11,21	21,06	10,31
Fläche qkm	15.658	747	47.392	403	34.041	21.108	19.831	35.749	70.549	2.557	479	248.524
Arb. Gerichte u. Zweigstellen	9	1	15	2	29	12	10	20	21	3	1	123
qkm je Arbger. einschl. Zweigst.	1.739	747	3.159	201	1.174	1.759	1.983	1.787	3.359	855	479	2.020

Quelle: Statistisches Bundesamt + eigene Berechnungen

Tabelle 15

Prozeßvertretung 1. Instanz

In den durch streitiges Urteil beendeten Verfahren

I. war die Arbeitnehmerseite

1.) anwaltlich vertreten
a) 1954 zu 28 % (= 100)
b) 1964 zu 35,3 % (= 126)
c) 1971 zu 43,2 % (= 154)

2.) gewerkschaftlich vertreten
a) 1954 zu 33,2 % (= 100)
b) 1964 zu 27,9 % (= 84)
c) 1971 zu 23 % (= 69)

3.) nicht durch solche Proz. bevollm. vertreten
a) 1954 zu 38,8 % (= 100)
b) 1964 zu 36,8 % (= 95)
c) 1971 zu 33,8 % (= 87)

II. war die Arbeitgeberseite

1.) anwaltlich vertreten
a) 1954 zu 30,0 % (= 100)
b) 1964 zu 39,2 % (= 131)
c) 1971 zu 54,6 % (= 182)

2.) durch einen Verband vertreten
a) 1954 zu 22,1 % (= 100)
b) 1964 zu 16,5 % (= 75)
c) 1971 zu 16,0 % (= 72)

3.) nicht durch solche Proz. bevollm. vertreten
a) 1954 zu 47,9 % (= 100)
b) 1964 zu 44,3 % (= 92)
c) 1971 zu 29,4 % (= 61)

Quelle: Joachim, DB 1972, S. 1071

Tabelle 16

Prozeßvertretung 1984 - 1992 Nordhessen
(Arbeitnehmer)

Jahr	Rechtsanwälte		Gewerkschaftssekretäre		sonstige		Verfahren insgesamt
	absolut	Anteil	absolut	Anteil	absolut	Anteil	
1984	43	29	105	70	1	1	149
1986	69	28	168	68	10	4	247
1988	81	28	198	68	13	4	292
1990	103	40	137	54	15	6	255
1992	204	31	397	61	48	8	649
	500	**31,4**	**1.005**	**63,1**	**87**	**5,5**	**1.592**

Quelle: Prozeßakten nordhessischer Arbeitgeber- und Wirtschaftsverbände
Eigene Berechnungen

Tabelle 17

Gewerkschaftliche Vertretung
in Kündigungssachen

Vertretung	in der Güteverhandlung in %	im Kammertermin in %
Keine Vertretung	22,0	10,9
Rechtssekretär	29,2	32,6
Anwalt	45,5	54,4
Andere Person	3,3	0,8
Insgesamt	100,0	100,0
	332	239

Quelle: FB Kündigungspraxis I, S.423, (Tab.III/74

Tabelle 18

Rechtsanwälte 1950 - 1993
(Stichtag: 1. 1.)

Jahr	Studienanfänger Jura 1.Fachsem.	Rechtsanwälte: Bestand	Fachanwälte Arbr.	Rechtsbeistände
1950		12.844		
1951		14.151		
1952		14.976		
1953		15.756		
1954		16.301		
1955		16.824		
1956		17.149		
1957		17.517		
1958		17.895		
1959	3.916	18.214		
1960	3.173	18.347		
1961	3.678	18.720		
1962	4.514	19.001		
1963	4.602	19.230		
1964	4.687	19.453		
1965	4.805	19.796		
1966	7.193	20.088		
1967	6.318	20.543		
1968	8.179	21.197		
1969	8.324	22.108		
1970	6.703	22.882		
1971	6.862	23.599		
1972	8.842	24.322		
1973	11.128	25.008		
1974	12.848	25.829		
1975	12.206	26.854		
1976	11.776	28.708		
1977	11.235	31.196		
1978	11.651	33.517		
1979	12.854	35.108		
1980	14.446	36.077		
1981	17.302	37.314		24
1982	16.517	39.036		259
1983	15.836	41.489		350
1984	14.201	44.526		401
1985	11.995	46.933		419
1986	12.462	48.658		429
1987	12.850	50.247		438
1988	12.466	51.952	381	440
1989	16.054	54.108	692	447
1990	15.953	56.638	911	445
1991		59.455	952	448
1992		64.311	1.060	444
1993		67.120		442

Quelle: Bundesrechtsanwaltskammer

Tabelle 18a

Sozialversicherungspflichtig Beschäftigte
pro Rechtsanwalt 1974 - 1992

Jahr	RA (1.1.)	%	Sozialvers.Besch. in 1000	%	Erwerbs- tätige/ RA
1974	25.829	100	20.815	100	806
1975	26.854	104	20.095	97	748
1976	28.708	111	19.939	96	695
1977	31.196	121	19.880	96	637
1978	33.517	130	20.088	97	599
1979	35.108	136	20.573	99	586
1980	36.077	140	20.954	101	581
1981	37.314	144	20.864	100	559
1982	39.295	152	20.472	98	521
1983	41.839	162	20.147	97	482
1984	44.927	174	20.040	96	446
1985	47.352	183	20.378	98	430
1986	49.087	190	20.730	100	422
1987	50.685	196	21.045	101	415
1988	52.392	203	21.265	102	406
1989	54.555	211	21.619	104	396
1990	57.082	221	22.368	107	392
1991	59.455	230	23.173	111	390
1992	64.311	249	23.530	113	365
Quelle: Bundesrechtsanwaltskammer					
Statistisches Bundesamt					
eigene Berechnungen					

Tabelle 19

Rechtsschutzversicherungen

Jahr	Zahl der Anbieter	Zahl der Verträge in Mio	Beitragsein-nahmen in Mio DM	Leistungen für Vers. Fälle Mio DM	Zahl der Schäden in Mio
1957	5		32,30	13	
1958			44,40	17	
1959			59,50	22	
1960	6		81,00	32	
1961			103,00	41	
1962		2,02	126,40	49	0.281
1963	10		148,40	61	
1964	10		174,40	74	
1965	10		206,20	94	
1966	9		239,00	102	
1967	9		266,60	115	
1968	10		297,10	130	
1969	13		348,00	147	
1970	16	6,30	405,60	178	0.842
1971	19	7,05	468,30	217	
1972	22	7,85	558,80	257	
1973	22	9,12	670,20	328	
1974	25	9,86	755,10	397	
1975	24	10,86	881,00	521	
1976	24	11,44	1.041,90	592	1.689
1977	26	12,19	1.200,30	724	1.894
1978	27	13,60	1.344,20	805	2.080
1979	27	14,52	1.521,50	917	2.173
1980	28	15,21	1.680,40	1.049	2.229
1981	30	15,91	1.860,90	1.210	2.369
1982	31	15,44	2.036,70	1.339	2.481
1983	31	15,79	2.097,50	1.129	2.566
1984	32	16,18	2.288,10	1.574	2.630
1985	33	16,52	2.417,50	1.660	2.710
1986	33	16,94	2.542,40	1.835	2.781
1987	33	17,76	2.681,00	1.960	2.845
1988	33	18,47	2.847,20	2.035	2.933
1989	33	18,10	3.050,70	2.115	
1990	33	18,51	3.264,40	2.267	2.990
1991	39		3.281,00	2.408	3.210

Quelle: Bundesaufsichtsamt für das Versicherungswesen
HUK-Verband
zitiert nach Rechtsschutzversicherung, GDV Heft 14
Stat. Jahrbücher für die BRD
Jagodzinski/Raiser/Richl ZfR Soz.1991, 287, 288, eigene Berechnungen

Tabelle 20

Bruttoeinkommen
aus unselbständige Arbeit 1950 - 1992

Jahr	je Beschäftigten und Monat in DM	Zuwachs in %
1950	243	100
1960	512	211
1970	1.153	474
1980	2.474	1.018
1981	2.593	1.067
1982	2.695	1.109
1983	2.781	1.144
1984	2.865	1.179
1985	2.949	1.214
1986	3.055	1.257
1987	3.151	1.297
1988	3.245	1.335
1989	3.342	1.375
1990	3.500	1.440
1991	3.710	1.527
1992	3.910	1.609

Quelle: Statistisches Bundesamt; eigene Berechnungen

Tabelle 21

Rechtsschutzversicherungen:
Verteilung der Jahreseinheiten auf die
Risikogruppenn

Risikengruppen	Jahreseinheiten Anzahl		Veränderungen gegenüber	Anteil in Prozent	
	1.980	1.990	1980 = 100	1980	1990
Verkehrs- und Fahrzeug-Rechtsschutz	5.255.422	6.847.150	130	34,87	28,44
Fahrer-Rechtsschutz	36.877	168.982	458	0,24	0,70
Rechtsschutz für Gewerbetreibende und freiberuflich Tätige	486.190	2.206.970	454	3,23	9,17
Familien-Rechtsschutz	1.044.114	1.626.761	156	6,93	6,76
Familien- und Verkehrs-Rechtsschutz	4.628.182	6.792.927	147	30,71	28,21
Landwirtschafts- und Verkehrs-Rechtsschutz	331.009	588.144	178	2,20	2,44
Rechstschutz für Vereine	3.066	16.275	531	0,02	0,07
Grundstücks- und Miet-Rechtsschutz	3.286.868	5.831.946	177	21,81	24,22
Gesamt	15.071.728	24.079.155	160	100	100

Quelle: HUK Verband/R-Gesamtstatistik 1980, 1990
    entnommen aus GDV 14 S. 26

Tabelle 22

Rechtsschutzversicherungen
Anteil an arbeitsgerichtlichen Schadensfällen im Zeitraum 1962 - 1991

Jahr	Schäden insgesamt in Mio	Arbeitsrecht 6%	Abwicklung 60%	Arbeitsgerichtliche Verfahren (Eingänge aller Instanzen)	Anteil arbeitsger. RS-Schutz an der Gesamttätigkeit der Arbeitsgerichte
1962	0,28	16.800	10.080	165.000	6,11
1970	0,84	50.400	30.240	201.000	15,04
1976	1,69	101.400	60.840	304.301	19,99
1977	1,89	113.400	68.040	392.900	17,32
1978	2,08	124.800	74.880	429.390	17,44
1979	2,17	130.200	78.120	376.589	20,74
1980	2,23	133.800	80.280	409.501	19,60
1985	2,71	162.600	97.560	473.469	20,60
1990	2,99	179.400	107.640	427.921	25,15
1991	3,21	192.600	115.560	442.280	26,13

Quelle: GDV 14, Bundesaufsichtsamt für das Versicherungswesen
HUK-Verband
Bundesministerium für Arbeit und Sozialordnung
Eigene Berechnungen

Tabelle 23

Erledigte Kündigungsklagen
pro 1000 sozialversicherungspflichtig Beschäftigter
1978 - 1992

Jahr	erl. Kündigungs- klagen	sozialvers.pfl. Beschäftigte	erl. Kündigungsklagen pro 1000 sozialvers.Besch.
1978	111.043	20.088	5,53
1979	106.931	20.573	5,58
1980	114.913	20.954	6,96
1981	145.972	20.864	6,99
1982	182.910	20.472	8,93
1983	179.483	20.147	8,90
1984	163.580	20.040	8,16
1985	162.204	20.378	7,96
1986	155.225	20.730	7,49
1987	151.508	21.045	7,19
1988	146.093	21.265	6,87
1989	136.690	21.619	6,32
1990	127.030	22.368	5,68
1991	137.426	23.173	5,93
1992	183.048	23.530	7,77
Quelle: BMA, Statistisches Bundesamt, eigene Berechnungen			

Tabelle 24

Arbeitslose und Klageeingänge
1951 - 1992

Jahr	AL im JD	eingereichte Klagen
1951	1.713.900	145.318
1952	1.651.900	147.575
1953	1.491.000	155.689
1954	1.410.700	154.252
1955	1.073.600	157.853
1956	876.300	159.449
1957	753.700	189.786
1958	763.800	177.158
1959	539.900	171.084
1960	270.700	160.394
1961	180.800	164.479
1962	154.500	158.467
1963	185.600	164.880
1964	169.100	176.947
1965	147.400	178.165
1966	161.100	182.567
1967	459.500	205.664
1968	323.500	176.801
1969	178.600	172.615
1970	148.800	201.028
1971	185.100	218.726
1972	246.400	232.980
1973	273.500	247.341
1974	582.500	297.162
1975	1.074.200	301.625
1976	1.060.300	288.388
1977	1.030.000	296.376
1978	992.900	327.271
1979	876.100	273.978
1980	888.900	302.602
1981	1.271.600	347.520
1982	1.833.200	386.789
1983	2.258.200	365.363
1984	2.265.600	361.435
1985	2.304.000	367.725
1986	2.228.000	365.895
1987	2.228.800	360.813
1988	2.241.600	356.960
1989	2.037.800	336.816
1990	1.883.100	325.969
1991	1.689.400	342.183
1992	1.808.300	402.013

Quelle: Bundesanstalt für Arbeit
BMA
Eigene Berechnungen

Tabelle 25

Arbeitslose im Bundesgebiet (West)
im Jahresdurchschnitt 1951 - 1992
Arbeitslose in 1.000

Jahr	AL im JD	Veränder. in %	Zugang AL absolut	Veränder. in %
1951	1.713,9			
1952	1.651,9	-3,7		
1953	1.491,0	-9,8		
1954	1.410,7	-5,7		
1955	1.073,6	-23,9		
1956	876,3	-18,3		
1957	753,7	-14,0		
1958	763,8	1,3		
1959	539,9	-29,3		
1960	270,7	-49,9		
1961	180,8	-33,2	2.147,9	
1962	154,5	-14,6	1.894,4	-11,9
1963	185,6	20,2	2.001,6	5,7
1964	169,1	-8,9	1.578,4	-211,2
1965	147,4	-12,8	1.422,3	-9,9
1966	161,1	9,3	1.693,8	19,1
1967	459,5	185,3	2.544,5	50,2
1968	323,5	-29,6	1.789,7	-29,7
1969	178,6	-44,8	1.369,4	-23,5
1970	148,8	-16,6	1.295,7	-5,4
1971	185,1	24,3	1.563,1	20,6
1972	246,4	33,1	1.662,4	6,4
1973	273,5	11,0	1.877,1	12,9
1974	582,5	113,0	2.795,2	48,9
1975	1.074,2	84,4	3.450,3	23,4
1976	1.060,3	-1,3	3.255,5	-5,7
1977	1.030,0	-2,9	3.315,0	1,8
1978	992,9	-3,6	3.080,6	-7,1
1979	876,1	-11,8	2.843,7	-7,7
1980	888,9	-1,5	3.084,1	8,5
1981	1.271,6	42,9	3.531,0	14,5
1982	1.833,2	44,2	3.706,7	5,0
1983	2.258,2	23,2	3.704,2	0,0
1984	2.265,6	0,3	3.672,8	-0,9
1985	2.304,0	1,7	3.750,2	2,1
1986	2.228,0	-3,3	3.637,3	-3,1
1987	2.228,8	0	3.726,5	2,5
1988	2.241,6	0,6	3.668,5	-1,6
1989	2.037,8	-9,1	3.806,3	3,8
1990	1.883,1	-7,6	3.703,4	-2,7
1991	1.689,4	-10,3	3.659,9	-1,2
1992	1.808,3	7,0	3.961,4	8,2

Quelle: Bundesanstalt für Arbeit, eigene Berechnungen

Tabelle 25a

Zugang Arbeitslose im Bundesgebiet
im Jahresdurchschnitt 1982 -1992
Arbeitslose in 1.000

Jahr	Zugang AL Summe	Veränd. in % gegenüb.Vorjahr	zuvor erwerbstätig	Veränd. in % gegenüb. Vorjahr	zuvor nicht erwerbstätig	Veränd. in % gegenüb. Vorjahr
1982	3.706,7	5,0	2.914.797		791.858	
1983	3.704,2	-0,1	2.817.614	-3,3	886.571	12,0
1984	3.672,8	-0,9	2.747.780	-2,5	925.011	4,3
1985	3.750,2	2,1	2.803.213	2,0	947.027	2,4
1986	3.637,3	-3,1	2.698.239	-3,7	939.027	-0,8
1987	3.726,5	2,5	2.753.408	2,0	973.052	3,6
1988	3.668,5	-1,6	2.558.551	-7,1	1.109.923	14,1
1989	3.806,3	3,8	2.326.599	-9,1	1.479.698	33,3
1990	3.703,4	-2,7	2.120.118	-8,9	1.583.294	7,0
1991	3.659,9	-1,2	2.095.507	-1,2	1.564.426	-1,2
1992	3.961,4	8,2	2.237.163	6,8	1.724.228	10,2

Quelle: Bundesanstalt für Arbeit, eigene Berechnungen

Tabelle 26

Erledigte Kündigungsrechtsstreite und Zugang an Arbeitslosen
1961 - 1992

Jahr	Arbeitslose	%	erledigte Bestands-streitigkeiten (Kündig.)	%
1961	2.147.873	100	36.716	100
1962	1.894.379	88	38.642	105
1963	2.001.641	93	41.264	112
1964	1.578.357	73	38.781	106
1965	1.422.285	66	36.217	99
1966	1.693.809	79	40.504	110
1967	2.544.505	118	57.443	156
1968	1.789.722	83	41.287	112
1969	1.369.441	64	37.290	90
1970	1.295.671	60	44.718	122
1971	1.563.092	73	54.244	148
1972	1.662.387	77	61.541	168
1973	1.877.084	87	67.787	185
1974	2.795.239	130	99.329	271
1975	3.450.298	161	123.620	337
1976	3.255.536	152	116.876	318
1977	3.315.014	154	119.098	324
1978	3.080.620	143	111.043	302
1979	2.843.702	132	106.931	291
1980	3.084.068	144	114.913	313
1981	3.531.038	164	145.972	398
1982	3.706.655	173	182.910	498
1983	3.704.185	172	179.483	489
1984	3.672.791	171	163.580	446
1985	3.750.240	175	162.204	442
1986	3.637.266	169	155.225	423
1987	3.726.460	173	151.508	413
1988	3.668.474	171	146.093	398
1989	3.806.297	177	136.690	372
1990	3.703.412	172	127.030	346
1991	3.659.933	170	137.426	374
1992	3.961.391	184	183.048	499

Quelle: Bundesanstalt für Arbeit
Bundesministerium für Arbeit und Sozialordnung
Eigene Berechnungen

Tabelle 27

Zugang an Arbeitslosen aus vorheriger Beschäftigung und erledigte Kündigungsrechtsstreite 1982 - 1992

Jahr	zuvor erwerbstätig		erledigte Bestandsstreitigkeiten	
	absolut	%		%
1982	2.914.797	100	182.910	100
1983	2.817.614	97	179.483	98
1984	2.747.780	94	163.580	89
1985	2.803.213	96	162.204	89
1986	2.698.239	96	155.225	85
1987	2.753.408	94	151.508	83
1988	2.558.551	88	146.093	80
1989	2.326.599	80	136.690	75
1990	2.120.118	73	127.030	69
1991	2.095.507	72	137.426	75
1992	2.237.163	77	183.048	100

Quelle: Bundesanstalt für Arbeit
Bundesministerium für Arbeit und Sozialordnung
Eigene Berechnungen

Tabelle 28

Erledigungsquote
bei den Arbeitsgerichten I. Instanz
1971 - 1992

Jahr	erledigte Klagen	nicht erledigte Klagen	erledigte Klagen in %
1971	212.318	59.014	78
1972	223.921	68.073	76
1973	236.390	79.024	75
1974	279.423	96.763	74
1975	303.776	94.612	76
1976	302.940	80.030	79
1977	302.106	74.300	80
1978	296.309	105.262	74
1979	280.878	98.362	74
1980	296.826	104.138	74
1981	350.053	101.605	77
1982	368.995	119.399	75
1983	371.797	112.965	76
1984	365.826	108.574	77
1985	363.102	113.190	76
1986	365.226	113.859	76
1987	366.848	107.829	77
1988	365.787	99.002	78
1989	335.843	99.975	77
1990	320.298	105.646	75
1991	330.298	117.531	74
1992	383.645	149.797	72

Quelle: BMJ, BMI, BMA, eigene Berechnungen

Tabelle 29

Kündigungen und Klageverhalten
1978 - 1992

Jahr	Sozialv.Beschäftige a) insgesamt	davon b) Öffentl.Dienst (30.6.)	davon c) Priv.Wirtsch.	Kündigungen in Priv.Wirtsch. (7.4%)	Klagen in Priv.Wirtsch. (7.6%)	Klagen Öffentl. Dienst	Erledigte Kündigungs- verfahren	Lücke
1978	20.088.000	3.469.834	16.618.166	1.229.744	93.461	13.880	111.043	3.702
1979	20.573.000	3.569.000	17.004.000	1.258.296	95.630	13.366	106.931	-2.066
1980	20.954.000	3.598.000	17.356.000	1.284.344	97.610	14.364	114.913	2.939
1981	20.864.000	3.639.000	17.225.000	1.274.650	96.873	18.247	145.972	30.852
1982	20.472.000	3.641.000	16.831.000	1.245.494	94.658	22.864	182.910	65.389
1983	20.147.000	3.623.000	16.524.000	1.222.776	92.931	22.435	179.483	64.117
1984	20.040.000	3.606.000	16.434.000	1.216.116	92.425	20.448	163.580	50.708
1985	20.378.000	3.607.000	16.771.000	1.241.054	94.320	20.276	162.204	47.608
1986	20.730.000	3.604.000	17.126.000	1.267.324	96.317	19.403	155.225	39.505
1987	21.045.000	3.613.000	17.432.000	1.289.968	98.038	18.939	151.508	34.532
1988	21.265.000	3.584.000	17.681.000	1.308.394	99.438	18.262	146.093	28.393
1989	21.619.000	3.548.000	18.071.000	1.337.254	101.631	17.086	136.690	17.972
1990	22.368.000	3.574.000	18.794.000	1.390.756	105.697	15.879	127.030	5.454
1991	23.173.000	3.577.000	19.596.000	1.450.104	110.208	17.178	137.426	10.040
1992	23.530.000	3.796.000	19.734.000	1.460.316	110.984	22.881	183.048	49.183

*Die Zahlen für 1978 wurden dem FB Kündigungspraxis a.a.O.l. S.61, II 572 entnommen; sie enthalten rechnerische Unstimmigkeiten durch Auf- und Abrundungen

Quelle: Statistisches Bundesamt, FB Kündigungspraxis, eigene Berechnungen

Tabelle 30

Kündigungen 1978 - 1992 und Klagequote
(Änderung der Kündigungsquote)

Jahr	Sozialv.Beschäftige a) insgesamt	davon b) Öffentl.Dienst (30.6.)	davon c) Priv.Wirtsch.	Kündigungen in Priv.Wirtsch.	%	Klagen in Priv.Wirtsch. (7,6%)	Klagen Öffentl. Dienst	Erledigte Kündigungsverfahren
1978	20.088.000	3.469.834	16.618.166	1.229.187	7,40	97.164	13.880	111.043
1979	20.573.000	3.569.000	17.004.000	1.231.113	7,24	93.565	13.366	106.931
1980	20.954.000	3.598.000	17.356.000	1.323.013	7,62	100.549	14.364	114.913
1981	20.864.000	3.639.000	17.225.000	1.680.599	9,76	127.726	18.247	145.972
1982	20.472.000	3.641.000	16.831.000	2.105.872	12,51	160.046	22.864	182.910
1983	20.147.000	3.623.000	16.524.000	2.066.416	12,51	157.048	22.435	179.483
1984	20.040.000	3.606.000	16.434.000	1.883.322	11,46	143.133	20.448	163.580
1985	20.378.000	3.607.000	16.771.000	1.867.480	11,14	141.929	20.276	162.204
1986	20.730.000	3.604.000	17.126.000	1.787.130	10,44	135.822	19.403	155.225
1987	21.045.000	3.613.000	17.432.000	1.744.336	10,01	132.570	18.939	151.508
1988	21.265.000	3.584.000	17.681.000	1.681.992	9,51	127.831	18.262	146.093
1989	21.619.000	3.548.000	18.071.000	1.573.734	8,71	119.604	17.086	136.690
1990	22.368.000	3.574.000	18.794.000	1.462.516	7,78	111.151	15.879	127.030
1991	23.173.000	3.577.000	19.596.000	1.582.207	8,07	120.248	17.178	137.426
1992	23.530.000	3.796.000	19.734.000	2.107.461	10,68	160.167	22.881	183.048

*Die Zahlen für 1978 wurden dem FB Kündigungspraxis a.a.O.I S.61, II 572 entnommen; sie enthalten rechnerische Unstimmigkeiten durch Auf- und Abrundungen

Quelle: Statistisches Bundesamt, FB Kündigungspraxis, eigene Berechnungen

Tabelle 31

Zugang Arbeitslose im Bundesgebiet
im Jahresdurchschnitt 1982 - 1992
Arbeitslose in 1.000

Jahr	Zugang AL Summe	Veränd. in % gegenüb.Vorjahr	zuvor erwerbstätig	Veränd. in % gegenüb. Vorjahr	zuvor nicht erwerbstätig	Veränd. in % gegenüb. Vorjahr
1982	3.706,7	5,0	2.914.797		791.858	
1983	3.704,2	-0,1	2.817.614	-3,3	886.571	12,0
1984	3.672,8	-0,9	2.747.780	-2,5	925.011	4,3
1985	3.750,2	2,1	2.803.213	2,0	947.027	2,4
1986	3.637,3	-3,1	2.698.239	-3,7	939.027	-0,8
1987	3.726,5	2,5	2.753.408	2,0	973.052	3,6
1988	3.668,5	-1,6	2.558.551	-7,1	1.109.923	14,1
1989	3.806,3	3,8	2.326.599	-9,1	1.479.698	33,3
1990	3.703,4	-2,7	2.120.118	-8,9	1.583.294	7,0
1991	3.659,9	-1,2	2.095.507	-1,2	1.564.426	-1,2
1992	3.961,4	8,2	2.237.163	6,8	1.724.228	10,2

Quelle: Bundesanstalt für Arbeit, eigene Berechnungen

Tabelle 32

Konkurse und Vergleiche
1982 - 1992

Jahr	Konkurse und Vergleiche
1982	11.915
1983	11.845
1984	12.018
1985	13.625
1986	13.500
1987	12.098
1988	10.562
1989	9.590
1990	8.730
1991 *	8.445
1992 *	9.828

Quelle: Stat. Bundesamt

* ohne neue Bundesländer

Tabelle 33

Zugang an Arbeitslosen
aus vorheriger Beschäftigung
nach Beendigungsart
1990 - 1992

1990 / Beendigungsart	Insgesamt	Männer	Frauen
Selbstkündigung	20,9	18,2	24,3
Kündigung durch Arbeitgeber	52,1	58,8	44,1
Beend. im gegens. Einvernehmen	4,5	4,4	4,6
befristetes Arb-/Ausb.Verh.	22,5	18,7	27,1
Zugänge insgesamt	100	100	100

1991 / Beendigungsart	Insgesamt	Männer	Frauen
Selbstkündigung	18,3	15,4	22,1
Kündigung durch Arbeitgeber	56,1	61,2	49,6
Beend. im gegens. Einvernehmen	7,1	8,1	5,9
befristetes Arb-/Ausb.Verh.	18,5	15,3	22,4
Zugänge insgesamt	100	100	100

1992 / Beendigungsart	Insgesamt	Männer	Frauen
Selbstkündigung	14,1	12,1	16,7
Kündigung durch Arbeitgeber	59,3	65,9	50,9
Beend. im gegens. Einvernehmen	5,9	5,9	5,7
befristetes Arb-/Ausb.Verh.	20,7	16	26,7
Zugänge insgesamt	100	100	100

Quelle: Bundesanstalt für Arbeit

Tabelle 34

Kündigungen 1978 - 1992 und Klagequote
(Änderung der Klagequote)

Jahr	Sozialv.Beschäftige a) insgesamt	davon b) Öffentl.Dienst (30.6.)	davon c) Priv.Wirtsch.	Kündigungen in Priv.Wirtsch. (7,4%)	Klagen in Priv.Wirtsch.	%	Klagen Öffentl. Dienst	Erledigte Kündigungs- verfahren
1978	20.088.000	3.469.834	16.618.166	1.229.744	97.164	7,90	13.880	111.043
1979	20.573.000	3.569.000	17.004.000	1.258.296	93.565	7,44	13.366	106.931
1980	20.954.000	3.598.000	17.356.000	1.284.344	100.549	7,83	14.364	114.913
1981	20.864.000	3.639.000	17.225.000	1.274.650	127.726	10,02	18.247	145.972
1982	20.472.000	3.641.000	16.831.000	1.245.494	160.046	12,85	22.864	182.910
1983	20.147.000	3.623.000	16.524.000	1.222.776	157.048	12,84	22.435	179.483
1984	20.040.000	3.606.000	16.434.000	1.216.116	143.133	11,77	20.448	163.580
1985	20.378.000	3.607.000	16.771.000	1.241.054	141.929	11,44	20.276	162.204
1986	20.730.000	3.604.000	17.126.000	1.267.324	135.822	10,72	19.403	155.225
1987	21.045.000	3.613.000	17.432.000	1.289.968	132.570	10,28	18.939	151.508
1988	21.265.000	3.584.000	17.681.000	1.308.394	127.831	9,77	18.262	146.093
1989	21.619.000	3.548.000	18.071.000	1.337.254	119.604	8,94	17.086	136.690
1990	22.368.000	3.574.000	18.794.000	1.390.756	111.151	7,99	15.879	127.030
1991	23.173.000	3.577.000	19.596.000	1.450.104	120.248	8,29	17.178	137.426
1992	23.530.000	3.796.000	19.734.000	1.460.316	160.167	10,97	22.881	183.048

*Die Zahlen für 1978 wurden dem FB Kündigungspraxis a.a.O.I S.61, II 572 entnommen; sie enthalten rechnerische Unstimmigkeiten durch Auf- und Abrundungen

Quelle: Statistisches Bundesamt, FB Kündigungspraxis, eigene Berechnungen

Tabelle 35

Erwerbstätige und Klagetätigkeit in Bayern 1978 - 1992

Jahr	Sozialvers. Beschäftigte 1)	%	Eingereichte Klagen 2)	%	Erledigte Kündigungsklagen	%	Erledigte *andere	%
1978	3.556.511	100	35.271	100	14.417	100	22.880	100
1979	3.661.459	103	37.087	105	14.761	102	23.256	102
1980	3.696.326	104	42.023	119	15.905	110	25.398	111
1981	3.639.140	102	48.296	137	19.274	134	26.651	116
1982	3.608.639	101	55.662	158	25.968	180	30.458	133
1983	3.613.665	102	52.462	149	26.339	183	31.447	137
1984	3.669.935	103	52.520	149	23.891	166	31.082	136
1985	3.729.207	105	56.194	159	23.713	164	33.934	148
1986	3.821.399	107	53.999	153	24.265	168	35.073	153
1987	3.873.705	109	52.890	150	23.144	161	35.242	154
1988	3.933.530	111	50.888	144	22.505	156	35.454	155
1989	4.057.402	114	50.868	144	20.916	145	34.734	152
1990	4.207.961	118	52.142	148	19.636	136	40.190	176
1991	4.323.022	122	58.114	165	22.350	155	41.013	179
1992	4.319.657	121	66.694	189	26.045	181	43.082	188

Quelle: Bundesministerium für Arbeit und Sozialordnung

* = Arbeitsentgelt, Urlaub-Urlaubsentgelt, Zeugniserteilung und -berichtigung, Schadenersatz, tarifl. Einstufungen, sonstiges

1 = Dezember, 2 = pro Jahr

Tabelle 36

Richter und Gerichte im Bereich des Arbeitsrechts 1961 - 1991
Früheres Bundesgebiet

Jahr	Arbeitsgerichte	Kammern bei den LAG	Richter
1961	114	56	327
1971	104	69	371
1981	94	127	629
1991	95	151	786

Quelle: Bundesministerium der Justiz

Tabelle 37

Erledigte Klagen pro Richter
1961 - 1991

Jahr	Erledigte Klagen (ab 1981) einschl. erled.Beschlußverf .	Arbeitsrichter	n
1961	165.307	327	505
1971	212.318	371	572
1981	355.629	629	565
1991	338.257	786	430

Quelle: BMJ, BMA, eigene Berechnungen

Tabelle 38

Erledigte Klagen pro tätige Richter
1961 - 1991
(nur in der Rechtssprechung tätige Richter)

Jahr	Erledigte Klagen (ab 1981) einschl. erled. Beschlußverf.	Arbeitsrichter	n
1961	165.307	327	505
1971	212.318	371	572
1981	355.629	565	629
1991	338.257	706	479

Quelle: BMJ, BMA, eigene Berechnungen

Tabelle 39

Schlichtungsverfahren
nach § 111 II ArbGG

Jahr	Gesamt	neu eingetragene Berufsausbildung-verhältnisse
1985	20	6.034
1986	15	6.299
1988	20	5.633
1989	11	5.361
1990	12	5.023
1991	8	5.076
1992	12	4.586

Quelle: Jahresberichte der IHK Kassel - Nordhessen in Zahlen

Abschnitt 2: Graphiken:

Graphik 1: Tätigkeit der Arbeitsgerichte 1951 - 1992

Graphik 2: Eingereichte Klagen bei den Arbeitsgerichten nach Jahrzehnten

Graphik 3: Tätigkeit der Arbeitsgerichte 1951 - 1992, erledigte Klagen,
1. davon Kündigungen, 2. davon Arbeitsentgelt

Graphik 4: Anzahl der Rechtsanwälte und Rechtsschutzversicherungen
1958 - 1991

Graphik 5: Rechtsschutzversicherungen, Anteil an arbeitsgerichtlichen
Schadensfällen im Zeitraum 1962 - 1991:

Graphik 6: Arbeitslose im Jahresdurchschnitt und eingereichte Klagen

1951 - 1992

Graphik 7: Erledigte Kündigungsrechtsstreite und Zugang an Arbeitslosen 1961 -
1992

Graphik 8: Zugang an Arbeitslosen aus vorheriger Beschäftigung und erledigte
Kündigungsrechtsstreite 1982 - 1991

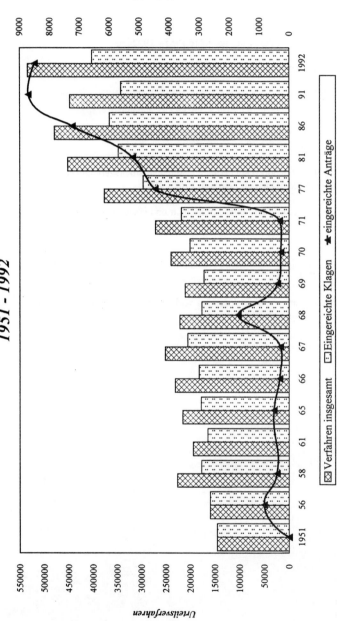

Graphik 1

Tätigkeit der Arbeitsgerichte
1951 - 1992

Quelle:
BMJ, BMI, BMA
Eingereichte Klagen bis 1966: eigene Berechnungen

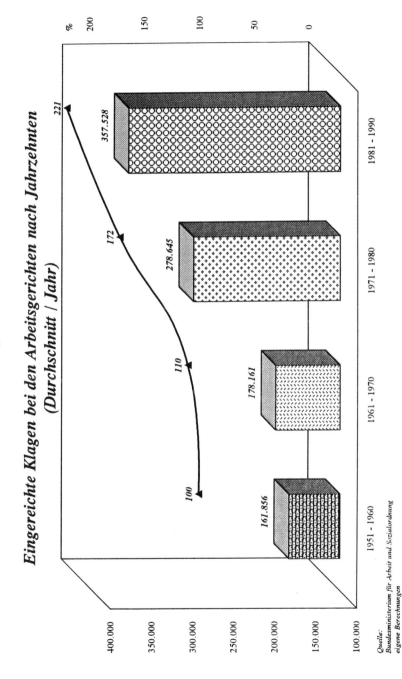

Graphik 2

Eingereichte Klagen bei den Arbeitsgerichten nach Jahrzehnten (Durchschnitt / Jahr)

Quelle:
Bundesministerium für Arbeit und Sozialordnung
eigene Berechnungen

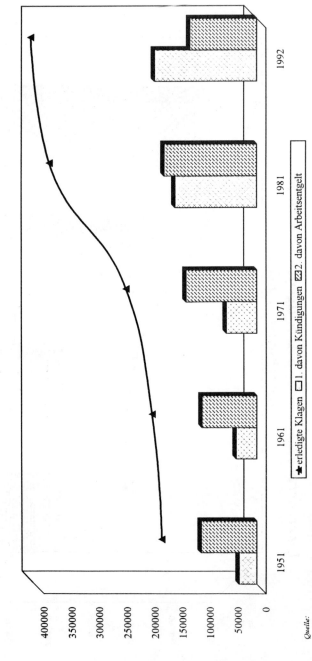

Graphik 3

Tätigkeit der Arbeitsgerichte 1951 - 1992
(erledigte Klagen, 1. davon Kündigungen, 2. davon Arbeitsentgel)

Quelle:
Bundesministerium für Arbeit und Sozialordnung
eigene Berechnungen

Graphik 4

Anzahl der Rechtsanwälte

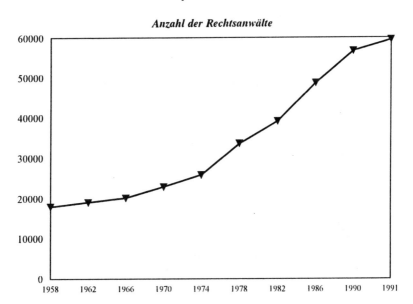

Rechtsschutzversicherungen

in Mio

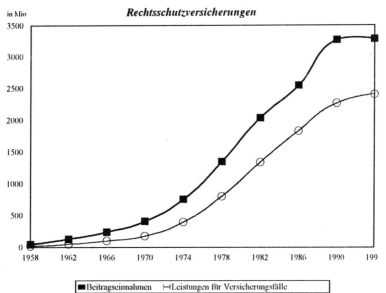

■ Beitragseinnahmen ⊢⊣ Leistungen für Versicherungsfälle

Quelle:
Bundesrechtsanwaltskammer
Bundesaufsichtsamt für das Versicherungswesen

Graphik 5

Rechtsschutzversicherungen
Anteil an arbeitsgerichtlichen Schadensfällen im Zeitraum 1962 - 1991

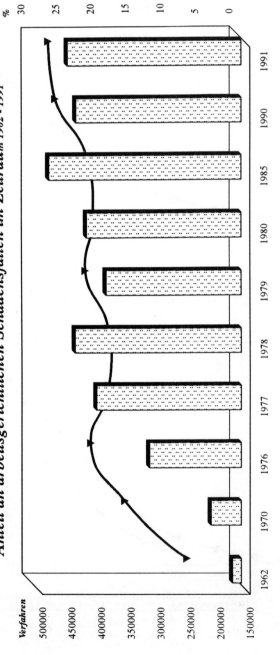

Quelle:
GDV I4. HUK- Verband
Bundesaufsichtsamt für Versicherungswesen
Bundesministerium für Arbeit und Sozialordnung
eigene Berechnungen

☐ *Arbeitsgerichtliche Verfahren*
➤ *Anteil arbeitsger. RS-Schutz an der Gesamttätigkeit der Arbeitsgerichte*

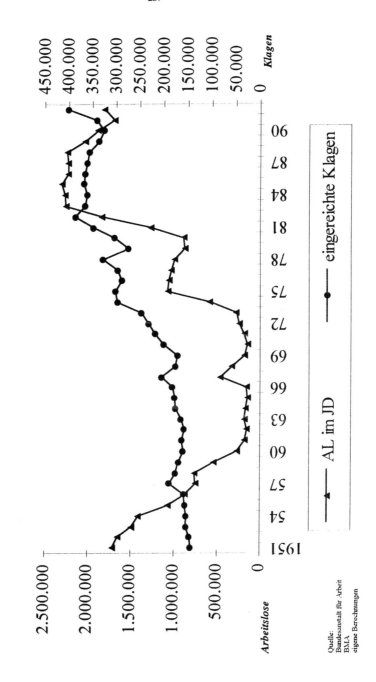

Graphik 6

Arbeitslose im Jahresdurchschnitt und eingereichte Klagen 1951 - 1992

Quelle:
Bundesanstalt für Arbeit
BMA
eigene Berechnungen

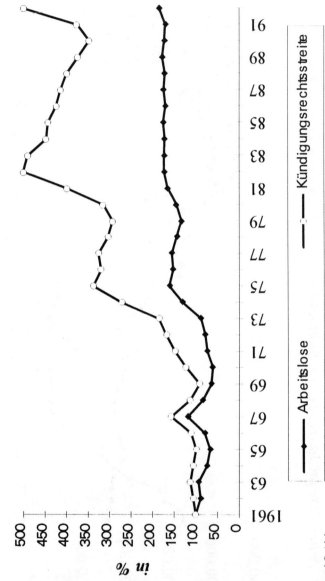

288

Graphik 7

Erledigte Kündigungsrechtsstreite und Zugang an Arbeitslosen 1961 - 1992

Quelle:
Bundesanstalt für Arbeit
BMA
eigene Berechnungen

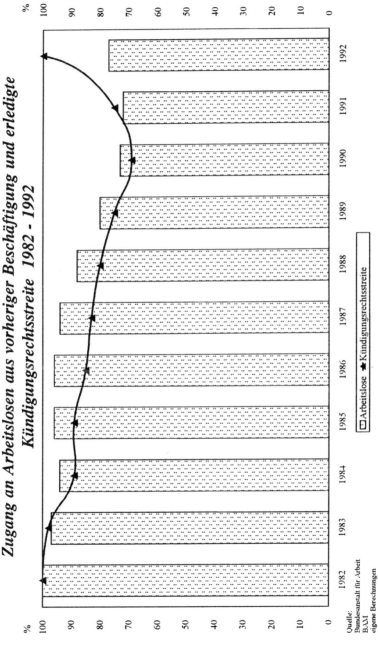

Graphik 8

Zugang an Arbeitslosen aus vorheriger Beschäftigung und erledigte Kündigungsrechtsstreite 1982 - 1992

Quelle:
Bundesanstalt für Arbeit
BAM
eigene Berechnungen

□ Arbeitslose ★ Kündigungsrechtsstreite

Abschnitt 3: Weiteres empirisches Material

Inhaltsübersicht:

Statistik der Arbeitsgerichtsbarkeit
Tätigkeit der Arbeitsgerichte
AG 1

Arbeitsgericht: ....
Landesarbeits-
gerichtsbezirk: ....

STATISTISCHE MELDUNG

für die Zeit vom........................... bis...........................

I. URTEILSVERFAHREN

1.	Im Berichtszeitraum anhängige Klagen:	
1.1	unerledigte Klagen zu Beginn des Berichts- zeitraumes	....
1.2	eingereichte Klagen	....
	....	....
	....	....
1.3	Summe der anhängigen Klagen	....
1.4	erledigte Klagen	....
1.5	unerledigte Klagen am Ende des Berichts- zeitraumes	....
2.	Eingereichte Klagen (Ziff. 1.2) nach Art des Klägers:	
2.1	Arbeitnehmer, Gewerkschaften, Betriebsräte	....
2.2	Arbeitgeber und ihre Organisationen	....
2.3	Land (§ 25 HAG u. § 14 MindArbG)	....
3.	Erledigte Klagen (Ziff.1.4) nach der Art der Erledigung:	
3.1	durch streitiges Urteil	....
3.2	durch sonstiges Urteil	....
3.3	durch Vergleich	....
3.4	auf andere Weise	....
4.	Zulassung der Berufung (§ 64 Abs. 3 ArbGG)	....
5.	Erledigte Klagen (Ziff.1.4) nach Art des Streitgegenstandes:	
5.1	Arbeitsentgelt	....
5.2	Urlaub, Urlaubsentgelt	....
5.3	Bestandsstreitigkeiten (§ 61 a ArbGG)	....
5.3.1	davon Kündigungen	....
5.4	Zeugniserteilung und -berichtigung	....
5.5	Schadensersatz	....
5.6	tarifliche Einstufungen	....
5.7	sonstiges	....
5.8	Summe der Streitgegenstände	....
5.8.1	darunter Klagen mit mehreren Streitgegen- ständen	....
6.	Erledigte Klagen (Ziff.1.4) nach der Dauer des Verfahrens:	
6.1	bei Bestandsstreitigkeiten (§ 61 a ArbGG)	
6.1.1	bis zu einem Monat	....
6.1.2	über 1 bis 3 Monate	....
6.1.3	über 3 bis 6 Monate	....
6.1.4	über 6 bis 12 Monate	....
6.1.5	über 12 Monate	....

6.2	bei den übrigen Verfahren	
6.2.1	bis zu einem Monat	....
6.2.2	über 1 bis 3 Monate	....
6.2.3	über 3 bis 6 Monate	....
6.2.4	über 6 bis 12 Monate	....
6.2.5	über 12 Monate	....

II. SONSTIGE VERFAHREN (ohne III)

7.	Arreste und einstweilige Verfügungen:	
7.1	im Berichtszeitraum eingegangene Anträge	....
7.2	im Berichtszeitraum ergangene Entscheidungen	....
8.	Im Berichtszeitraum eingegangene Mahnverfahren	....

III. BESCHLUSSVERFAHREN

9.	Im Berichtszeitraum anhängige Beschlußsachen:	
9.1	unerledigte Beschlußsachen zu Beginn des Berichtszeitraumes	....
9.2	eingereichte Anträge	....
9.3	Summe der anhängigen Beschlußsachen	....
9.4	erledigte Beschlußsachen	....
9.5	unerledigte Beschlußsachen am Ende des Berichtszeitraumes	....
10.	Eingereichte Anträge (Ziff. 9.2) nach Art des Antragstellers:	
10.1	Arbeitnehmer, Gewerkschaften, Betriebsräte, Wahlvorstände	....
10.2	Arbeitgeber, Vereinigungen von Arbeitgebern	....
10.3	oberste Arbeitsbehörden	....
11.	Erledigte Beschlußsachen (Ziff. 9.4) nach Art der Erledigung:	
11.1	durch Beschluß (§ 84 ArbGG)	....
11.2	durch Vergleich oder Erledigungserklärung (§ 83 a Abs. 1 ArbGG)	
11.3	auf andere Weise	....
12.	Erledigte Beschlußsachen (Ziff. 9.4) nach der Dauer des Verfahrens:	....
12.1	bis zu einem Monat	....
12.2	über 1 bis 3 Monate	....
12.3	über 3 bis 6 Monate	....
12.4	über 6 bis 12 Monate	....
12.5	über 12 Monate	....

....
(Ort, Datum)

....
(Unterschrift)

Statistik der Arbeitsgerichtsbarkeit
Tätigkeit der Landesarbeitsgerichte
A G 2

Landesarbeitsgericht: ....

STATISTISCHE MELDUNG

für die Zeit vom .... bis.........................

I. Berufungsverfahren
A. Klagen

1. Im Berichtszeitraum anhängige Berufungen:
1.1 unerledigte Berufungen zu Beginn des Berichtszeitraumes ....
1.2 eingereichte Berufungen ....

....
....
....

1.3 Summe der anhängigen Berufungen ....
1.4 erledigte Berufungen ....
1.4.1 darunter Bestandsstreitigkeiten (§ 64 Abs. 8 ArbGG) ....
1.5 unerledigte Berufungen am Ende des Berichtszeitraumes ....

2. Erledigte Berufungen (Ziff.1.4) nach der Art der Erledigung:
2.1 durch streitiges Urteil ....
2.2 durch sonstiges Urteil ....
2.3 durch Vergleich ....
2.4 durch Beschluß (§ 519b ZPO) ....
2.5 auf andere Weise ....

3. Zulassung der Revision (§ 72 Abs. 2 ArbGG) ....

4. Erledigte Berufungen (Ziff.1.4) nach Dauer des Verfahrens:
4.1 bei Bestandsstreitigkeiten (§ 64 Abs. 8 ArbGG)
4.1.1 bis zu 3 Monaten ....
4.1.2 über 3 bis 6 Monate ....
4.1.3 über 6 bis 12 Monate ....
4.1.4 über 12 Monate ....

4.2 bei den übrigen Verfahren
4.2.1 bis zu 3 Monaten ....
4.2.2 über 3 bis 6 Monate ....
4.2.3 über 6 bis 12 Monate ....
4.2.4 über 12 Monate ....

B. Arreste und einstweilige Verfügungen

5. Im Berichtszeitraum anhängige Berufungen
5.1 eingereichte Berufungen ....
5.2 erledigte Berufungen ....

II. Beschwerdeverfahren in Beschluß-Sachen
nach §§ 87, 98 Abs. 2 ArbGG

6. Im Berichtszeitraum anhängige Beschwerden:
6.1 unerledigte Beschwerden zu Beginn des Berichtszeitraumes ....
6.2 eingereichte Beschwerden ....
6.3 Summe der anhängigen Beschwerden ....
6.4 erledigte Beschwerden ....
6.5 unerledigte Beschwerden am Ende des Berichtszeitraumes ....

7. Erledigte Beschwerden (Ziff. 6.4) nach der Art der Erledigung:
7.1 durch Beschluß (§ 91 ArbGG) ....
7.2 durch Vergleich oder Erledigungserklärung (§§ 90 Abs. 2, 83 a Abs. 1 ArbGG) ....
7.3 auf andere Weise ....

8. Zulassung der Rechtsbeschwerde (§ 92 Abs. 1 ArbGG) ....

9. Erledigte Beschwerden (Ziff. 6.4) nach Dauer des Verfahrens: ....
9.1 bis zu 3 Monaten ....
9.2 über 3 bis 6 Monate ....
9.3 über 6 bis 12 Monate ....
9.4 über 12 Monate ....

III. Beschwerdeverfahren nach §§ 78, 83 Abs. 5 ArbGG

10. Im Berichtszeitraum anhängige Beschwerden:
10.1 unerledigte Beschwerden zu Beginn des Berichtszeitraumes ....
10.2 eingegangene Beschwerden ....
10.3 Summe der anhängigen Beschwerden ....
10.4 erledigte Beschwerden ....
10.5 unerledigte Beschwerden am Ende des Berichtszeitraumes ....

....
(Ort, Datum)

....
(Unterschrift)

Zusammenfassung der
Vereinbarung über die Anwendung des nordrhein-westfälischen
Arbeitnehmerweiterbildungsgesetzes in der betrieblichen Praxis zwischen dem Landesbezirk NRW des Deutschen Gewerkschaftsbundes und dem Landesverband NRW der deutschen Angestellten Gewerkschaft einerseits und der Landesvereinigung der Arbeitgeberverbände NRW e.V., andererseits unter Vermittlung des Vorsitzenden der SPD-Landtagsfraktion NRW, Prof. Dr. Friedhelm Farthmann, vom 20.09.1990, DB 1990 Beilage 12/90, S. 16

- Berufliche Weiterbildung ist nicht auf die bisher ausgeübte Tätigkeit beschränkt und schließt die Vermittlung von Schlüsselqualifikationen (z.B. Fremdsprachen, Computeranwendung, Teamarbeit) ein.

- Politische Weiterbildung dient dem Erwerb und der Erweiterung von Kenntnissen über politische und gesellschaftliche Zusammenhänge sowie der Befähigung zur Teilhabe oder Mitwirkung im gesellschaftlichen und politischen Leben.

- Bildungsurlaub wird nicht für Bildungsmaßnahmen in Anspruch genommen, die sich an Adressaten in deren Eigenschaft als Mitglieder von Verbandsgremien, wie Tarifkommissionen, gewerkschaftliche Vertrauenskörper, Ausschüsse usw. richten. Im Gegensatz dazu sind Weiterbildungsveranstaltungen für Funktionsträger, deren Funktionen und Aufgaben sich aus Gesetzen ergeben, Lehrveranstaltungen i.S.d. AWbG. Allerdings sind gewerkschaftliche Funktionäre und Vertrauensleute von der Teilnahme an im übrigen zulässigen Veranstaltungen der politischen oder beruflichen Weiterbildung nicht ausgeschlossen.

- Alle Bildungsveranstaltungen müssen für jedermann offen zugänglich sein. Die Teilnahme an den Veranstaltungen darf nicht von der Zugehörigkeit oder Nichtzugehörigkeit zu einer Religionsgemeinschaft, Partei, Gewerkschaft oder sonstigen Vereinigungen abhängig gemacht werden.

- Bildungsveranstaltungen müssen zeitlich und inhaltlich eine hinreichende Bildungsintensität aufweisen. Veranstaltungen, die überwiegend der Allgemeinbildung, Erholung, Unterhaltung oder Freizeitgestaltung dienen, sind keine Bildungsveranstaltungen im Sinne des Gesetzes. Auch Veranstaltungen, die ausschließlich der Weiterbildung der bei der durchführenden Einrichtung nebenberuflich tätigen Bildungsreferenten dienen, fallen nicht unter das Gesetz.

(Die Vereinbarung wurde vom DGB zum Jahresende 1991 gekündigt. Es gibt keine Nachfolge-Vereinbarung.)

IGM Satzung
(gültig ab 01.09.1990)

§ 27 Unterstützung durch Rechtsschutz

1. Rechtsschutz kann dem Mitglied gewährt werden bei Streitigkeiten aus gewerkschaftlicher Tätigkeit, aus dem Arbeitsverhältnis, aus der Betriebsverfassung, aus der Mitbestimmung, aus der Sozialversicherung, in Versorgungs- und Sozialhilfesachen, aus dem Lohnsteuerrecht.

   Ehegatten, Kindern und Eltern verstorbener Mitglieder kann Rechtsschutz gewährt werden für Streitigkeiten aus Absatz I, wenn auch das Mitglied Rechtsschutz erhalten hätte.

2. Für die aus organisatorischer und agitatorischer Tätigkeit entstehenden Rechtsschutzfälle besteht keine Karenzzeit. In allen anderen Fällen ist für Rechtsschutz eine Beitragsleistung von drei Monaten erforderlich.

3. Anträge auf Gewährung von Rechtsschutz sind unter Vorlage des Mitgliedsausweises bei der zuständigen Hauptverwaltung einzureichen, über den Antrag entscheidet die Ortsverwaltung. Über die Gewährung von Rechtsschutz für die 2. und 3. Instanz entscheidet der Vorstand. Mit Bewilligung des Rechtschutzes übernimmt die IG Metall die Kosten des Verfahrens. Der bewilligte Rechtsschutz kann zurückgezogen werden, wenn das Mitglied unwahre Angaben gemacht oder wissentlich Tatsachen verschwiegen hat. In solchen Fällen hat das Mitglied die bereits entstandenen Kosten zu ersetzen. Wird ein Gerichtsverfahren ohne Zustimmung des Vorstandes, der Bezirksleitung oder der Ortsverwaltung eingeleitet und fortgeführt, so hat das Mitglied keinen Anspruch auf Erstattung der entstandenen Kosten.

4. Die in den Verwaltungsstellen, Bezirksleitungen und beim Vorstand mit der Rechtsberatung und Prozeßführung Beauftragten sind im Sinne des ArbGGes, des Sozialgerichtsgesetzes, der Verwaltungsgerichtsordnung und der Finanzgerichtsordnung zur Prozeßvertretung vor den Gerichten für Arbeitssachen und allen Gerichten für Sozialgerichtsbarkeit sowie den Verwaltungs- und Finanzgerichten befugt.

296

Gewerkschaftlicher Rechtsschutz erfolgreich:

- "Gewerkschaftlicher Rechtsschutz immer wichtiger: 25,7 Mio DM für unsere Mitglieder! Unser Rechtsschutz erstritt 1973 für unsere Mitglieder 11,1 Mio DM. 1976 waren es 25,7 Mio DM. Der Löwenanteil des Rechtsschutzerfolges entfiel auf das Arbeitsrecht. Hier verhalf die DAG ihren Mitgliedern zu 21.663.183,89 DM". [1]

- "DGB erstritt 6 Mio. DM. Erfolgreiche Arbeit der Rechtsstelle des DGB-Kreises Kassel." [2]

- "Vor dem Arbeitsrichter wird immer härter gestritten. Bei den 104 erfolgreichen Klagen ist mit den erstrittenen 5 Mio DM gegenüber 1978 das Siebenfache erreicht worden. Durch gerichtliche und außergerichtliche Vergleiche wurde ein Betrag von fast 1,9 Mio DM im DGB-Kreis Kassel erstritten." [3]

- "Auf Landesebene erstritt der DGB Hessen für seine Mitglieder in 4.100 Verfahren vor hessischen Arbeitsgerichten im Jahre 1978 über 10 Mio DM." [4]

- "Von 8.000 Klagen 6000 erfolgreich. Rechtsschutzbilanz des DGB - Landesbezirks Nordmark: 40 Mio DM erstritten. Fast 40 Mio DM haben die neuen Rechtsstellen des Deutschen Gewerkschaftsbundes im Bereich des DGB - Landesbezirks Nordmark 1979 in Prozessen vor den Arbeits- und Sozialgerichten für Gewerkschaftsmitglieder erstritten. Der Streitwert der etwa 6.000 erfolgreich verlaufenen Arbeitsgerichtsverfahren betrug 1979 8,5 Mio DM. In etwa 2.000 Verfahren gegen die Träger der gesetzlichen Sozialversicherung erstritt der Deutsche Gewerkschaftsbund 1979 für seine Mitglieder über 30 Mio DM." [5]

- " DGB erstritt für seine Mitglieder 57 Millionen Mark Rekord an Verfahren: 1981 etwa 8.000 Verfahren vor den Arbeits- und Sozialgerichten. Noch im Jahr zuvor lag die Summe aus 6600 Verfahren bei 52 Millionen Mark." [6]

- "Die Rechtssekretäre des Deutschen Gewerkschaftsbundes haben in den Jahren 1974 bis 1976 in knapp 200.000 Verfahren in den beiden ersten Instanzen der Arbeits- und Sozialgerichtsbarkeit für Gewerkschaftsmitglieder rund 1,13 Mrd. DM erstritten. Diese in ihrer Höhe einmalige Erfolgssumme, heißt es im neuen Geschäftsbericht des DGB, bestätigt nicht nur die Bedeutung des gewerkschaftlichen Rechtsschutzes, sondern zeigt, daß sie ein Stück Sozialpolitik schlechthin ist". [7]

[1] Der Angestellte Nr. 318 vom 23.5.1977
[2] Hessische Allgemeine vom 9.12.1976
[3] Hessische-Niedersächsische Allgemeine vom 28.2.1980
[4] HNA vom 6.3.1979
[5] FAZ - Blick durch die Wirtschaft vom 17.1.1980
[6] HNA vom 6.4.1982
[7] FAZ - Blick durch die Wirtschaft vom 12.5. 1978

Außertarifliche Sozialpartner-Vereinbarungen in der Chemischen Industrie:

- *Berufsbildung*

    1.   Vereinbarung über den paritätischen Berufsbildungsrat der chemischen Industrie vom 13. April 1987
    2.   Erklärungen und Empfehlungen des Berufsbildungsrates
    3.   Chemie-Ausbilderwettbewerb

- *Europäischer Binnenmarkt*

    4.   Betriebsratskontakte auf europäischer Ebene Gemeinsame Hinweise vom 31. August 1990

- *Frauenförderung*

    5.   Gemeinsame Grundsatzpositionen des BAV Chemie und der IG Chemie zur Frauenförderung in der chemischen Industrie vom Februar 1989

- *Gesamtdeutsche Entwicklung*

    6.   Vier-Punkte-Vereinbarung der Chemie-Sozialpartner vom März 1990

- *Informationen über Umweltschutz*

    7.   Umweltschutzübereinkunft vom 20. August 1987
    8.   GIBUCI-Gesellschaftsvertrag vom 17. Dezember 1987

- *Leitende Angestellte*

    9.   Grundsätze für die Abgrenzung der leitenden Angestellten in der chemischen Industrie vom April 1989

- *Vertrauensleute*

    10. Vereinbarung "Vertrauensleutewahlen" vom Januar 1983

- *Weiterbildung*

    11.Rahmenvereinbarung zur Errichtung einer Stiftung zur Förderung der Weiterbildung in der chemischen Industrie vom 21. Januar 1993

Mitarbeiter in der chemischen Industrie

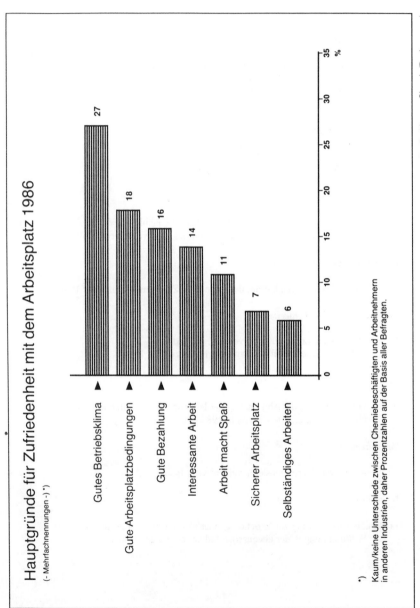

Hauptgründe für Zufriedenheit mit dem Arbeitsplatz 1986

(- Mehrfachnennungen -)*)

	%
Gutes Betriebsklima	27
Gute Arbeitsplatzbedingungen	18
Gute Bezahlung	16
Interessante Arbeit	14
Arbeit macht Spaß	11
Sicherer Arbeitsplatz	7
Selbständiges Arbeiten	6

*)
Kaum/keine Unterschiede zwischen Chemiebeschäftigten und Arbeitnehmern
in anderen Industrien, daher Prozentzahlen auf der Basis aller Befragten.

Quelle: Hessen Chemie/Basisresearch

Mitarbeiter in der chemischen Industrie

ARBEITSPLATZBESCHREIBUNG
CHEMIE BESCHÄFTIGTE

	SOLL-Vorstellungen		IST-Vorstellungen	
	1986 n=628 %	1980 n=624 %	**1986** n=628 %	1980 n=624 %
Gute Bezahlung	59	66	51	64
Gutes Betriebsklima	47	56	54	67
Gute Sozialleistungen	32	48	46	69
Interessante, abwechslungsreiche Arbeit	33	32	34	42
Weiterbildungsmöglichkeiten	34	41	34	43
Sicherheit vor Entlassungen (krisensicherer Arbeitsplatz)	32	41	32	58
Gute Aufstiegsmöglichkeiten	33	39	21	27
Kollegiale Zusammenarbeit	34	39	55	60
Sicherheit am Arbeitsplatz/Unfallschutz	24	33	40	49
Angenehmes Arbeitstempo/Belastungen	23	--	42	--
Gerechte Beurteilung	22	29	31	35
Gute Leute in den Führungspositionen	22	23	31	31
Gute, verständnissvolle Vorgesetzte	21	20	35	37
Mitspracherecht am Arbeitsplatz	18	16	17	20
Verantwortungsvolle Arbeit	20	22	33	41
Über alles Wichtige informiert werden (Bescheid wissen über wichtige Dinge)	17	17	23	25
Funktionstüchtiger Betriebsrat	12	13	29	26
Kurzer Weg zum Arbeitsplatz	10	25	41	50
Anpassung der Arbeitszeit/ persönliche Bedürfnisse	13	--	13	--

– Mehrfachnennungen –

Quelle: Hessen Chemie/Basisresearch

Schweizer Friedensabkommen in der Metallindustrie

Die Vereinbarung hat zum *Ziel*,

"zur positiven Entwicklung der Maschinen-, Metall- und Elektroindustrie und zum Wohl der sie tragenden Arbeitnehmer und Arbeitgeber beizutragen." Sie unterliegt "dem Grundsatz von Treu und Glauben, der die Vertragsparteien verpflichtet, die beiderseitigen Interessen verständnisvoll zu würdigen.

Die *Vertragsparteien* wollen mit dieser Vereinbarung

- die Zusammenarbeit der Arbeitnehmer und Arbeitgeber sowie ihrer Organisationen vertiefen,

- zeitgemäße arbeitsvertragliche Rechte und Pflichten festlegen,

- die soziale, wirtschaftliche und umweltschonende Entwicklung der Branche fördern,

- durch die Förderung von Innovationen und moderner Arbeitsorganisation den Werkplatz Schweiz in einer sozialen Marktwirtschaft konkurrenzfähig erhalten,

- Meinungsverschiedenheiten in einem geregelten Verfahren beilegen und

- den Arbeitsfrieden wahren."

In Art. 2 der *Grundsätze* heißt es wörtlich:

Arbeitsfriede und Konfliktbeilegung

Ziff.1 Die Vertragsparteien anerkennen die Bedeutung des Arbeitsfriedens und verpflichten sich, diesen unbeschränkt zu wahren und zu seiner Einhaltung auf ihre Mitglieder einzuwirken. Infolgedessen sind jegliche Kampfmaßnahmen ausgeschlossen, und zwar auch in Fragen, die durch die Vereinbarung nicht geregelt werden.

Ziff.2 Der absolute Arbeitsfriede gilt auch als Verpflichtung der einzelnen Arbeitnehmer und Arbeitgeber.

Ziff.3 Meinungsverschiedenheiten und Konflikte sind nach den Bestimmungen dieser Vereinbarung beizulegen.

Partnerschaftliche Aktionen sind mit der Zielsetzung versehen, zur Stärkung der Partnerschaft und Intensivierung der Zusammenarbeit gemeinsame Einrichtungen zu schaffen und durch Aktionen und finanzielle Beiträge gemeinsam interessierende Aufgaben zu lösen.

Als *Tätigkeitsgebiete* werden in Art. 52 genannt:

- Information über die Maschinen- und Metallindustrie,

- Aus- und Weiterbildung,

- Förderung des Verständnisses für die Sozialpartnerschaft, insbesondere bei neu eintretenden und jugendlichen Arbeitnehmern,

- Zusammenarbeit der Arbeitnehmer und Arbeitgeber auf Betriebs- und Verbandsebene,

- Förderung des beiderseitigen Verständnisses für wirtschaftliche und soziale Fragen - .

Hans Herbert Moehren

Die Sachverhaltsermittlung im arbeitsgerichtlichen Beschlußverfahren

Frankfurt/M., Bern, New York, Paris, 1992. XX, 175 S.
Europäische Hochschulschriften: Reihe 2, Rechtswissenschaft. Bd. 1158
ISBN 3-631-44175-4   br. DM 65.--*

Die Arbeitsgerichte entscheiden im Beschlußverfahren über kollektiv-rechtliche Streitigkeiten (Schwerpunkt: Betriebsverfassungsrecht). Angesichts der Bedeutung dieser Verfahren ist wichtig, wie der entscheidungserhebliche Sachverhalt gesammelt wird. Das Arbeitsgerichtsgesetz legt in § 83 Abs. 1 Satz 1 die gerichtliche Sachverhaltserforschung von Amts wegen fest. Die vorliegende Arbeit weist nach, daß diese Vorschrift ein gesetzgeberischer Fehlgriff war. Die Prozeßbeteiligten sind seit der Gesetzesnovellierung 1979 weitestgehend berechtigt, über den Verfahrensgegenstand frei zu verfügen. Dem entspricht es, ihnen regelmäßig auch die Sachverhaltsermittlung zu überlassen. Das wird durch die widerstreitenden Interessen sichergestellt. Nur so kann das Beschlußverfahren in angemessener Zeit beendet werden. Zudem wird der Betriebsfrieden besser gewahrt als bei obrigkeitlicher Sachverhaltsaufklärung. Das öffentliche Interesse am Beschlußverfahren wird nicht beeinträchtigt.

Aus dem Inhalt: Vorläufer des jetzigen Arbeitsgerichtsgesetzes · Das Arbeitsgerichtsgesetz im Vergleich mit anderen Verfahrensordnungen · Konsequenzen aus Dispositionsmaxime und Beschleunigungsgebot · Auswirkungen des öffentlichen Interesses am Beschlußverfahren

Peter Lang ≋ **Europäischer Verlag der Wissenschaften**
Frankfurt a.M. • Berlin • Bern • New York • Paris • Wien
Auslieferung: Verlag Peter Lang AG, Jupiterstr. 15, CH-3000 Bern 15
Telefon (004131) 9402121, Telefax (004131) 9402131
- Preisänderungen vorbehalten - *inklusive Mehrwertsteuer